高职高专工学结合、课程改革规划教材

交通职业教育教学指导委员会
路桥工程专业指导委员会 组织编写

Gonglu Shigong Zuzhi

公路施工组织

道路桥梁工程技术专业用

高　峰　贾玉辉　主　编

车广佚　副主编

姚玉玲[长安大学]
王利忠[吉林省吉润工程咨询有限公司]　主　审

人民交通出版社

内 容 提 要

本书是高职高专工学结合、课程改革规划教材，是在各高等职业院校积极践行和创新先进职业教育理念，深入推进“校企合作，工学结合”人才培养模式的大背景下，由交通职业教育教学指导委员会路桥工程专业指导委员会根据新的课程标准编写而成。

本教材以公路施工组织文件编制为主线，共设置了六个学习情境，主要内容包括施工组织准备工作、施工方案的制订、施工进度计划的编制、资源需要量计划的编制、施工平面布置、施工技术组织措施。

本书主要供高等职业院校道路桥梁工程技术专业、工程造价专业学生使用，也可作为路桥类工程技术人员的培训教材或自学用书。

图书在版编目（CIP）数据

公路施工组织 / 高峰等主编．—北京：人民交通出版社，2011.1

高等职业教育规划教材

ISBN 978-7-114-08819-3

Ⅰ. ①公… Ⅱ. ①高… Ⅲ. ①道路工程－工程施工－施工组织－高等学校：技术学校－教材 Ⅳ. ①U415.2

中国版本图书馆 CIP 数据核字（2010）第 260324 号

高职高专工学结合、课程改革规划教材

书　　名：公路施工组织
著 作 者：高　峰　贾玉辉
责任编辑：任雪莲
出版发行：人民交通出版社股份有限公司
地　　址：（100011）北京市朝阳区安定门外外馆斜街 3 号
网　　址：http://www.ccpress.com.cn
销售电话：（010）59757973
总 经 销：人民交通出版社股份有限公司发行部
经　　销：各地新华书店
印　　刷：北京市密东印刷有限公司
开　　本：787×1092　1/16
印　　张：15
字　　数：365 千
版　　次：2011 年 1 月　第 1 版
印　　次：2020 年 8 月　第 9 次印刷
书　　号：ISBN 978-7-114-08819-3
定　　价：36.00 元

交通职业教育教学指导委员会
路桥工程专业指导委员会

序

为深入贯彻落实教育部《关于全面提高高等职业教育教学质量的若干意见》及全国普通高等学校教学工作会议的有关精神，积极推行与生产劳动和社会实践相结合的学习模式，把工学结合作为高等职业教育人才培养模式改革的重要切入点，带动教学内容和教学方法改革。交通职业教育教学指导委员会路桥工程专业指导委员会在完成《道路桥梁工程技术专业教学标准和课程标准研究》的基础上，按照职业岗位（群）的任职要求，构建了突出职业能力培养的“教学标准”和“课程标准”，并据此组织全国 20 多所交通高职高专院校道路桥梁工程技术专业的教师编写了 14 门课程的工学结合、课程改革规划教材。专业“教学标准”和“课程标准”是全国道路桥梁工程技术专业多年建设成果的总结和提炼。

按照 2010 年 4 月路桥工程专业指导委员会所确定的编写原则，本套教材力求体现如下特点：

体系规范。以工学结合、校企合作所开发的教材为切入点，在“教学标准”和“课程标准”确定的框架下，改革教学内容和教学方法，突出专业教学的针对性，选定教材的内容。

内容先进。用新观点、新思想审视和阐述教材内容，所选定的教材内容适应公路建设发展需要，反映公路建设的新知识、新技术、新工艺和新方法。

知识实用。以职业能力为本位，以应用为核心，以“必需、够用”为原则，教材紧密联系生活和生产实际，加强了教学的针对性，能与相应的职业资格标准相互衔接。

使用灵活。体现教学内容弹性化，教学要求层次化，教材结构模块化；有利于按需施教，因材施教。

交通职业教育教学指导委员会

路桥工程专业指导委员会

2010 年 12 月

前　言

本书以公路工程施工为核心，以施工组织过程为重点，在工程施工组织方面特别突出工程实际应用能力的培养，全面介绍了公路工程施工组织的具体方法。通过对该教材的学习，学生能够掌握施工组织准备工作、施工方案的制订、施工进度计划的编制、资源需要量计划的编制、施工平面布置、施工技术组织措施等综合知识。本教材可使学生了解和掌握现代公路工程施工必须具备的施工组织的基本知识和技能，具备组织管理施工的能力，能为培养适应我国公路与城市道路建设所需的有理论、会施工、又能组织公路工程施工和管理的高级技术应用型人才打下坚实的基础。

本书在编写上力求体现以职业能力为本位，以应用能力为核心，以解决实际问题为目标，紧密联系工程实际，及时反映交通行业对公路工程技术人员的要求。教材内容适应当前高等职业院校毕业生的工作实际需要，内容具有先进性、针对性和实用性；适应宽口径复合型人才培养的需要，结合高等职业教育的特点，围绕交通高等职业技术教育道路桥梁工程技术专业的培养目标，理论和实践并重，注重学生综合素质的提高。

本课程是道路桥梁工程技术专业实用性很强的一门课程。在学习本课程时，学生应具备一定的专业基础知识，即熟悉工程测量、道路勘测设计、路基工程、路面工程、桥梁工程、基础工程等课程。

为适应高职高专院校的教学安排，本书以公路施工组织文件编制为主线，共设置了六个学习情境，推荐学时数为54学时。在编写过程中，我们结合行业和市场前沿知识及公路工程生产实践，尽可能反映当前公路工程施工组织学科的新理论、新方法和新技术的应用现状，使学生具有广博、坚实的理论基础，又突出对学生工程实际应用能力的培养。

本书学习情境一、学习情境三由吉林交通职业技术学院高峰、张求书、陈立春以及辽源市郊区公路管理段徐丰共同编写；学习情境二、学习情境四由内蒙古大学职业技术学院贾玉辉、辽源市晟达公路工程有限责任公司宋志伟共同编写；学习情境五、学习情境六由吉林交通职业技术学院车广侠、金迪、张万臣、钟沂平共同编写；附录由吉林交通职业技术学院张求书、闫淑杰、吉林省君郎路桥有限责任公司高巍共同编写。本书由高峰、贾玉辉担任主编，由车广侠担任副主编，由长安大学姚玉玲、吉林省吉润工程咨询有限公司王利忠担任主审。

本书内容重点突出，主次分明，深浅适度。为了便于学生学习，每个工作任务后附有学生自评、学习小组评价及任课教师评价等内容，以使学生更好地掌握教学内容。

考虑到我国国情和地区性差异，并考虑各院校具体情况，教师在教学过程中可对本书内容进行适当增删。教学中应积极使用多媒体、网络、虚拟工程项目等现代化教学手段，配备相应的教学软件及教学辅件，帮助学生熟悉工地现场的施工过程及施工现场的布设要点，以激发学生的学习积极性，增强教学效果。

鉴于编者水平和经验有限，书中难免有谬误和疏漏，敬请读者批评指正。同时，附于书末参考文献的作者们对本书的完成给予了巨大的支持，在此一并致以真诚的谢意！

编　者

2010年10月

目　录

学习情境一　施工组织准备工作

工作任务一　认知公路施工组织

学习目标

1. 了解基本建设及公路施工组织的基本含义；
2. 了解基本建设的分类、项目组成及公路建设的内容；
3. 掌握公路基本建设程序、公路施工程序的内容；
4. 熟悉公路施工组织的作用；
5. 熟悉公路施工组织的分类；
6. 正确认知公路施工组织的编制步骤。

任务描述

结合公路施工组织文件，认知公路施工组织及相关内容。本工作任务的内容是使学生明确编制公路施工组织的步骤，通过对公路施工组织编制步骤的理解，掌握编制公路施工组织文件的过程。

学习引导

本工作任务沿着以下脉络进行学习：

基本建设项目 → 公路基本建设项目内容 → 公路基本建设程序 → 公路施工程序 → 公路施工组织及其作用 → 公路施工组织的分类 → 公路施工组织的任务 → 编制公路施工组织的步骤

一、相关知识

(一)基本建设项目及公路基本建设项目内容

1. 基本建设项目的界定

基本建设，是指固定资产的建筑、添置和安装，是国民经济各部门为了扩大再生产而进行增加固定资产的建设工作。具体来讲，就是把一定的建筑材料、设备等，通过购置、建造和安装等活动，转化为固定资产的过程，诸如工厂、矿山、公路、铁路、港口、学校、医院等工程的建设，以及机具、车辆、各种设备等的添置和安装。

2. 基本建设项目的分类

基本建设项目按建设性质可分为新建项目、扩建项目、改建项目、迁建项目和重建项目。

(1)新建项目。新建项目指根据国民经济和社会发展的近、远期规划，按照规定的程序立项，从无到有的建设项目。有的建设项目原有规模很小，经扩大建设规模后，其新增加的固定资产价值超过原有固定资产价值3倍以上的，也算新建项目。

(2)扩建项目。扩建项目指原有企业、事业单位为扩大原有产品生产能力或增加新产品生产能力或效益而增建的工程项目。

(3)改建项目。改建项目指为了提高生产效率,采用新技术、新工艺,改变产品方向,提高产品质量,以及综合利用原材料等,而对原有设备或工程进行技术改造的工程项目。

(4)迁建项目。迁建项目指为改变生产布局、考虑自身的发展前景或出于环境保护等其他特殊要求,搬迁到其他地点进行建设的项目。迁建项目中符合新建、扩建、改建条件的,应分别作为新建、扩建或改建项目。迁建项目不包括留在原址的部分。

(5)重建项目。重建项目指原固定资产因自然灾害或人为因素等原因已全部或部分报废,又在原项目基础上重新投资建设的项目。在重建的同时进行扩建的,应作为扩建项目。

基本建设项目按建设规模可分为大、中、小型建设项目。基本建设大、中、小型项目是按项目的建设总规模或总投资来确定的。习惯上将大型和中型项目合称为大中型项目。基本建设项目大、中、小型的划分标准是国家规定的。按总投资划分的项目,能源、交通、原材料工业项目在5 000 万元以上,其他项目在3 000 万元以上的为大中型项目,在此标准以下的为小型项目。公路工程建设项目的大、中、小型划分标准(目前国家正在研究修改中,在未修改前暂按原标准执行)为:

(1)大中型项目。新建、改建长度在200km 以上的国防、边防公路、跨省区和重要干线公路以及长度在1km 以上的独立公路大桥建设项目。

(2)小型项目。新建、改建公路长度在200km 以下,或长度虽超过200km,但总投资不足1 000万元的建设项目,以及独立公路大桥长度在1km 以下的建设项目。

基本建设项目按项目在国民经济中的作用可分为生产性项目和非生产性项目。

(1)生产性项目。生产性项目指直接用于物质生产或直接为物质生产服务的项目,主要包括工业项目(含矿业),建筑业,地质资源勘探,与农业、林业、水利有关的生产项目,运输邮电项目,商业和物资供应项目等。公路建设中的路桥项目属于生产性项目。

(2)非生产性项目。非生产性项目指直接用于满足人民物质和文化生活需要,以及政治、国防需要所进行的项目,主要包括文教卫生、科学研究、社会福利、公用事业建设、行政机关和团体办公用房建设等项目。公路建设中的旅游专用公路、国防专用公路属非生产性项目。

3. 基本建设项目组成

每项基本建设工程,就其实物形态来说,都由许多部分组成。为了便于编制各种基本建设的施工组织和概、预算文件,必须对每项基本建设工程进行项目划分。基本建设工程可依次划分为:基本建设项目、单项工程、单位工程、分部工程和分项工程。

(1)基本建设项目(简称建设项目)。每项基本建设工程,就是一个建设项目。建设项目一般是指有总体设计,经济上实行独立核算,行政管理上具有独立组织形式的建设单元。我国基本建设工作,通常以一个企业、事业单位,或一个独立工程作为一个建设项目,如运输建设方面的一条公路、一条铁路、一个港口,工业建设方面的一个矿井等。

(2)单项工程(又称工程项目)。单项工程是建设项目的组成部分。一个建设项目,可以是一个单项工程,也可以包括许多个单项工程。所谓单项工程是具有独立的设计文件,竣工后可以独立发挥生产能力或效益的工程,如某公路建设项目中的某独立大、中桥梁,某隧道工程等。

(3)单位工程。单位工程是单项工程的组成部分,一般指不能独立发挥生产能力或效益,但具有独立施工条件的工程。如某隧道单项工程,可分为土建工程、照明和通风工程等单位工程；一条公路可分为路线工程、桥涵工程等单位工程。

（4）分部工程。分部工程是单位工程的组成部分，一般是按照单位工程的各个部位划分的。例如基础工程，桥梁上、下部工程，路面工程，路基工程等。

（5）分项工程。分项工程是分部工程的组成部分，是按照工程的不同结构、不同材料和不同施工方法等因素划分的。如基础工程可划分为围堰、挖基、砌筑基础、回填等分项工程。分项工程的独立存在是没有意义的，它只是建筑或安装工程的一种基本的构成因素，是为了组织施工以及为确定建筑安装工程造价而设定的。

4. 公路基本建设项目

公路基本建设项目指需要一定量的投资，经过决策和实施（勘察、设计和施工等）一系列程序，在一定的约束条件下形成的以固定资产为明确目标的建设项目。

按投资额的构成和工作性质划分，公路基本建设项目工作内容包括建筑安装工程，设备及工具、器具购置和其他基本建设工作。

（1）建筑安装工程。建筑安装工程是指兴工动料的施工活动，是投资额最高的一部分，也是基本建设中最复杂的一部分。它包括建筑工程和设备安装活动。

①建筑工程包括路基、路面、桥涵、隧道、防护工程及沿线设施等。

②设备安装活动包括高速公路、特大桥梁所需各种机械、设备、仪器的安装与测试等。

（2）设备及工具、器具购置。设备及工具、器具购置是指为公路运营、服务管理、养护等需要所购买的设备、工具、器具，以及为保证新建、改建公路初期正常生产、使用和管理所需办公和生活家具的采购或自制。

（3）其他基本建设工作。其他基本建设工作是指不属于上述各项的基本建设工作，包括公路筹建阶段和建设阶段的管理工作、勘察设计、科研试验、征用土地、拆迁补偿等。

5. 公路建设的内容

发展公路运输业，首先必须进行公路工程建设。公路施工组织就是研究公路建设的施工过程中诸要素间合理组织的学科。即如何认真贯彻国家现行技术经济政策和法令，根据公路施工的特点，将人力、资金、材料、机械、施工方法等各种因素进行科学、合理的安排，使之在一定的时间和空间内得以实现有组织、有计划、有秩序的施工，使其工期短、质量好、成本低，迅速发挥投资效益。

公路运输业是一个特殊的物质生产行业。在公路运输生产中必须有公路工程构造物作为生产资料，而路线、桥涵等构造物就是固定资产。公路建设就是为公路运输业提供或更新诸如路线、桥涵、隧道等固定资产。

公路建设的内容，按其任务与分工不同，可以分为以下三个方面。

（1）公路工程的小修、保养。公路工程构造物在长期使用过程中，受到行车和自然因素的作用而不断损坏，只有通过定期和不定期的维修保养，才能保证固定资产的正常使用，保持运输生产不间断的进行，使原有生产能力得以维持。所以，公路工程的小修、保养是实现固定资产简单再生产的重要手段之一。

（2）公路工程大、中修与技术改造。由于受到材料、结构、设备等功能方面的制约，公路各组成部分必然具有不同的寿命。因此，固定资产尽管经过维修，也不可能无限期地使用下去，到一定年限后某些组成部分就会丧失原有的功能，这时就需要进行固定资产的更新工作。公路工程大、中修这种固定资产的更新，一般是与公路的技术改造相结合进行的（如局部改线，改造不合标准路段，提高路面等级）。通过这种更新与技术改造可提高公路的通行能力，实现固定资产的简单再生产和部分扩大再生产。

(3)公路工程基本建设。为了适应生产和流通发展的需要，必须通过新建、扩建和重建公路三种基本建设形式来实现固定资产的扩大再生产，以达到不断扩大公路运输能力的目的。

公路建设通过固定资产维修、固定资产更新和技术改造、基本建设三条途径来实现固定资产的简单再生产和扩大再生产。它们之间既有相同之处，又有区别之处。相同点是：首先，它们都是我国固定资产再生产不可缺少的组成部分，都是社会主义现代化建设事业的重要手段；其次，它们都需要消耗一定数量的人力、财力和物力。而其区别主要表现在：第一，资金来源不同；第二，管理方式、方法不同；第三，任务与分工不同。

公路建设固定资产再生产的管理方式是：公路小修保养由养护部门自行安排和管理；公路大、中修工程由养护部门提出计划报上级主管部门批准后，自行管理和安排；对于新建、改建、扩建、重建的公路工程，一般由地方(省、自治区、直辖市)政府主管部门下达任务，对其中列入基本建设投资的必须纳入全国统一的基本建设计划，一切基本建设活动必须按照国家规定和要求进行管理，一切基本建设资金活动必须通过中国人民建设银行进行拨款、监督和办理结算。公路建设中凡是由养路费开支的项目的建设资金，也均应由中国人民建设银行拨款和办理结算。

(二)公路基本建设程序

基本建设项目从策划、选择、评估、决策、设计、施工、竣工验收到投入生产或交付使用的整个建设过程中，各项工作必须遵循的先后工作次序称为基本建设程序。基本建设程序是基本建设过程中各环节、各步骤之间客观存在的不可颠倒的先后顺序，是由基本建设项目本身的特点和客观规律决定的。进行基本建设时，坚持按科学的基本建设程序办事，是关系基本建设工作全局的一个重要问题，也是按照自然规律和经济规律管理基本建设的一项根本原则。

基本建设涉及面广，既受地质、气候、水文等自然条件的严格制约，又受资源供应、技术水平等物质技术条件的影响，同时还需要各个部门、各个环节的协作配合，并且要求按照既定的需要和科学的总体设计进行建设。因此，完成一项基本建设工程，必须按照规定的程序开展各个方面的工作，才能达到预期的效果，否则就会造成不必要的经济损失，甚至给工程带来严重的后果。

公路基本建设程序是：根据国民经济长远规划及公路网建设规划，提出项目建议书；通过调查，进行可行性研究，编制可行性研究报告；可行性研究报告经批准后，进行初步设计；初步设计经批准后列入国家年度基本建设计划，并进行技术设计和施工图设计；设计文件经审批后组织施工；施工完成后，进行竣工验收，最后交付使用。这些程序必须依次进行，逐步实施。不完成上一环节，就不能进行下一阶段的工作。

公路基本建设程序如图 1-1-1 所示。在符合审批条件的前提下，对于新建及改建的大中型项目，可根据具体情况，进行合理的交叉；对于小型项目，可根据具体情况，适当合并或减免一些程序。

现将公路基本建设程序中各环节的具体内容分述如下。

1. 项目建议书

项目建议书是建设单位根据国民经济和社会发展的长远规划、公路网建设规划、地区规划，结合项目的资源条件、生产力布局状况和市场预测等，经过调查研究、分析提出的项目建设轮廓设想和建议的书面文件。

项目建议书的主要内容是：项目提出的依据、必要性；建设规模；建设初步地点；主要技术标准;建设条件;投资估算和资金筹措方案;建设预计工期;经济效益和社会效益初步评价。

项目建议书一般由建设单位提出或委托专业机构编制,上报主管部门后由主管部门转报有权审批部门审批。项目建议书经有权审批部门审批后,可以进行详细的可行性研究工作。

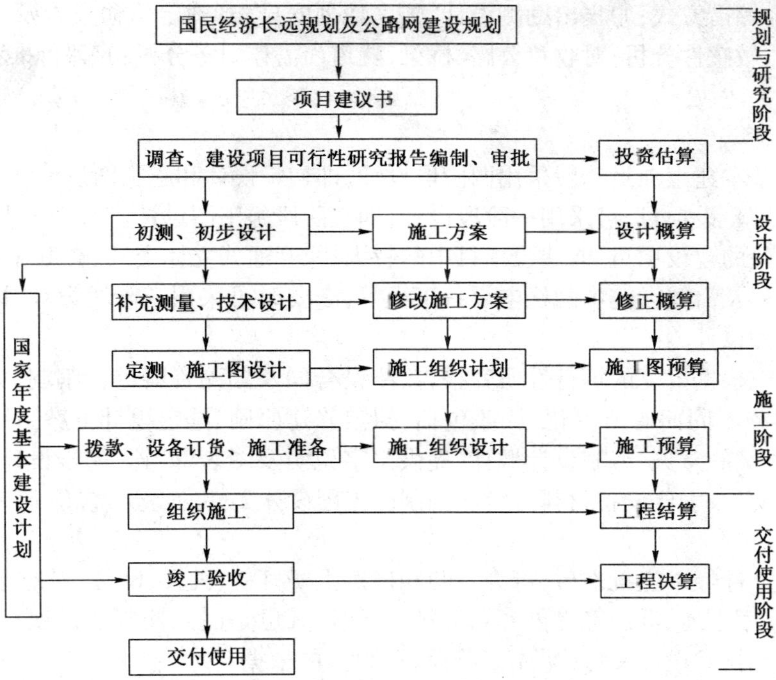

图 1-1-1　公路基本建设程序

2. 可行性研究

项目建议书一经批准,即可着手进行可行性研究。可行性研究是指在项目决策前,通过对项目有关的工程、技术、经济等各方面进行调查、研究、分析,对各种可能的建设方案和技术方案进行比较和论证,由此考察项目技术上的先进性和适用性、经济上的盈利性和合理性,以及建设的可能性和可行性的一种科学的分析方法。可行性研究是项目前期工作的最重要的内容,它从项目建设和生产经营的全过程考察分析项目的可行性,其目的是回答项目是否有必要建设,是否可能建设和如何进行建设的问题,其结论为投资者的最终决策提供直接的依据。因此,凡大中型工程、高等级公路及重点工程建设项目(含国防、边防公路),均应对其进行可行性研究,对于小型项目可适当简化。凡未经可行性研究的项目,一律不予审查报批。

可行性研究按工作深度,划分为预可行性研究和工程可行性研究两个阶段。预可行性研究,应重点阐明建设项目的必要性,通过踏勘和调查研究,提出建设项目的规模和技术标准,并进行简要的经济效益分析。工程可行性研究,应通过必要的测量(高速公路、一级公路必须做)、地质勘探(大桥、隧道及不良地质地段等),在认真调查研究,拥有必要资料的基础上,对不同建设方案从经济上、技术上进行综合论证,提出推荐建设方案。工程可行性研究报告经审批后作为初步测量及编制初步设计文件的依据。工程可行性研究的投资估算与初步设计概算之差,应控制在 10% 以内。

公路建设项目可行性研究报告的主要内容有:①建设项目依据、历史背景;②建设地区综合运输网的交通运输现状,建设项目在交通运输网中的地位及作用;③原有公路的技术状况及适应程度;④论述建设项目所在地区的经济状况,研究建设项目与经济发展的内在联系,预测交通量、运输量的发展水平；⑤建设项目的地理位置、地形、地质、地震、气候、水文等自然特征；⑥筑路材料来源及运输条件；⑦论证不同建设方案的路线起讫点和主要控制点、建设规模、标准，提出推荐意见；⑧评价建设项目对环境的影响；⑨测算主要工程数量、征地拆迁数量，估算投资，提出资金筹措方式；⑩提出勘测设计、施工计划安排；⑪确定运输成本及有关经济参数，进行经济评价、敏感性分析；对收费公路、桥梁、隧道尚需作财务分析；⑫评价推荐方案，提出存在的问题和有关建议。

3. 初步设计

公路工程基本建设项目一般采用两阶段设计，即初步设计和施工图设计。对于技术简单、方案明确的小型建设项目，可采用一阶段设计，即一阶段施工图设计。对于技术复杂而又缺乏基础资料和经验的建设项目，或建设项目中的特大桥、互通式立体交叉、隧道、高速公路和一级公路的交通工程及沿线设施中的机电设备工程等，必要时可采用三阶段设计，即初步设计、技术设计和施工图设计。

初步设计应根据批复的可行性研究报告、测设合同及勘测资料进行编制。初步设计的内容依项目的类型不同而有所变化，一般包括：拟定修建原则、选定设计方案、计算主要工程数量、提出施工方案的意见、编制设计概算、提供文字说明及图表资料。初步设计文件应当满足编制施工招标文件、主要设备材料订货和编制施工图设计文件的需要，它是下一阶段施工图设计的基础。

初步设计文件经审查批准后，可为订购和调拨主要材料、机具、设备，安排有关重大科研试验项目，联系征用土地、拆迁等提供筹划资料。同时，其也是国家控制建设项目投资及编制施工图设计文件或技术设计文件（采用三阶段设计时）的依据。

4. 列入年度基本建设计划

只有建设项目的初步设计及其概算经上级批准后，才能列入国家年度基本建设计划。未列入年度计划的建设项目，一律不准施工。建设单位根据国家发展和改革委员会颁发的年度基本建设计划，按照批准的可行性研究报告和初步设计文件，编制本单位的年度基本建设计划，报经上级批准后，再编制物资、劳动力、财务计划。年度基本建设计划编制完成后，必须按规定程序上报审批。年度基本建设计划报经批准后，是建设单位进行基本建设的依据，也是编制基本建设财务计划的依据。

5. 技术设计和施工图设计

技术设计应根据批准的初步设计和补充初测（或定测）资料，解决初步设计中未能解决的重大的、复杂的技术问题。通过科学试验、专题研究及分析比较，落实技术方案，计算工程数量，提出修正的施工方案，编制修正设计概算。技术设计经批准后作为编制施工图设计的依据。

两阶段（或三阶段）施工图设计应根据批准的初步设计（技术设计）和定测（补充定测）资料，进一步对所审定的修建原则、设计方案、技术设计加以深化和具体化，最终确定工程数量，提出文字说明和满足施工需要的图表资料以及施工组织计划，并编制施工图预算等设计文件。

一阶段施工图设计应根据批准的可行性研究报告和定测资料，拟定修建原则，确定设计方案和工程数量，提出文字说明和图表资料以及施工组织计划，编制施工图预算，以满足审批的要求，适应施工的需要。

知识链接 施工图设计文件一般由以下十三篇及附件组成：①总说明书；②总体设计；③路线；④路基、路面及排水；⑤桥梁、涵洞；⑥隧道；⑦路线交叉；⑧交通工程及沿线设施；

⑨环境保护;⑩渡口码头及其他工程;⑪筑路材料;⑫施工组织计划;⑬施工图预算;⑭附件。

其中,第二篇总体设计只用于高速公路和一级公路,附件内容为补充地质勘探、水文调查及计算等基础资料。

6. 施工准备

为了保证工程的顺利进行,在施工准备阶段,建设单位、勘测设计单位、施工单位、工程监理单位和建设银行应分别做好下列准备工作。

(1)建设单位:组建专门的管理机构;准备必要的施工图纸;组织招标投标(包括监理、施工、设备采购、设备安装等方面的招标投标)并择优选择施工单位,签订施工合同;办理登记及征地拆迁;做好施工沿线有关单位和各部门的协调工作。

(2)勘测设计单位:应按照技术资料供应办议,按时提供各种图纸资料,做好施工图纸的会审及移交、交底工作。

(3)施工单位:首先要组织人员力量核对设计文件,进行补充调查和施工测量;编好实施性施工组织和施工预算;要安排好施工所需的劳动力、材料、机械、工具、工棚和生活供应等工作;组织材料及物资采购、加工、运输、供应、储备等工作;提出开工报告,按投资隶属关系报请交通运输部或省(自治区、直辖市)基建主管部门核准;施工中涉及与其他部门有关的问题,应事先联系,签订协议。

(4)工程监理单位:组织满足协议规定和工作需要的监理人员进驻工地,配备足够数量的试验设备,并建立监理试验室;熟悉合同文件,进行现场复查和施工环境调查;制订监理办法、计划、监理程序和监理实施细则以及监理用表;审批承包人的施工组织计划、质量保证体系,人员、设备投入,检查进场材料和工程现场占地,验收施工放线等施工准备工作。

(5)建设银行:应会同建设、设计、施工、工程监理单位做好图纸的会审;严格按计划要求进行财政拨款或贷款;做好建设资金的供应工作。

7. 工程施工

施工准备工作完成后,施工单位应严格按照上级下达的开工日期或承包合同规定的开工日期进行施工。在施工过程中,施工单位应严格按照设计要求和施工规范,遵照施工程序合理组织施工,确保工程质量和施工安全,并大力推广应用新工艺、新技术,努力缩短工期,降低工程造价,同时应注意做好施工记录,建立技术档案。

8. 竣工验收、交付使用

竣工验收是公路工程建设过程的最后一个环节,是全面考核工程建设成本、检验设计和施工质量的重要步骤,也是项目由建设转入使用的标志。通过竣工验收,一是检验设计和工程质量,保证项目按设计要求的技术经济指标使用;二是有关部门和单位可以总结经验教训;三是建设单位对经验收合格的项目可以及时移交固定资产,使其由建设系统转入投入使用。按照中国人民建设银行《关于基本建设项目竣工验收暂行规定》和交通运输部颁发的《公路工程竣(交)工验收办法》的要求,认真负责地对全部基本建设工程进行总验收。竣工验收包括对工程质量、数量、期限、生产能力、建设规模、使用条件的审查,以及对建设单位和施工企业编报的固定资产移交清单、隐蔽工程说明和竣工决算等进行细致的检查。

当全部基本建设工程经过验收合格,完全符合设计要求后,应立即移交给生产部门正式使用,迅速办理固定资产交付使用的转账手续,加强固定资产的管理。

9. 公路建设项目后评价

公路建设项目后评价是指在公路通车运营 2 ~ 3 年后,用系统工程的方法,对建设项目决策、设计、施工直至通车运营的各阶段工作及其变化的成因，进行全面的跟踪、调查、分析和评价的工作。通过建设项目后评价以达到肯定成绩、总结经验、研究问题、吸取教训、提出建议、改进工作、不断提高项目决策水平和投资效果的目的。交通部于 1996 年 12 月 31 日下发了《公路建设项目后评价报告编制办法》，对后评价工作的内容进行了规范性阐述。

公路建设项目后评价报告的主要内容包括建设项目的过程评价、建设项目的效益评价、建设项目的影响评价和建设项目目标持续性评价。

（三）公路施工程序

公路施工规模大、技术复杂、质量要求高、工期紧，耗费的资源比较多。因此，在施工生产过程中合理组织生产诸要素，严格按施工程序进行施工，科学地做好施工组织工作，对完成公路工程建设任务具有十分重大的意义。公路施工程序是指施工单位从接受施工任务到工程竣工阶段必须遵守的工作顺序。公路施工程序一般包括接受施工任务、签订工程承包合同、施工准备工作、组织施工及竣工验收等阶段。

1. 签订工程承包合同

施工单位获得施工任务通常有三种方式：一是上级主管单位统一布置施工任务，按计划安排进行；二是经主管部门同意后，对外接受施工任务；三是参加投标，中标后获得施工任务。随着我国社会主义市场经济体制的发展和招投标制度的不断完善，施工单位接受施工任务将主要通过参加市场投标的方式获得。

接受施工任务时，施工单位首先应该查证核实工程项目是否列入国家基本建设计划，是否有批准的可行性研究报告、初步设计（或施工图设计）及概（预）算文件等。国家基本建设计划以外的建设项目，也应有国家主管部门的批复文件。

接受施工任务，是以签订工程承包合同为准。因此，施工单位承担工程项目时，都必须同建设单位签订工程承包合同，明确双方的经济、技术责任。合同一经签订，即具有法律效力，双方要严格按合同执行。

知识链接 施工承包合同内容一般包括：工程概况、承包的依据、承包方式、工程质量、施工工期、开（竣）工日期、工程造价、技术物资供应、工程拨款与结算方式、违约责任、奖惩条款和各自应做的准备工作及配合协作关系等。

2. 施工准备工作

施工准备工作的作用是为拟建工程的施工创造必要的技术、物资条件，统筹安排施工力量和部署施工现场，确保工程施工顺利进行。它是建设程序中的重要环节，不仅存在于开工之前，而且贯穿于整个施工过程之中。

公路工程施工是一项十分复杂的生产活动，它不但需要耗用大量人力、物力，还要处理各种复杂的技术问题，同时也需要协调各种协作配合关系。如果事先缺乏统筹安排和准备，势必会造成某种混乱，使施工无法正常进行，而全面细致地做好施工准备工作，对于调动各方面的积极因素，合理组织人力、物力，加快施工进度，提高工程质量，节约建设资金，提高经济效益，都会起着重要的作用。施工准备工作的内容可以归纳如下。

（1）技术准备。技术准备是施工准备工作的核心。由于任何技术上的差错或隐患都可能造成生命、财产和经济的巨大损失，因此，必须认真地做好技术准备工作。具体内容如下：

①熟悉、审查施工图纸和有关设计资料，内容如下：

a. 审查设计施工图纸是否完整、齐全，以及施工图纸和设计资料是否符合国家有关工程建设的设计、施工方面的方针和政策。

b. 审查施工图纸与说明书在内容上是否一致，以及施工图纸与其各组成部分之间有无矛盾和错误。

c. 审查设计文件所依据的水文、地质、气象、岩土等资料是否准确、可靠、齐全。

d. 审查路基平纵横断面、构造物总体布置和桥涵结构物形式等是否合理，相互之间是否有矛盾和错误之处。

e. 核对路线中线、主要控制点、转角点、水准点、三角点、基线等是否准确无误；重要构造物的尺寸、孔径大小等是否恰当，能否采用新技术或使用新材料。

f. 审查施工方法、运输方式、道路条件等是否符合实际情况。

g. 审查施工平面图中临时房屋、便道、便桥、电力、电信设施、料场分布、临时供水、供电等场地布置是否恰当。

h. 审查路线或构造物与农田、水利、铁路、公路、电信、管道、航道及其他建筑物的互相干扰情况和解决办法是否恰当，干扰能否避免，特别应注意与历史文物纪念地、民族特殊习惯区域的干扰问题。

i. 审查施工图纸中的技术复杂、施工难度大的分部分项工程或新结构、新材料、新工艺，检查现有施工技术水平和管理水平能否满足工期和质量要求，并采取可行的技术措施加以保证。

j. 审查对工程地质不良地段采取的处理措施，以及对水土流失、环境影响的处理措施。

k. 明确建设期限、分期分批施工或交付使用的顺序和时间，以及施工项目所需主要材料、设备的数量、规格、来源和供货日期。

l. 明确建设、设计、监理和施工等单位之间的协作、配合关系，以及建设单位可以提供的施工条件。

进行现场核对时，对发现的设计不合理或错误之处，应提出修改意见并报上级机关审批，根据批复的修改设计意见进行施工测量、修改设计、补充图纸等工作。

②原始资料的调查分析。为了做好施工准备工作，除了要掌握有关施工项目的书面资料外，还应该对施工项目进行实地勘测和调查，获得有关数据的第一手资料，这对于拟定一个先进合理、切合实际的施工组织是非常必要的。调查工作主要包括自然条件调查和技术经济条件调查两个方面。本部分内容将在学习情境一工作任务二中的任务实施部分详细阐述，此处不再赘述。

③编制施工预算。施工预算是施工阶段，在施工图预算的控制下，施工单位根据中标后的合同价、施工组织或施工方案、施工图纸、施工定额等文件进行编制的，它直接受中标后合同价的控制。施工预算是施工单位进行成本控制与成本核算的依据，也是施工单位进行劳动组织与安排，以及进行材料和机械管理的依据，对施工组织和施工生产有着极为重要的作用。

④编制中标后的施工组织。中标后的施工组织是施工准备工作的重要组成部分，也是指导施工现场全部生产活动的技术经济文件。公路工程施工生产活动是非常复杂的创造物质财富的过程，为了正确处理主体与辅助、工艺与设备、专业与协作、供应与消耗、使用与维修以及它们在空间布置、时间安排之间的关系，必须根据拟建工程的规模、结构特点和建设单位的要求，在原始资料进行调查分析的基础上，编制出一份能切实指导该工程全部施工活动的科学方案。

(2)施工现场准备。根据设计文件和已编制的实施性施工组织进行施工现场的准备工作。它主要是为了给施工项目创造有利的施工条件和物资保证。其具体内容如下：

①清除各种障碍物及做好“三通一平”工作。

②搭建各种临时设施。

③技术准备工作。进行施工测量，做好施工放样；建立工地试验室，进行各种建筑材料试验和土质试验，为施工提供可靠数据。

(3)物资准备。物资准备工作主要包括建筑材料的准备、构(配)件和制品的加工准备、施工机械及机具设备的准备。

①建筑材料的准备。建筑材料的准备主要是按照施工进度计划要求，按材料名称、规格、使用时间进行汇总，编制出材料需要量计划，为组织备料、确定仓库、所需场地堆放的面积和组织运输等提供依据。

②构(配)件、制品的加工准备。确定构(配)件、制品的加工方案、供应渠道及进场后的储存地点和方式，编制出其需要量计划，为组织运输、确定堆场面积等提供依据。

③施工机械及机具设备的准备。根据采用的施工方案，确定施工机械的类型、数量和进退场时间；确定施工机具的供应办法和进场后的存放地点和方式，为组织运输和确定堆场面积等提供依据。

(4)劳动组织准备。劳动组织准备工作主要包括施工机构设置、施工队伍集结、进场和开工上岗前的政治思想工作以及安全技术教育工作。

①建立施工项目领导机构及施工队组。根据施工项目的规模、结构特点和复杂程度，确定施工项目的领导机构人选；根据专业、工种确定合理的施工队组；技工、普工的比例要满足流水施工组织方式的要求。

②集结施工力量、组织劳动力进场。确定工地的领导机构之后，按照开工日期和劳动力需要量计划，组织劳动力进场。同时对职工要进行安全、防火和文明施工等方面的教育，并安排好其生活。

③建立健全各项管理制度。工地的各项管理制度是否建立、健全，直接影响其各项施工活动能否顺利进行。为此，必须建立有效的、长期的、全面的工地各项管理制度。

以上各项准备工作完成后，即可向建设单位或监理工程师提交开工报告。开工报告批准后，方可正式施工。

3.组织施工

在施工准备工作完成并提交开工报告之后，才能按批准的开工日期进行施工。施工时要严格按照设计图纸进行，如需要变更设计，必须事先按规定程序报经建设单位或监理工程师批准。要按照施工组织确定的施工顺序、施工方法及进度要求科学合理地进行施工。

施工单位必须做好技术管理工作，严格执行技术责任制和岗位责任制，坚决贯彻国家有关技术政策。要放手发动群众，开展技术革新，积极推广经过试验且效果显著的革新成果。要严格执行施工技术规范，遵守施工技术操作规程和验收规程。对于关键工序，要做好技术交底，对于隐蔽工程，要有施工记录和检查验收签证。

施工单位必须严格掌握质量标准，坚持质量检查制度，确保工程质量。对不合格的工程要认真处理、总结经验、吸取教训。严格执行施工监理制度，按监理的规定或要求实行进度控制、质量控制和费用控制。

施工单位要注意安全生产，严格遵守安全操作规程，加强安全生产教育。要建立和健全安全生产管理制度，定期开展安全大检查，及时发现问题，防患于未然。对于重大事故，要发动群众，查明原因，分清性质，严肃处理。

公路工程施工是一项复杂的系统工程,必须正确合理地组织,建立正常、文明的施工秩序,有效地使用劳动力、材料、机具、设备、资金等。施工方案要因地制宜,施工方法要切实可行。施工中既要注意工程质量和施工进度,又要注意保护环境、安全生产,确保优质、高效、安全、低耗地完成施工任务。

4. 竣工验收

(1)竣工验收的依据。按国家现行规定,竣工验收的依据是经过上级审批机关批准的可行性研究报告、初步设计或技术设计、施工图纸和说明、设备技术说明书、招标投标文件和工程承包合同、施工过程中的设计变更签证、现行的施工技术验收标准及规范,以及上级主管部门有关审批、修改、调整的文件等。

(2)竣工验收的准备。竣工验收的准备主要有三方面的工作:一是整理技术资料。施工单位应将技术资料进行系统整理,由建设单位分类立卷,交由生产单位或使用单位统一保管。技术资料主要包括土建方面、安装方面及各种有关的文件、合同和试生产的情况报告等。二是绘制竣工图表。竣工图表必须准确、完整、符合归档要求。三是编制竣工决算。建设单位必须及时清理所有财产、物资和应收回的资金,编制工程竣工决算,分析概(预)算执行情况,考核投资效益,按规定报财政部门审查。

竣工验收必须提供的资料文件主要有:项目的审批文件、竣工验收申请报告、工程决算报告、工程质量检查报告、工程质量评估报告、工程质量监督报告、工程竣工财务决算批复、工程竣工审计报告以及其他需要提供的资料。

(3)竣工验收工作。按国家现行规定,根据项目的规模大小和复杂程度,建设项目的竣工验收可分为初步验收和竣工验收两个阶段。规模较大、较复杂的建设项目应先进行初验,然后进行全部建设项目的竣工验收。规模较小、较简单的项目,可以一次进行全部项目的竣工验收。

建设项目全部完成,经过各分项工程的验收,符合设计要求,并具备竣工图表、竣工决算、工程总结等必要文件资料后,由项目主管部门或建设单位向负责验收的单位提出竣工验收申请报告。

竣工验收要根据工程规模的大小和复杂程度组成验收委员会或验收组。验收委员会或验收组负责审查工程建设的各个环节,听取各有关单位的工作总结汇报,审阅工程档案并实地查验建筑工程和设备安装工程,并对工程设计、施工和监理等方面作出全面评价。对初验时有争议的工程及确定返工或补做的工程、大桥、隧道和大型构造物,应全面检查和复测。对高填、深挖、急弯、陡坡路段,应重点抽查。对小桥涵及一般构造物,一般路段路基、路面及排水和安全设施等,可采取随机抽查的方式进行检查。检查过程中,必要时可采用挖探、取样试验等手段,对不合格的工程不予验收。对遗留问题应提出具体解决意见,限期落实完成。最后经验收委员会或验收组一致通过,形成验收鉴定意见书。验收鉴定意见书由验收会议的组织单位印发给各有关单位执行。

(四)公路施工组织及其作用

概略地说,公路施工组织就是从工程的全局出发,根据公路工程的特点,按照客观的施工规律和当时当地的具体条件,统筹考虑施工过程中的人工、材料、机械、资金和施工方法这五个主要因素后,对整个工程的施工进度、资源消耗和平面布置等作出的科学而合理的安排。

公路施工组织是规划和指导公路工程从工程投标、签订承包合同、施工准备到竣工验收全过程的一个综合性的技术经济文件,是对拟建工程在人力和物力、时间和空间、技术和组织等方面所做的全面合理的安排,是沟通工程设计和施工之间的桥梁。作为指导拟建工程项目的全局性文件，施工组织既要体现拟建工程的设计和使用要求，又要符合建筑施工的客观规律。

公路施工组织是用以指导公路施工组织与管理、施工准备与实施、施工控制与协调、资源的配置与使用等全面性的技术经济文件，是对施工活动的全过程进行科学管理的重要手段。

其作用具体表现在以下方面：

(1)施工组织是施工准备工作的重要组成部分，又是指导各项施工准备工作的依据。

(2)施工组织为拟建工程确定施工方案、施工进度、施工顺序、劳动组织和技术组织措施等，是指导开展紧凑、有序施工活动的技术依据。

(3)施工组织所提出的各项资源需要量计划，直接为组织材料、机具、设备、劳动力需要量等资源供应工作提供依据。

(4)通过编制施工组织，可以合理利用和安排为施工服务的各项临时设施，可以合理地部署施工现场，确保文明施工、安全施工。

(5)通过编制施工组织，可提高工程施工过程的预见性，减少施工的盲目性，使管理者和生产者做到心中有数；可充分考虑施工中可能遇到的困难与障碍，主动调整施工中的薄弱环节，事先予以解决或排除，从而为施工提供技术保证。

(6)通过编制施工组织，可以将工程项目的设计与施工、技术与经济、前方与后方、整体与局部以及各部门、各专业之间有机结合，统一协调。

(7)施工组织与施工单位的施工计划两者之间有着极为密切、不可分割的关系。施工组织不但对施工单位的施工计划起决定和控制性的作用，而且也是编制施工单位施工计划的基础；反之，制订施工组织又应服从施工单位的施工计划。两者是相辅相成、互为依据的。

(8)施工组织可以指导投标和签订工程承包合同，是投标书和合同文件的重要组成部分。施工组织充分并准确地体现了业主对工程的意图和要求，对能否中标起着重要的作用。

(五)公路施工组织分类

公路施工组织是一个总体的概念，根据编制阶段、编制时间和编制对象范围，在编制的深度和广度上也有所不同。

1. 按照编制阶段的不同分类

公路施工组织按编制阶段的不同可分为设计阶段的施工组织和施工阶段的施工组织。

(1)设计阶段的施工组织。公路建设项目可分为一阶段设计、两阶段设计和三阶段设计，在各个设计阶段，都需要编制相应的施工组织文件。在初步设计阶段拟订施工方案，在技术设计阶段编制修正的施工方案，在施工图设计阶段编制施工组织计划。

(2)施工阶段的施工组织。在施工组织计划的基础上，由施工单位负责编制施工阶段的施工组织。它的特点是现实、深入、具体、可行。施工阶段的施工组织文件的内容与施工图设计阶段的施工组织计划基本相似，但更具体、更详细，这里不再详述。

2. 按照编制时间的不同分类

公路施工组织按编制时间的不同分为两类：一类是投标前编制的施工组织（简称标前施工组织），另一类是中标后编制的施工组织（简称标后施工组织）。

(1)标前施工组织。标前施工组织指在投标之前，施工单位在深入了解和研究招标文件、设计文件和设计图纸，以及调查和复核施工现场的基础上，结合本单位的具体情况进行编制的施工组织文件。工程施工单位为了使投标具有竞争力，必须根据业主对投标书所要求的内容编制标前施工组织设计，施工组织标前设计的好坏既是能否中标的关键，又是总包单位进行分包的依据，同时还是承包单位与发包单位进行合同签约谈判，拟定合同文本中相关条款的基础资料。标前施工组织应根据招标文件的具体要求、施工单位的技术经济条件和施工现场的实际情况进行编制。

(2)标后施工组织。标后施工组织指在设计阶段编制的施工组织计划和投标时编制的标前施工组织的基础上,为了确保和落实标前施工组织按期或提前实现,施工单位中标及签订合同后编制的施工组织文件。它是施工单位在详细研究设计文件、图纸、合同条款,以及现场反复调查复核的基础上,对标前施工组织文件内容进行进一步的分析和研究,重新进行补充、完善和落实的过程。标后施工组织作为具体指导施工全过程的技术文件,其内容必须十分具体,对各分项工程、各工序和各施工班组都要进行施工进度的日程安排和具体操作的设计。

3. 按编制对象范围的不同分类

公路施工组织按编制对象范围的不同可分为总体施工组织、单位工程施工组织和分部(分项)工程施工组织。

(1)总体施工组织。总体施工组织是以整个建设项目为对象编制的,用以指导整个建设项目施工全过程的各项施工活动的全局性、控制性的指导文件。在总体施工组织的指导下,再深入研究总项目下的分项目(单位工程)施工组织。总体施工组织一般在初步设计或扩大初步设计被批准之后,由总承包企业的总工程师负责,会同建设、设计和分包单位的工程师共同编制。

(2)单位工程施工组织。单位工程施工组织是以一个单位工程(如公路工程中的一座隧道或一座桥梁)为对象编制的,用以指导其施工全过程的各项施工活动的局部性、指导性文件。其任务是按照总体设计的要求,根据现场施工的实际条件,具体地安排人力、物力和建筑安装工程的进行,是施工单位编制作业计划和制订季、月、旬施工计划的依据。单位工程施工组织一般在施工图设计完成后,在拟建工程开工之前,由工程项目的技术负责人负责编制。

(3)分部(分项)工程施工组织。分部(分项)工程施工组织是以分部(分项)工程为编制对象,用以具体实施其分部(分项)工程施工全过程的各项施工活动的技术、经济和组织的实施性文件。一般对于工程规模大、技术复杂、施工难度大或采用新工艺、新技术施工的建筑物或构筑物,在编制单位工程施工组织之后,常需对某些重要的又缺乏经验的分部(分项)工程再深入编制专业工程的具体施工组织。例如公路施工中的高填方、深路堑、深基础、大型结构安装、地下防水工程等。

二、任 务 实 施

(一)分析公路施工组织研究的对象

公路施工组织是针对公路项目施工的复杂性,对公路基本建设过程中众多要素进行统筹安排与系统管理,使其符合客观规律的一门学科。它研究如何组织、计划施工项目的全部施工过程,寻求最合理的组织管理方法。

公路工程施工组织与其他建筑工程施工组织一样,涉及劳动力、材料、施工机具设备、资金,以及施工方法、政策法规、公共关系等诸多方面的问题。因此,公路施工组织的主要研究对象是施工过程中的如下问题:时间问题,即施工进度计划编制;空间问题,即组织管理机构及场地布置;资源问题,即劳动力、材料、机具设备等的供应;经济问题,即工程造价、工程成本控制及资金合理利用等。

(二)明确公路施工组织的任务

公路施工组织是在充分研究公路工程的实际情况和施工特点的基础上编制的,按最适宜的施工方案和技术组织措施，规划、部署施工活动的各个方面，使其实现最好的经济效益。

公路施工组织的基本任务是根据业主对建设项目的各项要求，密切结合我国现行经济政策，充分考虑公路工程施工特点，运用科学的方法和手段组织施工，合理地安排施工过程中劳动力、材料、机具设备、资金、进度、工期等要素，以提高承包人的经济效益为中心，使施工工期短、工程建设费用低、生产效率高、工程质量好，保证按合同工期完成项目施工任务，实现有计划、有组织、有秩序地进行项目施工管理，以期达到项目施工的整体效益最佳。也就是说，根据工程特点、工期要求、自然条件及资源供应等情况，作出切实可行的施工组织计划，并提出有效的确保工程质量和施工安全的技术措施。

(三)编制公路施工组织的步骤

公路施工组织不管是投标前按投标书的要求编制，还是中标后按合同书的要求编制，其编制步骤大同小异。编制公路施工组织的步骤主要包括以下几个方面。

1. 描述工程概况

施工组织中的工程概况，实际上是对拟建项目所作的一个简要的总说明。其内容主要包括：工程性质，施工条件，地理位置，建设规模，合同工期，有关地形、地质、气象和水文特征，主要技术标准，主要工程项目及数量等。

2. 进行施工总体安排

施工总体安排是在充分了解工程情况、施工条件和建设要求的基础上，对整个建设项目全局作出的统筹规划和全面安排。其内容一般应包括：施工组织，技术组织，总体平面布置，设备、人员动员周期和设备、人员、材料运到施工现场的方法，临时工作安排，施工总进度安排等。

3. 拟订施工总体方案

施工方案是指对工程施工所作的总体设想和安排。它是根据施工规律、客观条件和技术要求，把人力、材料、机械设备最有效地组合在一起。施工方案的选择是施工组织中最重要的问题，是决定整个工程全局的关键。施工方案包括的内容很多，主要包括：施工方法的确定、施工机械和设备的选择、施工顺序的安排、科学的施工组织等。

4. 编制施工进度计划

施工进度计划是在选择好施工方案后，对建筑产品的施工顺序、开竣工时间以及相互衔接关系在时间上的安排。施工进度计划在项目施工规划中起着主导作用，用以指导项目施工的均衡性。施工进度计划包括划分施工项目，计算工程量和劳动量，计算工作天数、安排工作进度，编制施工进度计划表，检查和调整施工进度计划等。

5. 绘制施工现场平面布置图

施工现场平面布置图在施工现场范围内将施工对象的设计位置、工程材料、施工设备以及服务于生产和生活的各项临时设施在空间上进行全面合理地布置，以平面图的形式表达出来。

6. 确定资源需要量计划

资源需要量是指工程项目施工过程中所必须消耗的各类资源的计划用量，它包含劳动力的来源和组合，机械设备的选用和上场时间，以及材料品种的选购和供应的时间、数量等，要根据施工进度的要求及时组织有效的供应。

7. 编制主要技术组织措施计划

施工技术组织措施是指降低工程施工成本、提高工程质量、加快工程施工进度、保证工程施工安全等方面的措施。技术组织措施主要反映工程项目的质量、工期、安全、环保等方面的要求和做法。通过技术组织措施的编制，使业主更能全面了解承包方的现代化管理水平，增强业主对承包方完成项目的信心。

三、学习效果评价反馈

(一)学生自评

根据认知施工组织文件完成下列问题:

(1)基本建设的定义是什么?

(2)公路建设的内容包括哪些?

(3)基本建设项目的组成及各组成部分的含义是什么?

(4)公路建设项目可行性研究报告的主要内容有哪些?

(5)施工图设计文件一般由哪几部分组成?

(6)什么是公路建设项目后评价?公路建设项目后评价报告的主要内容是什么?

(7)什么是公路施工程序?公路施工程序包括哪几个阶段?

(8)公路基本建设程序的各项内容是什么?

(9)公路施工组织的作用是什么?

(10)公路施工组织可分为哪几类?

(11)编制公路施工组织的步骤有哪些?

(二)学习小组评价

班级:____________姓名:____________学号:____________

学习内容	分 值	评 价 内 容	得 分
基础知识	30	基本建设的定义;基本建设的分类;基本建设项目的组成;公路基本建设的定义;公路基本建设项目组成;公路建设的内容;公路基本建设程序的内容;公路施工程序的内容;公路施工组织的定义;公路施工组织的作用;公路施工组织的分类	
应会技能	10	能明确公路施工组织的任务	
	20	能叙述公路施工图设计文件的组成	
	10	能说明公路基本建设程序及公路施工程序的内容	
	20	会分析公路施工组织基本编制步骤	
学习态度	10		
合 计	100		
学习小组组长签字:			年 月 日

(三)任课教师评价

班级:____________姓名:____________学号:____________

评 价 内 容	分 值	简 评	得 分	教师签字
准备工作情况	20			
课堂表现情况	30			
任务完成质量	30			
团结协作精神	20			
合 计	100			
备 注				年 月 日

工作任务二　路桥施工组织准备工作

学习目标

1. 了解路桥施工组织工作内容；
2. 了解路桥施工前准备工作计划与内容；
3. 分析建设地区自然条件资料和技术经济条件资料；
4. 根据施工组织编制的需要完成收集施工组织资料的作业；
5. 正确完成公路施工组织准备工作。

任务描述

本工作任务的内容是调查、收集和分析编制公路施工组织所需的自然条件及技术经济条件等基础资料。通过完成该任务，科学地制订施工方案，合理地安排施工进度，正确地做好施工现场部署工作，编制出切实可行的公路施工组织文件。

学习引导

本工作任务沿着以下脉络进行学习：

路桥施工技术准备→劳动组织准备→物资准备→施工现场准备→收集自然条件资料→收集技术经济条件资料

一、相关知识

(一)路桥施工组织所需基础资料及来源

公路施工产品类型多、投资巨大、生产周期长、受外界及自然因素影响大，需要协调的问题复杂。要编制出切实可行的施工组织文件，施工前必须掌握准确可靠的原始资料，有计划、有步骤地认真做好原始资料的调查、收集和分析工作。在此基础上，才能正确地制订施工方案、合理地安排施工进度，以及正确地做好各项资源供应和施工现场部署工作。

编制施工组织所需要的基础资料，通常包括建设地点的各种自然条件和技术经济条件的资料。这些资料，一部分可以由建设单位、设计单位提供，但更多的是要通过现场实地考察、市场调查、社会调查和企业内部经营能力调查来取得。

(二)路桥施工准备工作计划分类

施工企业必须认真做好施工准备工作计划的编制工作，创造有利的施工条件，使施工过程能连续、均衡、有节奏、有计划的进行，从而按时、安全、保质、低耗地完成施工生产任务。

根据施工阶段的不同，可将施工准备工作分为两类。

1. 工程项目开工前的施工准备

工程项目开工前的施工准备又称全场性施工准备，是指在工程正式开工之前所进行的全面的施工准备工作，其目的是为工程正式开工创造必要的施工条件。

2. 各施工阶段开展施工前的施工准备

该施工准备又称分部分项工程施工准备，是指在工程项目开工之后，每个施工阶段正式施工之前所进行的各种施工准备工作，其目的是为该施工阶段正式施工创造必要的施工条件。

如一座钢筋混凝土盖板涵的施工，一般可分为基础、墙身、盖板的预制和安装、回填等施工阶段，而每个施工阶段不仅施工内容不同，而且各个施工阶段所需要的技术条件、物资条件、组织要求和现场的布置等也各不相同，因此，在每个施工阶段开工之前，都必须认真做好相应的施工准备工作。

技术提示 从上述的分类可以看出：不仅在工程项目开工之前要做好施工准备工作，而且随着工程施工的进展，在各个施工阶段开展施工之前同样也要做好施工准备工作。施工准备工作既要有阶段性，又要有连贯性；要有计划、有步骤、分期、分阶段地进行；要贯穿于工程项目施工的全过程。

（三）路桥施工准备工作计划内容

要按照施工部署和施工方案的要求及施工总进度计划（施工总网络计划）的安排，编制施工准备工作计划。其内容主要包括技术准备、劳动组织准备、物资准备和施工现场准备等。

1. 技术准备

技术准备是施工准备的核心。由于任何技术上的差错和隐患都可能导致人身安全事故和质量事故的发生，造成生命、财产和经济损失。因此，必须认真做好技术准备工作。技术准备的具体内容如下：

（1）熟悉设计文件，研究核对设计图纸。在正式开工之前，为了使参与施工的工程技术人员充分了解和掌握设计意图、结构和构造特点，以及技术、质量要求，能够按照设计要求顺利地进行施工，应组织技术人员审查设计施工图纸是否完整、齐全；研究核对技术文件和设计图纸与说明书在内容上是否一致，全面领会设计意图；检查核对设计图纸与其各组成部分之间有无矛盾或错误，所依据的水文、地质、气象、岩土等资料是否准确、可靠、齐全；路线中线、主要控制点、转角点、水准点、三角点、基线等是否准确无误；重要构造物的尺寸、孔径大小等是否恰当，能否采用新技术或使用新材料等。在进行设计文件研究及图纸核对时，对设计文件和图纸中存在的疑问、问题或错误应进行详细的记录，应及时向设计单位和监理工程师提出，并进行协商解决。

（2）进一步调查、核实、分析原始基础资料。为了做好施工准备工作，除了要掌握有关施工项目的书面资料外，还应该进行施工项目的实地勘测和调查，获得有关数据的第一手资料，这对于正确选择施工方案、制订施工技术组织措施、合理安排施工顺序和施工进度计划以及编制一个完整的施工组织文件是非常必要的。调查工作主要包括自然条件调查和技术经济条件调查两个方面。

调查、核实、分析原始基础资料的主要内容包括：①对自然条件的调查、核实、分析。如对地质、水文、气象、地震、滑坡、泥石流等的调查、核实、分析。②对技术经济条件的调查、分析。如调查施工现场的动迁、当地可利用的地方材料、外购材料、砂石料场、水泥生产厂家及产品质量、地方能源和交通运输、地方劳动力和技术水平、当地生活物资供应、可提供的施工供水供电条件、设备租赁、当地消防治安、分包单位的力量和技术水平等状况。

（3）施工前的设计技术交底。施工前的设计技术交底工作，通常由建设单位主持，设计、监理和施工单位参加。首先由设计单位的设计负责人说明设计意图、设计依据、设计要求以及所设计工程的功能与特点，并对工程的特殊结构、新技术和新材料等提出设计要求，对施工中应注意的关键技术问题等，进行设计技术交底。

施工单位通过对设计意图的理解以及研究核对设计文件和图纸的相关记录，提出对设计图纸的疑问、建议或变更。最后在统一认识的基础上,对所探讨的问题逐一做好记录,形成“设计技术交底纪要”,由建设单位正式行文,参加单位共同会签盖章,作为施工合同的一个补充文本。该补充文本与设计文件同时使用,既可作为指导施工单位施工的依据,也可作为建设单位与施工单位进行工程结算的依据。

(4)确定施工方案,进行施工设计。施工方案是编制施工组织首先要确定的问题,也是决定其他内容的基础。施工方案一旦确定,则整个工程的施工进程、人力、材料、机械的需要量,工程质量和施工安全,成本,现场的组织管理也就随之确定下来了。因此,在全面熟悉设计图纸和正确理解设计意图的基础上,应根据进一步掌握的情况和资料,对投标时初步拟定的施工方案进行重新评价和深入研究,以制订出更详尽且符合现场实际情况的施工方案。

施工方案一经确定,即可进行各项临时性结构的施工设计。这些临时性结构有:基础的围堰,沉井或钢围堰的制造场地及下水、浮运、就位、下沉等设施,钻孔桩水上工作平台,梁顶推施工的台座和浇筑场地,悬浇施工的挂篮,装配式桥梁的预制台座,安装导梁或架桥机,模板、支架和脚手架,自制起重吊装设备,施工便桥、便道及装卸码头等。施工设计应在保证安全的前提下尽量考虑使用现有的材料和设备,因地制宜,使设计出的临时结构经济适用、装拆简便、通用性强。

(5)编制施工组织设计和施工预算。施工组织设计是施工准备工作的重要组成部分,也是指导施工现场全部生产活动的基本技术经济文件。编制施工组织设计的目的在于全面、合理、有计划地组织施工,从而具体地实现设计意图,优质高效地完成施工任务。因此,在施工之前,必须根据拟建道桥工程的规模、结构特点和施工合同的要求,在对原始资料调查分析的基础上,编制出一份能切实指导该工程全部施工活动的组织设计方案。

施工预算是施工单位根据中标后的合同价、施工图纸、施工组织设计或施工方案、施工定额等文件进行编制的,它能对施工过程中全部的经济活动进行切实有效的控制。

2. 劳动组织准备

(1)建立施工组织机构。根据施工项目的规模、结构特点和复杂程度,确定施工项目的施工组织机构人选;职能部门设置、人员的配备应适应工作的需要,力求精干、高效;坚持合理分工与密切协作相结合,责权具体,便于指挥和管理。选择适合施工项目管理的组织结构模式。

(2)设置施工班组(或专业工作队)。根据专业、工种确定合理的施工队组;技工、普工的比例要满足流水施工组织方式的要求,同时要制订出劳动力需要量计划。

(3)人员进场与培训。在建立工地组织领导机构后,根据各分部分项工程的开工日期和劳动力需要量计划,分批分阶段地组织劳动力进场,并及时组织进行上岗前的培训教育工作。因为施工生产中的决定性因素是人,所以施工力量的集结进场和特殊工种及缺门工种的培训教育工作是施工准备工作的一项重要任务。施工中需要的工种很多,对直接为施工服务的工种及其他缺乏的工种或对技术水平要求较高的工种,进场前都应进行技术、质量、安全操作、消防和文明施工等方面的培训教育。

(4)向施工班组和操作工人进行开工前的技术交底。在单位工程或分部分项工程开工之前,应详尽地向施工班组和操作工人进行技术交底,以保证工程能严格按照设计图纸、施工组织设计、施工技术规范、安全操作规程和施工质量检验评定标准的要求进行施工。交底工作应按照管理系统自上而下逐级进行。根据不同的对象,交底可采取书面、口头和现场示范等形式。

技术交底的内容主要有:施工工艺、质量标准、安全技术措施、降低成本措施和施工验收规范的要求,新技术、新结构、新材料和新工艺的施工实施方案和保证措施。班组和操作工人在接受交底后,要组织其成员对所担负的工作进行认真的分析研究,弄清结构的关键部位、要达到的质量标准、需采取的安全措施以及应遵循的操作要领,并明确任务、做好分工协作。

(5)建立健全各项管理制度。在施工过程中,工地一般应建立技术质量责任、工程技术档案、施工图纸学习、技术交底、职工考勤考核、工程材料和构件的检查验收、工程质量检查与验收、材料出入库登记和保管、安全操作、机具使用保养等管理制度。

3. 物资准备

各种材料、构件、制品、机具和设备是保证工程施工顺利进行的物质基础,这些物资的准备工作必须在相应的工程开工之前完成,方能满足工程连续施工的要求。物资准备工作的内容主要包括:

(1)建筑材料的准备。

(2)构(配)件、制品的加工准备。

(3)施工机械及机具设备的准备。

4. 施工现场准备

施工现场准备主要是为工程的施工创造有利的施工条件和物资保证。其准备工作内容如下:

(1)做好施工测量控制网的复测和加密工作。要按照设计单位提供的总平面图及测量控制网中给定的基线桩、水准基桩和重要桩志的保护桩等资料,在施工现场进行三角控制网的复测,补充加密施工所需的各种标桩,建立满足施工要求的工程测量控制网。

(2)施工现场的补充钻探。当地质钻探资料有时因钻孔数量较少或钻孔位置相距过远而不能充分反映实际的地质情况时,需要进行补充钻探,以查明实际的地质情况或可能存在的地下障碍物,为基础工程的施工创造有利条件。

(3)清除各种障碍物及做好"三通一平"工作。测出工程占地和征用土地的范围,拆迁房屋、电信及管线设施等各种障碍物;做好路通、水通、电通和平整场地等工作。

(4)搭建各种临时设施。按照施工总平面图的布置,修建便道、便桥;修建大型沥青加工场、混凝土搅拌站、预制场、钢筋加工厂、机修厂;为正式开工准备好生产、生活、办公、居住和存储等临时用房。当有永久建筑物可以利用时,应尽量利用。

(5)安装调试施工机具。按照施工机具需要量计划,组织施工机具进场,并根据施工总平面图的布置将施工机具安置在规定的地点。在开工前,应对施工机具进行检查和试运转。需要取得使用许可证的,应及时向主管部门办理。

(6)原材料的试验和储存堆放。按照材料的需要量计划应及时提供材料试验,如钢材的机械性能试验,预应力材料的力学性能试验,水泥、砂石等原材料的试验,以及混凝土的配合比试验等。要及时组织材料进场,进场后应按规定的地点和指定的方式进行储存和堆放。

(7)做好冬季、雨季的施工安排。按照施工组织设计的要求,落实冬季、雨季的临时设施和技术措施,做好施工安排。

(8)落实消防、环保、安全保卫措施。要设立消防、环保、安全保卫等组织机构,制定有关规章制度,设置消防、安全保卫设施。

二、任务实施

(一)收集建设地区自然条件的资料

建设地区自然条件的资料一部分可以由建设单位、设计单位提供,但更多的是要通过现场实地考察、市场调查、社会调查和企业内部经营能力调查来取得。

1. 地形、地貌资料

地形、地貌资料主要包括公路沿线、桥位、隧址、附近加工场及大型土石方地段的调查资料和建设区域的地形图。这些资料可作为选择施工用地、布置施工平面图、进行场地平整及土方量计算、规划临时设施、了解障碍物及其数量等的依据。

建设区域地形图的比例尺一般不小于1:2 000,等高线高差为0.5～1.0m。图上对居民区,厂矿,给排水、电力、电信网,车站、码头、铁路、公路交通状况,河流、湖泊位置,大型建筑物、构筑物位置,地方材料产地等应标明。建设区域地形图主要用于各种临时设施、临时工程的布设。

2. 工程地质资料

确定工程地质资料的目的是为了查明建设地区的工程地质条件和特征,包括地层构造、土质的类别及土层厚度、土的特征、承载能力及地震级别等。主要有:①建设地区钻孔布置图、地质勘察报告、工程地质剖面图、土的物理力学性质指标。②土的压缩试验和关于承载能力的结论等文件。③有古墓的地区还应包括古墓勘察情况报告等。这些资料可作为选择路基土石方施工方法、基础施工方法及确定特殊路基处理措施、选定自采加工材料料场等的依据。

3. 水文地质资料

(1)地下水文资料:包括地下水在全年不同时期内水位的变化、流动方向、流动速度;地下水的水质分析及化学成分分析;地下水对基础有无冲刷、侵蚀影响等。收集地下水部分资料,可以确定基坑工程、排水工程、打桩工程、降低地下水位等工程的施工方法,有助于选择基础施工方案、确定降低地下水位措施、复核地下排水设计以及拟定防止侵蚀性介质的措施。

(2)地面水文资料:包括临近江河湖泊距施工现场的距离,年平均流量、逐月的最大和最小流量、流速和水位,湖泊、水库的储水量,冰冻的开始与终止日期及最大、最小和平均的冻结深度,航运及漂浮物情况等。收集地面水部分资料,可以确定建设地区附近的河流、湖泊的水系、水质、流量和水位等,其目的在于为确定临时供水方案、制订水下工程施工方案、复核地面排水设计等提供依据。

4. 气象资料

确定气象资料的目的在于了解建设地区的气候条件。主要是通过向气象部门调查取得工程所在地的气温、降雨、季风、积雪、冻深等有关资料。

(1)降雨资料:包括全年降雨量、雨季期、日最大降雨量、年雷暴雨日数等。调查资料有助于确定全年施工作业的有效工作天数及桥涵下部构造的施工季节,制订雨季施工措施、工地排水及防洪方案等。

(2)气温资料:包括年平均、最高、最低气温。调查资料有助于确定夏季防暑降温及冬季施工措施,估计混凝土、水泥砂浆的强度增长情况,选择水泥混凝土工程、路面工程及砌筑工程的施工季节。

(3)风力及风向资料:包括最大风力、主导风向、风速、风的频率,大于或等于8级风的全年天数等。调查资料有助于安排临时设施,确定高空作业及吊装的方案与安全措施。

5. 其他自然条件调查

对于地震、滑坡、泥石流等,必要时也应进行调查,并注意它们对路基和基础的影响,以便采取专门的施工保障措施。

[案例] 吉林省镇赉至嘎什根二级公路沿线自然条件资料:

(1)地形、地貌。

本项目经过的行政区为镇赉县,位于吉林省西部,东经123°08′~123°23′,北纬45°50′~46°13′。路线基本走向是由南向北,起点为镇赉镇嫩江路与新兴街交叉处,经黑鱼泡、莫莫格、五棵树、嘎什根,终点为吉林省与黑龙江泰赉县交界处。

本项目处于松嫩平原西部边缘,北与大兴安岭外缘台地相连,海拔高度在134~151m之间,为沙丘覆盖冲积平原。地貌主要特征是平原上有沙丘覆盖且有盐碱化现象,公路自然区划为II_3区,即东北西部干旱季冻区。该地区地势平坦,西北高、东南低,起点至黑鱼泡为沙丘,黑鱼泡至终点为河谷冲积平原。其沿线湖泊、泡沼星罗棋布。植被以旱田为主,有部分草地、水田和盐碱荒地。

(2)地质构造、地层岩性与土质。

该路线经过地区的地质构造属于松辽平原第二沉积带,表层均为冲积、风积、风化残积的第四系地层,深度为5~50m,下层均为白垩纪泥岩、砂岩、页岩。表层土质多为薄层种植土,深度为30~60cm,下层多为粉质土、低液限黏土及较薄的淤泥层,局部路段有沙丘覆盖和盐碱化现象。该部分地区作为天然地基,浅层介质松散、含盐量高,易发生沙土液化,尤其应注意沙丘地形迁移的影响。

(3)水文地质条件。

该地区水文地质条件较好,地下水以潜水和上层滞水为主。上述各种类型地下水主要以大气降水补给为主,人工开采和地下径流为其主要消耗与排泄途径。地下水位在2~10m不等,对路基稳定不会产生很大影响。本路线经过的二龙涛河、呼尔达河两条河均属季节性河流,全线受嫩江、洮儿河活动的影响。

(4)地震。

地震烈度按建设部建抗字【1993】13号、吉林省建设厅吉建设抗字【1993】第4号文件进行地震区域划分。根据《中国地震烈度区划图(1990)》,路线经过地区地震基本烈度为VI~VII度。根据交通部颁布的《公路工程抗震设计规范》(JTJ 004—89)的要求,本项目主要工程构造物需设防。

(5)气象条件。

本项目所经过的地区属中温带半干旱大陆性季风气候,主要特点是春季干燥多风,风向以南偏西为主,四季变化明显。历年平均气温为4.4℃,极端最高气温为39.1℃,极端最低气温为-33.4℃。历年平均降雨量为388.5mm,雨季多集中在夏季,最大日降雨量为121.1mm,发生在1985年。风向随季节而变化,冬季盛行偏北风,夏季盛行偏南风。年平均风速为3.4m/s,历年最大风速为25.0m/s。冰冻一般于每年10月开始,5月结束,最大冻土深度达192cm,出现在1969年4月。

(二)收集建设地区技术经济条件资料

收集建设地区技术经济条件资料的目的在于查明建设地区地方工业、交通运输、动力资源和生活福利设施等可能利用的程度。其主要包括以下内容。

1. 能源及生活物资供应资料

能源一般指水源、电源、燃料资源等。资料主要包括:施工及生活用水与当地水源连接的距离、地点、水压、水质及水费等;施工及生活用电的电源位置、路径、容量、电压及电费等;施工及生活用物资、燃料的供应及价格情况等。

2. 交通运输条件资料

交通运输方式一般有铁路、公路、水路、航空等。资料主要包括:工地沿线及邻近地区的公路、铁路、航道的位置;车站、港口、码头到工地的距离和卸货与存储能力;主要材料及构件运输通道的情况;有超长、超高、超宽或超重的大型构件需整体运输时,还要调查沿途架空线路、隧道、立交等净空高度和宽度等资料。

3. 建筑材料及地方资源资料

资料主要包括:建筑材料的产地、品种、规格、质量、单价、运输方式、运输距离及运费情况,地方资源的开采、运输、利用的可能性及经济合理性。这些资料可作为确定材料的供应计划、加工方式、储存和堆放场地及建造临时设施的依据。

4. 社会劳动力及生活设施资料

资料主要包括:当地能提供的劳动力来源、人数、技术水平、工资情况;建设地区已有的可供施工期间使用的房屋情况;当地主副食供应、日用品供应、文化教育、消防治安、医疗单位等各种设施在施工中可能充分利用的情况等。这些资料是制订劳动力安排计划、建立职工生活基地、确定临时设施的依据。

5. 建筑基地情况资料

资料主要包括:建设地区附近有无商品混凝土搅拌站和预制构件厂;有无建筑机械化基地、机械租赁站及修配厂;有无木材加工厂、采石厂、金属结构及配件加工厂等。这些资料可用作确定构配件、半成品及成品等货源的加工供应方式和运输计划的依据。

6. 设计、招标及合同文件资料

资料主要包括:施工需要的设计图、表、设计说明书、招标文件及合同文件等。在可能的条件下,还应有:工程的结构形式和细部结构特点资料;各分项工程的工程数量及其分布情况;工程所需各种材料与构件、成品的数量和规格;永久工程配置的设备情况;对施工的特殊要求;本项目设计中采用新材料、新结构、新工艺、新技术的资料;预算定额、预算单价、编制依据等资料。

三、学习效果评价反馈

(一)学生自评

根据路桥施工准备工作计划内容及认知设计文件中自然及技术经济条件资料完成下列问题:

(1)根据施工阶段的不同,路桥施工准备工作计划可分为哪几类?

(2)路桥施工准备工作计划内容有哪些?

(3)路桥施工技术准备工作计划内容有哪些?

(4)路桥施工物资准备工作计划内容有哪些?

(5)路桥施工劳动组织准备工作计划内容有哪些?

(6)路桥施工的施工现场准备工作计划内容有哪些?

(7)建设地区自然条件资料有哪些?

(8)建设地区技术经济条件资料有哪些?

(二)学习小组评价

班级:____________姓名:____________学号:____________

学习内容	分值	评价内容	得分
基础知识	30	路桥施工组织所需基础资料;路桥施工准备工作计划内容;路桥施工技术准备工作计划内容;路桥施工物资准备工作计划内容;路桥施工劳动组织准备工作计划内容;路桥施工的施工现场准备工作计划内容	
应会技能	10	正确拟定路桥施工准备工作计划	
	20	会调查、收集和分析公路施工组织所需的自然条件资料	
	30	会调查、收集和分析公路施工组织所需的技术经济条件资料	
学习态度	10		
合计	100		
学习小组组长签字:			年 月 日

(三)任课教师评价

班级:____________姓名:____________学号:____________

评价内容	分值	简评	得分	教师签字
准备工作情况	20			
课堂表现情况	30			
任务完成质量	30			
团结协作精神	20			
合计	100			
备注				年 月 日

学习情境二　施工方案的制订

工作任务一　选择施工方法

学习目标

1. 了解施工方案的含义及其组成内容；
2. 认知公路与桥隧工程一般施工项目的施工方法；
3. 分析施工方法选择应考虑的因素；
4. 知道施工方案编制的原则及依据；
5. 知道施工方法选择的原则及依据；
6. 根据施工方案编制的原则及依据，正确拟订施工方案；
7. 根据施工方法选择的原则及依据，合理选择施工方法。

任务描述

通过完成该任务，学生能够初步认知选择施工方案的方法、步骤和内容，合理运用施工方案的编制原则，拟定一般分部分项工程的施工方案。同时，学生应领会选择施工方法的原则和需要考虑的各种关联因素，认知公路与桥梁工程施工常见的施工方法，并能够根据施工方法的选择依据和原则合理地选择施工方法。完成该任务，学生首先需认知施工图设计文件和施工组织计划的主要内容，熟识公路与桥梁工程施工的一般方法。然后，结合业主对质量和工期等要求，考虑关联因素，拟定合理的施工方案。其次，在领会施工方法选择原则的基础上，考虑施工方法选择的关联因素，合理进行施工方法的选择。

学习引导

本工作任务沿着以下脉络进行学习：

领会施工方案基础知识 → 明确施工方案编制的原则及依据 → 初步拟定施工方案 → 认知常见施工方法 → 领会施工方法选择原则 → 明确选择施工方法的关联因素 → 正确选择施工方法

一、相关知识

(一)施工方案及其组成内容

1. 施工方案

施工方案是指对工程项目所作的总体安排和设想，是根据建设目标和工期要求，对施工技术与方法以及施工资源配置所进行的统筹规划。拟定施工方案是编制各类施工组织设计时需首要解决的问题。

在建设项目的设计阶段，施工方案是施工组织设计文件的核心内容，或者说，初步设计和技术设计阶段的施工方案和修正施工方案本身就属于施工组织设计文件。实质上,施工组织设计就是施工方案、修正施工方案、施工组织计划、指导性施工组织设计和实施性施工组织设计等施工组织文件的统称。

设计阶段的施工方案、修正施工方案或施工组织计划,由勘测设计单位编制,并列入设计文件后按规定上报审批。指导性和实施性施工组织设计文件,则完全由施工单位根据批准的初步设计或施工图设计中的施工方案,结合建设项目的工程属性、施工条件、施工单位的技术、装备以及管理水平进行编制。其中,指导性施工组织设计中的施工方案,作为投标书中技术文件的主要组成部分,也是评标、定标工作中进行技术评审的主要评价因素,它综合反映了一个施工企业的技术、装备和管理水平,对施工企业能否中标起着极其重要的作用。实施性施工组织设计文件中的施工方案,则是指导工程施工生产的主要技术与经济文件,其通常是作为承包人开工报告的重要组成部分,须报监理和业主审批。批准后的施工方案是指导施工、开展生产、进行技术和经济活动的重要依据。

2. 施工方案的组成内容

施工方案是工程项目施工技术、组织手段和相应资源的有机组合,一般由施工方法确定、施工机械选择和施工顺序安排及施工作业方式四部分内容所构成。但编制不同阶段的施工方案时,侧重面不同,在对施工技术、组织方法和资源配置的描述方面,其详细程度也不一样。例如:设计阶段的施工方案,主要根据建设项目的建设目标进行规划,侧重于对施工技术方法与施工资源配置(包括人力资源、机械设备、材料及建设资金等)的可行性进行编制,主要包括以下内容:

(1)施工方案说明。

(2)人工、主要材料及机具设备安排表。

(3)工程概略进度图(根据施工方案、施工条件及工期目标概略安排)。

(4)临时工程一览表。

其中,“施工方案说明”列入初步设计总说明书中,其主要内容为:

(1)施工组织、施工力量和施工期限安排。

(2)主导、关键工程和特殊工程施工方案。

(3)临时工程安排。

(4)主要材料供应及设备配置。

(5)下一阶段应解决的问题和注意事项。

招投标及施工阶段的施工方案,主要根据工程属性、施工条件、业主的建设目标和要求(工期和质量),以及相应的施工技术规范编写,主要对工程项目的基本生产过程进行计划、组织与安排。它在保证施工技术方法可行性的基础上,更多地要考虑施工方案的技术先进性与经济性。这一阶段的施工方案在施工技术、生产组织与计划的细节方面,比设计阶段的施工方案描述得更具体、更详尽。其主要包括以下内容:

(1)编制依据。

(2)分部分项工程(侧重关键与特殊工程)概况与施工条件。

(3)施工总体安排,包括施工准备、施工管理、生产机构建立、施工总平面布置、施工部署、现场布置等内容。

(4)施工方法,包括施工验算、工艺流程、施工工序及施工技术规范等。

(5)施工机械选择。根据施工方法选择施工机械,合理进行机械组合与匹配。

(6)施工组织方法,包括施工作业方式、施工作业次序。

(7)质量控制标准与措施。

(8)安全文明施工、消防和环保措施。

(二)施工方案的编制依据

编制施工方案,首先要理解工程项目的设计要求和设计意图,然后在满足施工技术规范、质量评定标准和操作规程相关条款的具体规定的基础上,根据合同工期和业主的质量要求,结合施工现场的地形地貌、水文地质条件和施工条件,拟定施工方案,其编制依据如下:

(1)施工图设计图表及总说明。

(2)招标文件及其工程量清单。

(3)公路与桥涵工程的现行施工技术规范与相关标准以及相关操作规程。

(4)工程所在地现场勘察与施工资源(包括可供利用的人力、材料、机械设备资源和运力状况等)调查资料。

(5)业主的工期和质量要求。

(6)工程属性与施工条件等。

(三)施工方案的编制原则

拟定切实可行的施工方案是编制施工组织设计的关键环节,也是决定工程项目施工成效的关键因素。一个施工方案的优劣不仅决定了施工组织设计的编制质量,还对施工进度、质量和成本有直接影响。特别是在招投标时,通过施工方案的展示,可折射出一个施工单位的技术实力、设备优势和管理水平。因此,施工单位一定要高度重视和慎重选择施工方案,并考虑工程项目施工过程的时效性、可行性和成效性。施工方案的编制应遵循以下原则:

1. 编制施工方案应以保证业主的质量要求为前提

施工方案及其施工资源配备首先要满足业主的质量要求和施工技术规范的要求,不符合业主质量要求的施工方案不予考虑。

2. 编制施工方案应满足业主的工期要求

施工方案的优劣及其施工资源配备的多少对施工进度的快慢有着直接影响。合理先进的施工技术方案有益于劳动生产率的提高,可以有效地加快施工进度。在业主对工期要求比较紧的情况下,更易于满足业主的工期要求。而施工方案不合理,且资源配备不足或不匹配时,会导致施工进度缓慢,难于满足业主的工期要求。

3. 施工方案应切实可行

施工方案编制应有针对性。施工方案应根据分部分项工程具体的工程属性和施工条件来拟定,既要考虑地形地貌、水文地质、气候气象等自然条件对施工的影响,还要考虑机械设备、材料等资源配给的可能性。一个合理的施工方案,首先应切合实际,更重要的是看操作和实施过程是否可行。

4. 施工方案应经济合理

施工方法及其施工资源(指人力、材料、设备及资金等)配置是构成施工方案的主导因素。在一个具体的工程项目施工过程中,当采用的施工方法不同时,为其配置的施工资源是不同的,所消耗的资源种类和数量也是不同的。施工方案一经确定,所包含的施工资源消耗量也随之确定,并可按概(预)算编制方法将其直接成本测算出来。这就意味着,对于同一工程项目,当采用不同的施工方案时,将会产生不同的成本。因此,可以针对同一工程项目所采用的不同施工方案进行经济性评价，以寻求成本最低的施工方案。

5. 确保生产安全

施工方案的制订要符合《公路工程施工安全技术规程》(JTJ 076—1995)有关条款的要求，消除隐患，杜绝违规作业，保证人民的生命及财产安全。

6. 施工方案应采用先进技术

新工艺、新技术的推广和应用不仅可以提高施工企业的劳动生产率，为施工企业创造良好的经济效益，还能提高施工企业的技术实力和管理水平，推动科技进步和社会化大生产的进一步发展。

(四)拟定施工方案的步骤和方法

制订施工方案是一个较为复杂的系统工程。通常应首先以主导或关键工程为主，考虑关联因素，对施工条件和施工现场的自然因素进行深入细致的调查。其次，在掌握第一手资料和全面了解工程项目的工程属性的情况下，由施工单位的技术主管部门召集有关技术人员，根据业主对工期与质量的要求，结合施工企业的机械装备和技术实力，对主导和关键工程项目的施工方法进行可行性研究和评议，并对各种可行的施工方法，在施工技术和施工组织方面进行可行性和经济性评估，从中选定切实可行的施工方法。当主导或关键工程项目的施工方法一经确定，就需深入细致地分析其基本生产过程的工序以及工艺顺序，确定施工作业次序。最后，根据工序和施工顺序，进行合理的机械选型(有时主导工程机械在施工方法评议时已经选定)与配套，并配置其他施工资源，据此编制施工方案。

由以上编制施工方案的方法可看出，编制施工方案是一项先关键后辅助、先主体后局部、先框架后细部，且逐步深入细化的工作，一般按以下步骤进行。

(1)准备工作。

①熟悉招标文件及其工程量清单的主要内容，明确合同工期及分部分项工程项目的技术规范与质量要求。

②阅读施工图设计文件，了解设计意图并核对分部分项工程的工程量及几何尺寸。

③准备相关施工技术规范与标准。

④现场踏勘。熟识地形地貌，核验水文地质条件，了解工程所在地气象、气候条件。

⑤进行施工资源调查，摸清工程所在地可供利用的人力、设备等资源状况。

⑥进行必要的辅助工作，包括钻探、试验和勘测等。

(2)确定关键工程、主导工序和特殊工程的施工方法。

施工方法与施工机械的选择是相辅相成的关系。对于常规工程，由于施工单位一般均已拥有相应的配套机械与设备，通常以满足业主的工期和质量要求为主，先确定施工方法，后配置机械设备和人力资源；但技术复杂的大桥等工程，往往受施工条件和施工企业的装备与成熟经验所制约，有时以机械为主选择施工方法。确定施工方法时要考虑施工对象的工程属性、结构类型、施工条件、水文地质条件、气候气象条件等因素，还要结合施工企业的技术与设备优势，满足业主的工期和质量要求。

(3)确定关键工程和特殊工程的施工顺序和作业方式。

对同一工程项目，施工方法不同，其工序和工艺顺序也不同。因此，应针对选定的施工方法，仔细分析其基本生产和辅助生产过程的关系，并将其基本生产过程进行过滤与分解，以便详尽地确定关键工程与特殊工程的工序及工艺顺序，进而以工艺框图的形式排定施工作业次序；分析各工序的逻辑关系后，列出分部分项工程项目，确定施工顺序。根据业主的工期要求和施工条件确定分部分项工程的作业方式。

(4)选择施工机械、配置其他施工资源。

根据施工顺序及各分部分项工程的工程量及工程内容,结合业主的工期要求和施工条件,采用定额法或经验法选择施工机械,配置施工资源。

(5)编制方案说明和详细的施工技术方案(含工艺框图和详细的施工技术要求与方法)。

(6)建立质量管理体系,根据技术规范和质量要求,按《公路工程质量检验评定标准》(JTG F80/1—2004)拟定并编写质量控制目标与措施。

(7)根据《公路工程施工安全技术规程》(JTJ 076—1995)和《公路环境保护设计规范》(JTG B04—2010)等相关规范拟定并编写安全文明施工、消防和环保措施。

(五)公路与桥隧工程施工方法

自20世纪70年代以来,随着科技的进步,社会化大生产的不断提高,新材料、新工艺、新机械也应运而生,它们被广泛推广和应用到了各个领域。特别是伴随着预应力混凝土的出现和架桥机等各类特种机械的推广应用,引起了建筑施工生产工艺的不断变革,进而形成了多种多样的施工方法。如桥梁上部结构施工就有现浇、预制安装、悬臂拼装、顶推施工等多种工艺。由于公路与桥梁工程的分部分项工程名目繁多,施工方法多种多样,在此,只介绍常见工程项目的施工方法。

1. 路基工程

路基工程主要以土石方工程和路基边坡防护工程为主,最基本的施工方法是人工挖运、砌筑和机械挖运土石方;以岩体为主的挖方段采用爆破结合机械清运的方法施工。

1)路基填方

路基填方,最基本的施工方法是水平分层填筑法。但在原地面纵坡大于12%的地段,可采用纵向分层填筑法施工,即沿纵坡分层,逐层填压密实,填至路堤上部时仍然采用水平填筑法分层压实。

2)土质路堑挖方

土质路堑挖方是在土质挖方路段按设计要求进行挖掘,并将挖掘出来的土石运到填方段作为路基填料或者运往弃土点抛弃的过程。开挖路堑的水文地质状况与开挖边坡的坡度大小有关,同时也与路堑边坡的稳定性密切相关,如开挖边坡过陡,施工中排水不良,或弃土堆离坡顶太近,都会引起边坡失稳,发生塌滑。路堑的开挖方法有以下几种:

(1)横挖法。从路堑的一端或两端按横断面全宽逐渐向前开挖,它适用于距离较短的山体土方。对于路堑深度不大时,可以一次挖到设计高程;路堑较深时,可分几个台阶用机械开挖。分层横挖使得工作面纵向拉开,多层多向出土,可以容纳较多的施工机械,加快施工的进度。该法采用挖掘机配合自卸车作业,台阶高度宜控制在3~4m。

(2)纵挖法。沿路堑纵向将高度及深度分成不大的层次依次开挖,它适用于距离很长的集中性土石方工程。如果路堑的宽度及深度都不大时,可以按横断面全宽纵向分层开挖,即分层纵挖法;如果路堑的宽度及深度都较大时,可沿纵向分层,每层先挖出一条通道,然后开挖两旁,称为通道纵挖法;如果路堑特别长,可在适当位置将路堑的一侧横向挖穿,把路堑分成几段,各段再采用纵向开挖,称为分段纵挖法。纵挖法能较大地开辟工作面,加快施工节奏,其作为抢工期的组织措施是可取的。

(3)混合法。将横挖和通道纵挖混合使用,即先顺着路线方向开挖通道,然后沿横向坡面挖掘,以增加开挖面。在较大的挖方地段,还可横向开辟工作面。

3）石方开挖

石方开挖主要是根据施工对象的软硬程度选择施工方法，通常分为爆破法和非爆破法两类。非爆破法施工还分为松土法和破碎法；爆破法的作业方式较多，包括浅孔爆破、深孔爆破、光面爆破和预裂爆破、微差爆破、药壶炮、猫洞炮、洞室炮等。

（1）松土法。充分利用岩体自身存在的各种裂面和结构面，用推土机牵引松土器将岩体翻碎，再用挖掘机或装载机配合自卸车清运岩块。特点：下坡作业，单齿松土器适合破碎较薄岩体，多齿松土器适合破碎较厚岩体。松土法适宜开挖分化后的沉积岩。

（2）破碎法。用破碎机凿碎岩块，挖掘机或装载机配合自卸车清运岩块。特点：适宜于岩体裂缝较多，体积较小，抗压强度低于10MPa的岩石。由于该法作业效率不高，故不宜作为开挖岩石的主要方法，只能作为辅助手段使用。

（3）爆破法。采用炸药爆破的冲击力破碎岩石或岩体的方法。通常根据石方的集中程度、地质地形条件和路基断面现状选择爆破方法。

①浅孔爆破（钢钎炮）：炮孔直径小于75mm，深度不超过5m的爆破。适宜于孤石、整修边坡等小范围爆破。

②深孔爆破：炮孔直径大于75mm，深度超过5m以上的爆破。适宜于石方集中且地形平缓的地段，如垭口、深路堑等。

③光面爆破和预裂爆破：光面爆破是在开挖界限周边，适当排列一定间距的炮孔，在有侧向凌空面的情况下，用控制抵抗线和药量的方法进行爆破，使之形成一个光滑平整的边坡面。预裂爆破是在开挖界限处按适当间距排列炮孔，在没有侧向凌空面和最小抵抗线的情况下，用控制炸药用量的方法，预先炸出几条裂缝，使被爆岩体与山体分开，以保护开挖界限以外的山体或建筑不被破坏。这两种爆破完成之后，通常会在裂坡壁上留下半个炮孔痕迹。

④微差爆破：相邻药包或前后排药包以毫秒的时间间隔（一般在15～75ms之间）依次起爆，称为微差爆破。特点：破碎效果好，节约炸药量，可降低堆积高度，利于挖掘。

⑤药壶炮（葫芦炮）：将炮眼底部扩大成葫芦形，以求炸药集中埋在底部，提高起爆效果的一种炮型。适宜于结构均匀的硬黏土、次坚石和坚石。当炮眼小于2.5m，且裂缝、地下水发育充分或雨季施工时，不宜采用。

⑥猫洞炮：将集中药包直接放入直径在0.2～0.5m、深度在2～6m的水平或略有倾斜的炮洞中进行爆破的一种炮型。

⑦洞室炮：属于大爆破施工。通过导洞给药室装药，用药量在1t以上的爆破。

2. 路面工程

1）路面结构层

路面结构层的施工方法不多，通常天然材料垫层和底基层施工主要以平地机配合压路机为主进行施工。无机结合料稳定类底基层和基层、粒料类级配碎石底基层和基层，可采用路拌法和厂拌法两种方法施工。其中，路拌法又分为筛拌法和翻拌法。粒料类填隙碎石基层（底基层）亦可按干法和湿法施工，其工艺过程为：干法施工→洒少量水→终压；湿法施工→洒水饱和→碾压滚浆→终压。

采用路拌法施工时，由于难以准确控制灰、土剂量，其与厂拌法相比，混合料的内在质量比较差。所以，《公路工程标准施工招标文件》（交公路发［2009］221号）明确规定："水泥稳定混合料的拌和应采用厂拌法；混合料的摊铺应用监理人批准的机械进行。"

2)沥青路面

常见的沥青路面有热拌沥青混合料路面、沥青贯入式路面和上拌下贯式沥青路面、冷拌沥青混合料路面等。其中热拌沥青混合料路面常用于高速公路和一级公路的面层,也可用于市政道路和其他等级的公路上;贯入式沥青碎石和上拌下贯沥青碎石只可作三、四级公路的面层;冷拌沥青混合料可用于交通量小的三、四级公路的面层。

进行热拌沥青混合料路面施工时,必须在拌和厂(场站)采用拌和机拌制混合料,使用摊铺机实施摊铺作业。拌和设备的选型应根据工程量和工期综合考虑,而且,拌和机的生产能力应与摊铺能力相匹配,最好高于摊铺能力5%左右。

沥青贯入式路面是在初步压实的碎石层上浇灌沥青,再分层撒布嵌缝料,逐层浇洒沥青后所形成的大约4~8cm厚的路面面层。施工时,主层料可采用碎石摊铺机或人工摊铺,嵌缝料用集料撒布机撒布,沥青用洒布车喷洒,并配合压路机逐层碾压成型。若上面加铺沥青混合料形成上拌下贯式路面时,上面层通常采用"厂拌配合摊铺机摊铺"的施工工艺。

沥青表面处治路面可采用层铺法或拌和法施工。比较普遍采用的是层铺法,即将沥青材料和矿质材料逐层交替洒布(或撒布),分层碾压成型。拌和法可热拌热铺或冷拌冷铺,采用厂拌机摊铺工艺施工。

3)水泥混凝土路面

水泥混凝土路面施工有三种方法,即小型机具施工、轨道式摊铺机施工和滑模摊铺机施工。

小型机具施工主要指搅拌机(站)拌和混凝土、平板式振捣器(或梁)配合磨光机抹光成型的施工工艺过程。

轨道式摊铺机是混凝土摊铺的专用机械,其工艺过程为:将其搁置在轨道(也是侧模)上向前推进,实现混凝土摊铺和刮平,振捣梁配合振捣提浆,磨光机抹光成型。

滑模摊铺机的施工工艺过程与轨道式摊铺机基本相同,它是将各作业装置装载在同一机架上,通过位于模板外的行走装置随机移动滑动模板,迫使路面挤压成型,一次完成摊铺、振捣、整平等多道工序。

3. 桥涵工程

桥涵工程的结构形式多样,组成复杂,名目繁多。但不管桥涵工程项目的结构与组成形式如何变化,如果从桥涵的结构部位及其特征来看,桥涵主体一般都是由上部结构、下部结构和基础三部分组成。比较这三个组成部分的施工难易程度可以发现,下部结构的施工相对比较容易。因为,其墩台本身的结构和施工工艺并不复杂,当基础及其基础施工的辅助设施浮出水面(地面)后,不仅为墩台的施工创造了良好的施工条件,还为墩台施工搭建了坚实的平台,滑模施工工艺的出现更为高桥墩的施工提供了有力的技术保障。而上部结构与桥梁基础则不同,一个在空中,另一个在水(地)下,受水文地质和垂直运输条件以及施工操作空间的制约,其施工难度非常大。因此,桥梁施工技术方法的革新与创造也多集中在桥梁基础和上部结构的施工方面。随着设计理论的不断创新,新材料、新工艺的不断涌现,人们针对桥梁基础和上部结构的施工工艺,提出了许多施工方法。

1)桥梁基础施工

公路桥梁常用的基础主要有扩大基础、桩基础和沉井基础三种类型。基础类型的选择要根据水文地质勘测资料,并结合上、下部结构、荷载及施工条件确定。当基础类型不同时,所采用的施工方法也不同。

(1)扩大基础。由于扩大基础的深度与宽度相比很小，属于浅基础，故施工时常采用明挖法施工，因此，又称为明挖基础。基坑开挖可采用人工结合机械作业的方式。如遇地下水，基坑排水可根据具体情况采用集水井(坑)排水法、井点排水法、帷幕排水法进行降水。

(2)桩基础。其按施工方法分为钻(挖)孔灌注桩和沉入桩。

①钻(挖)孔灌注桩施工工艺:用钻孔机械或人工挖掘方式形成桩孔，而后在孔内置入钢筋骨架，灌注桩身混凝土而成桩。

②沉入桩施工工艺:通过锤击、振动、射水静力及钻孔埋置等沉桩方法，将预先制作好的成品桩打入地基内形成桩基础。

(3)沉井基础。沉井是井筒状结构，施工时，通过井内挖土，依靠自身重力克服井壁摩擦力后下滑至设计高程，就位后，用混凝土封底，并填塞井孔和封顶，使它成为桥梁基础。通常干旱或宽浅河流采用重力式沉井，深水河流采用浮式沉井。

(4)围堰与筑岛。桥梁基础在浅水中施工时，在基础外围修建的临时围堵挡水设施就是围堰。围堰建成后，抽干里面积水，可使基础工程由水中施工变为干处施工。筑岛是在水面上搭建一个平台，以便为基础施工提供一个可供施工操作的工作面。

2)桥梁上部结构施工

公路与桥梁建设现代化的发展方向是公路设计标准化，公路施工装配化，公路生产机械化，工程管理科学化。可见，把批量化与装配化完美结合起来，实现机械化施工是当今桥梁施工方法创新的必然趋势。

技术提示 桥涵的分类方法很多，但与施工方法密切相关的，主要是结构类型。虽然桥梁基本构件所组成的各种结构物在受力体系上各不相同，但主要的承重构件，归纳起来脱离不了弯、拉和压三种受力方式。据此，桥梁的结构类型可分为梁式、拱式和吊式三种基本体系以及它们之间有机结合所形成的组合体系。

(1)梁板式桥。这种结构类型的桥梁施工，通常采用的施工方法有两种，即装配法和现浇法。采用装配法施工时，首先要进行梁、板的预制，主要采用普通混凝土或先张法预应力混凝土施工工艺制作梁、板，然后进行梁、板的吊装。一般小跨径、无水河流采用扒杆、起重机、跨墩门架安装较为方便，大跨径、有水河流采用钓鱼法、导梁和架桥机安装。

预应力连续梁跨越能力很大，常用的施工方法有顶推法、悬臂法和先简支后连续等方法。

①顶推法施工工艺。一般中等跨径的等跨、等高箱形梁采用顶推法施工。即在桥台后面的引道路基上或临时设置箱形梁预制场，进行假设预制，而在前方各成型的桥墩上安装不锈钢滑道支撑。待箱形梁预制成型达到顶推条件后，采用水平和竖向千斤顶联合装置顶推前移，依此反复，直到全部箱形梁安装就位。

②悬臂施工法施工工艺。桥墩成型后，一般利用托架先浇筑墩顶0号块件，然后在0号块件上面对称(两端)安装悬臂吊机或挂篮，利用挂篮从两端对称地分段悬空浇筑或拼装，进而完成混凝土连续梁的施工。

悬臂施工不需要搭设支架，其主要设备是悬臂吊机和挂篮，可用贝雷架、万能杆件等组拼而成，也可用工程化生产的成套设备。在施工过程中，人员、机具、各种材料或预制节段的重力完全由已建成的墩梁段来承受。

不等跨、不等高的大跨度连续梁和斜拉桥上部结构是悬臂施工法最常用的结构形式，可以悬臂拼装,也可以悬臂现浇。

悬臂施工法从20世纪80年代中期开始使用,发展至今,其变化很大,但主要的工艺过程改变较小。悬臂拼装法所涉及的主要设备是挂篮。制作挂篮时,首先是在墩柱两侧设置托架,支撑浇筑一定长度的梁段,这个长度称之为起步长度,然后在起步范围内根据施工需要拼制挂篮。挂篮的主要作用是为悬臂拼装提供作业空间和工作面,以便布设张拉设备、混凝土浇筑设备等,完成主梁块段制作。

a. 挂篮制作。施工挂篮与托架挂篮是一个能够沿轨道行走的活动脚手架,悬挂在已经张拉锚固并与墩身连接成整体的箱梁节段上。在挂篮上可以进行下一节段的模板、钢筋、管道的安设、混凝土浇筑和预应力张拉、灌浆等作业。完成一个循环后,新节段已和桥墩或梁体联成一个整体,成为悬臂梁的一部分,挂篮即可前移一段,再固定在新的节段位置上。如此循环直至悬臂梁浇筑完毕。

挂篮的种类很多,其结构也随之而各有不同。挂篮的承重结构可用万能杆件或贝雷架拼成,或采用专门设计的结构,它除了要能承受梁段自重和施工荷载外,还应满足自重轻、刚度大、变形小及稳定性好、行走方便等条件。

施工托架可根据墩身高度、承台形式和地形情况,分别利用墩身、承台和地面作支撑,设立支撑托架。墩顶梁段(0号块)或墩顶附近的梁段在托架上浇筑,施工挂篮在已浇筑的梁段上拼装。托架可采用万能杆件制作,其高度和长度视拼装挂篮的需要和拟浇块件长度而定;横桥向的宽度一般应与箱梁底面纵向线形的变化一致。为了消除托架在浇筑梁段混凝土时产生的变形,常用如千斤顶法、水箱法等对托架预加变形。

b. 混凝土浇筑工艺。混凝土浇筑前,须用硬方木支垫于台车前轮分配梁上以分布荷载,减少轮轴压力。浇注混凝土的过程中,要随时观测挂篮由于受载而产生的变形。挂篮负荷后,还可能引起新旧梁段接缝处混凝土开裂。尤其是采用两次浇筑法施工,第二次浇筑混凝土时,第一次浇筑的底板混凝土已经凝结,由于挂篮的第二次变形,底板混凝土就会在新旧梁段接缝处开裂。为了避免这种裂缝,应对挂篮采用预加变形的方法,如采用活动模板梁等。

悬臂浇筑作业的周期一般为6~10d,但依节段混凝土的数量和结构的复杂程度而不同。在悬浇施工中如何提高混凝土的早期强度对有效缩短作业周期影响较大,这也是现场浇筑施工的共性问题。

墩顶0号块与桥墩临时固结是浇注混凝土过程中的另一个重要问题。在浇筑0号块之前,在墩顶靠两侧先浇筑C50混凝土楔形垫块,待0号块达到设计强度的70%以上时,在桥墩两侧各用10根ϕ32mm预应力粗钢筋从块件顶部张拉固定。这样就使得拼装过程中出现的不平衡力矩完全由临时的混凝土垫块和预应力筋共同承受。

悬臂拼装的主要设备有挂篮、托架制作、混凝土运输设备、张拉设备和混凝土浇筑设备。采用此法施工时,应根据施工方案及其进度和质量要求合理进行相关机械设备的选型和匹配。

③先简支后连续法施工工艺。按简支梁板的设计原则和施工方法设计构件并进行预制,即先将预制好的梁板支撑在墩顶两侧的临时支座上,然后,现浇接缝混凝土和张拉预应力钢筋将其锚固,形成连续梁;最后,拆除墩顶两侧的临时支座,安放永久性支座,使之转换成连续结构体系。

(2)拱式桥。拱式桥分为板拱、肋拱、双曲拱、箱形拱、桁架拱和刚架拱等,其主要承重构件是主拱圈,运营中呈受压状态。

拱式桥常用的施工方法为装配法和现浇法。

①板拱桥施工工艺。板拱桥一般常用现浇法或砌筑工艺施工，但不管采用哪种工艺，都需要制作底模。底模制作的常用方法有以下三种：

a. 土牛起拱。一般适宜无水河沟中修建的小型石拱桥，实际很少使用。

b. 木拱架起拱。由拱盔、支架和支架基座三部分组成，其中，支架有满堂式和桁架式两种制作方法。

c. 钢拱架起拱。有工字梁钢拱架和钢桁架拱架两种。该类拱架系用钢构件组拼而成，可重复利用。钢拱架施工时不需搭设支架，只需在墩台上预留缺口设置拱架的拱脚铰，用以支撑拱架。待钢拱架制作完成后，用扒杆、缆索等吊装设备安装就位，铺设板拱底模，进行拱圈制作。拆模后，再将起拱面上的预留缺口修补填平。

②肋拱桥、双曲拱桥、箱形拱桥等施工工艺。此类拱桥一般采用装配法施工，即先将主拱圈主要承重构件分成节段预制，并相应进行其他构、配件的制作与预制，然后采用无支架的缆索吊装进行拼装，或根据施工条件选择其他吊装方式进行安装。

装配法施工的特点是：在进行桥梁基础和下部结构施工的同时，需修建预制场进行各类构、配件预制，进行平行作业。此法与现浇法相比，可有效地压缩工期。

(3)预应力刚构桥梁上部结构。刚构桥又称刚架桥，它是由梁板式桥跨结构与墩台(支柱或板墙)刚性连接而形成整体的结构体系。刚架桥的主梁可做成连续或不连续两种方式，当主梁不连续而跨中带有挂梁时，通常也称其为T形刚构。

刚构桥施工时，无论现浇还是预制安装，都采用悬臂施工法。实质上，T形刚构与悬臂施工法是相应发展起来的。

(4)吊式桥与组合体系。它们通常采用的基本施工方法是装配法，其主梁安装可结合施工条件与结构类型，因地制宜地选择悬臂拼装、悬臂现浇或顶推法等施工工艺进行建造。

4. 公路隧道工程

隧道施工方法的选择主要依据地质、地形地貌和环境条件以及埋置深度，并结合隧道断面尺寸、长度、衬砌类型、隧道的使用功能和施工技术水平与装备等因素综合考虑确定。

根据隧道的挖掘方式，隧道施工方法分为两类，即明挖法和暗挖法。明挖法是指先从地面下挖基坑或堑沟，修筑衬砌后再回填的施工方法；暗挖法则不开挖地面，采用水平掘进形成平洞，采取一系列的支护与加固措施形成隧道的施工工艺。

根据隧道穿越地层的不同情况，隧道施工方法又可分为以下几种：

山岭隧道：矿山法、新奥法、掘进机法。

浅埋及软土隧道：明挖法、地下连续墙法、浅埋暗挖法和盾构法。

水底隧道：沉埋法和盾构法。

(1)新奥法。新奥法是奥地利隧道施工采用的新方法，它是水平挖掘形成平洞后，通过监测控制围岩的变形，再以喷射混凝土和锚杆作为主要支护和加固手段，经过初期支护、监测控制、二次支护形成隧道的施工工艺。

新奥法对洞身的开挖一般采用毫秒爆破和光面爆破技术，辅以装载机装渣和自卸车运渣来进行。开挖时，可按全断面法和台阶法两种方式掘进，施工过程遵循“少扰动、早支护、勤测量、紧封闭”的原则。

(2)矿山法。矿山法是一种传统方法，它是以木或钢构件作为临时支撑，把洞身断面分割成几块，依次按拟定的作业次序，通过导洞扩大形成洞身。在这一过程中，逐步拆去临时支撑，代之以整体式厚衬砌作为永久性支护，这种工艺过程称为矿山法。

矿山法的开挖方式比较多,公路隧道的开挖常用上下导洞开挖法和下导洞扩大开挖法两种。施工时,遵循的基本原则是“少扰动、早支护、慎撤换、快衬砌”。

(3)明挖法。明挖法是指挖开地面,自上而下开挖土石方至设计高程后,自基底再由下而上完成隧道主体结构,最后回填恢复地面的工艺过程。

采用明挖法进行隧道施工时,施工作业方法有先墙后拱法、先拱后墙法和拱墙交替法三种。至于采用哪种方法,根据地质条件和围岩状况确定。

(4)盾构法。盾构法是19世纪初期发明的方法,其首先用于开挖英国伦敦泰晤士河水底隧道,后来被广泛推广和应用。

盾构法是指用盾构机在软质地基或破碎岩层中掘进隧洞并进行衬砌的施工方法。盾构机是一种带有护罩的专用设备,利用尾部已装好的衬砌块作为支点向前推进,用刀盘切割土体,同时排土和拼装后面的预制混凝土衬砌块。盾构机掘进的出渣方式有机械式和水力式,以水力式居多。

施工时在盾构前端切口环的掩护下开挖土体,在盾尾的掩护下拼装衬砌(管片或砌块)。在挖去盾构前面土体后,用盾构千斤顶顶住拼装好的衬砌,将盾构推进到挖去土体空间内,在盾构推进距离达到一环衬砌宽度后,缩回盾构千斤顶活塞杆,然后进行衬砌拼装,再将开挖面挖至新的进程。如此循环交替,逐步延伸而建成隧道。

盾构法施工具有施工速度快、洞体质量比较稳定、对周围建筑物影响较小等特点,适合在软土地基段施工。其基本条件是:

①线位上允许建造用于盾构进出洞和出渣进料的工作井。

②隧道要有足够的埋深,覆土深度不宜小于6m。

③相对均质的地质条件。

④如果是单洞则要有足够的线间距,洞与洞及洞与其他建(构)筑物之间所夹土(岩)体加固处理的最小厚度为水平方向1.0m,竖直方向1.5m。

⑤从经济角度讲,连续的施工长度不得小于300m。

(六)选择施工方法的基本原则

选择施工方法主要是针对工程项目基本生产过程中的主导工程或关键工程而言,所谓主导工程是指对总工期有直接影响的施工项目或工序;而关键工程是指工艺复杂,技术要求高,其施工过程能够制约总工期的施工项目或工序。

针对以上施工项目,选择施工方法时应遵循以下原则。

1. 遵循合法性原则

施工技术规范是规范施工生产过程的行为准则,违背施工技术规范的基本要求,往往就会在施工内在质量和施工安全方面出现问题,影响施工成效。当无法保证人民生命安全和财产安全,严重破坏人文及自然景观,甚至造成危害时,再好的施工方法都不足取,这是选择施工方法的先决条件。因此,选择施工方法首先要满足施工技术规范、安全操作规程和环保等有关法律、法规的要求。

2. 依据保质性原则

业主在工程承包合同中,明确提出了完成工程项目的质量要求,甚至为了保证施工项目的内在质量,业主在招标文件中有时也针对某些关键施工项目提出了具体的施工工艺要求。选择施工方法时,必须考虑业主或与法规有关的各种因素。如路拌法施工工艺就不能运用于高等级路面的施工过程中。

3. 体现经济性原则

施工方法不同时，工序及工艺顺序不同，各种施工方法所挂接的施工资源也不一样。这就意味着，在施工条件一定的情况下，针对同一施工项目，采用不同的工艺施工时，会产生不同的施工成本。所以，承包人以追求合法利润最大化为目的，在制订施工方案时，就应该对同一施工项目可行的各种施工方法进行经济评估，通过成本测算，从中选择成本最低、效益最高的施工方法。

4. 遵循结构性原则

桥梁结构类型与施工方法有着密切的关系，如悬臂法施工就是伴随着T形刚构体系的出现和设计理论的完善应产生的。显然，选择结构类型有时要根据施工条件和自然条件考虑施工方法的可能性，而特定的施工方法又专门指向了某些特定结构类型的桥型，二者之间是相辅相成的关系。如连续梁、刚构桥和斜拉桥大多采用后张法预应力悬臂拼装或现浇法施工。

5. 结合工程属性原则

工程属性是由社会、自然和施工条件所决定的具体工程项目所具有的特性，包括建设项目的社会背景和建设意图、项目所处的自然条件和施工条件等因素，它是在这些综合因素的影响下所形成的项目本身所固有的属性。选择施工方法时，要结合工程属性，即把业主的要求、施工条件、自然条件综合起来，统筹兼顾，抓住重点，使切实可行。

6. 体现施工技术先进性原则

选择先进科学的施工方法，不仅反映了施工单位的技术实力和管理水平，能够赢得良好的社会信誉，还可以帮助施工单位提高劳动生产率，创造良好的经济效益。如施工中，能采用机械化施工的就不采用其他落后缓慢的施工作业方法。

7. 结合资源利用性原则

一个中标单位，可供利用的资源主要由单位固有资源和社会资源两部分组成。施工单位在招投标前，拟订施工方案时首先要清楚自己的人力、机械和技术力量的储备状况；其次，要在项目所在地进行广泛的资源调查，如了解起重设备及其最大起重吨位、有无拌和站及生产率多大、装载、运输机械能力大小等。在摸清了可供利用的资源情况后，再选择合适的施工方法。

8. 满足合同工期原则

针对同一施工项目，施工方法不同，施工周期也不一样，如混凝土板桥施工，采用装配法就比现浇法施工周期短。因此，当一个施工项目有几个可行的施工方法时，应该选择工期短、成本低的施工方法，以满足业主的工期要求。

9. 满足环保要求

在山岭重丘区和城市附近施工时，环保问题更为突出。如石方路基爆破作业，为了不大面积破坏植被，保持原有景观，可采用预裂爆破、机械破碎法、松土法等施工方法，以期达到良好的环境保护效果。

（七）选择施工方法的依据

（1）招标文件：了解对关键工程施工技术有无特殊要求。

（2）技术规范与质量要求：满足有关规定。

（3）工期要求：在保证质量和施工安全的条件下，若工期紧，则选择较快施工方法施工；若工期松，则以经济性为主选择施工方法。

（4）工程属性：指工程项目的规模、结构类型、地形地貌、水文地质条件和工艺与技术要求等。

(5)施工条件：指气候气象、施工场地、环境和机具、设备、人力、资金等施工资源的状况。

(八)选择施工方法需考虑的因素

公路工程建设项目的基本生产过程，包含的分部分项工程项目很多，针对工程项目不同的组成和结构类型，又有许多种施工方法。这些施工方法，看起来名目繁多，千变万化，但从应用的角度看，每一种施工方法都有其应用环境、范围和适应条件。只要熟悉每种施工方法的工艺过程和适应条件，就不难因地制宜地选择出切实、合理的施工方法。

选择施工方法通常需要考虑以下因素：

1. 满足业主的质量与工期要求

任何施工方法的选择都应以满足业主的工期和质量要求为前提，不符合业主要求和相应行业法规的施工方法一律不得采用。

2. 降低成本

经济效益是施工单位选择施工方法的主要因素。针对同一施工项目而言，一般需要在可行的几个施工方法之间进行技术、经济比较，以寻求成本最低的施工方法。但有时，当其他技术因素和施工条件成为选择施工方法的主要矛盾时，就不得不放弃最经济的施工方法。

3. 施工方法应与施工对象的规模和结构类型相适应

各种桥型可供选择的施工方法如表 2-1-1 所示。

各种桥型可供选择的施工方法 表 2-1-1

桥型 施工方案	简支梁	悬臂梁 T 形刚构	连续梁桥	钢架桥	拱桥	组合体系桥	斜拉桥	悬索桥
现浇法	√	√	√	√	√	√	√	
预制装配法	√	√		√	√	√	√	√
悬臂施工法		√	√	√	√		√	√
转体施工法		√		√	√		√	
顶推施工法			√		√		√	
逐孔施工法		√	√	√	√			
横移施工法	√	√	√			√	√	
提升与浮运法	√	√	√			√		

表 2-1-2 所示为各种施工方法常用的跨径范围，可在选择施工方法时参考。

各类施工方法适应的跨径范围 表 2-1-2

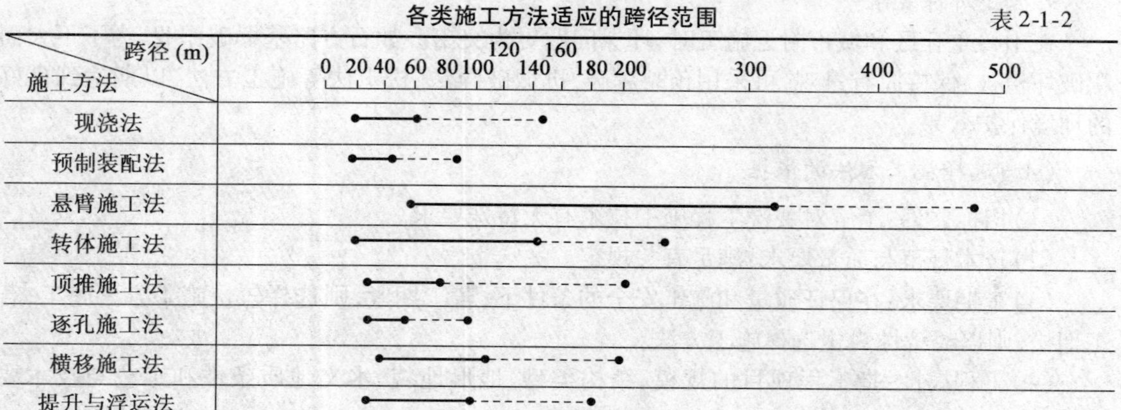

4. 选择施工方法要考虑地形、水文、地质以及施工对象的属性与特点

选择施工方法时，除了要考虑施工对象的跨径、结构类型、隧道与结构基础的埋置深度等结构特征外，还要结合施工对象的材质、品性等因素综合定夺，特别是挖方作业时，考虑开挖对象的软硬程度、节理发育程度和水文地质类型尤为重要。

如桥梁扩大基础施工，在宽浅有水河流的河床中，多采用筑岛、围堰等施工方法搭建施工平台，进而进行基坑开挖或钻孔作业；而无水河床就不需要筑岛、围堰，只需根据土石类型和施工条件等因素选择人工或机械进行开挖作业。

又如，路基施工时，定额中按开挖难易程度将土和岩石分为六类，即松土、普通土、硬土、软石、次坚石和坚石。对前三类，一般采用挖掘机、装载机、推土机配合自卸车完成土方作业，并根据土质和软硬程度选择功率大小不同的机械。而对于后三类，需要根据岩石的工程特性、地形条件和环保、安全等要求，选择适宜的爆破作业方法。显然，地形、水文、地质以及施工对象的属性与特点也是选择和制约施工方法的重要因素。

5. 选择施工方法要考虑安全和环境保护要求

采用松土器进行土石方施工是目前国外流行的一种施工方法，这种方法既能保证施工安全，避免危险的作业环境，又可有效地减少破损面积，保护人文及自然景观。因此，该法值得借鉴。

6. 选择施工方法应考虑可供利用的施工资源

施工单位的技术与装备优势是选择施工方法的基础。施工单位选择施工方法首先要考虑技术与设备的储备情况，然后调查工程所在地的社会资源。根据单位内、外可供利用的资源，考虑其他因素来合理选择施工方法。

技术提示 施工单位选择施工方法，一般要根据业主的工期和质量要求，结合施工对象的结构特征、施工条件和可能利用的施工资源，考虑地形地貌、水文地质及气候气象等因素的影响，并从安全性、经济性、时效性和成效性方面进行评估，权衡利弊，统筹兼顾，最终选出最优（切实可行、成本低、工期短、保证质量、施工安全）的施工方法。

二、任务实施

（一）任务引领

1. 任务情境

某特大桥位于某合同段中部，因紧邻国家级风景区雨林谷而得名，该桥是为减少对雨林谷风景区周围植被破坏而设的顺河桥。施工场地处于南哈河河谷之内，部分桥墩处于河床中间。场区内植物茂盛，水流丰富，部分地段交通疏导困难。

该特大桥为36孔、跨径30m的预应力先简支后连续T形梁桥。起点桩号为K42+096.47，终点桩号为K43+185.53，桥长1 089.06m。全桥设$R=610.00$m和$R=597.372$m平曲线各一处，桥梁曲线段总长1 018.90m，直线段总长70.16m。

上部结构为预应力先简支后连续T形梁，T形梁单件质量81.4~82.5t，分六段连续，中间段设160型伸缩缝五道，0号和36号桥台设80型伸缩缝各一道。

下部结构为钢筋混凝土双柱式墩台。基础均为直径1.8m圆形挖孔桩，桩长11~22m。设计基底持力层为天然湿度下单轴极限抗压强度大于7MPa的弱风化基岩，基础顶面设1.2m×1.4m系梁。墩台柱均为直径1.5m圆形柱，柱高4.912~17.613m。桥墩盖梁截面尺寸为12m×

(1.7 ~2.2)m×2m。

主要构件结构混凝土强度等级：桩基为C30水泥混凝土；墩柱、系梁和盖梁均为C30混凝土；T形梁为C50混凝土；桥面铺装为C40防水混凝土。主要实物工程量见表2-1-3。

主要实物工程量表 表2-1-3

序　号	工 程 项 目	计 量 单 位	工　程　量	备　　注
1	钢筋混凝土桩基础	m/m^3	950/2 586.92	
2	钢筋混凝土墩台柱	m/m^3	931.613/1 646.35	
3	钢筋混凝土系梁	m^3	164.5	
4	钢筋混凝土盖梁	m^3	1 524.6	
5	预应力T形梁	m^3	6 444.36	
6	I级钢筋	t	366.4	
7	II级钢筋	t	1 063.4	
8	桥面铺装	m^3	1 198.0	
9	搭板及零星构件混凝土	m^3	896.6	

本桥梁工程合同工期为18个月。计划从2009年2月1日正式开工，基础工程2009年6月上旬完成，墩柱及盖梁工程2009年9月上旬完成，T形梁预制工程从2009年6月下旬开始，2009年8月上旬开始投入安装，至2010年春节前安装完毕。全桥计划于2011年7月30日竣工。

2. 工作任务

试确定该桥主体结构的施工方法。

(二)任务实施——选择施工方法

1. 工程特点分析

(1)本桥梁工程地处南哈河山间河谷地带，部分桥墩位于水中。施工工期历经两个洪水季节，对工程施工特别是下部结构施工影响较大，故基础工程在汛期到来之前必须完成。

(2)本桥梁为顺河桥，桥下施工区域内植物茂盛，水流丰富，但河道较窄，地形起伏较大，给施工场内运输带来了较大困难。为节约土地资源和工程投资，本工程纵向施工便道原则上沿南哈河河滩走向，在红线范围内铺设。

在混凝土拌和站和桥梁预制场两个集中临设区，利用已有机耕道改扩便道，修筑连接景勐公路和施工区域的通道。新修便道宽度为4 ~6m，便道两侧设简易排水沟，路基需压实，路面铺设20cm厚石渣或山皮土。便道横跨河流位置时，应根据水流情况和承载要求修建漫水路堤、大孔径管涵或便桥。

(3)本桥梁两端地形陡峭，路基上构筑物较多，可以利用的制梁场地有限，故T形梁预制须精心组织，合理安排工艺顺序，才能满足工期要求。

(4)施工区域紧靠国家级的热带雨林自然保护区和雨林谷森林公园，保护公路环境及构筑公路景观是施工的重中之重。在整个施工过程中要强化“不破坏就是最大的保护”的环境保护意识，最大限度地减少施工对沿线自然植被和自然环境的破坏，尽可能地恢复自然植被，掩盖人工和施工的痕迹，努力使桥梁与自然环境相互协调。

(5)本工程施工区域属少数民族聚居地区。施工中必须尊重当地少数民族的文化传统和风俗习惯，搞好民族团结。

2. 技术特点分析

(1)本工程上部结构为预应力先简支后连续T形梁,T形梁单件质量为81.4~82.5t,分六段连续。根据结构类型、施工条件和河床水文地质条件可知,该桥上部结构采用装配法施工,即主梁在预制场按先张法预应力混凝土工艺预制,待墩台及其支座安装完成后,采用架桥机进行大梁吊装。

(2)下部结构为钢筋混凝土双柱式墩台。墩台柱均为直径1.5m的圆形柱,柱高4.912~17.613m。桥墩盖梁截面尺寸为12m×(1.7~2.2)m×2m。根据以上结构特征,墩柱采用半圆形1.2~1.5m高定型整体钢模板,螺栓连接,人工拼装,钢丝绳缆风加固,吊车就位安装。也可采用滑模工艺浇筑混凝土。盖梁模板采用定型钢模板,模板之间的接头均设有5~10mm台阶,防止模板接头漏浆,根据高度不同可采用支架或托架施工。

(3)基础采用直径为1.8m圆形挖孔桩,桩长11~22m。设计基底持力层为天然湿度下单轴极限抗压强度大于7MPa的弱风化基岩,基础顶面设1.2m×1.4m系梁。基础部分采用挖孔桩传统工艺施工。施工工艺流程为:测量放线、定桩位→挖第一节桩孔土方→支模浇筑第一节混凝土护壁→在护壁上二次投测高程及桩位十字轴线→安装活动井盖、垂直运输架、活动吊土桶、排水、通风、照明设施等→第二节桩身挖土→清理桩孔四壁、校核桩孔垂直度和直径→拆上节模板、支第二节模板、浇筑第二节混凝土护壁→重复第二节挖土、支模、浇筑混凝土护壁,循环作业直至设计深度→清理虚土、排除积水、检查尺寸和持力层→吊放钢筋并绑扎成型→浇筑桩身混凝土。

3. 拟订主体结构施工方法

总体上讲,因本桥上部结构为预应力先简支后连续T形梁,为了缩短工期,该桥梁工程整体上采用装配法施工,即主梁预制和下部结构施工平行作业,待下部结构完工的同时,主梁预制也应该同步完成。然后实施主梁吊装作业,浇筑桥面连续,进而完成整个桥梁施工。

基础及下部结构:由于本桥处在南哈河山间河谷地带,部分桥墩位于宽浅水中,故在挖孔桩施工时以传统工艺为主,有水地段根据地形地貌情况分别辅以水流疏导或围堰方式创造施工平台进行施工。墩柱施工采用起重机吊装模板,滑模工艺。

上部结构:采用先张法预应力混凝土工艺进行主梁预制,架桥机吊装。

4. 分部分项工程技术方法

内容包括:工艺流程(框图)、各工序详细的施工技术方法及质量评定标准描述等内容。

三、学习效果评价反馈

(一)学生自评

通过以上学习回答下列问题:

(1)什么是施工方案?

(2)施工方案应包括哪些内容?

(3)选择施工方案的依据和原则有哪些?

(4)叙述施工方案选择的主要步骤。

(5)路基工程施工主要有哪些方法?

(6)水泥混凝土路面工程施工主要有哪些施工方法?

(7)桥梁上部结构施工主要有哪些方法?

(8)隧道施工主要有哪些方法?

(9)选择施工方法的依据有哪些？

(10)列举施工方法的选择原则，选其一举例说明。

(11)选择施工方法应考虑的主要因素有哪些？

(12)谈谈你学习该工作任务的认识和体会。

(二)学习小组评价

班级：__________姓名：__________学号：__________

学习内容	分 值	评 价 内 容	得 分
基础知识	30	施工方案及组成内容；施工方案的编制依据、编制原则；拟定施工方案的步骤及编制方法；常见路基工程、路面工程、桥涵工程、隧道工程施工方法的确定；施工方法选择的原则、依据；选择施工方法考虑的因素	
应会技能	10	认知施工方案的组成内容及形式；认知公路与桥隧工程常见的施工方法	
	20	学生应初步认知选择施工方案的方法、步骤和内容，合理运用施工方案的编制原则，拟定一般分部分项工程的施工方案	
	30	在领会施工方法选择原则的基础上，考虑施工方法选择的关联因素，合理进行施工方法选择	
学习态度	10		
合 计	100		
学习小组组长签字：		年 月 日	

(三)任课教师评价

班级：__________姓名：__________学号：__________

评 价 内 容	分 值	简 评	得 分	教师签字
准备工作情况	20			
课堂表现情况	30			
任务完成质量	30			
团结协作精神	20			
合 计	100			
备 注			年 月 日	

工作任务二 选择施工机械

学习目标

1. 认知公路施工的常用施工机械及其适用范围；
2. 熟识施工机械的选择方法；
3. 掌握施工机械的选择原则；
4. 熟悉施工机械的组合方法；
5. 合理运用施工机械组合原则；
6. 合理选择施工机械。

任务描述

施工机械选择主要是指为主导工程和关键工程选择施工机械。实质上,选择施工机械和选择施工方法是相辅相成的关系。一般情况下,施工机械的选择要以满足施工方法的要求为目的;而有时,在现代化施工条件下,应以确定施工主导机械为主来确定施工方法。通过完成该工作任务,学生应认知常用施工机械的适用条件,领会选择施工机械的原则和需要考虑的各种关联因素,运用机械组合的原则和方法,正确选择施工机械。完成该任务首先应熟识施工机械的适应范围和条件,领会选择施工机械及其进行施工机械组合的原则和方法;其次,在考虑施工机械选择的关联因素后,能够正确选择施工机械。

学习引导

本工作任务沿着以下脉络进行学习:

认知常见施工机械的适用条件 → 领会选择施工机械及其组合的原则和方法 → 明确选择机械的关联因素 → 正确选择施工机械

一、相关知识

随着科技进步和社会化生产技术的不断发展,以现代化方式修建公路已成为当今公路建设的发展方向。公路建设现代化的主要特征是公路设计标准化,公路施工装配化,公路生产机械化,工程管理科学化。其中,公路生产机械化是实现公路建设向现代化大生产模式转变的关键所在,也是公路施工现代化的重要组成内容。在公路施工过程中,应尽量采用施工机械取代人工作业,实现施工过程机械化,不仅可以改善劳动条件,降低劳动强度,而且还能够降低工程成本,提高施工质量,加快工程进度,不断促进社会化生产技术水平的提高和发展。

(一)机械化施工的意义、重要性及特点

目前,我国公路建设具有等级高、速度快、工期短、成本低、质量好的生产特点。在这种施工条件复杂且施工技术要求越来越高的现代化公路建设背景下,对于施工单位来讲,只有采用先进、高效的施工机械装备和施工队伍,切实提高企业的机械化生产水平,才能保证施工过程的内在质量,提高生产率,取得良好的技术经济效果;只有逐渐提高施工企业的机械化程度,才能不断提升企业的施工能力和市场竞争力,满足现代公路建设的质量要求,适应现代化公路建设的需要。

1. 机械化施工的意义

在现代公路建设过程中,完成任何一个公路建设项目都离不开施工机械,而且在整个公路的施工过程中,机械化作业所占的份额越来越大,已成为影响工程质量、进度和效益的重要因素。究竟制订什么施工方案,怎样选择和配套机械设备才算合理,能否切实地处理施工方案及配套机械的相互关系,这些问题是现代公路建设施工过程组织首要且必须考虑的关键问题,它决定着工程施工的成败;而在施工方案一定的情况下,能否有效地提高各种施工机械的生产效率和利用率,充分发挥施工机械在生产过程中的主导作用,这也是现代公路施工过程管理必须重点关注的环节。实践证明,机械化施工在整个公路施工过程中起着十分重要的作用。

2. 机械化施工的重要性

公路机械化施工是减轻生产人员的劳动强度、提高工效、降低成本、加快工程进度、保证工程质量和节约投资的重要手段。在长期的公路生产过程中,随着高质量、高效率施工机械的逐

步出现和推广，施工机械化程度的不断提高，机械化施工的重要性和优越性也逐步突显出来。它的优点主要表现在以下几个方面：

（1）公路机械化施工有利于降低工程成本。采用机械代替人工作业，不仅改善了劳动条件，降低了劳动强度，而且机械化施工的工效是人工作业的几十倍甚至上百倍，如一台斗容0.5L的挖掘机可替代80～90个工人的体力劳动；一台中型推土机的产出率相当于100～200个工人的产出率。显然，在充分体现速度与效率的现代化生产条件下，合理组织机械化施工，充分发挥机械效用，无疑对提高生产率，降低工程成本是十分有益的。

特别是当前，由于施工机械的广泛运用，采用机械作业方式能够完成的施工任务越来越多，使许多施工项目实现了由过去的高成本、低产出向现代的低成本、高产出的转变，如土方装运、采用回旋钻机进行基础施工等。此外，随着综合机械化施工配套机械的不断完善，也使得施工过程中的机械使用费在工程造价中所占的比重越来越大，如土方工程约占40%，混凝土工程约占60%。至此，在公路施工过程中，充分发挥施工机械快速、高效的优势，提高机械使用率，减少机械损耗，也是降低工程成本的一个重要方面，且具有一定的现实意义。

（2）公路机械化施工可以有效地缩短工期。施工进度的快慢主要取决于施工过程中施工能力的大小，增强施工能力又有赖于提高劳动生产率，而在现代公路建设过程中，提高劳动生产率最为有效的途径是采用科学化管理、机械化施工，显然，采用机械化施工也是缩短工期最为有效的方法。

众多施工事实表明，过去要建造像南京长江大桥一样的一座桥梁，需要近十年的时间才能完成，现在仅需要三年左右的时间即可完成。由此可看出，桥梁施工机械化在缩短桥梁建造周期中起着极为重要的作用。

（3）公路机械化施工有利于提高工程质量。现代汽车工业的飞速发展，促进了汽车行驶性能的不断提高，这也对公路的使用功能提出了更高的要求。如果没有施工机械对劳动对象进行精密控制和施加有效的作用，单靠人工是很难达到这些要求的。

如公路的平整度是评价行车舒适感的主要指标，平整度越好，行车舒适感越好。为了适应现代汽车快速行驶的需要，这一指标值随着公路等级的提高而不断提高，特别是高等级公路，如果没有机械摊铺作业就很难达到这一规定的平整度质量标准，这也就意味着没有摊铺机就难以满足汽车高速行驶时的行车舒适性要求。

同样，公路的强度是评价公路耐久性的指标之一。倘若没有压路机取代人工进行压实作业，公路路基、路面的强度就无法保证，更难以适应现代汽车运载量越来越大的变化，其结果是不仅耐久性较差，缩短了公路的使用寿命，还会严重影响公路的投资效益。所以，公路机械化施工才是保证和提高工程质量的重要手段。

（4）公路机械化施工有利于节约社会劳动力，优化社会资源。在施工过程中，尽量采用公路机械化施工可以大幅度缩减劳动力的需求量，有利于整合、优化社会资源，刺激技术型劳动力的成长。

（5）公路机械化施工为公路设计提供了更宽、更广的创作空间。公路设计理论与方法的创新总是建立在具备一定的物质条件的基础上。不管公路设计采用什么方法，当具备了可行的技术手段和先进的劳动工具，特别是具有能够满足设计要求的相应机械设备时，才能使新的设计意图得以实现。比如，没有满足设计要求的张拉设备，就没有悬臂拼装的施工工艺。而有了起重大吨位构件的架桥机，才使在有水河流中采用装配法建造大跨径梁桥成为可能。由此可见，公路机械化施工还可拓展设计理论和方法的应用空间。

(6)公路机械化施工促进了社会化生产技术水平的提高和发展。古往今来,“工欲善其事,必先利其器”,这一千年古训早已成为人类改造自然的基本法则。人类征服自然的过程,实质上也是不断改进劳动工具,提高劳动生产力的过程,这是人类社会发展的必然选择。公路施工机械作为公路建筑生产活动的劳动工具,也是在不断改进和更新中发展的。人们为了提高生产能力,追求更高的经济效益,总是针对不同的施工需要,不断地改进、革新旧机械,发明创造新机械,这样必将促进社会化生产技术水平的提高和发展,这也是公路生产技术发展的必然趋势。

3. 机械化施工的作业方式与施工特点

机械化施工具有两种形式,即单机或综合机械化作业方式。无论以什么方式作业,机械化施工都具有以下特点。

(1)施工机械能够完成人力所不及或具有一定风险性的施工作业。自然条件和施工条件虽然是影响机械化施工效果的关联因素,但在特殊的自然条件和施工环境中,人力达不到的质量要求或人工作业存在一定风险的施工任务,均可通过机械作业完成,并可达到预期的效果。

(2)施工机械可从根本上改变劳动条件。只要有可能,采用机械化施工便可彻底改善劳动条件,提高生产力水平。

(3)施工机械可以大幅度提高劳动生产率。机械施工与人力劳动相比,其生产效率可提高几十倍甚至上百倍。

(4)施工机械机动灵活。机械化作业的活动范围大,有效工作半径长,移动方便、迅速,可以针对作业量较大的施工任务长时间进行连续作业,还能适应流动性大的工程施工。

4. 影响机械化作业的主要因素

1)机械完好率

机械需要经常维修和保养,使其处在正常的工作状态,才能保证施工作业的连续性,达到最大负荷运转。否则,进场的机械很多,可以利用的较少,部分机械即使可以勉强使用,也因机械故障频出导致机械作业断断续续,这样不仅影响作业进度,同时也增加了许多随机的组织协调和调度工作。特别是综合化机械作业,当主导施工机械出现故障时,往往会导致多种配合机械的台班损失和浪费。可见,机械的完好率越高,保证施工过程处在正常状态的可能性就越大,就越有利于发挥机械效能,加快进度。

2)自然条件

不同地区的气象特征不同,如南北方温度差异很大。当施工地点的气温过低或气温与大气压过高时,均会影响施工机械的作业效率,降低生产率。故在机械化施工组织时,必须要考虑自然条件的影响。

比如在土方施工时,若工点的地质、水文条件不良,或雨天泥泞等,会造成机械作业效率下降,从而减缓施工进度。此外,自然因素还会影响机械化施工任务的作业次序和时间,如在北方严寒地区,沥青类路面一般必须在每年的 9 月 15 日前完工,否则由于气温下降,无法保证路面的施工质量;南方地区,在汛期到来之前最好完成桥梁下部施工的全部机械作业项目,否则将增加施工成本。

3)施工方案及其配套机械

施工方案与配套机械是相辅相成的关系,确定施工方案有时以选择主导机械为主。为此,当主导机械选定后,配套机械在型号、功率、容积、长度和生产能力等方面必须要与主导机械匹配,才能充分发挥机械效益。可见,施工方案是机械化施工中应重点考虑的因素,也是机械选型匹配的重要依据。

在综合化作业过程中，若主导机械的选择是正确合理的，则能够持续稳定地正常运行，而配套机械时好时坏，则会直接影响作业进度。因此，在机械化施工中，施工机械的选型与组合必须考虑以下因素：

(1)施工机械的技术性能应满足工程的技术标准要求。

(2)必须具有良好的工作性能。

(3)必须具有足够的工作稳定性及可靠性。

(4)尽量采用同厂家或品牌的配套机械，以保证最佳匹配和便于维修保养。

(5)为了充分发挥机械效能，保证工作效率，配套机械的匹配次数不宜过多。

(6)对配套机械必须定时定期的检修，不能因为一台机器故障，而使整个施工生产停工。

4)机械操纵的熟练程度

主导机械的驾驶员操纵机械的熟练程度对施工过程和进度的影响是很大的，它决定着作业速度的快慢，也影响着作业质量。若驾驶员技艺纯熟，则施工速度快、产出高，施工质量也有保证。否则，进度慢，效率低。

如高等级公路面层施工时，采用平地机进行整平作业，驾驶员的操作技能对摊铺质量和进度的影响就非常明显。显然，机械驾驶员操纵机械的熟练程度也是影响机械化进程的重要因素。

5)耐用台班数

机械的耐用总台班数是指机械设备从开始投入使用至报废前所使用的总台班数。使用寿命是在正常施工作业的条件下，在其耐用总台班内，按规定的大修理次数划分的工作周期数。实用台班数量如果超过耐用总台班数，则经济效益好，否则即差。

在施工组织管理中，正确估价和计算现场机械的使用寿命和已用总台班数，有利于合理处理闲置的台班数量，以保证施工现场机械的连续运转。否则，当机械已接近或达到使用寿命，使用完耐用总台班还在超负荷运转，就会出现现场停机或施工中断现象。

(二)公路施工常用的施工机械及其适应条件

公路机械化施工主要为解决两个问题，即施工机械的选型和配套。而了解和熟悉施工机械的技术性能与特点，熟知施工机械的合理应用条件与范围是保证机械选型与配套合理性的先决条件。下面主要介绍工程机械及其技术性能与特点。

1.路基工程机械

1)推土机

推土机是浅挖及短距离运土的铲土、运土机械，分为履带式和轮胎式两种类型，按工作装置形式又有直铲和斜铲之分。推土机的基本作业分为铲土、运土、卸土和空回四个工作过程。其中，运土作业又有沟槽推土法、并列推土法和下坡推土法。

在路基施工过程中，推土机的作用主要是：填筑堤坝；开挖路堑和河道；清除杂草树根；进行土、石及渣土推运；平整场地或回填；堆积路用散料等作业。其有时也可进行轻微碾压、牵引作业。

推土机的驾驶员一般为两名。经济运距为20~50m，当推土机运土距离过小或超过75m时，其生产效率会显著下降，一般情况下不超过100m。

推土机的使用范围：铲运软土，挖松冻土和硬土，劈挖分化岩石。

2)铲运机

铲运机是一种能综合完成铲装、运输、卸土三个工作过程的土方机械,并兼有一定压实作用和平地性能。铲运机分为拖式和自行式(双驱或单驱)两种类型,以循环作业方式运送土方。通常考虑施工效率、地形条件和机械磨损等因素确定铲运机的运行路线,常用的运行路线有椭圆形、"8"字形、螺旋形和"之"字形。铲运机的基本作业分为铲装、运输、卸土和回驶四个工作过程。其中,铲土的方法又有一般铲土法、波浪式铲土法、跨铲铲土法、下坡铲土法和顶推铲土法。铲运机的机驾人员一般为两名。

在路基施工中,铲运机主要用于填筑路基和开挖路堑。其经济运距与斗容的大小成正比,一般小斗容(容积在 $6m^3$ 以下)铲运机最短的运距不小于 100m,最长不应超过 350m,最经济运距为 200 ~300m;大斗容(容积在 10 ~ $30m^3$)自行式铲运机最小运距不小于 800m,最长运距可达 2 000m。

铲运机的适应范围:铲运机适合在 I、II 级土中施工,III、IV 级土应预松,最适宜在含水率低于 25% 的砂土和黏土中作业,不宜在潮湿或沼泽地段以及干燥的粉砂土或夹带岩石的土中作业,同时,当下坡角超过 7° ~8°时,其作业效率会显著下降。

3)平地机

平地机是一种以刮刀为主,并配以其他多种可置换作业装置进行土地平整和整形作业的公路工程施工机械,分为拖式或自行式两种类型。平地机的基本作业有刮刀刀角铲土侧移、刮刀刮土侧移、刮土直移和机外刮土四种方式。一般机上驾驶员为两名。

平地机的使用范围:在路线施工中,可完成修整路基断面,填筑低路堤,开挖边沟,平整场地,路拌或摊铺路面材料,回填沟渠,整修路拱,精确整平,推送杂草、积雪、松土和修刷边坡等作业。通常与平地机匹配的机械有碾压和运输机具。

4)挖掘机

挖掘机是挖装土石或挖弃土石的土方施工机械。按工作装置分为正铲、反铲、拉铲和抓铲挖掘机;按行走装置分为履带式和轮胎式两种类型。

挖掘机的基本作业由挖掘、回转、卸料和返回四个工作过程组成。

(1)正铲挖掘机可进行正向或侧向开挖作业,适用于挖掘停机面以上的 I、II 级土和爆破后的 V、VI 岩石。

(2)反铲挖掘机可完成沟端或沟侧开挖作业,适用于挖掘停机面以下的 I、II 级土和爆破后的 V、VI 岩石。

(3)拉铲挖掘机的作用半径较大,适用于挖掘停机面以下的 I、II 级土,多用于较大的沟渠及采料场开挖、水下挖砂或进行填筑路基、堤坝等作业。

(4)抓铲挖掘机适用于在深井和边坡陡直的基坑里水下作业,挖掘一般土或砂砾等松散物料。

在公路工程中,挖掘机一般主要完成开挖路堑、填筑路堤两项作业,有时也可进行轻微的吊装作业。

挖掘机的使用范围:挖掘机主要挖掘 I ~ IV 级的土以及爆破后不大于斗容的石块。常与挖掘机匹配的施工机械为自卸车。

5)装载机

装载机是一种可以循环进行装载作业的施工机械,分为履带式和轮胎式两种类型。装载机的基本作业由铲装、转运、卸料和返回四个工作过程组成。其可以进行松散物料铲装作业、推运堆积作业和铲运松软土等作业。

装载机的驾驶员为：履带式两名，轮式斗容$2m^3$以内1名，$3m^3$以上两名。当采装运循环作业时间不超过3min时，可作为铲运机具使用较为经济。通常与装载机匹配的施工机械是自卸车。

6）压实机械

压实机械是一种利用机械自重、振动和冲击等作用对压实对象重复加载，减小内部空隙，使其达到一定密实程度的施工机械。压实机械按加载方式分为静力式、振动式和冲击式；按行走方式分为拖式或自行式压路机；按轮碾的表面特征分为光轮和凸块式压路机（又称羊足碾）。压路机主要完成路线施工时的压实作业。一般振动及光轮压路机需要1名驾驶员；拖式或羊足碾及振动碾需要两名驾驶员。

压路机的使用范围如下：

（1）静力式光轮压路机。轻中型一般多用于路面压实，重型多用于路基压实。进行路基压实时，适用于压实干密度要求较低的黏性土、砂砾料、分化料和冲击砾质土；还可用于稳压或整理性压实作业。

（2）羊足碾。具有较大的单位压力，多用于路基或填土的初压工作，特别是对于粒度不均匀的黏性土压实效果尤佳，忌压非黏性土和高含水率黏土。

（3）胶轮压路机。适用于压实黏性土及非黏性土中的壤土、砂壤土、砂土和砂砾料，尤其对沥青混凝土具有良好的压实效果。

（4）振动压路机。主要用于压实非黏性土，有效压实深度可达1米多。减振后可按光轮使用，适用于不同的土质条件。

（5）各种夯。适用于压路机无法作业的局部压实。

（6）岩石爆破机械。在钻孔作业中，采用的机械设备主要是空气压缩机、凿岩机和穿孔机。凿岩机用于钻进小直径炮孔，穿孔机用于钻进大直径炮孔。

图2-2-1　稳定土拌和机

2. 路面施工机械

1）稳定土拌和机

稳定土拌和机是一种直接在施工现场将稳定剂和土或砂石均匀拌和的专用自行式机械，有履带式和轮胎式两种类型。主要完成无机混合料的拌和作业，旧路面铣削作业，还可用于处理软化路基。通常采用路拌法施工时才使用稳定土拌和机，一般进行高等级公路的底基层或低等级公路的基层、面层施工。一般与稳定土拌和机直接匹配的施工机械为平地机与压实机具。图2-2-1所示为稳定土拌和机。

2）稳定土厂拌设备

稳定土厂拌设备是专门用来拌和各种以水硬性材料为结合剂的稳定混合料搅拌机组。根据生产率的大小，稳定土厂拌设备分为小型（生产率小于200t/h）、中型（生产率为200～400t/h）、大型（生产率为400～600t/d）和特大型（生产率大于600t/d）四种。采用厂拌法施工时使用该种设备，主要完成底基层、基层混合料的拌和作业。在作业过程中，与该设备直接匹配的施工机具为装载机和运输车辆。图2-2-2所示为稳定土拌和站。

3）稳定土摊铺机

稳定土摊铺机是用来摊铺稳定土的专用机械，它可一次性完成摊铺、初步成型和捣实三道工序，是一种高效的路面施工机械。摊铺机配合拌和设备、自卸车和压路机进行联合作业，即可完成基层施工的全部工作。

图 2-2-2　稳定土拌和站

4）沥青混合料拌和设备

沥青混合料拌和设备是在规定温度下通过加热方式拌和沥青混合料的专门设备，分为固定、半固定和移动式三种类型。固定式沥青混合料拌和设备适用于工程量集中的长距离路面工程；半固定式沥青混合料拌和设备适用于工程量较大的养护工程和工程量较小的改建工程，如匝道、连接线；移动式沥青混合料拌和设备适用于路面局部修补和养护。

通常与沥青混合料拌和设备直接匹配的施工机械有运输车辆和装载机。如图 2-2-3 所示为沥青混合料拌和设备。

图 2-2-3　240t 沥青混合料拌和站

5）沥青混合料摊铺机械

沥青混合料摊铺机械是专门摊铺沥青混合料的设备，同样，它也可一次性完成摊铺、初步整平和捣实三道工序，是一种既能满足工艺技术要求，又能保证施工质量和进度的高效实用的路面施工机械，如图 2-2-4 所示。沥青摊铺机与拌和设备、运输车辆、压路机协同作业可完成路面面层施工的全部工作。施工过程中，与摊铺机直接匹配的施工机械是运输车辆和压路机。

6）水泥混凝土摊铺设备

水泥混凝土摊铺设备是在水泥混凝土路面施工过程中专门摊铺水泥混凝土拌和料的设

备。它分为轨道式和滑模式两种类型,如图 2-2-5 所示为滑模式水泥混凝土摊铺机。与该设备组合的施工机械主要为装载、拌和、运输设备和其他小型机械,如振捣棒、真空吸水机、切缝机、拉毛机等。

图 2-2-4　沥青混凝土摊铺机

图 2-2-5　滑模式水泥混凝土摊铺机

3. 水泥混凝土机械

1)水泥混凝土拌和站(机)

水泥混凝土拌和站(机)是搅拌混凝土混合料的专用装置,分为装配式、整体移动式和汽车式三种类型。其中,装配式水泥混凝土拌和站(机)适用于工程量较大的集中工程或一定范围内的零星分散工地所需的混凝土拌和料;整体式水泥混凝土拌和站(机)一般适用于中小型施工现场的混凝土拌和;汽车式水泥混凝土拌和站(机)适用于小型现浇构件。通常与混凝土搅拌站(机)配合的主要机械为运输及混凝土成型所需的机具设备。

2)混凝土运输机械

混凝土运输机械是运送混凝土拌和料的运输设备。主要有专用混凝土搅拌运输车、小型翻斗车、泵送混凝土和输送带等形式。混凝土搅拌运输车主要实现长距离运送及现场应急零星搅拌;泵送混凝土适用于工程量较大的集中工程的场内水平(200 ~ 700m)或垂直(单级泵送100m)运输;小型翻斗车适用于小型预制厂或中、小型集中工程的混凝土拌和料运送。

4. 水平运输机械

水平运输机械是在水平方向上实现土石方或物资水平位移的机械设备,包括载重汽车、自卸汽车、手推车、拖拉机和混凝土输送带等。

(1)载重汽车(货车):主要侧重于场外运输。

(2)自卸汽车:一般分为小型、重型和超重型载重汽车,通常与挖掘、装载或拌和机械配套使用,侧重于场内土方、材料等运输。

5. 专用机械

1）钻孔机

钻孔灌注桩始于欧洲20世纪40年代初期，在我国20世纪50年代末期开始使用。最初钻孔时使用人力推钻孔，后来逐渐出现了冲抓锥、冲击锥、正反循环回旋钻、潜水电钻等钻孔机械设备。钻孔孔径也从25cm发展到200cm以上。钻孔机械的适用条件见表2-2-1，可参考该表选择钻孔机械。

钻孔机适用条件 表2-2-1

钻孔方法	适用范围			是否需泥浆悬浮钻渣
	土层	孔径(cm)	孔深(m)	
人工或机动推钻	黏性土、砂类土、含少量砂砾石（少于30%，粒径小于10cm）的土	60~160	30~40	不需要
正循环回转	黏性粉砂、细、中、粗砂、含少量砂石、卵石（少于20%）的土，软岩	80~160	30~100	需要
反循环回转	黏性土、砂类土、含少量砂石、卵石（少于20%，粒径小于钻杆内径的2/3）的土，软岩	80~120	真空泵<35 空气吸泥机<65	不需要
潜水钻机正循环	淤泥腐殖土、粉砂、砂类土	80~130	<50m	需要
冲击抓	淤泥腐殖土、密实黏性土、砂类土、砂砾石、卵石	100~200	>20m时进度慢	不需要
冲击实心锥	黏性土、砂类土、砾石、卵石、漂石、较软岩石	80~200	<50m	需要
冲击空心锥	黏性土、砂类土、砾石、松软卵石	60~150	<50m	需要
振动钻孔	软土、黏性土、砂类土、砾石、松软卵石	25~50		不需要
人工钻孔	各种土石		<15	

钻孔的常用方法分三种，即冲击法、冲抓法、旋转法等。冲击法用冲击钻孔或卷扬机带动冲锥，借助锥头自重下落产生的冲击力，反复冲击破碎土石或把土石挤入孔臂中，用泥浆浮起钻渣，或用抽渣筒或空气吸泥机排除钻渣而形成钻孔。冲抓法用冲抓锥靠自身重力产生冲击力，切入土层或破碎土层，叶瓣抓土、弃土以形成钻孔。旋转法用人力或钻机，通过钻杆带动锥或钻头旋转切削土，用泥浆浮起排除钻渣形成钻孔。

技术提示 钻孔桩施工的配套机械设备因钻孔方法不同而略有区别，但一般都包括钻进设备、吊装设备、清孔设备和搅拌、运输及灌注混凝土设备，有时还需要吸泥机及架设平台等，这些设备的选型及配套应符合施工机械组合的基本条件、原则与要求。

2）架桥机

架桥机是专门吊装主梁的起重与移运设备，如图2-2-6所示。架桥机吊臂为一箱形梁，向前悬伸，在其前端有一个能折叠的立柱（由左右两脚杆组成）。该机可在空载状态下自行驶入桥位，再将前立柱伸直，支撑在前方桥墩上，当梁片（或整梁）沿吊臂移动时，吊臂接近简支梁状态。吊装时，先将梁片利用特制龙门吊机转移到特制运梁车上，并将此运梁车和架桥机后端对位，再用行驶在架桥机吊臂上的两台吊梁小车将梁片吊起，沿吊臂（纵向）前行，亦可

图2-2-6 架桥机

横移对准位置后落梁。为适应曲线架桥,该机的吊臂能在水平面内作少量摆动。一般架桥机适应的桥梁跨径和起重吨位如表 2-2-2 所示。

架桥机规格及适应条件表 表 2-2-2

50m 架桥机			40m 架桥机		30m 架桥机		
TLQJ200/50	TLQJ180/50	TLQJ160/50	TLQJ140/40	TLQJ120/40	TLQJ100/30	TLQJ80/30	
额定起重量(t)	200	180	160	140	120	100	80
适用桥梁跨径(m)	30~50			20~40		20~30	
适用最大坡度	纵坡≤5%;横坡≤5%						

意大利迪尔公司专为杭州湾跨海大桥混凝土箱梁架设制造的 LGB1600 导梁式架桥机,最大起重吨位为 1 600t。

3)盾构机

盾构机,全名叫盾构隧道掘进机,如图 2-2-7 所示,是一种隧道掘进的专用工程机械。现代盾构掘进机集光、机、电、液、传感、信息技术于一体,具有开挖切削土体、输送土渣、拼装隧道衬砌、测量导向纠偏等功能,涉及地质、土木、机械、力学、液压、电气、控制、测量等多门学科技术,而且要按照不同的地质进行"量体裁衣"式的设计制造,可靠性要求极高。盾构掘进机已广泛用于地铁、铁路、公路、市政、水电等隧道工程。

图 2-2-7 盾构机

用盾构机进行隧洞施工具有自动化程度高、节省人力、施工速度快、一次成洞、不受气候影响、开挖时可控制地面沉降、减少对地面建筑物的影响和在水下开挖时不影响水面交通等特点,在隧洞洞线较长、埋深较大的情况下,用盾构机施工更为经济合理。

盾构机的基本工作原理就是一个圆柱体的钢组件沿隧洞轴线边向前推进边对土进行挖掘。该圆柱体组件的壳体即护盾,它对挖掘出的还未衬砌的隧洞段起着临时支撑的作用,承受周围土层的压力,有时还承受地下水压力并将地下水挡在外面。挖掘、排土、衬砌等作业在护盾的掩护下进行。

据了解,采用盾构法施工的掘进量占北京地铁施工总量的 45%。虽然盾构机成本高昂,但可将地铁暗挖功效提高 8~10 倍,而且在施工过程中,地面上不用大面积拆迁,不阻断交通,施工无噪声,地面不沉降,不影响居民的正常生活。不过,大型盾构机技术附加值高、制造工艺复杂,国际上只有欧美和日本的几家企业能够研制生产。

（三）施工机械选择与组合的原则

1. 施工机械选择的原则

机械选型的目的是为了针对具体施工方案和施工条件选择适宜的机械类型，使其既能保质保量地完成作业任务，又能充分发挥机械的性能优势及潜力，以期达到最佳的机械效能。

选择施工机械，一般应根据施工条件和施工对象的工程特点，结合技术规范、工期及质量要求，遵循下述原则进行选择。

1）保证工程质量与工期要求

选择施工机械，一般应考虑施工机械的技术性能是否与施工质量及技术规范的要求相适应，所选机械能否达到相应的施工质量要求。对于技术要求高的作业项目，优先采用性能优良或专用的施工机械，这样可以保证工程质量和较高的生产率，但也不应片面追求专用机械的高效率，而忽视了大材小用所造成的机械效率损失。通常，在满足工程质量要求的前提下，只要工期允许，就要考虑选择适宜的机械，避免造成机械损失。

2）保证施工安全性

在工程施工中，机械作业一定要有可靠性和安全性。如保证行驶稳定，有防止翻车或落体的保护装置、防尘隔音、危险环境可遥控作业等。此外，在保证施工人员、设备安全的同时，还应注意保护自然环境、施工现场及其附近其他的建筑设施，不应因采用机械施工而产生负面影响。

3）充分体现经济性

施工机械经济性选择的基础是单位实物量成本，主要和机械固定资产消耗及运行费等因素有关。固定资产消耗是指折旧费、大修费和投资的利息等费用，而机械的运行费包括劳动工资、直接材料费、燃料费、润滑材料费、劳保设施费等。一般在选择机械时，必须权衡工程量与机械费用的关系，同时要考虑机械的作业效率和机械运行的可靠性，这是影响经济效益的重要因素。如采用大型机械，虽然一次性投资大，但产出高，若把投资分摊到较大的工程量当中，对工程成本影响甚小。而采用先进的机械设备时，由于其技术性能优良，易于操作，大大地降低了维修费，最终也可取得较好的经济效益。

4）保证施工机械的适应性

在公路施工过程中，施工范围较广，施工条件千变万化，选用施工机械时应从机械类型及机械的技术性能两方面考虑机械的适应性。其一，机械的类型及其技术性能应适应于工地的气候、地形、土质、施工场地大小、运输距离、施工断面形状尺寸和工程质量要求等。其二，机械的容量或产量要与工程进度相符合，尽量避免因机械生产效率不足或剩余造成的延缓工期或低负荷作业现象，在条件允许的情况下，尽量选择适应施工对象和进度要求的机种及规格。

5）尽量选用系列产品

在机械化施工中，应减少同功能机械的种类，尽可能使用统一的、标准化的系列产品，以便于维修和管理。

6）拟选施工机械与其他配套机械的组合要合理可行

拟选机械在工作容量、数量搭配、生产效率及动力搭配方面，应与配套的组合机械彼此适应，协调一致。如挖掘机的斗容应与运输车辆的车厢容量保持适当的比例关系，一般以3~5斗装满车厢为宜。而运输车辆的生产率应略大于挖掘机的生产率，以求最大限度地发挥挖掘机的机械效能。

实际上，在施工方案一定的情况下，选择施工机械时除了应满足上述原则外，还须考虑以下因素：

(1)在现有的或可能利用的机械中选择。

(2)满足施工需要，避免大机小用。

(3)合理选择主导机械，充分发挥主导机械的作用，力求组合机械的最佳匹配效果。由于施工作业进度一般是以主导机械的生产能力为主来制订，或者说主导机械的生产能力决定着施工速度和进度。所以，要慎重选择施工主导机械，且以主导机械的生产能力为主配置辅助机械。此外，还应从全局出发，充分考虑主导机械的重复利用。

(4)工程量大时，选择大型机械；工程量小时，选择常规和标准机械。

2. 施工机械的选择方法

在公路工程施工中，选择机械除了贯彻以上原则以外，还须根据机械的技术性能，结合施工方案的要求以及招标文件中有关技术规范、质量和进度的要求，针对施工项目的施工条件和实际情况，从下述几个方面出发，选择机械。

1)按作业内容选择施工机械

在实际工作中，为了降低劳动强度，人们希望分部分项工程所包含的每一项作业都有相应的机械完成。因此，我们可根据机械的使用性能和分部分项工程的具体作业内容来选择施工机械。可供路基工程各作业项目选择的施工机械如表2-2-3所示。

路基工程施工机械选择表　　表2-2-3

工程类别	作业内容	可选择的机械设备
准备工作	1. 清基(包括清除树丛、草皮、黑土、岩基、冰雪)和料场准备； 2. 松土、破冻土(<0.2m)	伐木机、履带拖拉机和推土机、挖掘机、装载机、高压水泵、松土器、大犁、平地机
土方开挖	1. 底宽>2.5m的河渠、基坑、池塘、港口、码头、采土场等； 2. 小型沟渠和基坑	推土机、铲运机、挖掘机、装载机、冲泥机、吸泥机、开挖机、清淤机
石方开挖	1. 砾石开采； 2. 岩石开采； 3. 石料开采	挖掘机、推土机； 空气压缩机、凿岩机、穿孔机、爆破设备； 破碎机、筛分机
冻土开挖	河渠、基坑、池塘、港口、码头	推土机、冻土犁、冻土锯、冻土拍、冻土钻、冻土铲
土石填筑	1. 大中型堤坝、高质路基、场地等； 2. 小堤坝、路基、梯田、台阶等	推土机、铲运机、羊足碾、压路机、平地机； 夯板碾压机、洒水车、推土机、铲运机、大犁
运输	1. 机械设备运输； 2. 土石运输	火车、轮船、拖车、汽车、起重机； 推土机、铲运机、装载机、汽车
整形	1. 削坡； 2. 平整	平地机、大犁、推土机、铲运机、挖掘机； 平地机、推土机、铲运机、大犁

实践证明，通常中小型项目选择通用性较好的机械比较经济合理，大型项目要结合施工方案，并针对具体作业内容慎重选择主导机械及配套机械，才能获得较好的经济效益。

2)按土质条件选择施工机械

土石是机械施工的主要对象，其品质和状态直接影响机械作业的工效及成本，为此，土质条件是选择土方机械的一个重要依据。

(1)按机械通行性选择施工机械。机械的通行性是指机械行走与通过地面的难易程度，它与施工现场的便道、地形、土质及行驶质量状况等因素有关，对施工机械的作业效率影响较大。因此，选择施工机械时有时需要专门考虑机械通行性的影响，如地面潮湿、泥泞时，一般选用履带式机械。或者，可根据需要选择轮胎式机械。

（2）按土的工程类别及特性选择施工机械。土的类别及软硬程度不仅对机械的通行性有影响，而且也左右着机械进行各种作业的难易程度，甚至是可能性。土的工程特性不同，选择的施工机械也应不同。

为了便于根据土质的类别和工程特性选择施工机械，依据机械作业的难易程度将土划分为软土和硬土两类。其中，软土包括淤泥、流沙、沼泽土和湿陷性大孔隙黄土、黑土及软弱黏土（含水率较大）等；硬土包括较为干燥的黏土、砂石、砂粒石、软石、块石和岩石等。如此分类后，硬土开挖选择施工机械可参考表2-2-4；软土开挖选择施工机械可参考表2-2-5；各种土的压实机械选择可参考表2-2-6。

硬土开挖和运输机械选择表　　表2-2-4

施工机械 / 土质	推土机	铲运机	正铲挖掘机	反铲挖掘机	装载机	松土机	开沟机	平地机	自卸车	底卸车	钻孔机	凿岩机
黏土和壤土	√	△	√	√	√	√	√	√	√	√		
砂土	√	√	√	√	√	√	√	√	√	√		
砂砾石	√	×	√	√	√	×	△	△	√	△		
软岩和块岩	△	×	√	△	△	×	×	×	√	×	√	√
岩石	×	×	×	×	△	×	×	×	√		√	√

注：√-适用；△-尚可用；×-不适用。

软土开挖机械选择表　　表2-2-5

施工机械 / 水分状况	通用推土机	低比压推土机接地比压（kPa）			水陆两用挖掘机	挖泥船
		19.6～29.4	11.8～19.6	<11.8		
湿地	△	√	√	√	√	×
轻沼泽地	×	√	√	√	√	×
重沼泽地	×	×	△	√	√	△
水下泥地	×	×	×	√	√	√

注：√-适用；△-尚可用；×-不适用。

各类土压实机械（机具）选择表　　表2-2-6

施工机械 / 土的名称	静力式压路机	自行轮胎式压路机	牵引式轮胎压路机	振动压路机	羊足碾	夯实机	夯锤	推土机	沼泽地推土机
块石、圆石、砾石	△	△	△	√	×	√	△	√	×
砾石土	√	√	√	√	×	√	√	√	×
砂	√	√	√	√	×	√	√	√	×
砂质土	√	√	√	√	△	√	√	√	×
黏土、黏性土	△	√	√	×	√	×	△	△	△
黏性土、混石黏土	△	√	√	△	√	△	△	△	△
非常软的黏土、黏性土	×	×	×	×	△	×	×	×	√
非常硬的黏性土	×	△	△	×	√	×	×	√	×

注：√-适用；△-尚可用；×-不适用。

3)根据运距选择运土机械

根据运距选择运土机械，主要是相对铲运机械而言，每种机械都有一个经济运距。选择运土机械时，应考虑土的性质与状态，结合现场施工条件，参考表2-2-7选用。

土方运输机械的经济运距 表2-2-7

施工机械 / 经济运距	履带推土机	履带装载机	轮胎装载机	拖式铲运机	自行式铲运机	轮式拖车	自卸汽车
经济运距(m)	<80	<100	<150	100~500	300~1 500	>2 000	>2 000
道路条件	土路不平	土路不平	土路不平	土路不平	土路不平	平坦路面	一般路面

4)根据气象及气候特征选择施工机械

气象条件是影响机械施工的重要因素之一，如湿度、温度和大气压等，在一定程度上会影响施工机械的作业效率，导致进度缓慢。若迫不得已，施工机械非要在湿度大、气温低和高原地区较高的大气压环境中作业时，选择施工机械必须要采取应对措施以满足这些特殊条件要求。

比如，下雨或积雪融化，会改变土的状态，甚至使道路泥泞，降低施工现场的机械通行性，进而影响施工机械的作业效率。故在雨季施工时，就不得不考虑用履带式机械代替轮胎式机械进行作业。而在无雨时，则恰好相反，轮胎式机械的生产效率要比履带式机械高。

又如，冬季土方施工选择机械时，首先应考虑施工机械的技术性能可否达到规定的技术和质量要求来选择主要的开挖机械。然后，再选配解破冻土和粉碎冻土的专用施工机械与主导机械联合作业，如松土器、冻土犁松土，羊足碾碾压等。

此外，有时也要考虑季节影响选择施工机械，如少水河流在汛期预计流量增大时，主梁吊装可采用架桥机，而干旱期可考虑采用吊车吊装等。

5)考虑机械的作业效率对进度的影响

机械的运行工况(完好程度)、施工现场及其施工条件对机械生产能力(生产率)的影响较大，为此，在关键工程中要注意配备工况良好、效率较高的机械，以免影响施工进度。

3. 施工机械组合的基本方法

在综合机械化组列(如路面施工的一系列配套机械)的施工过程中，协调均衡的配套关系是使综合机械化组列达到高效与经济运行的必要条件。可见，要想实现机械化施工的高效性，首先要使参与组合的各种机械之间配合协调，均衡作业。

1)施工机械组合的基本条件

(1)各种机械的技术性能必须符合施工质量要求。

(2)各种机械应具备良好的使用性能，其作业效率和生产率须适应总进度和满足合同工期要求。

(3)各种机械应具备良好的安全性和可靠性。

(4)主导机械具有良好的运行工况。

2)综合机械化组列内部配合的基本要求

(1)以组列中的主要机械(或关键设备)为基准，其他配套机械都要以确保主要机械充分发挥效率为选配标准。配套机械或设备的生产能力应略大于主要机械设备的生产能力。

(2)综合机械化组列中的组合数越少越好。尽可能采用一些综合设备取代几个环节的作业，这样可提高整个组列运行的可靠性，保证组列的作业效率。

(3)对于组列系统的薄弱环节(运行可靠性低的环节),在可能的情况下适当地注意局部并列化,这样也可提高整个组列运行的稳定性。

3)机械配套的基本原则

(1)以主导机械为主匹配其他机械。机械组合,首先要科学合理地选择施工任务的主导机械,确定其生产能力。其次,配套机械以主导机械为基准,围绕主导机械选型配套。在作业顺序上与主要机械相衔接的配套机械的工作容量、数量及生产率应稍有储备(生产率储备量在5% ~10%之间),力求充分发挥主要机械的生产效率。

(2)尽量减少机械配套数量。机械组合数越多,其总的效率就越低,如两台效率均为0.9的机械组合时,其总效率只有0.9 ×0.9 =0.81,而且每一组合中,当其中一台发生故障停机时,组合中的其他机械便无法正常工作。因此,在能完成作业内容的前提下,应尽量减少机械组合的数量。

(3)力争组合并列化。为了避免上述不利情况的发生,应尽可能地组织多个系列的组合,并列进行施工,从而减少因组合中一台机械停驶而造成全面停工的现象,减少配套机械工作效率的损失。

(4)配套机械系列化。同一方案应采用同一系列的机械,以便于维修、保养和管理。

(5)按照机械的实际运行工况合理配套各种机械设备。如路基施工中,有些辅助性机具或拖式机械通常需要配以另外的牵引车牵引才能作业。这时,两者的实际运行工况要协调、平衡。否则,动力剩余过大,将造成浪费,或动力不够会造成机械超负荷运转,甚至不能完成要求的作业。

4)施工机械组合的基本方法

(1)按招标文件及设计要求组合施工机械。在设计文件或招标文件的技术规范中,为了保证工程质量或满足设计上的技术要求,往往对施工方法及其主要机械的规格、型号及作业效率等提出了一些具体要求,进行机械组合时,首先要满足这些要求选择主导机械,然后以主导机械为主合理匹配其他施工机械。

(2)按合同工期要求组合关键工程的施工机械。关键工程的作业进度对合同工期的影响很大,它往往决定着施工进度的节奏和快慢程度,比如在关键的大型土方工程或混凝土工程施工时,为了满足进度要求,宜选择大型机械设备作为施工主导机械,其他机械要以充分发挥主导机械的效能为原则进行选型配套。反之,工程量较小的非重点工程宜选用小型机械进行组合,以免造成机械效率损失和浪费。

(3)满足施工方案要求组合施工机械。施工方案不同,所采用的机械设备也不同,而在一定的施工方案下,受施工方案制约,可选的主导机械又非常有限。如沥青混凝土面层施工时,只能采用厂拌法,而厂拌法施工的主导机械只有两种——摊铺机或平地机。按规定,高等级公路和市政道路的沥青混凝土面层施工不能采用平地机摊铺,所以对于高等级公路和市政道路施工,摊铺机就是施工主导机械。

按上述方法选择了主导机械的种类后,再根据工程量大小和主导机械的生产率确定机械的型号和规格,决定施工强度,如摊铺机一次性能铺多宽,每日产量是多少,以满足进度要求和设计要求。

主导机械选型完成后,再以主导机械为主,按机械组合的原则,匹配其他配套机械。如选定沥青混凝土面层施工的主导机械——摊铺机后,与之匹配的机械设备无非就是拌和站、摊铺机、运输车辆、压路机,这些配套机械也是由施工方案所决定的。匹配时,在各机械满足质量要求的前提下，一般以保证它们的生产能力要比摊铺机的摊铺能力大5%～10%进行配套，并依此机械组列组织试验路段施工。最后，通过试验路段，确定施工参数，调整和优化机械组合，达到最佳匹配效果后作为施工组列。

(4)按最佳经济运行条件组合施工机械。在施工过程中，当施工的主导机械一定时，为了充分发挥综合机械化作业的生产效率，必须以主导机械的作业效率为主，合理进行其他机械的选型和配套，要基本做到“既能充分发挥主导机械的作用，又能合理运用其他机械，避免机械效率损失，使综合机械化作用处在最佳经济运行状态”。

(5)按施工机械的适应性，以提高利用率为原则合理组合施工机械。在合同段的施工过程中，同一类型的施工机械也许在许多分部分项工程中都要使用。因此，在进行某一分项的施工机械组合时，还要考虑这个分项工程采用的施工机械在其他施工项目中的重复利用问题，以便提高机械的利用率。同时，机械组合还须考虑作业对象的工程特性，因地制宜地选择施工机械。如土方压实时，应考虑压路机对不同土质的适应性，各种土质应采用与之相适应的压路机进行压实时，才能提高作业效率。

二、任 务 实 施

(一)任务引领

1.任务情境

1)工程概况

(1)建设地点、建设规模。本合同段属于国道主干线××市绕城公路(六环路)××至××段工程，位于京密引水渠东侧约400m，斜穿史家桥村，道路起点桩号为K5+800，终点桩号为K7+700，标段全长1.9km，其间设跨河桥、分离式立交、通道各一座，8道钢筋混凝土盖板涵。本标段主要作业量是填方，约27.5万m^3，其中道路面积为48 620m^2，桥梁面积为3 920m^2。

(2)分部工程概况

道路工程：主路横断面为两幅双向四车道，中央分隔离带宽2.5m，土路肩宽0.75m；单侧机动车道宽为0.5m+2×3.75m+3.0m=11m，路基标准宽度为26m，道路红线宽度为80m。路面采用向外直线两面坡形式，横坡度为2%，土路肩坡度为3%。为保证路基边坡的稳定，路基两侧设2.0m宽护坡道，路基边坡坡度为1∶1.5。路基填方大于3m时，边坡采用六角形预制混凝土网格护砌，小于3m时，采用三维喷播植草护坡。硬路肩与主路采用相同的路面结构。

本合同段道路工程主要工程量如表2-2-8、表2-2-9、表2-2-10所示。

主路路面结构形式及工程量(不含中、表面层)　　表2-2-8

结构类型	厚度(cm)	面积(m^2)
密级配粗粒式沥青混凝土AC-25I	7	42 590
乳化沥青封层	—	42 590
上基层水泥稳定砂砾	18	44 021
下基层石灰粉煤灰砂砾	18	45 379
底基层石灰粉煤灰砂砾	20	47 454
总厚度	63	

上庄北路路面结构形式及工程量　　表 2-2-9

结构类型	厚度(cm)	面积(m^2)
密级配细粒式沥青混凝土 AC-13I	4	6 030
粗粒式沥青混凝土 AC-30I	7	6 030
乳化沥青封层	—	6 030
上基层石灰粉煤灰砂砾混合料	15	6 399
下基层石灰粉煤灰砂砾混合料	15	6 667
底基层石灰粉煤灰砂砾混合料	15	7 069
总厚度	56	

道路填方及挖方工程量　　表 2-2-10

路名	填方数量(万 m^3)	挖方数量(m^3)
六环主路	22.3	1 422
上庄北路	5.2	714
合计	27.5	2 136

桥梁工程:本标段有通道桥、跨线桥和分离式立交桥各一座。

位于 K6 +012.126 处的通道桥主桥宽 26m,与 9m 宽的旧路斜交,角度为 67.352 8°,桥长 24m。上部结构采用一孔 16m 预制简支宽腹 T 梁,高 90cm,共 14 片,下部结构为重力式桥台及 $D=1.2$m 钻孔灌注桩基础,共 24 根。桥面结构为 11cm 厚沥青混凝土面层加防水层及 10cm 厚混凝土铺装层。桥梁面积为 624m^2。

位于 K6 +478.085 处的史家桥河桥主桥宽 26m,斜交角为 37.027 1°,桥全长 88m。上部结构为 25m +30m +25m 预制简支 T 梁,共 42 片,中跨 30m 梁高 1.6m,边跨 25m 梁高 1.4m。下部结构边墩采用重力式桥台及 $D=1.2$m 的钻孔灌注桩基础,共 24 根,4 片预应力混凝土盖梁下设 $D=1.2$m 双柱墩,共 8 根,基础采用承台加混凝土系梁及 $D=1.5$m 钻孔灌注桩,共 8 根。在左右半幅桥间设桥台间挡墙。桥面结构为 11cm 厚沥青混凝土面层加防水层及 10cm 厚混凝土铺装层。桥梁面积为 2 288m^2。

位于 K7 +281.874 处的上庄北桥跨线桥宽 12m,斜交角为 63.275 7°,桥全长 84m。上部结构为 4m ×20m 预制简支 T 梁共 24 片,梁高 1.1m。下部结构采用肋板式桥台,预应力混凝土盖梁下设肋板式柱墩共 4 根,基础采用承台加混凝土系梁及 $D=1.2$m 钻孔灌注桩共 8 根。中墩基础采用承台及 $D=1.2$m 钻孔灌注桩共 6 根,预应力混凝土盖梁下设 $D=1.5$m 双柱墩共 3 根。桥面结构为 9cm 厚沥青混凝土面层加防水层及 7cm 厚混凝土铺装层。桥梁面积为1 008m^2。

桥梁工程主要工程量如表 2-2-11 所示。

排水工程从略。

(3)工期和质量要求。本标段工程计划开工日期为 2009 年 3 月 10 日,交工日期为 2009 年 11 月 20 日,共计 256 天,合同工期约 8 个月。

质量要求:本工程的工程质量标准为全部分项工程达到交通部《公路工程质量检验评定标准》(JTG F80/1—2004)的合格等级,主要分项工程达到优良,单位工程优良率达到 90% 以上。

桥梁工程主要工程量 表 2-2-11

名　　称	结构尺寸	单　　位	数　　量
钻孔灌注桩	$D=1.2\text{m}$	根	62
钻孔灌注桩	$D=1.5\text{m}$	根	8
承　台		座	17
墩　柱	$D=1.2\text{m}$	根	8
墩　柱	$D=1.5\text{m}$	根	3
肋板式桥台墩柱		根	4
肋板式桥台盖梁		片	2
中墩盖梁		片	7
重力式桥台台身		座	8
预制 T 梁		片	80

2)施工条件

(1)地形地貌。本标段所在地区为平原,道路沿线大部分路段地形基本平坦,局部路段略有起伏。地面高程为 47.42～53.95m。本工程道路红线范围内的地上物主要有鱼塘、房屋、大棚、坟地、110kV 高压及通信线杆、树木等。

(2)气候和水文条件。本工程所在地区属中纬度区,受西风带影响,夏季炎热多雨,冬季寒冷干燥,春季干旱多风,秋季时间短,四季分明。年平均气温为 11.5℃,最高气温达 40℃,最低气温达 -20℃。多年平均降雨量为 550～650mm。

根据勘探资料测定结果,表层为人工堆积层、轻亚黏土填土,含植物根、砖渣、灰渣、碎石等,厚度为 1.0～3.7m;表层以下为第四纪沉积轻亚黏土层;第四纪沉积亚黏土,亚砂土层;第四纪沉积粉砂细砂层;第四纪沉积卵石层。拟建场区内不存在影响场地稳定性的不良地质现象。地下静止水位高程为 46.15～48.39m。

(3)当地的资源。工程沿线有大型商品混凝土拌和站与预制场,并可提供 30t 以上的吊车。

3)编制依据

(1)《××市六环路公路工程施工招标文件》及施工图纸、施工招标文件补遗书等。

(2)本工程执行的最新公路工程施工技术规范及验收标准和国家部委、本市地方相关部门的有关法规等。

(3)施工现场踏勘与社会调查资料。

(4)合同工期为 256 天。

2. 工作任务

试选择该标段主体结构的施工机械。

(二)任务实施—选配施工机械

1. 工程特点分析

(1)工程量大、工期短。由于本工程准备时间短,开工时拆迁不能全部完成,按业主的阶段目标要求,道路沥青混凝土底面层应在 2009 年 9 月 20 日完工,有效工期预计不足 7 个月。故工程量大,施工任务繁重,本工程若在 8 个月内完工,须采用平行交叉作业法,即路基、桥梁及管涵施工平行作业并交叉作业,这样,虽可压缩工期,但工段多,施工协调和组织工作难度大。

(2)填方作业是制约工期的关键因素。本段填方27.5万 m^3,路基填方最高处约8m,且多处穿鱼塘和田区,因地下水位偏高,多处需换填处理。因此,填方工作的顺利实施是本工程的重要环节,也是质量控制的重点。施工期间应精密部署,合理安排,备足运输车辆和取土场,确保土方施工顺利进行。同时,应严格控制填筑方法与厚度,合理进行碾压机械的选型,保证工程质量。

2. 技术特点分析

(1)本道路工程穿越多个鱼塘,约2万 m^2。结合设计要求及本地区软土特点,软土地基主要采用抛石挤淤法处理。

(2)沥青面层与基层施工属于常规技术与工艺,应严格控制施工过程的质量。该标段路面材料充足,为保证工期,应选用机械性能良好的大型机具设备施工。

(3)桥梁下部结构为钻孔灌注桩,上部结构为简支梁。由于当地可提供商品混凝土且能满足施工要求,而桥梁跨径不大,又有满足施工需要的起重设备。故为缩短工期,考虑不建混凝土拌和站,采用商品混凝土浇筑大型构件,主梁也可考虑委托预制。

桥梁基础与下部结构施工亦是本标段的关键工程,因此要加强基础与墩台的施工力量,并根据施工条件,充分备足墩台施工机具,按工期要求合理选择施工机械,确保工期与质量。

3. 选配主体工程施工机械

该合同段施工机具与设备的选择,主要是在满足业主的技术规范和质量要求的基础上,根据阶段性工期目标进行机械的选型和配套,特别是施工机具、设备的型号与规格(指生产率)及其数量(指套数)的确定,与工段划分、施工组织方式以及施工条件密切相关。它须在满足阶段性工期目标的基础上,结合施工段落、施工组织方法和施工条件以及水文地质条件等多种因素,统筹兼顾,慎重选择。

本工程土方作业划分为三个工段,每工段工程量约9万 m^3。而每个桥涵按其所处位置看作相对独立的工段,该标段有三处设置了较大的桥涵工程,则大体上分为6个工段,采用平行交叉作业法组织施工生产。

路基填方:阶段性工期目标为80天。每工作面平均每天完成1 100m^3,需配备推土机两台、压路机两台、水车两台、刮平机1台。

道路基层水泥稳定碎石基层:建立联合搅拌站,采用WCB-400型模块式拌和机,每小时产量为400t,每天产量为3 500t,每天单幅铺筑距离为500~600m。

桥梁工程分3个工作面:桩基70根,阶段性目标工期30天,需配备3台钻机。8根 $D=1.2$m墩柱模板加工两套,周转4次;3根 $D=1.5$m墩柱模板加工1套,周转3次;盖梁模板加工4套,能满足进度要求。

桥梁工程采用装配法施工,上部结构吊装时,因为在无水地段施工,根据其结构类型来看,每片梁的质量不大,采用起重机吊装,配合运梁车移运即可。

关键工序技术方案从略。

三、学习效果评价反馈

(一)学生自评

通过以上学习回答下列问题:

(1)影响机械作业的因素有哪些?

(2)如何选择机械类型？

(3)选择机械类型的方法有哪些？

(4)机械组合需考虑哪些因素？

(5)列举机械组合原则，选其一举例说明含义？

(6)说说你对机械化施工的认识。

(7)谈谈你学习该工作任务的认识和体会。

(二)学习小组评价

班级：__________姓名：__________学号：__________

学习内容	分 值	评 价 内 容	得 分
基础知识	30	机械化施工的意义及重要性；机械化施工的作业方式与施工特点；影响机械化作业的主要因素；公路施工常用的施工机械及其适应条件；选择施工机械的原则及方法；施工机械组合的基本方法	
应会技能	10	认知常用施工机械及其适用条件	
	20	领会选择施工机械及其进行施工机械组合的原则和方法	
	30	在考虑施工机械选择的关联因素后，能够正确选择施工机械	
学习态度	10		
合 计	100		
学习小组组长签字：			年 月 日

(三)任课教师评价

班级：__________姓名：__________学号：__________

评 价 内 容	分 值	简 评	得 分	教师签字
准备工作情况	20			
课堂表现情况	30			
任务完成质量	30			
团结协作精神	20			
合 计	100			
备 注				年 月 日

工作任务三 确定施工方式与施工顺序

学习目标

1. 叙述施工作业方式及施工生产类型；
2. 分析施工作业方式与施工顺序的关系；
3. 描述确定施工顺序的基本方法；
4. 知道施工顺序的选择原则；
5. 正确拟定施工顺序；
6. 合理运用施工方式的选择原则；
7. 正确选择施工方式。

任务描述

按照建设项目的建设目标，遵循施工生产的客观规律，人们把有目的、有系统、有秩序地整合施工资源的行为称之为施工组织，施工组织方式即指计划和安排分部分项工程施工作业的方式。当一个合同段的整个施工生产过程（系统工程）内含的分部分项工程按不同的方式组织施工时，就会显现出不同的施工秩序。施工顺序则指分部分项工程施工的顺序，它反映了基本生产过程的内在规律。实质上，选择施工方式是解决“怎样安排分部分项工程施工秩序”的问题，而确定施工顺序是解决“怎么安排分部分项工程的施工顺序”才是科学合理、符合客观规律的问题。通过完成该任务，学生应认知建筑生产类型及其生产组织方式的内涵，熟悉选择施工方式的关联因素，领会确定施工顺序的方法，正确选择施工方式，合理拟定施工顺序。完成该任务首先应熟识建筑生产类型及其组织方式的特点，明确选择施工方式与拟定施工顺序的原则，领会方法，考虑关联因素，正确选择施工方式，拟定施工顺序。

学习引导

本工作任务沿着以下脉络进行学习：

认知施工组织方式 → 领会选择施工方式的方法 → 熟悉关联因素 → 正确选择施工方式 → 明确施工方式与施工顺序的关系 → 熟悉关联因素 → 领会拟定施工顺序的原则 → 运用拟定施工顺序的方法 → 拟定施工顺序

一、相关知识

（一）建筑施工生产类型及施工组织原则

生产类型是区分生产性质的标志，它反映了各类生产活动的特征及生产特点。生产类型不同，生产过程亦不同，在生产组织和管理方面采取的模式和方法也不一样。我们讨论生产类型的目的就是为了寻求各种生产类型的生产组织规律，以便在管理时“对症下药”。

1. 生产类型

（1）生产类型按产品和工艺特点分为固定性产品生产和移动性产品生产。

①固定性产品生产。该类型劳动对象固定，劳动者携带劳动工具围绕劳动对象移动。通常土木建筑工程均属此类，也称建筑施工性生产，如路基施工、路面施工、桥梁下部施工等。由于这种生产类型所需要的人力、材料和施工机具设备处在不断变化和流动状态下，其生产过程组织较为复杂，所以，通过周密计划、科学组织来管理和控制生产过程是极其必要的。

②移动性产品生产。劳动者及设备相对固定，劳动对象沿着生产线移动。普通商品生产大多属于此类，也称加工装配性生产，如生产电视机、啤酒等。在公路工程施工过程中，一些半成品亦可按这种生产类型加工制作，如机制路缘石、拌和厂生产沥青混合料等。因这种生产类型的施工资源相对持续稳定，并在固定的程式下运行，故其生产过程组织比较简单，只需建立有关的制度，实现程式化管理即可。

（2）生产类型按产品生产的重复性分为单件生产、批量生产和大量生产。

①单件生产。每件产品存在构造差异，需要单独设计，但仅制造一次，存在多道工序时需多工种配合完成产品。其专业化生产程度低。如路基、涵洞、挡土墙施工等。

②批量生产。产品规格不同，批量构造统一，用量较小，工序、工种相对稳定，专业化程度较高，可周期性地重复和批量生产。如涵管、盖板预制（孔径不同，右筋不同）等。

③大量生产。产品规格单一，产品结构及使用材料一致，用量大，工序、工种稳定，专业化生产程度很高，可连续大量地生产，如路缘石、护栏柱等，可完全实现工厂化。

公路建筑产品的实物形态及形状结构十分复杂，它由各种构造物及其组成构件、附属设施等组成，并与不同的地形地貌结合在一起，可以说，没有任何两个公路建筑产品的实物形态是完全相同的。总体来看，它是以单件生产为主。但公路建筑产品的设计与施工实行标准化、装配化后，也有少量公路建筑产品的构造物的结构类型、制作材料和工艺技术是基本相同的，甚至有批量或大量组成构件、半成品的生产过程是完全相同的。因此，从生产过程组织方式来看，公路建筑产品的构、配件又可以组织各种类型的生产来开展施工活动。

由此可见，公路建筑产品的生产类型基本属于固定性产品生产，从产品主体施工的重复性来看，也主要以单件生产为主，但部分构、配件实行标准化设计后，亦可实现工厂化批量生产。

2. 施工过程的组织原则

公路建筑产品的施工生产过程是一个存在内在联系和客观规律的系统工程，进行施工组织与管理的终极目标是生产一个成本低、工期短、质量好的公路建筑产品。但由于影响施工过程组织的关联因素很多，如自然条件、工程属性、可供利用的施工资源、业主的管理目标要求和设计要求等，这就使得施工过程的组织变化无常，形式多样。为了使施工生产过程能够符合其客观的生产规律，充分保证各项生产活动安排和组织的合理性与科学性，我们在进行施工组织设计时都应遵守以下基本原则。

(1)施工过程的连续性：指施工过程的各阶段、各工序应紧密衔接，在时间上保持连续作业的特性，具体表现为使劳动对象始终处于被加工、检验或自然状态下，避免发生不合理的中断、闲置或停工现象；使各施工作业班组、主要机械设备始终处在连续的工作或作业状态。

在施工过程中，如果能够合理地保持施工过程的连续性，可以缩短工期，保证产品质量，减少投入，降低成本，提高经济效益。影响施工连续性的主要因素有：

①作业方式。组织平行作业是保持连续性的先决条件，流水作业是在合理利用资源的情况下，保持施工过程连续性的有效方法。

②施工资源。人力、材料、机械设备等资源供应不足或缓慢，机械运行工况不好，往往会导致停工待料现象。

③自然条件。刮风、下雨等不可抗拒的自然因素，被迫停工或降低生产效率等。

④其他。如工程意外，社会干扰，施工组织不当等。

(2)施工过程的协调性(比例性)：指施工过程的各阶段、各工序之间在配备劳动力、机械设备及占用工作面上应保持适当比例的特性。主要体现在以下几方面：

①各工序之间在施工能力上应保持适当的比例关系，如路面施工时，拌和站的出料能力应略大于车辆的运料能力就不会出现窝工现象。

②每道工序的人力、机械配备及占用的工作面应保持适当的比例关系，如人工配合摊铺机摊铺沥青混合料时，如果配合比例不当，就会造成人工损失。

③人力、材料、设备、资金等资源供应与生产进度应保持适当的比例关系。

施工过程的协调性在很大程度上取决于施工组织设计的正确性，同时，也会受到材料意外变化、机械故障及操纵熟练程度变化、自然因素变化等的影响。因此，在施工过程中，应精心进行施工组织，合理配备施工资源，才能保证协调生产。保持施工过程的协调性可以充分挖掘人工和机械潜力，避免资源浪费，提高生产效益。

(3)施工过程的均衡性(节奏性)：指施工生产过程按计划进度展开，并始终保持计划节奏的特性，即施工过程应具有相对稳定的施工节奏，不能时紧时松。主要体现在以下几方面：

①在生产过程中，各阶段、各环节的施工活动都应按计划进度要求进行，其材料、人力、机械等资源的需求量增减应与计划进度相适应。一般应符合正态分布曲线规律(0→少→多→少→0)，并应符合工程的实际需要和客观规律。

②班组及其机械的作业量应持续并相对稳定，不时紧时松，忌讳赶工。

③无论在工程进展的哪个阶段，施工过程的工作量(作业量)应与人、财、设备和材料供应量保持相对稳定或均衡增长。

均衡生产能充分利用设备和工时，避免突击赶工造成的各种损失，有利于生产安全和提高施工质量，便于组织和调配劳动力及机械设备，也可按照合理工期完成公路建筑产品的生产任务，以获取理想的经济效益。

技术提示 施工过程的协调性是实现施工过程均衡性的前提条件。要保证施工过程的均衡性，必须保持生产的比例性，加强计划管理，强化生产的组织、协调和调度系统，做好施工技术和物资准备。

(4)施工过程的经济性：指通过科学合理的施工过程组织与管理，合法谋求最大的经济效益的特性，即在保证工期和质量的前提下，用最小的劳动消耗谋取最大的生产效益。在进行施工过程组织时，应切实贯彻和体现经济性原则是施工过程组织的根本条件，施工组织设计始终应以经济性原则为杠杆，衡量施工组织的合理性，这是因为：①在进行施工过程组织时，连续性、协调性、均衡性保持的好坏与否，最终要通过经济性体现出来；②施工过程的连续性、协调性、均衡性与经济性是互为条件、相互制约的关系。

(二)施工过程组织的任务

1. 施工过程空间组织的任务

公路施工过程的空间组织主要解决如何设置项目管理和生产机构以及这些机构及其机械、设备在施工过程中的空间(或平面)布置问题。具体任务如下所述。

(1)组建项目管理机构。根据拟建项目的工程属性和施工需要建立项目施工管理机构和生产机构。其中，项目管理机构的项目经理和主要技术负责人应满足招标文件的强制性资格要求，项目经理部下设的各职能机构需根据承包人可供利用的人力资源状况及施工项目需要确定，一般包括工程技术部、质检部、机械部、材料部、经营计划部、劳动安保部、财务部、综合办公室以及中心试验室等职能部门，同时，还须建立健全质量与安全保证体系。

(2)建立生产作业单位。生产机构是开展施工活动的主要力量，开工前，在项目经理部的领导下，还要根据工程属性及施工方案的需要，组建施工作业班组。其设置原则如下：

①按工艺原则(工艺专业化)设置作业单位。

生产单位(班组)的设置方法：将同工种的工人和所需机械设备集中在一起，为完成同一工艺(工序)施工而组建生产作业单位。如木工班、钢筋班、车队、开山爆破组等。

a. 特点：这类班组只能完成一道工艺(工序)，一般不能独立生产“产品”(包括构件、半成品或分项工程)。

b. 适用范围：适用于多品种、多规格的产品生产，以单件生产为主。

c. 优点：有助于提高班组人员的专业技能；能充分发挥班组人员及其机具、设备的潜力；设备投资少；便于专业化管理，有利于形成默契、高效的团队，具有较强的适应产品品种变化的能力。

d. 缺点:施工组织管理难度大,其关键环节是调配、协作与配合。

②按对象原则(产品专业化)设置作业单位。

生产作业单位的设置方法:将生产某种“产品”(指构件、半成品或分项工程)所需的工人、机具设备集中在一起,为完成该“产品”需进行不同工艺施工而组建的生产作业单位。

a. 特点:这类班组为生产某种“产品”而组建,可以完成该“产品”包含的若干道工序,独立地进行该种“产品”生产。

b. 适用范围:适用于少品种、少规格的产品生产,以批量生产为主,如混凝土构(配)件、大梁、涵管预制厂、桥涵施工队、路面施工队等。

c. 优点:可以组织流水作业,实现连续与均衡生产;便于施工组织与集中管理;省时省料,便于质量控制。

d. 缺点:设备分散,不能充分发挥设备潜力;设备投入大;对产品品种变化的适应能力较差。

(3)合理布置生产设备、生活及服务设施的平面位置,绘制施工总平面图和施工现场平面图,保证生产、生活及服务过程安全畅通(在学习情境五中讨论)。

(4)合理布设临时辅助设施,切实安排各工序及其工艺过程的操作空间和工作面,保证施工安全和施工过程的流畅性和连续性。

2. 施工过程时间组织的任务与时间组织类型

1)时间组织的主要任务

任务:合理选择作业方式,科学安排施工顺序,编制并优化进度计划。

目的:保证质量,缩短工期,以达到合同工期要求,降低成本。

2)建筑性施工生产的时间组织类型

(1)单段多工序型指施工项目只有一个施工段并含有若干道工序的施工生产过程,如单向掘进的独立隧道工程。这类的施工生产过程时间组织比较简单,一般按工艺顺序确定施工工期即可。施工组织过程中需要重点解决各道工序的生产力配置问题。

(2)多段多工序型指一个工程项目包含或可划分为若干个施工段,而每个施工段又含有若干道工序的施工生产过程。这类施工生产过程的时间组织比较复杂,可按实际工程属性和施工条件,采用多种方式进行生产组织,并需解决各施工段的施工顺序和施工资源配置问题,加强生产过程的组织协调和调度工作。

这种类型分为两种情况,一种是各工段上完成施工任务时的施工过程相同,即工序和工艺顺序相同。另一种是各工段上完成施工任务时的工艺过程不同,即工序和工艺顺序不同。怎么看待这两种情况,主要取决于施工段的划分和施工组织条件。若在一个合同段内,有两个结构类型相同的拱桥,把每个桥看成相对独立并具备独立施工条件的工段,就属于前一种情况;否则,一个合同段内有一座拱桥和一座梁桥,则属于后一种情况。

从施工组织条件来看,这两种情况可供选择的施工方式不一样。前一种方式可选择平行、流水、顺序作业三种方式施工,而后一种情况只能按各自的工序以及工艺顺序展开,各自为阵,按其工艺顺序完成施工任务。若把这两个独立工段的施工过程,看成两条独立的生产线的话,那么,这两条生产线可以平行作业、搭接作业,亦可交叉作业。

(3)混合型指一个建设项目中存在多个施工段,即包含相对独立的单段多工序生产过程,又含有相对独立的多段多工序的施工生产过程。公路建设项目具有点多线长和固定分散的特点,多属于混合型时间组织类型。

技术提示 在施工过程时间组织时，刻意划分纯粹的时间组织类型没有任何意义，只有在一个合同段的、复杂的结构组成中，按照工程属性及施工条件，抓住施工组织规律，相对独立地划分出合同段内含的单段多工序或多段多工序时间组织类型，在制订施工方案的工程中才有现实意义，才能够掌握施工生产的客观规律，有效地进行时间组织。

(三)施工作业方式的选择原则

1. 满足合同工期要求

针对同样的施工项目，选择不同的施工方式组织生产，其作业周期也不一样，选择施工方式时应结合业主的工期要求加以选择。

2. 充分贯彻施工过程组织的四个原则

当施工方式不同时，施工生产过程的均衡性、节奏性和连续性也不同，最终体现出不同的经济效益，因此，选择施工方式要在保证工期的前提下，以提高经济效益为目的，充分贯彻连续性原则，优先采用流水作业法组织施工，保持均衡生产，充分挖掘施工潜力，避免施工资源损失与浪费，降低施工成本，提高经济效益。

3. 遵循客观规律

任何工程项目，在一定的施工与自然条件下，都有特定的工程属性，其施工过程也存在固有的客观规律。进行工程项目施工时，要遵循工程项目施工的客观规律选择施工方式，以便建立良好的施工秩序，顺利进行施工生产。

4. 充分利用施工资源

组织平行、顺序和流水作业时，其资源流动的状态完全不同。平行作业资源投入量大，管理不便，积压流动资金，制约施工进程；顺序作业资源投入量小，但间歇作业，不能充分发挥设备潜力；而流水作业法资源投入量持续稳定，可连续作业，能够充分挖掘设备潜力。选择施工方式时要充分利用施工资源，建立高效的运作秩序，以便多快好省地完成施工任务。如具备流水施工条件，但为了片面追求工程进度而采用平行作业法组织施工，进而产生资金积压、难以组织施工资源等负面作用，就会影响生产秩序与经济效益。

5. 因地制宜，切实可行

施工方式的选择应根据业主的工期要求，结合具体的施工与自然条件进行选择，要适应相应的施工方法的需要和具体的施工组织条件，避免不切实际的生搬硬套和脱离施工客观规律。如为了组织流水作业，不管结构有无界限，进行不合理的分段，施工过程划分不合理，都会导致作业班组施工过多而产生资源浪费和管理困难等问题。

6. 施工方式与施工方法适应性原则

施工方式选择要与施工方法相适应，不能脱离施工方法的制约关系而胡乱选择施工方式。比如采用装配法施工的梁板桥，上部结构预制和下部结构及其基础施工固然要采用平行作业法。而下部结构施工，当桥墩较多时，可按墩台划分工段，优先采用流水作业法组织施工，若采用顺序作业法或平行作业法施工则不科学、不合理，这是由装配法施工的性质所决定的。

(四)安排施工顺序的原则与方法

施工顺序泛指建设项目分部分项工程的先后作业次序，它反映了工程项目施工的内在规律，也是选定施工方式的主要依据。虽然一个工程项目的施工顺序多种多样，看似杂乱无章，但在确定施工顺序时，抓住规律，仔细分析分部分项工程之间的逻辑与因果关系，在满足业主特定限制条件(工期、技术规范、工艺要求等)的前提下，总能选出最佳的施工顺序。

施工顺序是施工方式赖以生存的基础。施工顺序主要是解决分部分项工程的先后作业次序问题,它和施工作业方式密切相关。实际上,从本质上来看,平行、顺序、搭接和流水等施工作业方式是各施工项目因果关系的形式表现,反映了施工顺序的基本特征,而拟定施工顺序时,也是试图挖掘工程项目本身的施工客观规律,然后通过组织方式建立一种施工秩序再现出来。可见,施工顺序是施工方式赖以生存的基础,它们是互相依存的关系。

施工顺序不同于工艺顺序。施工顺序指各施工项目之间的先后施工次序,从总体上讲,它应体现工程项目施工的内在规律,反映各分部分项工程施工的因果与逻辑关系。而工艺顺序主要指具体某个分部分项工程项目的工序以及这些技术上互相关联的各工序之间的先后关系,它反映了具体的某个施工项目在特定施工方法制约下的施工规律,并可通过工艺框图表现出来。如钻孔桩施工时,其工序和工艺顺序是钻孔桩所特有的,工艺框图简要表达了各工序的施工内容和施工程序。通常,施工技术方案以此为依据,结合施工技术规范制订。工艺顺序是施工单位编制施工技术方案的主要依据。

1. 安排施工顺序的原则

安排施工顺序须仔细分析分部分项工程之间的逻辑关系,统筹兼顾。一般遵循以下原则:

(1)必须符合工艺必然的衔接要求。公路施工项目各分部分项工程之间存在一定的层次和顺序关系,如工程总体施工应符合先下后上、先主体后局部、先内后外的客观规律,违背这些规律,就无法正常的组织施工。

(2)必须与施工方法相适应。施工方法不同,其施工过程也不同。如梁板桥采用装配法或现浇法施工时,其施工工序和工艺顺序就不一样,装配法在用于上部结构和下部结构施工时,采用平行或搭接作业方式施工,旨在压缩工期,而现浇法只能按其固定的程序逐次完成各道工序顺序作业。显然,安排施工顺序不能脱离施工方法。

(3)考虑水文地质等自然因素的影响。安排施工顺序时,必须充分考虑洪水、雨季、冬季、不良地质地段的影响,有的因素对施工顺序的安排起着决定性的作用,如桥梁下部工程一般安排在汛期到来之前完成或之后开始。

(4)考虑影响全局的关键工程,合理安排施工顺序。如路线中的大中桥、隧道、深路堑等,如不提前完工,势必影响后续施工项目作业,故应先行施工,为后继工程运送材料和机具设备创造条件。

(5)必须遵循施工过程的组织原则。施工过程中,之所以精心安排施工顺序,就是为了更好地贯彻连续性、均衡性和节奏性的要求,以便建立良好的施工秩序,适应工程施工的客观规律,从而达到压缩工期,提高投资效益的目的。

(6)必须考虑安全生产的要求。如石方路基施工时需划分若干工段,为保证施工安全,一般不进行相邻工段连续爆破,土方爆破和清渣运输往往需间隔、跳跃式安排施工作业顺序,让爆破与清渣作业保持一定的安全距离。

(7)压缩工期原则。采用不同的施工顺序,将会产生不同的时间组织成果,对总工期的影响很大。因此,应因地制宜地采取施工组织措施,通过优化施工顺序来压缩工期。如路面基层和面层施工时,可以采用搭接和顺序作业。当路线较长,有条件组织搭接作业时,让面层施工与基层施工相隔一定时间相继开工,就会有效地压缩工期。

(8)经济效益原则。理论上,任何施工项目在特定的施工条件下,都有一个对应于投资最低点的工期,称为最优工期。如业主工期要求允许,作为承包人就应该按正常的施工条件和施工组织条件选择施工方式,科学安排施工顺序,以求最优工期,创造良好的经济效益。

2. 确定施工顺序的方法

无论从总体安排还是局部施工考虑，施工顺序对施工总工期都有直接影响。为了寻求工程施工的客观规律，建立良好的施工秩序，需进一步探讨施工顺序安排的基本理论和方法，以便指导施工实践，科学合理地安排施工顺序。

1）流水作业施工作业顺序的确定方法

当分部分项工程的结构类型及施工工艺相同时，合理划分施工段后，可以按以下方法确定施工顺序。

（1）m 项任务（施工段）、两道工序施工时，施工次序的确定。

m 个任务是指 m 个施工段上所包含的施工过程相同的全部施工任务，即具有独立施工条件的分部分项工程；n 道工序是指 m 个施工段中，完成任何一个施工段的全部施工任务应包含的 n 个施工过程，每一个施工过程可以是受某种客观条件（如关键设备等）制约的一道“工序”，亦或是一个操作过程。

在每一个施工段上，n 道工序的先后顺序是由施工方法的客观规律所决定的，进行施工组织时，无法改变，也不可违背，但各工段之间的生产作业次序却可以人为改变，而且这种改变的结果将直接影响施工总工期的长短。

当无节拍流水作业有 m 项任务（施工段），两道工序时，运用约翰逊—贝尔曼法则（简称“约—贝”法则）可以直接确定 m 项任务的先后施工次序。

“约—贝”法则的基本思想是：先行工序序列中，流水节拍 t_i 最短的施工段要优先排在前面开工；后续工序序列中，流水节拍 t_i 最短的施工段应排在最后开工。

运用“约—贝”法则就是为了确定施工段之间的最优施工次序，以达到寻求最短工期的目的。

具体做法为：首先，按施工段列出两道工序的流水节拍表，如表 2-3-1 所示；其次，在表中依次选取 t_{min}（一列仅选一次），若是先行工序则从前向后排；若是后续工序，则从后向前排，直至排定最优施工次序。

某施工项目流水节拍表 表 2-3-1

工段 m / 工序 n	A	B	C	D	E
挖基	4	4	8	6	2
砌基	5	1	4	8	3
最优顺序	E	A	D	C	B

例如，某施工项目可分为 5 个施工段，每个施工段上有两道工序，则 $m=5$，$n=2$，列出各工序流水节拍 t_i 如表 2-3-1 所示。各工段的施工次序及最短工期的确定方法和步骤如下：

第一步：运用“约—贝”法则，确定各施工段最优施工次序。

从表 2-3-1 中可看出，先行工序作业时间最短的为 $t_E=2$，则将 E 工段排在最前并划掉 E 列，不能再选，剩余的 4 列为 A、B、C、D；在这的 4 列中，后续工序作业时间最短的为 $t_B=1$，则将 B 工段优先排在最后并划掉 B 列，剩余的 3 列为 A、C、D；在这 3 列中，先行工序作业时间最短的为 $t_A=4$，再将 A 工段继续排在前数第二位，并划掉 A 列，剩余两列为 C、D；在剩余的两列中，后续工序较短的为 $t_C=4$，则继续将 C 工段排在倒数第二位，并划掉 C 列，剩余的 D 列只能排在第三位。因此，该施工项目各工段的最优施工次序为：E—A—D—C—B。

第二步：按照最优施工次序绘制横道图，确定最短施工总工期。

为便于作图，按各工段最优施工次序，重列各工序流水节拍 t_i，如表 2-3-2 所示。

按最优次序排列的流水节拍表 表 2-3-2

工段 m / 工序 n	E	A	D	C	B
挖基	2	4	6	8	4
砌基	3	5	8	4	1

按表 2-3-2 排列的顺序，绘制横道图，并确定最短施工总工期，如图 2-3-1 所示。本例最短工期为 25 天。

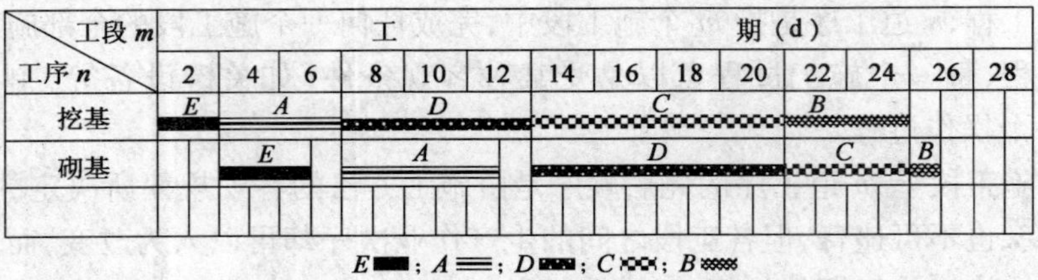

图 2-3-1 按最优施工次序绘制的无节拍流水作业横道图

（2）m 项任务、3 道工序时，施工次序的确定。

采用“约—贝”法则确定这类施工项目各施工段的施工作业次序时，具有一定的局限性。只有满足下列必要的前提条件，才能一次性确定最优施工次序，亦可运用作图法或公式法直接找出最优工期，否则，只能减少采用作图法寻求最短工期的作图次数，不能直接确定最优次序和最短工期。

①运用“约—贝”法则的前提条件：

假定某施工项目有 m 个工段，3 道工序，各施工段相同工序的流水节拍 t_i 组成的序列分别用 T_i^a、T_i^b、T_i^c 表示，则运用“约—贝”法则必须满足下列前提条件之一，即

$$\min\{T_i^a\} \geqslant \max\{T_i^b\} \text{ 或 } \min\{T_i^c\} \geqslant \max\{T_i^b\}$$

上述条件含义为：只要其中一个流水节拍序列中的最小值大于或等于其他任一序列中的最大值即可运用“约—贝”法则。

②运用“约—贝”法则的方法：

第一步：根据 m 个工段上同类工序的流水节拍序列，按照工序的先后作业次序列出流水节拍表，如表 2-3-3 所示。

某施工项目流水节拍表 表 2-3-3

工段 m / 工序 n	A	B	C	D	E
a	3	2	8	10	5
b	5	2	3	3	4
c	5	6	7	9	7
$a+b$	8	4	11	13	9
$b+c$	10	8	10	12	11
最优次序	B	A	E	D	C

第二步:判定运用“约—贝”法则的前提条件。从表 2-3-3 中可以看出,$t_{min}^{c} = \min\{T_i^c\} = 5 \geqslant t_{max}^{b} = \max\{T_i^b\} = 5$,符合其前提条件,因此可用“约—贝”法则直接确定最优施工次序及最短工期。

第三步:将相邻工序序列对应叠加,重新组成两道虚拟工序。

第四步:针对两道虚拟工序,运用“约—贝”法则,确定最优施工次序为 *B—A—E—D—C*。

第五步:根据施工段的最优施工次序绘图,确定最短工期,如图 2-3-2 所示。由图可见,最短总工期为 39d。

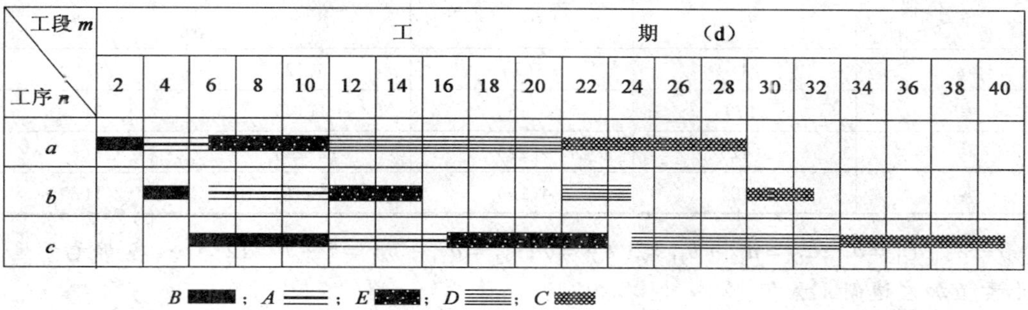

图 2-3-2 无节拍流水作业横道图

(3)*m* 项任务、多于 3 道工序的施工项目排序。

在 *m* 个施工段上,每个施工段的施工过程数 $n \geqslant 3$(不包括上述特例)时,运用“约—贝”法则不能一次性地确定各施工段的最优施工次序,也无法直接、精确地找出最短工期。为此,我们可以采用以下方法确定最短总工期:

①运用“约—贝”法则的近似解法。把 *n* 道工序分成任意两组,将同组工序的作业时间对应相加得到两道虚拟工序,然后继续归并直至剩下最后的两道虚拟工序后作图,从一定数量的分组中经比较取工期最短者,作为相对最优解。若能够排出所有分组的可能性作图,即可找出最短工期的精确解。

近似解法最简单的情况是施工项目有 *m* 个工段、4 道工序,可将任意两组合并,得到两道新的虚拟工序后,按“约—贝”法则得出排序的较优解,反复进行,从中取得最优解。

②直接编阵法。直接编阵法是在确定了施工项目的最优施工次序的前提下,计算施工项目作业工期的有效方法,具体步骤如下:

第一步:先按最优顺序列出作业时间矩阵,简称“优阵”,此时应注意按分组前原有工序排列。

第二步:由“优阵”元素 a_{ij} 求新矩阵元素 b_{ij}(其中脚标 *i* 代表行,*j* 代表列)。

对于第一行新元素 $b_{1j} = a_{1j} + b_{1,j-1}$;

对于第一列新元素 $b_{i1} = a_{i1} + b_{i-1,1}$;

对于第 *i* 行,第 *j* 列的新元素 $b_{ij} = a_{ij} + \max\{b_{i-1,j}, b_{i,j-1}\}$。

第三步:列出新矩阵即可完成各项任务的工期,即总工期。

[案例] 求表 2-3-4 所列任务的总工期。

流 水 节 拍 表 表 2-3-4

任务 \ 工作	m_1	m_2	m_3	m_4
n_1	4	3	5	7
n_2	3	6	1	2

续上表

任务 \ 工作	m_1	m_2	m_3	m_4
n_3	5	9	2	8
n_4	7	4	5	1

表 2-3-4 中所列为"优阵";表 2-3-5 中括号内数值为新矩阵元素。

流水节拍表

表 2-3-5

工序 n \ 工段 m	m_1	m_2	m_3	m_4
n_1	4	3(7)	5(12)	7(19)
n_2	3(7)	6(13)	1(14)	2(21)
n_3	5(12)	9(22)	2(24)	8(32)
n_4	7(19)	4(26)	5(31)	1(33)

第一行:$a_{11}=b_{11}$;$b_{12}=a_{12}+b_{11}=3+4=7$;$b_{13}=a_{13}+b_{12}=5+7=12$……,各新元素用"优阵"元素值加左边新元素值。

第一列:$a_{11}=b_{11}$;$b_{21}=a_{21}+b_{11}=3+4=7$;$b_{31}=a_{31}+b_{21}=5+7=12$……,各新元素用"优阵"元素值加下边新元素值。

其他行列新元素用"优阵"元素值加上左边新元素值中较大值,如表 2-3-5 所示单元格中,$b_{33}=a_{33}+\max\{b_{23},b_{32}\}=2+\max\{22,14\}=2+22=24$。直至计算完毕,工期为 33 天。

通过以上讨论的方法确定施工顺序,寻求最优工期,应用范围非常有限,但在实际工作中,划分施工过程不必太细、太多,只要以主导工序为主,将施工辅助工作或次要工序归并到主导工序中,看成一道工序来确定其作业周期,多数情况下会使施工过程数减少到 2 道,这样,就可大大地提升"约—贝"法则的应用范围。

(4)m 项任务,n 道工序时,施工次序的确定——穷举法。

穷举法也叫枚举法,是利用计算机运算速度快、精度高的特点,对要解决的问题的所有可能情况,进行逐个检查,从中找出符合要求的答案的一种计算机辅助计算方法。下面以确定施工段的最优排序为例介绍穷举法的具体应用。

对于 m 个施工段,n 道工序组织流水施工时,设 S_n 为施工段的排序总数,T_{op} 为最优工期,T_n 为第 n 道工序的作业时间,$O_p(m)$ 为最优排序,利用穷举法求解最优排序的 VB 算法如下:

```
For i = 1 to m - 1
    For j  = i + 1 to m
      lk  =  Od(j)
      Od(j) = Od(i)
      Od(i) =  lk
     * * 计算流水步距
     * * * 构造累加数列
   For k =  1 to n
       For h =  1 to m
           Ft(k,h) =  Ft(k,h - 1)  + Tm(Od(h),k)
       Next h
```

```
        Next k
        ***相邻数列错位相减取大差
        For k =1 to n-1
            Fd(k) = Ft (k,1)
            For h = 2 to m
                lk = Ft(k,h) - Ft(k+1,h-1)
                If Fd(k) < lk Then Fd(k) = lk
        Next h
      Next k
      ***计算工期
      Fs =0
      For k =1 to n-1
          Fs = Fd(k) + Fs
      Next k
      If Fs + Tn > Top then
          Top = Fs + Tn
          For k = 1 to m
              Op(k) = Od(k)
          Next k
    Next j
Next i
```

2)合同段总体施工顺序的确定

一个合同段的基本生产过程,是由一系列分部分项工程或操作过程组成,这些分部分项工程形态各异,分布不同。但土木工程施工一般遵循"先下后上、先主体后局部"的施工规律,公路建设项目也不例外。

如公路工程(包括市政道路)安排施工顺序应该是:地下管网(由深及浅)→路基工程→垫层→基层→面层→附属工程。桥涵或交叉二程为:基础→下部结构(自下而上)→上部结构(自下而上)→引道→附属工程等。

施工组织时,首先要遵循上述施工规律,根据施工对象的结构类型、水文地质条件与施工条件,结合业主的工期和技术规范要求,把合同段的基本生产过程,分解为具有独立施工条件的分部分项工程,并确定施工生产线。

如山岭重丘区道路施工时,小桥涵、石方路基在最下面,它是制约整个工程项目施工资源运送的关键因素,由于二者工艺不同,所以要组建两个施工队先行施工,石方作业根据工程量和工期要求还可进一步细分。同时,大中桥和隧道,都具有独立的施工条件和特定的施工工艺,可将其看成独立的施工段单独进行施工。至此,根据独立施工条件和工艺性质,可把小桥涵、石方路基、大中桥和隧道看作四条生产线,依据开工条件,安排施工顺序,把这四条生产线安排成平行或搭接作业方式。但面层施工一定要在这四个分部分项工程的主体工程全部完工以后,具备面层开工条件后才能施工。

其次,要分析各条生产线上的分部分项工程的结构组成和工艺性质,据此选择施工方法,再把结构类型与工艺相同、且具备独立施工条件的分项工程进一步分离出来,合理划分施工段落，安排分部分项工程的施工顺序。

如路基石方施工组织时，先要分析工艺过程，安排爆破与清渣的先后作业次序，然后，根据工期要求和划分施工段的基本原则进行合理分段，选定施工方式，组建施工作业单位。

又如，桥梁施工时，首先要根据结构类型选择基本的施工方法，如装配法。然后，自下而上分析装配法施工的工艺过程，把具备独立施工条件的分部分项工程分离出来，分析各分部分项工程之间的逻辑关系，安排施工顺序。比如，扩大基础和下部结构施工按先下后上工艺顺序，即扩大基础→墩台身→墩台帽→支座施工，上部结构的预制可与下部结构安排成平行和搭接作业方式进行施工。前提条件是：按阶段性工期目标，要求在相同的作业周期内同时完工，不影响桥面铺装工程的开工。

关于分项工程的划分，主要以“工艺性质是否相同，是否具备施工条件，能否组织单独施工”为条件，可以逐层逐次细分。不管深入到哪个层次，都可分析其工艺流程，安排施工顺序，划分施工段后，即可实施不同的作业方式组织施工。比如，上述基础开挖和墩台砌筑即可分为先后不同的两道主导工序，若按墩台位置划分成不同的几个施工段后，即可根据需要实施不同的作业方式组织施工。

最后，当把所有的分部分项工程分解成以工序为主的施工对象时，便可按合同段基本生产过程→生产线→分部工程→分项工程→工序的架构梳理出以分部分项工程为主的总体施工顺序，或以工序为主的关键工程（其中的一个分部分项工程）的施工顺序，确定其逻辑关系，据此编制进度计划。同时也可按分部分项工程的施工工艺及其顺序关系编写施工技术方案。

二、任务实施

（一）任务引领

1. 任务情境

本任务与上一节采用同一背景材料，参见本学习情境工作任务二中“任务情境”的具体内容。

2. 工作任务

选择施工方式，安排施工顺序。

（二）任务实施

选择施工方式，安排施工顺序。

1. 工程特点和技术特点分析

同上，参见本学习情境工作任务二的案例。

2. 选择施工方式，安排施工顺序

由工程和技术特点分析可知，该工程任务重，工期短，因此需采用技术措施与组织措施来有效地压缩工期，以满足业主的工期要求。

1）确定施工生产线

根据该合同段的结构组成，除路面结构层外，自下而上划分外，具有独立施工条件的施工项目包括：27 万 m^3 的填方工程和 2 万 m^3 的软土处理、3 座中小桥、8 座小桥涵。根据本工程的特点，3 座桥的上部结构相同，均为简支 T 形梁。T 形梁及涵洞盖板交由预制场委托预制，桥涵工程只剩下部工程施工，工程量不大，且两座桥的基础又为钻孔灌注桩。为加快工程进度，故将桥涵工程归并在一起，按填方、桥涵工程两条生产线组织施工，这两条生产线可自下而上采用平行或搭接作业方式平行作业。

2)划分工段,确定分部分项工程施工顺序

为满足业主单位对工程各阶段的进度要求,即通道桥及史家桥河桥工程力争在2009年6月15日雨季到来之前完成,以便给六环路部分段落路基填方创造条件。该工程的施工段划分及施工顺序如下:

填方工程:为加快工程进度,满足阶段性工期目标要求,将该工程划分为三个施工段,每个施工段的工程量约9万m^3,组建三个施工队,按平行作业方式施工。

桥涵工程:从结构类型可看出,采用装配法施工,因下部结构施工的工程量不大,故只组建一个施工队施工。按阶段性工期目标,主梁预制和下部结构施工需在2009年6月初完成。

对于基础,按施工条件分3个工作面,共有柱基70根,工期30天,配3台钻机,采用平行作业法组织施工。而后,自下而上,用8根$D=1.2m$的墩柱模板加工两套,周转4次,先从史家桥入手,按钢筋、模板、混凝土3道工序组织流水作业;3根$D=1.5m$的墩柱模板加工1套,周转3次,再从史家桥入手按顺序法作业;盖梁模板加工4套,先做史家桥组织流水作业,以满足进度要求。

盖梁完工后,安装支座,吊装大梁,浇筑桥面铺装。至此,主体工程完工,最后进行人行道、栏杆等附属工程施工,完成整个桥梁施工。

路面工程:待路基、桥梁工程与涵洞工程的主体工程全部完工,具备开工条件后,即可自下而上采用搭接作业方式或按先后顺序依次施工。

3)按以上施工顺序和因果关系,结合工期目标,编制施工进度计划和技术方案

本工程按业主进度要求和总工期要求,分为三个阶段施工。

第一阶段:2009年3月10日至2009年6月25日。

阶段目标:该阶段重点是先进行史家桥跨河部位施工,要求于2009年5月底前完成跨河桥的下部结构,6月15日前完成跨河部位T梁吊装,为史家桥河防汛创造条件。

(1)桥梁工程:

①3月10日至3月25日完成施工准备工作,内容包括:完成现场生活生产的临时设施建设;完成主要施工队伍、机械设备、材料进场工作;完成工地试验室建设,并通过监督部门验收;报装现场施工变压器;进行测量放线、交桩及设计、监理、监督交底工作;积极配合业主拆迁工作(本标段工作重点);完成开工准备工作中的各项报批手续。

②4月20日前完成70根钻孔灌注桩。

③5月10日前完成17座承台。

④5月31日前完成15根墩柱。

⑤5月31日前完成所有桥台。

⑥6月15日前完成盖梁施工。

⑦6月25日完成T梁吊装的70%,共56片。

(2)道路施工:

①4月20日完成20 000m^2特殊路基处理。

②4月25日前完成过路涵洞,共8道205m。

③6月15日完成台背填方。

④6月25日前完成路基填筑约24万m^3,占路基工程量的90%。

第二阶段:2009年6月26日至2009年8月25日。

阶段目标:桥梁上部结构及桥面系施工全部完成,道路基层结构摊铺全部完成,道路防护

工程、排水边沟完成80%。

①7月5日完成路床报验。

②7月25日前完成二灰底基层。

③8月20日完成水泥稳定碎石基层。

④7月5日前完成全部T梁吊装。

⑤7月31日完成桥面系。

⑥8月25日完成桥面铺装、现浇防撞墩。

第三阶段:2009年8月26日至2009年11月20日。

阶段目标:9月20日前完成沥青混凝土底面层的摊铺工作;11月5日前,道路防护工程、排水边沟、交通工程预埋件全部完成。现场清理,配合绿化,及交通设施安装,基本完成各种资料的整理汇编和完工交验工作。

这里施工技术方案从略。

三、学习效果评价反馈

(一)学生自评

通过以上学习回答下列问题:

(1)按产品和工艺特点,建筑施工生产类型可划分为哪几种?

(2)施工过程的组织原则有哪些?

(3)施工过程时间组织的任务是什么?

(4)施工顺序的选择原则有哪些?

(5)确定施工顺序的方法有哪些?

(6)如何选择施工方式?

(7)列举选择施工方式的原则,选其一举例说明含义?

(8)施工顺序和工艺顺序有何区别?

(9)约翰逊—贝尔曼法则可用来解决什么问题?

(10)空间组织的任务是什么?

(二)学习小组评价

班级:__________姓名:__________学号:__________

学习内容	分值	评价内容	得分
基础知识	30	施工作业方式及施工生产类型;施工过程组织原则;施工过程时间组织及时间组织的任务;施工过程时间组织类型;施工作业方式的选择原则;施工顺序安排的原则;确定施工顺序的方法	
应会技能	10	认知建筑生产类型及其生产组织方式的内涵	
	20	考虑选择施工方式的关联因素,正确选择施工方式	
	30	明确选择施工方式与拟定施工顺序的原则,领会方法,考虑关联因素,正确拟定施工顺序	
学习态度	10		
合计	100		
学习小组组长签字:			年 月 日

（三）任课教师评价

班级：____________姓名：____________学号：____________

评价内容	分值	简评	得分	教师签字
准备工作情况	20			
课堂表现情况	30			
任务完成质量	30			
团结协作精神	20			
合计	100			
备注	年 月 日			

学习情境三　施工进度计划的编制

工作任务一　施工进度横线图的编制

学习目标

1. 了解施工进度计划编制的原则、依据、作用；
2. 知道施工进度计划的表示方法；
3. 分析流水作业的组织形式及流水施工的主要参数；
4. 知道施工进度横线图的常用格式及特点；
5. 根据流水施工的主要参数规范确定流水施工的类型及总工期；
6. 正确完成施工项目施工次序的确定及流水作业的作图；
7. 正确完成横线式施工进度图的编制。

任务描述

本工作任务是通过流水施工参数的计算及施工项目、施工次序的确定，绘制横线式施工进度图。通过横线式施工进度图的绘制，可以方便地表达出各分部分项工程的施工持续时间及施工计划的总工期，以便于计算完成施工计划所需的劳动力、材料、机械设备及资金等各种资源需要量。完成该任务，首先应根据本工程的设计图纸、施工方案、作业方法进行列项，然后编制作业工期计算表，确定主导工期，绘制施工进度线，最后进行多方案反复比较、评价，选择最优方案。

学习引导

本工作任务沿着以下脉络进行学习：

施工进度计划编制的基础知识 → 施工进度计划的表示方法 → 流水施工主要参数的确定 → 施工项目施工次序的确定 → 流水作业图的绘制要点 → 作业工期计算表的确定 → 横线式施工进度图的绘制

一、相关知识

施工过程涉及的施工内容的范围可大可小，如路面工程，包含了垫层、基层、面层、硬化路肩、安装路缘石等一系列操作过程，范围较大，而钢筋工程几乎就是一道工序，范围很小。编制施工进度计划时，到底如何编制，取决于时间组织的取向性。一般制订合同段的总进度计划，应以分部分项工程为主来列项，而编制分部分项工程的进度计划时，则以工序为主来列项进行时间组织。

施工进度计划是施工过程组织的核心。其内容主要包括：

（1）根据拟定的施工方法和工程属性合理选择施工方式，科学安排施工顺序。

（2）在满足业主工期要求和保证工程质量的前提下，制订切实可行的进度计划。

（3）根据进度计划进行工期优化，以满足合同工期要求。

进度计划是施工组织设计的主要内容，也是时间组织成果的最终体现。进行时间组织的目的就是为了制订并优化施工进度计划，缩短工期，保证施工过程的连续性、均衡性、节奏性，使各项施工活动在充分体现效益与秩序中逐步展开和完成。

（一）施工进度计划编制的原则、依据、作用

1. 施工进度计划编制的原则

（1）符合合同文件中有关进度的要求。

（2）编制的施工进度计划应先进、可行，通过努力可以实现。

（3）切合实际，与项目经理部的施工能力相协调。

（4）满足企业对工程项目要求的施工进度目标。

（5）保证施工过程的均衡性和连续性。

（6）有利于节约施工成本，保证施工质量和施工安全。

（7）采用科学的方法编制施工进度计划，如采用网络计划技术等方法。

2. 施工进度计划的编制依据

（1）上级或合同规定的开工、竣工日期。

（2）设计图纸、定额资料等。

（3）工程项目所在地的水文、地质、气象等自然情况。

（4）工程项目所在地资源可利用情况。

（5）项目部可能投入的施工力量、机械设备和主要材料的供应及到货情况。

（6）影响施工的经济条件和技术条件。

（7）主要工程的施工方案。

（8）工程项目的外部条件等。

3. 施工进度计划编制的作用

（1）有助于领导部门抓住关键，统筹全局。

（2）有利于施工企业合理布置人力、物力，正确指导施工生产活动的顺利进行。

（3）有利于施工人员明确目标，更好地发挥主动精神。

（4）有利于施工企业内部及时配合，协同作战。

因此，正确地编制施工进度计划是保证各施工项目以及整个建设工程按期交付使用、充分发挥投资效益、降低公路工程施工成本的重要条件。

（二）施工进度计划的表示方法

1. 施工进度计划的表示方法

如果采用人们习惯使用的语言文字来表达施工生产过程中施工进度组织的内容和成果，具有很大的局限性，当工程项目的施工过程比较复杂时，更是“词不达意”，这不符合表达技术含义需准确、唯一的要求。为此，在长期的生产实践中，人们创造出了灵活多样、简捷直观、方便实用，并能真正表达施工过程中施工进度内涵的表达方式，即用含有大量数据、信息的图表表示施工过程中施工进度的内容和成果，通常称其为工程施工计划进度图。主要有以下几种：

（1）横道图（又称横线图或甘特图）。它是将各项生产任务的作业时间用一条横向线段

(横道)表示在具有时间坐标的表栏上的形式。横道图有横向工序式和横向工段式两种表现形式,分别如图 3-1-1 和图 3-1-2 所示。

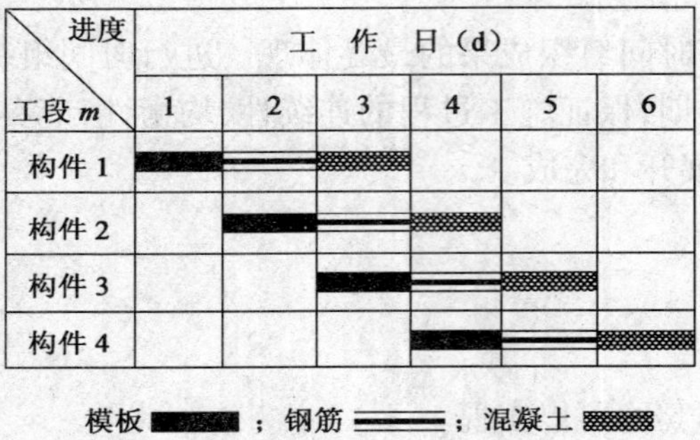

图 3-1-1　横向工序式进度图

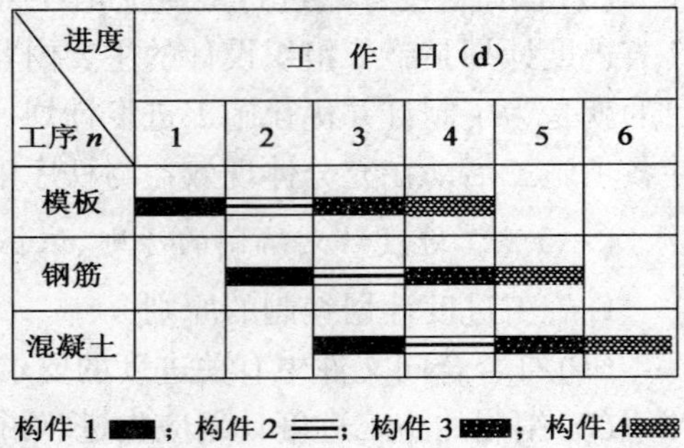

图 3-1-2　横向工段式进度图

(2)斜线图(又称垂直图或坐标图)。它在图示上与横道图的区别仅仅是用斜线表示各项施工任务的时间进程,而且绘图的过程是由下至上进行的。斜线图有斜线工序式和斜线工段式两种表现形式,分别如图 3-1-3 和图 3-1-4 所示。

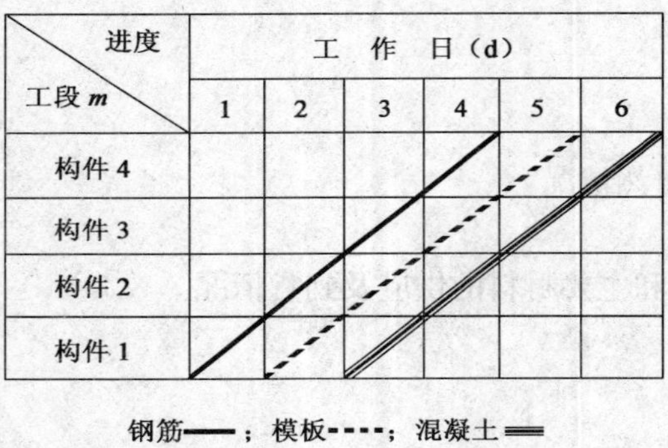

图 3-1-3　斜线工序式施工进度图

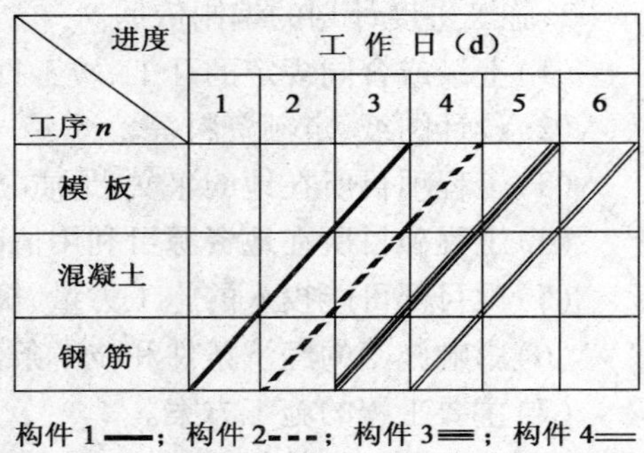

图 3-1-4　斜线工段式施工进度图

(3)网络计划图。网络计划图是由箭线和节点组成的,用来表示工作流程的顺序方向的网状图形。在网络计划图上挂接作业时间等参数编制的施工进度计划称为网络计划。它是目前工程上广泛使用的、较为科学的时间组织成果表达方式。常见的网络计划有单代号、双代号、时标、搭接、流水网络等形式,图 3-1-5 所示为双代号网络计划图。

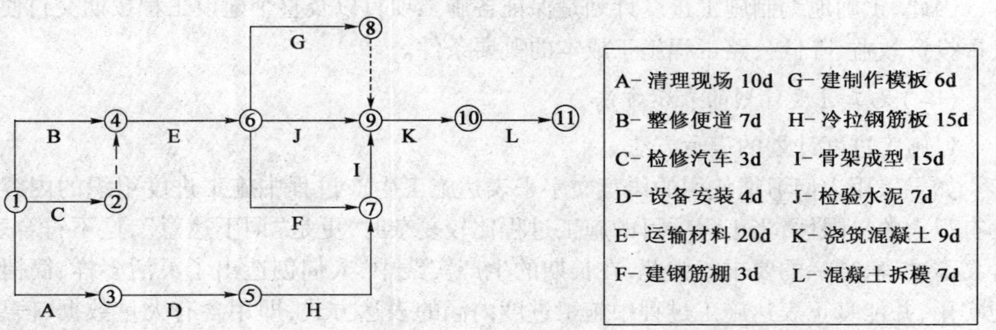

图 3-1-5　双代号网络计划图

2. 施工进度计划基本作业方法及比较

一般情况下，人们根据作业班组投入各施工段的开工时间及施工次序的不同，将施工作业方法分为顺序作业、平行作业和流水作业三种方式。下面通过实例比较说明这三种作业方式的特征。

假如某桥梁下部结构施工生产过程中，含有4个具有独立施工条件的钢筋混凝土盖梁，这4个桥墩的盖梁自然形成4个独立的施工段，则施工段数 $m=4$；若制作每个盖梁的施工任务量相等（即劳动量、施工技术条件、工程属性完全相同），并可按制作模板、钢筋骨架成型和浇筑混凝土3道工序施工，则工序数 $n=3$。显然，这是4个施工段和3道工序的施工生产时间组织类型。

前提条件：施工前，按工艺原则，每道工序设置一个专业班组，3道工序共需组建3个专业班组，分别为木工班、钢筋班和混凝土班，每班组需要人工分别为3人、4人、6人，每两天完成一道工序。

1）顺序作业法

（1）定义。从某一个施工段开始做起，各专业作业班组按工艺顺序先后投入，完成一个施工段的全部施工任务后，接着再去完成另一个施工段的任务，直至完成全部任务的作业方法称为顺序作业法，如图3-1-6所示。

（2）特点。该方法在任何时段投入的劳动力和材料需要量少，有利于资源组织管理；作业地点集中，便于施工管理。设备投入少，但利用率不高；不能充分利用工作面争取时间，生产周期长；专业作业班组和材料供应都为间歇作业，不能连续施工，浪费劳动资源，生产效率低下。

（3）工期计算。由图3-1-6可知，若完成一个施工段的全部工序（一个盖梁）所需时间为 t_j，则完成 m 个施工段的所有工序需要的时间（即总工期 T）为：

$$T = \sum_{j=1}^{m} t_j \tag{3-1-1}$$

式中：t_j——完成某施工段所有工序的持续时间，$j=1\sim m$。

由式（3-1-1）可知，本例按顺序作业法布置总工期为：

$$T = \sum_{j=1}^{m} t_j = m \times t = 4 \times 6 = 24(\mathrm{d})$$

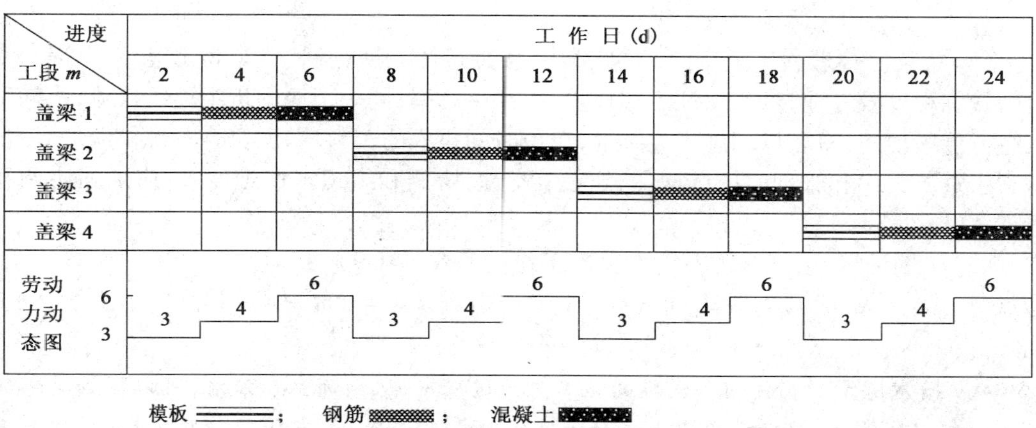

图3-1-6　顺序作业法横道图

2）平行作业法

（1）定义。各施工段同时开工进行第一道工序作业，完成第一道工序后，按照工艺顺序依次投入后继工序的专业队组，直至完成工段上所有的工序，这种作业方法称为平行作业法，如图 3-1-7 所示。

(2)特点。平行作业可充分利用工作面，生产周期短；人力、材料及机械投入量大且时间集中，施工节奏性和均衡性较差；各专业队组间歇作业，不能连续施工，施工连续性较差；作业地点分散，不便进行组织管理。

(3)工期计算。由图 3-1-7 可知，平行作业的总工期 T 等于 m 个施工段中作业时间最长的那个任务的作业持续时间，即

$$T = \max\{t_j\} \tag{3-1-2}$$

式中：t_j——完成某施工段的施工任务所延续的时间，$j = 1 \sim m$。

由式(3-1-2)可知，本例按平行作业法布置总工期为：$T = \max\{t_j\} = 6(d)$

3)流水作业法

(1)定义。各工段相隔一定时间依次开工，各班组按工艺顺序依次投入，相同的工序连续生产，不同工序平行生产的作业方法。比如盖梁施工时，可让进行第一道工序施工的木工班首先进入某一工段，待制备完该工段的模板后，移到下一个工段；此时该工段工作面空出，已具备了下一道工序的施工条件，再让完成第二道工序的钢筋工进入该工段加工盖梁钢筋骨架，依此类推，直至完成最后一道工序，浇筑完成所有的盖梁为止。这种作业方法称为流水作业法，如图 3-1-8 所示。

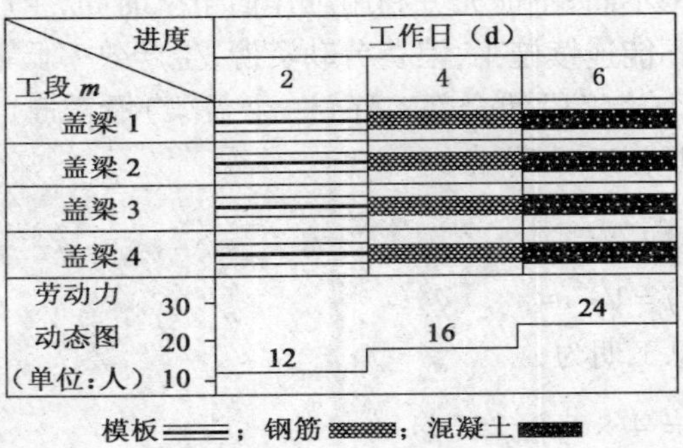

图 3-1-7　平行作业横道图

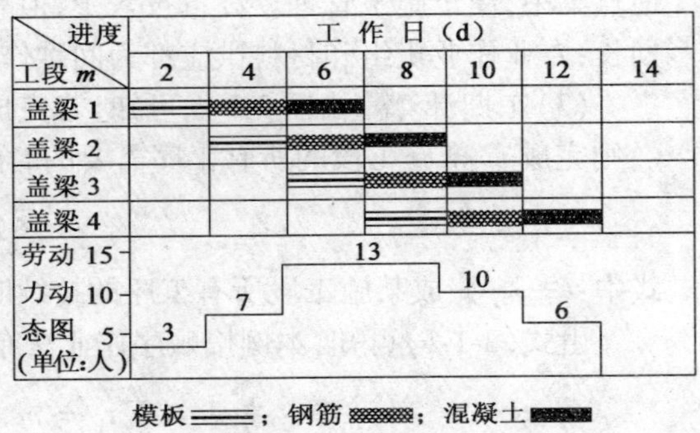

图 3-1-8　流水作业横道图

(2)特点。合理利用工作面，工期适中，接近最优工期；有利于专业化施工，以提高专业班组的熟练程度及专业技能，保证工程质量，提高生产率；同一工序的班组连续作业，不同工艺的班组衔接紧凑，具有较好的施工连续性；单位时间投入的工料均衡，符合资源供应的客观规律，有利于资源组织和管理，具有较好的施工节奏性；协调和组织工作难度大，应加强协调和调度管理。

(3)工期计算［公式来源及含义见本工作任务式(3-1-9)］：

$$T = T_o + T_n = (m-1) \times K + n \times t_i = (m+n-1) \times t_i$$
$$= (4+3-1) \times 2 = 12(d)$$

技术提示　在任何合同段的施工生产过程中，从局部生产来看，可以根据具体的施工条件和不同的需要，单独采用以上三种方法组织生产活动，各有所长。其中，流水作业是在平行和顺序作业的基础上发展起来的，平行作业是保持连续性的先决条件，流水作业是在合理利用资源的情况下，保持施工过程连续性的有效方法。由于流水作业能够较好地体现施工组织的四个原则，可以实现连续、均衡和协调生产，反映了单段多工序型施工组织的客观规律，所

以,它是成批生产的最优方法,具有较高的经济性,有利于提高施工生产的经济效益。

平行作业法的显著特点是充分利用工作面来加快工程进度,因此,从合同段(或项目)总体的施工过程来看,可在开工后充分利用可开辟的各种工作面,组织路基土方、小桥涵、桥梁下部、预制构件、材料采集等若干条生产线平行作业,各生产线可各自为政,分工协作。显然,平行作业法是进行施工全过程组织的基本方法,也是采取赶工措施、加快工程进度的有效途径。

至于顺序作业法,对于那些可划分的、相对独立的单段多工序型生产时间组织类型,若按施工项目内在的工艺顺序组织生产,较为符合多段多工序型施工过程的客观规律,有利于有序地展开施工活动。特别是进行合同段(或项目)的全过程施工组织时,将它与平行作业法综合运用,弥补了二者的缺陷,发挥了二者的优势,是一种较为实用和合理的施工组织方法。

3. 施工进度计划基本作业方法的综合运用

施工过程时间组织的三种方式不仅可以在局部单独运用,也可从全局出发,将三种作业方式结合起来,综合运用,形成平行流水作业、平行顺序作业以及立体交叉作业等形式。实际工作中,若能根据施工条件合理运用这些作业方式,往往可以取得明显的经济效果。

1)平行流水作业法

平行流水作业法是把合同段(或项目)的施工过程分成几条生产线平行施工,而完成某一生产线的具体施工任务时,即可人为划分出具有相同工序及工艺顺序的若干施工段组织流水作业,又可把具有独立施工条件和工艺顺序的若干分部分项工程归并起来组织成流水作业,有效地保证施工过程的连续性和节奏性,这种作业方法称为平行流水作业法。

特点:工、料、机需要量比较均衡;工期比流水作业法短;能够有效地缩短专业队组的间歇时间;充分利用施工资源。

2)平行顺序作业法

平行顺序作业法是把合同段(或项目)的施工过程分成几条生产线平行施工,而完成其中某条生产线的具体施工任务时,又可将具有独立施工条件,但工艺顺序互不相同的若干分项工程组织成顺序作业的一种作业方法。

特点:适合于突击性工程或合同段内含有若干个相对独立的单段多工序型施工过程的项目。

3)立体交叉作业法

立体交叉作业法是在流水作业的基础上,利用一切可能利用的空间和工作面开展立体交叉作业的一种施工方法。其适用于大型构造物的施工,如大桥、立体交叉工程等。在工作面受限制时,可充分利用工作面,有效地缩短工期。

基本作业方法的综合运用主要用于工程项目施工过程的总体安排和布局方面,如果有条件,也可灵活运用于局部的分部分项工程中,进行施工过程组织,但必须从实际需要出发,结合施工方案、施工条件和工程属性合理运用,才能达到预期效果。

(三)流水施工组织原理

流水作业法是建立在合理分工、紧密协作和批量生产的基础上的一种科学合理的施工组织方法,由于它能充分体现施工过程的连续性、均衡性和协调性,经济效果突出,人们在进行施工过程组织时,只要条件允许,就应尽可能采用此法来组织施工。为了深入了解并合理运用流水作业法,本节将进一步讨论流水施工组织的基本原理。

1. 流水作业的组织形式

1)组织流水作业的前提条件

(1)具备若干个施工段(俗称工段)。施工段是具有独立施工条件和一定工作面的施工段落。通常施工段是人们根据施工方案要求和施工组织需要，自然地或按结构组成界限人为地从公路建筑产品中划分出来的施工单元，作为施工组织的研究对象，施工段的存在为组织流水作业创造了必要的条件。

施工段可以是批量生产的构件，如梁、板等；也可以是具有独立工作条件和工作面的分部分项工程，如若干结构类型相同的涵洞，具有独立施工条件的石方工程或若干桥墩等。一般情况下，施工段是指劳动量大致相等的、具有独立施工条件和相同工艺顺序的若干个施工段落。

(2)每个施工段的施工过程基本相同。每个施工段的施工生产过程必须是由若干道工序或操作过程组成，而各施工段的工序及工艺顺序是基本相同的。

(3)每道工序由专门组建的专业施工队(组)完成。按工艺原则组建专业施工队(组)，每道专业性较强的工序(或操作过程)都必须由相应的专业队(组)来完成。

2)流水作业组织方式

首先将公路建筑产品的组成部分或其分部分项工程划分为施工过程基本相同的施工段，并按施工段的每道主要工序(或操作过程)及工艺顺序组建相应的专业施工队(组)。其次，从某一施工段开始，让专业施工队(组)按照工艺顺序(工序的先后次序)相隔一定时间依次投入该工段，完成该段的施工任务后，再让专业队(组)携带必要的机具，按各工段的先后施工次序在不同的施工段上移动，依次并连续进行各施工段上相同工序的施工，逐段完成同类工序，直至各施工队完成所有的施工任务。

一般情况下，专业队(组)的劳动工具及劳动对象是基本不变的，我们把劳动力及其劳动工具的移动路线叫施工流水线。

流水施工组织的关键是确保施工连续性，使不同工种的专业队完成工作的时间尽可能衔接起来。即不同工种的专业队在同一工段上工序交接时尽可能连续或使间歇时间最小；某一工种的专业队(组)在完成不同施工段上的同类工序后，移动时尽可能连续或减少间歇时间。

2. 流水施工的主要参数

流水作业施工过程是一个相对独立和完整的系统，在这一系统中，决定流水作业状态和结果的主要因素是流水作业参数，包括时间参数、工艺参数和空间参数。理解这些参数的相互关系以及在系统中的作用是能否正确、合理运用流水施工原理的关键所在。下面就用一个工程实例说明流水作业参数的概念及其相互关系。

设某工程各工序作业持续时间如表 3-1-1 所列，工段数 $m=4$，工序数 $n=3$。据此绘制流水作业横道图，如图 3-1-9 所示。

拱涵各工序作业时间(流水节拍)表 表 3-1-1

工段 m / 工序 n	拱 涵 1	拱 涵 2	拱 涵 3	拱 涵 4
开挖基础	2	1	3	2
砌筑	1	2	2	2
回填	3	2	2	1

1)空间参数

空间参数包括施工段数 m 和工作面 A，它们反映了流水作业的空间分布位置及操作空间的大小，决定着施工资源投入的限度。

(1)工作面 A。在施工段上，为生产工人及机械设备所能提供或可供利用的操作空间称为工作面，它反映了施工作业所占用的操作空间的大小。工作面的大小应根据工艺要求及施工组织需要确定。人为开辟的工作面应以“既要充分发挥人机效率，还要遵守安全操作规程要求”为度来确定它的大小，如钻孔平台、挖方现场等；当工作面大小由结构界限限定时，能够投入的生产资料是有限的，有时它是决定某道工序作业时间长短的主要依据，如开挖基坑等。

（2）施工段数 m。施工段数是指组织流水作业时，人为或自然划分出的施工段落数目，它反映了流水作业过程中施工队、机械设备的位置和分布状态（图 3-1-9）。

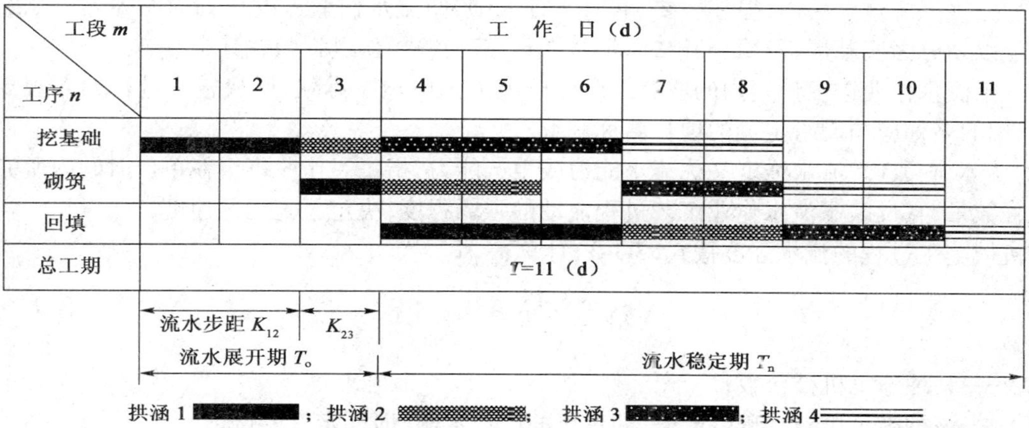

图 3-1-9 某工序流水作业横道图

通常划分施工段有两种方法：其一，根据独立的施工条件自然组合而成；其二，根据施工方案要求及施工组织需要人为划分。划分施工段的目的是为了多创工作面，给下道工序尽早开工创造条件；也为了给不同的专业队（组）同时作业创造必要条件。

划分施工段的要点如下：

①人为划分施工段时，要使各施工段劳动量大致相等，相差以不超过 15% 为宜。

②自然组合施工段时，应考虑是否具备独立的施工条件、相同的结构类型以及是否具备相同的工序及工艺顺序。

③施工段的划分，应考虑施工规模、资源供应等，通常以主导工序的组织为依据，保证完成主导工序的专业队能够连续施工。

④施工段的划分，应考虑施工对象的结构完整性，如大型人工构造物以伸缩缝、沉降缝为界分段，一般的工程结构应在受力最小而又不影响结构外观的位置分段。

⑤施工段的划分，要考虑各专业队（组）是否有合适的工作面。

2）工艺参数

工艺参数包括施工过程数 n 和流水强度 V，它们反映了流水作业过程的工艺特征、顺序，以及工艺作业过程的快慢程度，在很大程度上，它决定了流水施工作业的速度。

（1）施工过程数 n。在流水作业中，通常把一个施工段的施工过程称为一项施工任务，若有 m 个工段，就有 m 项施工任务。这些施工任务，无论是制作一个构件，还是完成一个分部分项工程，它们的施工生产过程均可划分为 n 个具有独自工艺特点的工序（或操作过程），其划分数量 n 即称为施工过程数，又称工序数（图 3-1-9）。组织流水作业时，一般情况下，一道工序（或操作过程）需要组建一个专业班组来完成，实际上，有些工序是不需要单独组建专业队（组）来完成的，如“浇筑混凝土”和“养生”虽是两道工序，但不必为后者单独组建“养生队”，它完全可由混凝土专业队兼顾完成。工序数 n（施工过程数）要根据构造物的复杂程度和施工

方法来确定,一般应注意以下问题:

①工序划分的粗细,应以流水作业进度计划的性质为度。对于分部分项工程进度计划,应划分得细一些,以工序或操作过程为主;对于实施性流水作业进度计划,可划分到分项工程;对于控制性的进度计划,应划分得粗一些,可以是单位工程,甚至是单项工程。

②结合所选择的施工方案划分工序。如桥梁上部结构施工时,现浇钢筋混凝土梁、板与预制安装梁或板,两者划分施工工序的差异是很大的。

③划分工序应重点突出,抓住主要工序,不宜太细,使流水作业进度计划简明扼要。如路面工程可以划分为底基层、基层、面层,而将路缘石、路肩等操作过程归并其中。

④一个流水作业进度计划内的所有工序应按施工先后顺序排列,反映施工过程的客观规律,所采用的名称应与现行定额的项目名称一致。

(2)流水强度 V。流水强度又称流水能力或生产能力,指每一作业班组在单位时间内所完成的工程数量,它反映了流水作业工艺过程流动的强弱程度,决定了施工的速度。

①机械施工过程的流水强度按式(3-1-3)计算:

$$V = \sum_{i=1}^{x} R_i C_i \tag{3-1-3}$$

式中:R_i——某种施工机械台数;

C_i——该种施工机械台班生产率,即台班的产量定额(时间定额的倒数);

x——投入同一工序的主导施工机械种类。

②手工操作过程的流水强度按式(3-1-4)计算:

$$V = RC \tag{3-1-4}$$

式中:R——每一个作业班组人数;

C——每一个工人每班产量(产量定额)。

3)时间参数

时间参数包括流水节拍 t_i 和流水步距 K。它们反映了流水作业过程的时间流动状态和节奏性,是决定总工期长短的主要因素。

(1)流水节拍 t_i:指专业队(组)在施工段上完成某一道工序(或操作过程)的延续时间,用 t_i 表示,如表 3-1-1 中数字和图 3-1-9 所示。流水节拍的长短决定了流水作业施工过程的节奏性,并与总工期成正比,流水节拍长,则总工期也长。

决定某道工序流水节拍 t_i 长短的主要因素有:该道工序的施工方案、劳动量或作业量、投入人工及机械设备的数量、作业班制,同时还受到工作面的限制。流水节拍的确定方法有:

①定额计算法。在正常的施工组织条件下,通过查用定额,根据式(3-1-5)计算:

$$t_i = \frac{Q_i S_i}{R_i n_i} = \frac{P_i}{R_i n_i} \tag{3-1-5}$$

式中:t_i——工段上第 i 道工序的流水节拍;

Q_i——工段上第 i 道工序要完成的工程数量,Q_i = 实际工程量/定额单位;

P_i——工段上第 i 道工序的劳动量或作业量,即完成第 i 道工序需要的人工工日数或机械台班数;

S_i——工段上第 i 道工序的时间定额,即完成单位合格产品的时间;

R_i——完成工段上第 i 道工序的专业队需要的人工或机械台数,受工作面限制;

n_i——完成工段上第 i 道工序的专业队的作业班制数,可采用一、二或三班制。

②三种时间估算法。当有些工序的工艺、技术等经改进和革新后无定额可循,无法直接用定额方法确定流水节拍 t_i时,可根据以往的施工经验,估计三种时间,计算其加权平均值,采用应用数学中的概率统计方法确定流水节拍 t_i:

$$t_i = \frac{|a + 4c + b|}{6} \tag{3-1-6}$$

式中:t_i——根据三种估算时间计算的加权平均时间;

a——根据经验估算的最乐观的完成时间;

b——根据经验估算的最悲观的完成时间;

c——最有可能完成该道工序的时间。

③倒排工期法。当施工项目的工期很紧,必须在规定工期完成施工任务,而且施工项目的整个生产过程又能组织成平行流水作业或流水作业时,可根据合同分解的阶段性工期要求,有时采用倒排进度的方法求流水节拍 t_i是合理可行的。首先根据要求的总工期 T 倒排进度,确定某一生产线(或施工过程)的施工作业总持续时间 T_Z;再按施工段数 m 用式(3-1-7)计算各施工段的作业持续时间:

$$T_i = \frac{T_Z}{m} \tag{3-1-7}$$

然后,考虑施工过程的技术与组织间歇时间,根据施工段的工艺顺序及工序数 n 反算流水节拍 t_i。由于流水节拍要受到施工段的工作面大小的限制,因此,要检查反算的流水节拍 t_i是否大于由工作面限制的最小流水节拍 t_{min},如果不满足,可采取调整施工段数 m、作业班制和提高机械设备的生产率等组织与技术措施,再综合考虑其他因素重新确定 t_i。t_i的计算公式为:

$$t_i = A_{min}\mu \tag{3-1-8}$$

式中:t_i——施工段上某道工序的流水节拍,即作业时间;

μ——单位面积所含劳动量或作业量,

$$\mu = \frac{Q_i S}{A};$$

A_{min}——每个人或每台机械作业所需的最小工作面面积;

A——一个施工段仅能利用或提供的工作面面积;

Q_i——施工段上某道工序的工程数量,Q_i = 实际工程量/定额单位;

S——该道工序的时间定额。

④经验法。企业在以往的施工过程中,根据企业本身的施工技术及施工组织与管理特点,积累了许多有关分部分项工程施工过程组织的经验数据,有些企业还制订了自己的核算指标及施工定额。依据这些经验数据确定流水节拍更能反映企业的施工技术和管理水平,也比较简捷,切合实际,更具实效性。可见,依据企业的有关定额、施工经验或实际劳动生产率确定流水节拍也是一种简单实用的有效方法。

(2)流水步距:指两相邻工序的专业队组相继投入同一(第一)施工段开始工作时的时间间隔,即开始时间差,用 K 表示。如图 3-1-9 中的 K_{12}和 K_{23}。

流水步距的大小与总工期成正比。在施工段数目和流水节拍确定的条件下,流水步距越大,总工期就越长,反之,流水步距越小,总工期就越短。

确定流水步距的基本要求如下：

①确定流水步距应始终保证相邻两道工序客观存在的先后工艺顺序。

②确定流水步距要尽量保持各专业队(组)连续作业。

③确定流水步距应最大限度地缩短两道工序开工时刻的时间间隔，保证前后两道工序的衔接时间最短。

④确定流水步距应以满足施工质量和安全要求为前提。如混凝土需达到规定强度要求，拆模后才能进行下道工序；每道工序开工必须保证人身安全，具备开工条件才能开工等。

(3)流水展开期与流水稳定期。如图3-1-9所示，从第一道工序的专业队(组)开工时间算起，到最后一道工序的专业队(组)开工时间为止的间隔时间叫流水展开期，用T_0表示；从第一个施工段的末道工序开工时间算起，到最后一个施工段的末道工序结束时间为止的时间间隔称为流水稳定期，用T_n表示。

流水展开期和流水稳定期是计算总工期的基础，同时，它们也反映了施工过程中，施工资源需要量的变化规律。当施工进程在流水展开期阶段，各专业队(组)依次投入，所需材料设备持续增长；施工进程超过展开期，意味着专业队(组)已全部投入施工，每天的资源需求和完成的工作量是连续、均衡甚至不变的，并在最后一个施工段的第一道工序结束时，资源需要量开始持续递减，直至完成全部施工任务。

(4)技术间歇时间和组织间歇时间。在总工期一定的前提下，流水步距的大小与工序数n、施工段数m及流水节拍t_i有关。对于两道紧密衔接的相邻工序，流水步距的大小一般采用“潘特考夫斯基法则”确定；对于两道非紧密衔接的相邻工序，确定流水步距的大小还应考虑相邻工序交接时的技术间歇时间和组织间歇时间。技术间歇时间是指满足工艺或质量要求必须等待的时间，如混凝土的养生、油漆的干燥或进行质量检查验收的等待时间等；组织间歇时间是指由于技术和组织原因造成流水步距以外增加的间歇时间。如仪器、设备检修、机械转移等间歇时间，或由于工艺顺序和流水节拍长短不一等原因造成的、采用组织措施无法规避的间歇时间，如图3-1-9所示，中拱涵2和拱涵3在砌筑工序上的间隔时间就是组织间歇时间。

3. 流水施工类型及总工期

由于一道工序的流水节拍与该道工序的工程量成正比，与投入的人力、机械设备数量和作业班次成反比。在保证具有足够工作面的前提下，可通过调整资源投入量来改变流水节拍的长短，这就给人为设计不同工序流水节拍之间的数量关系创造了必要条件。据此，根据各工段上不同工序流水节拍t_i之间的数量关系，可将流水作业分为有节拍流水作业和无节拍流水作业两种类型。

1)有节拍流水作业法

有节拍流水作业法指各施工段上相同工序的流水节拍t_i均相等的流水作业，包括稳定流水作业、节奏性流水作业和分别流水作业三种形式。

(1)稳定流水作业(又称全等节拍流水)：指各工段上各道工序的流水节拍t_i均相等的流水作业。为了比较区分有节拍流水作业的三种形式，也可抓住各工序的流水节拍之间的数量关系特征，按以下说法理解，即稳定流水作业是指在各工段上相同工序的流水节拍t_i相等，同一施工段上不同工序的流水节拍t_i也相等的流水作业形式，如表3-1-2所示。

某施工项目各工序作业时间(流水节拍)表　　表 3-1-2

工段 m / 工序 n	构件 1	构件 2	构件 3	构件 4
模板	1	1	1	1
钢筋	1	1	1	1
混凝土	1	1	1	1

①作图：根据表 3-1-2 所列各工序流水节拍 t_i，绘制两种横道图，其中 $m=4$，$n=3$，则：

横线工序式作业图，如图 3-1-10 所示，在横向，同一施工段上，不同工序的专业队交接连续；在竖向，不同施工段上，相同工序的专业队沿流水线转移工段，衔接连续。

横线工段式作业图，如图 3-1-11 所示，在横向，不同工段上，相同工序的专业队沿流水线连续作业；在竖向，同一工段上，不同工序交接时衔接连续。这是工程上常用的横道图。图中虚箭线表示流水线方向。

②特点。各施工过程的流水节拍 t_i 与相邻工序之间的流水步距 K_{ij} 完全相等，即 $t_i=K_{ij}=C$（常数），适用于各工序的工作量（或作业量）基本相同的施工项目。

③工期确定。可采用作图法和公式法确定总工期，从图 3-1-10 与图 3-1-11 中可看出，虽然作图方法不同，但工期计算结果相同。

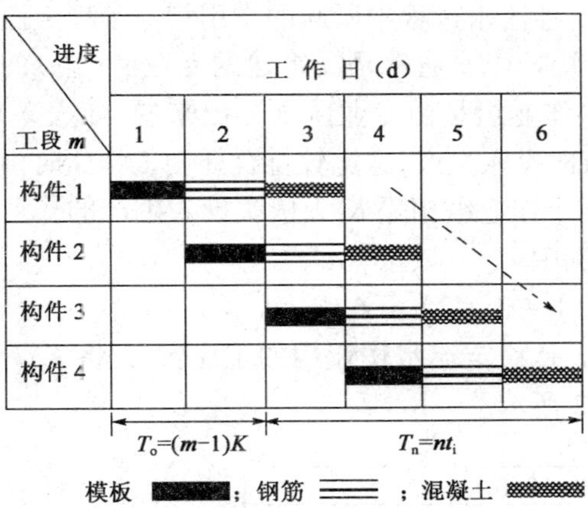

图 3-1-10　横线工序式稳定流水横道图

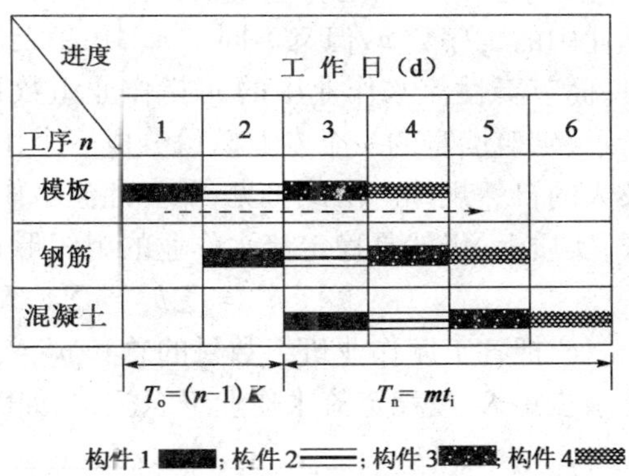

图 3-1-11　横线工段式稳定流水横道图

根据图 3-1-10 横线工序式横道图，推算工期计算公式为：

$$T=T_o+T_n=(n-1)K+mt_i=(m+n-1)t_i \tag{3-1-9}$$

式中：T——稳定流水作业总工期；

T_o——流水展开期，从第一道工序开工至末道工序开工延续的时间间隔；

T_n——末道工序开工直至全部完成各施工任务所需时间；

其他符号意义同前。

根据图 3-1-11 横线工段式横道图，推算工期计算公式为：

$$T=T_o+T_n=(n-1)K+mt_i=(m+n-1)t_i \tag{3-1-10}$$

式中，符号意义同前。

(2)节奏性流水作业（又称成倍数节拍流水）：指各工段上相同工序的流水节拍 t_i 相等，同一工段上不同工序的流水节拍 t_i 不等，但成倍数关系的流水作业形式，如表 3-1-3 所示。这种流水作业仍可按稳定流水方式进行施工组织。

①特点：同一工序的流水节拍在各个施工段上彼此相等，不同工序的流水节拍互成倍数关系，即不同类工序的 t_i 之间成倍数关系。节奏性流水作业适用于工作面逐步展开的施工项目。

某施工项目各工序作业时间(或流水节拍)表　　表 3-1-3

工段 m / 工序 n	施 工 段 1	施 工 段 2	施 工 段 3	$b_i = t_i / K_k$(组)
挖基础	2	2	2	1
砌墙身	6	6	6	3
回填土	4	4	4	2
$\sum b_i = n'$				6 个作业组

②施工组织步骤。节奏性流水作业的施工过程组织方法有固定的程序，即仍按工序数 n 组成 n 个专业队，但将流水节拍 t_i 较大的同类工序的专业队分成 t_i/K_k 个作业组，加大其资源投入数量，共组成 $\sum t_i/K_k$ 个作业组，按稳定流水组织作业，故称为节奏性流水作业，如图 3-1-12 所示。组织步骤如下：

a. 确定不同工序流水节拍 t_i 的最大公约数 K_k(1 除外)。K_k 可认为是流水作业的“公共流水步距”，本例 $K_k = 2$。

b. 求施工项目的作业组数目 n'。n' 在组织节奏性流水过程中所起的作用相当于稳定流水作业中的工序数 n，但又不同于 n。在稳定性流水作业中，n 通常是需组建的专业队(组)的数目，而节奏性流水作业中的 n' 指作业组数目，这些作业组是由专业队划分出来的，如表 3-1-3 所示，砌筑墙身的一个专业队可分成三个作业组依次投入生产，这比较符合开创工作面时由小及大的自然规律。由此可见，节奏性流水作业是 n' 个作业组相隔 K_k 天依次投入生产的作业方式，实质上，仍然是稳定流水作业的组织形式。本例中，

$$n' = \sum b_i = \sum t_i / K_k = \sum(1 + 3 + 2) = 6 \text{ 组}$$

c. 把各工序作业班组数目的总和 $n' = \sum b_i$ 看成是稳定流水作业中的工序数 n，将 K_k 看成流水步距 K，按稳定流水作业组织施工，如图 3-1-12 所示。

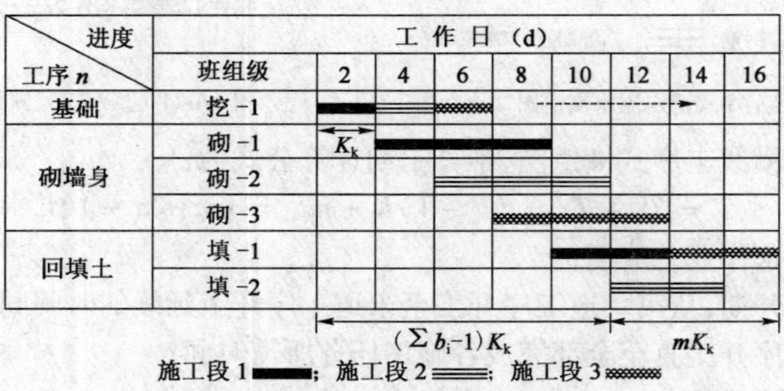

图 3-1-12　节奏性流水作业横道图

③由稳定流水作业工期计算公式及图 3-1-12 可知，节奏性流水作业的工期可采用式(3-1-11)计算：

$$T = (m + n' - 1)K_k = (m + \sum b_i - 1)K_k \tag{3-1-11}$$

式中：n'——作业班组数，不同于专业队数目 n；

K_k——各道工序流水节拍 t_i 的最大公约数；

b_i——某道工序的专业队的分组数目 $b_i = t_i / K_k$；

其他符号意义同前。

则由式(3-1-11)可知，本例总工期为：

$$T = (m + n' - 1)K_k = (m + \sum b_i - 1)K_k = (3 + 6 - 1) \times 2 = 16(\mathrm{d})$$

(3)分别流水作业：指在不同工段上相同工序的 t_i 相等，在同一工段上的不同工序的 t_i 互不相等(既不相等，也不成倍数关系)的流水作业形式，如表 3-1-4 所示。

某工程项目各工序作业时间(流水节拍)表　　表 3-1-4

工段 m / 工序 n	构件 1	构件 2	构件 3	构件 4
模板	2	2	2	2
钢筋	1	1	1	1
混凝土	3	3	3	3

①作图。根据表 3-1-4 所列各工序流水节拍 t_i 绘制横向工段式横道图，如图 3-1-13 所示。

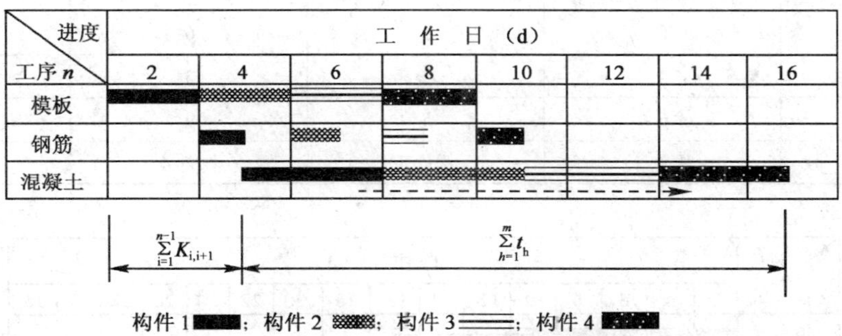

图 3-1-13　分别流水作业横道图

②特点。$t_i \neq K \neq C$(常数)。在组织分别流水作业时，工序交接和工地转移存在间隙，专业队作业不连续，往往会出现不可避免的组织间歇时间。

③计算工期。从图 3-1-13 中可看出，分别流水作业的总工期由流水展开期和流水稳定期两部分时间组成，即第一个工段各流水步距之和加上最后投入生产的专业队在每工段上完成相同工序的作业持续时间之和。

由图 3-1-9 及图 3-1-13 可看出，对于不考虑技术间歇时间和搭接时间的分别流水作业，可通过作图确定或根据式(3-1-12)计算总工期：

$$T = T_o + T_n = \sum_{i=1}^{n-1} K_{i,i+1} + \sum_{h=1}^{m} t_h \tag{3-1-12}$$

式中：$K_{i,i+1}$——第一个施工段各相邻工序的流水步距；

t_h——最后投入生产的专业队在各施工段上完成相同工序的作业持续时间；

其他符号意义同前。

分别流水作业的最大缺点是同一工段上不同工序的 t_i 不等，正因如此，导致其施工组织过程中会出现不可避免的组织间歇时间，使专业队作业断断续续。为此，为了缩短工期和尽量保持专业队作业的连续性，在工作面容许的情况下，可通过调整同一工段上不同工序的人工及其机械设备投入量或作业班制来改变 t_i 的大小，使其趋于相等。

组织分别流水作业时，首要条件是应尽量保持各工段不同工序交接的连续性，使工段本身均衡而不间断地作业，减少工作面空闲时间；其次，考虑在具备开工条件的前提下，尽量将不同工段上的相同工序彼此衔接，减少组织间歇时间，即减少专业队工地转移时的等待时间。作图时，在保证开工条件的情况下，尽量使各工序施工安排保持最大程度的向左紧凑，以达到缩短工期的目的。

2）无节拍流水作业法

无节拍流水作业法指在各施工段上，同类工序的 t_i 不完全相等，同一施工段上各工序的 t_i 也互不相等的流水作业形式，如表 3-1-5 所示。

(1)特点：$t_i \neq$ 常数且 $K_{i,j} \neq$ 常数，施工连续性和节奏性较差，但可通过组织措施调整和优化。

(2)作图。首先对各施工段的先后施工次序进行排序，然后按各施工段的最优施工次序和表 3-1-5 所列各工序流水节拍绘制横道图。该例最优施工次序如表 3-1-5 所示，按最优施工次序作图，结果如图 3-1-14 所示。

某施工项目各工序作业时间（流水节拍）工期表　　　　表 3-1-5

工段 m / 工序 n	构 件 1	构 件 2	构 件 3	构 件 4
模板	2	3	6	4
钢筋	4	2	3	4
混凝土	6	5	9	7
施工次序	构件 2	构件 1	构件 4	构件 3

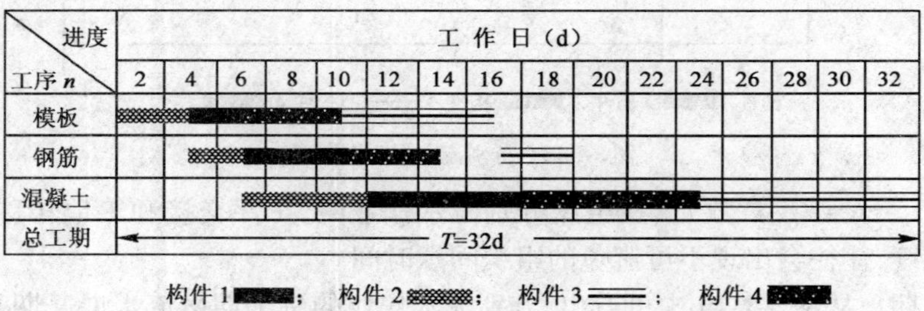

图 3-1-14　无节拍流水作业横道图

4. 流水作业图绘制要点

流水作业法的施工组织意图和内容，通过流水作业图的形式表达出来，有关流水作业图的形式在前面已经介绍了，现将流水作业作图要点叙述如下。

(1)具备开工要素。开工要素主要指工作面及生产力。对于某一工段，任何一道工序开工都必须同时具备两个条件：①该工序的紧前工序已完工，施工段上的工作面空出；②该道工序的专业队（组）已完成了上一工段的同类工序，开工前资源具备，人、机待发。在绘图中，体现这一要求时，往往指工序交接或工地转移处，一般处在衔接或间隙状态，除非专门组织搭接施工。

(2)作图要贯彻工序衔接原则。

①横道图中的“横道”代表某道工序及其作业时间的长短。绘图时，表示相邻工序的两个“横道”之间尽可能衔接或连接，减少间隙，以求取得最短总工期。

②工序衔接必须满足工艺要求和自然过程的需要。在实际工作中进行时间组织时，还应考虑质检及自然过程的延续时间。

③尽量减少专业队的工段转移和等待时间，以及工序交接过程中工作面的闲置时间。作

图时,注意尽量减少这两种情况的间隙长度,保持最大限度的连接(衔接)。当上道工序未结束之前,已为下道工序创造了足以开工的工作面时,为缩短总工期,亦可进行搭接作业。

(3)作图要贯彻工序紧凑原则。为了使流水作业取得最短总工期,在作图时,各相邻工序之间,应尽量紧凑衔接,即尽量使所排工序向作业开始方向靠拢(一般向图的左端靠拢)。工序紧凑原则的含义是:只要具备开工条件即刻开工,不容许相邻工序的“横道”之间出现间隙或尽量减少间隙。

(4)采用正确方法,确定最优工期。有节拍流水作业的最小工期可通过计算或作图确定;但对于无节拍流水作业,需先确定各施工段的最优施工次序,然后才能按照施工次序作图排定或计算其最小工期;网络计划可以通过“工期—资源”优化达到缩短工期的目的。

(5)合理运用潘特考夫斯基法(又称潘氏法则),保证连续生产。在工期容许的情况下,“潘氏法则”主要解决专业队(组)沿流水线移动作业能否有效地保持施工连续性的问题。

在工期一定的情况下,绘制施工进度图时,为了让各施工专业队能在各个施工段间进行连续作业,并确定合理工期,首先要运用“潘氏法则”或“纸条串法”保证相邻各专业队(相邻工序)间的最小流水步距 K_{min}。

①潘特考夫斯基法。“潘氏法则”用来绘制“横线工段式”横道图极为简便,只需通过“潘氏法则”确定相邻工序的最小流水步距 K_{min},并据此作图,即可保证专业队(组)连续作业。运用“潘氏法则”的目的是为了确定相邻工序的最小流水步距 K_{min},其含义及做法为:相邻工序流水节拍“累加数列、错位相减、取大差”。

例如:某施工项目各工序作业时间如表 3-1-6 所示,下面以具体示例说明其方法步骤。

某施工项目各工序作业时间表 表 3-1-6

工段 工序	A	B	C	D
a	2	3	3	1
b	1	2	1	2
c	3	3	3	2
a + b	3	5	4	3
c + b	4	5	4	4
最优次序	A	D	B	C

a. 各工序流水节拍列表,如表 3-1-6 所示。

b. 确定最优施工次序:该施工项目属于 m 项任务、3 道工序的情况,满足其前提条件,且符合运用“约—贝”法则,按前述方法确定 4 个工段的最优施工次序为 A—D—B—C,如表 3-1-6 所示,并按最优次序重排流水节拍表,如表 3-1-7 所示。

按最优次序排的流水节拍表 表 3-1-7

最优次序	A	D	B	C
a	2	1	3	3
b	1	2	2	1
c	3	2	3	3

c. 确定最短工期:根据最优施工次序,采用紧凑法作图,排出最短工期为 14d,如图3-1-15 所示。从图中可看出,进行 b 道工序作业的专业队在各工段上不能连续施工,需调整。

d. 运用"潘氏法则",计算最小流水步距:根据相邻工序流水节拍"累加数列、错位相减、取大差"的方法,按以下步骤确定相邻工序之间的最小流水步距。

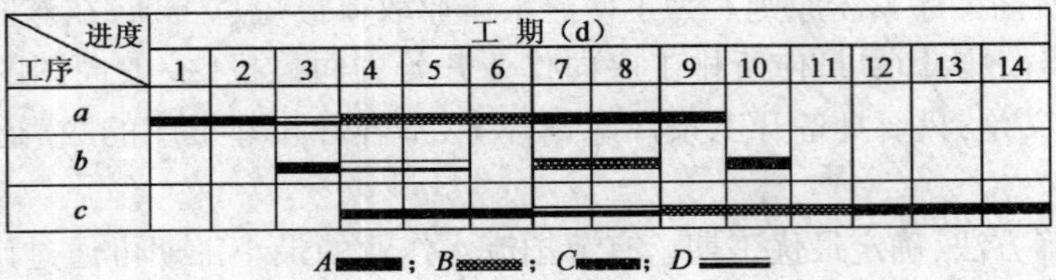

图 3-1-15 紧凑法绘制的横道图

首先,确定相邻工序流水节拍的累加数列。由表 3-1-7 可看出,3 道工序的累加数列分别为 $a_1=\{2,3,6,9\}$;$b_2=\{1,3,5,6\}$;$c_3=\{3,5,8,11\}$。

其次,将这些相邻数列错位相减得:

$$\begin{array}{rrrrrr} & 2 & 3 & 6 & 9 & \\ - & & 1 & 3 & 5 & 6 \\ \hline & 2 & 2 & 3 & 4 & -6 \end{array} \qquad \begin{array}{rrrrrr} & 1 & 3 & 5 & 6 & \\ - & & 3 & 5 & 8 & 11 \\ \hline & 1 & 0 & 0 & -2 & -11 \end{array}$$

最后,取"差"中最大的值即为相邻工序之间的最小流水步距,即

$$K_{12}=\max\{2,2,3,4,-6\}=4(\mathrm{d})$$

$$K_{23}=\max\{1,0,0,-2,-11\}=1(\mathrm{d})$$

e. 按最小流水步距及表 3-1-7 作图,若要实现连续均衡生产:只要按 $K_{12}=4$ 和 $K_{23}=1$ 确定了首道工序的起点,后继工序均可按流水节拍表中相应流水节拍的数据连续画出,如图 3-1-16 所示。

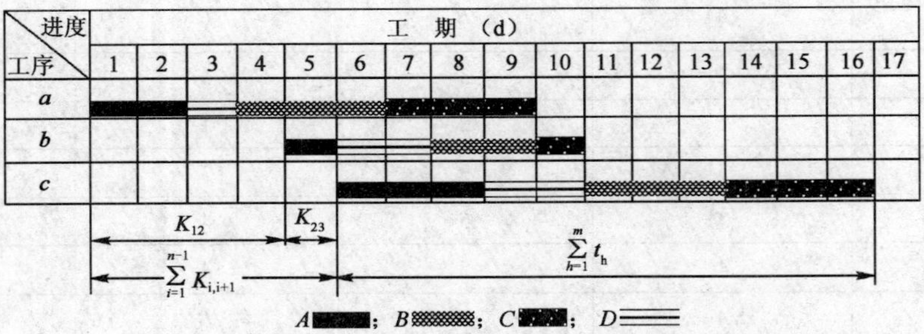

图 3-1-16 按最小流水步距绘制的横道图

采用"潘氏法则"绘制横线工段式横道图时,可用作图法排定工期,亦可直接按式(3-1-12)计算工期得:

$$T=\sum_{i=1}^{n-1}K_{\mathrm{i,i+1}}+\sum_{h=1}^{m}t_{\mathrm{h}}=(4+1)+(3+2+3+3)=16(\mathrm{d})$$

f. 调整和优化进度计划。按"潘氏法则"编制进度图,虽然可以实现连续生产,但与紧凑法作图相比,工期增加了两天。究竟如何取舍,一般应根据实际需要权衡利弊而定。若采取一定的技术组织措施能够调整和优化进度图,往往可以两者兼顾,达到双赢的效果。如图 3-1-16 所示,若增加 B、C 工段上 a 工序的资源投入量,使其作业时间各缩短 1d,则总工期便可缩减为 14d,这样,既不延长总工期,又能实现连续生产。

运用"潘氏法则"绘制施工进度图,可以避免不必要的"停工待面"或"间歇作业",保证专业队(组)连续、均衡生产。但从施工进度图的形式上看,一个施工项目总工期的长短是由施

工次序、流水节拍、流水步距、施工过程数和工序数等因素所决定的，运用“潘氏法则”，虽然导致了总工期的变动，但变动幅度不会太大。可以看出，专业队实现连续作业，总工期不一定最短，但总工期最短，也不等于不能实现连续作业。为此，在已经确定了最短工期的前提下，首先运用“潘氏法则”可有效地保持专业队连续生产，然后，在容许的范围内适当地调整总工期，这对加快工程进度，提高生产效益具有十分现实的意义。

②“纸条串法”。当施工任务的工段、工序及其流水节拍数量较小时（如分项工程），采用“纸条串法”绘制“横线工段式”进度图更为简便。这种方法最大的特点是直观、简捷、不需计算、便于调整。如果所裁纸条具有“时标刻度”，则两种横道图都可绘制。具体方法是：

a. 制作带有相同刻度的若干纸条，用纸条代表工序，纸条长度表示作业时间长短，用不同颜色的纸条区分工段。

b. 在时间坐标轴上，按最优施工次序和工艺顺序摆放纸条，以保证开工条件和连续性为前提窜动纸条，即可找出最小流水步距，实现连续生产。

c. 以保证开工条件和衔接、紧凑原则窜动纸条，即可排出最短工期。

（四）施工进度横线图

1. 横线图法的概念

横线图（也叫横道图或甘特图），是美国工程师亨利·甘特在第一次世界大战期间创造的一种生产进度的表达方法，目前已在工程实践中得到广泛的应用。它是以时间为横坐标，以各分部分项工程或施工工序为纵坐标，按一定的先后施工顺序和工艺流程，用带时间比例的水平横线表示对应项目或工序持续时间的施工进度计划图表。

2. 横线图的常用格式

横线图是由两大部分组成：左面部分是以分部分项工程或工序为主要内容的表格，包括序号、项目名称（工序名称）、施工方法、工程量、定额和劳动量等计算数据；右面部分是用横线条表示的指示图表，它是由左面的有关数据经计算得到的。在指示图表中用水平横向线条形象地表示出各工序（项目）的施工进度，其线条的长度表示施工持续时间长短，线条的位置表示施工过程，线上可以用数字表示劳动力数量；有时也可以采用不同线条符号表示作业班组或施工段别。

3. 横线图的特点

（1）横线图的优点：横线图简单、直观、易懂、易编制，可以方便地表达出施工计划的总工期和各分部分项工程或施工工序的持续时间，每项工作何时开始、何时结束一目了然；便于计算完成施工计划所需的劳动力、材料、机械设备及资金等各种资源需要量。

（2）横线图的缺点：

①分部分项工程或施工工序之间的逻辑关系不明确，仅反映工作之间的前后衔接关系。

②无法表示施工期限与地点之间的关系，不能绘制对应施工项目的平面示意图。

③工程数量的实际分布情况不具体，无法寻找施工计划的潜力。

④不能实现定量分析，因而无法采用计算机计算。

⑤无法反映工作的机动使用时间，反映不出关键工作及哪些工作决定总工期。

⑥无法进行施工组织及施工技术方案的比较与优化。

因此，横线图只适宜编制集中性工程进度计划、材料供应计划或者简单的工程进度计划。

二、任 务 实 施

施工进度计划可以用上面介绍的横线图表达。由于施工进度计划只是起控制性作用,因此不必编制得过细。若把计划编制得过细,由于在实施过程中情况复杂多变,调整计划反而不便。当用横线图表达施工进度计划时,项目的排列可按施工总体方案所确定的工程开展程序进行。横线图上应表达出各施工项目的开、竣工时间及其施工持续时间。下面结合铁背山1号隧道工程介绍用横线式施工进度图编制施工进度计划的过程。

(一)工程概况

铁背山1号隧道位于辽宁省抚顺市章党镇辖治伙洛附近,分左、右两条隧道,为单向行车单洞双车道分离式隧道。右线为南杂木至沈阳方向,隧道进口桩号为K9+983(设计高程为142.975m),出口桩号为K11+255(设计高程为146.623m),隧道全长1 272m,隧道纵坡为0.314%;左线为沈阳至南杂木方向,隧道出口桩号为K9+980(设计高程为142.965m),进口桩号为K11+250(设计高程为146.431m),隧道全长1 270m,隧道纵坡为0.314%;隧道左线位于半径为3 200m的左偏圆曲线上,隧道右线位于半径为2 800m的左偏圆曲线上,其中隧道右线全线设置-2%超高。

(二)自然水文、地质情况

1.气象水文

本地区属温带(半)湿润季风气候,一年四季分明,无霜期有140d左右,隧道区南侧为大伙房水库,水量丰富。

2.地形地貌

该隧道位于辽宁省东北部,属长白山脉西延余脉,地形复杂,冲沟发育。山体总体呈近东西走向,南陡北缓。南侧坡角一般在20°~30°,局部可达70°。北侧一般在15°~20°,最低海拔高程为121.7m,最高海拔高程为267.4m,相对高差为145.7m,属低山地貌。

3.水文地质条件

该隧道区属半湿润季风气候,冬季属枯水期,基岩裂隙水及第四系孔隙水较贫乏。隧道围岩以混合岩为主,含水性差,但节理裂隙及断裂构造普遍发育,且连通性好,透水性强,隧道开挖过程中极易产生渗水现象。丰水期会产生涌水现象。

(三)施工工期安排

根据施工单位对较大断面公路隧道的施工经验,以及拟投入的机械设备和劳动力,按照拟定的施工方案和进度进行施工,考虑到施工中不可预见因素,安排总工期为8个月,以满足业主的工期要求。该工程计划2007年4月1日开工,2007年11月20日竣工。隧道工程进度横道图如图3-1-17所示。

结合图3-1-17,编制横线式施工进度图的步骤如下。

1.作图的准备工作

(1)深入研究本工程的施工方案和施工方法。

(2)充分研究各种作图的资料和依据,对拟编的施工进度图有总体上的安排和构想。

2.编制作业工期计算表

(1)准备好作业工期计算表,见表3-1-8。

序号	工程项目	单位	数量	定额	劳动量（工日）	工期(月-日) 开始	工期(月-日) 结束	每班平均人数	工作日（d）
1	施工准备				184	4-1	4-10	23	8
2	采砂石料	m³	3 975	2.56	10 176	5-1	8-31	106	96
3	运输材料	t	5 943	0.42	2 496	5-20	9-30	24	104
4	洞外石方	m³	1 632	0.49	800	4-11	4-30	50	16
5	下部导坑	m³	2 683	1.61	4 320	5-1	9-15	40	108
6	上部导坑	m³	1 600	1.59	2 444	5-10	9-22	24	106
7	扩大	m³	3 533	1.62	5 724	5-20	10-2	54	106
8	挖底	m³	3 819	1.61	6 148	5-30	10-12	58	106
9	浇边墙	m³	836	3.17	2 650	6-5	10-17	25	106
10	浇拱圈	m³	1 170	3.17	3 710	6-15	10-27	35	106
11	拱背填片石	m³	366	1.31	480	7-1	10-31	5	96
12	压浆	m³	451	2.77	1 248	7-10	11-10	13	96
13	浇筑盖板	m³	313	0.69	216	10-1	10-31	9	24
14	整修路拱	m³	1 512	0.26	393	10-27	11-15	25	16
15	浇路面	m³	1 479	0.28	414	11-1	11-20	25	16
16	砌水沟	m³	185	2.10	388	10-1	10-31	15	26

说明：1. 进度线上数字为人数；
2. 采用流水作业方法；
3. 本图采用厘米格纸绘制，工期数值可变化

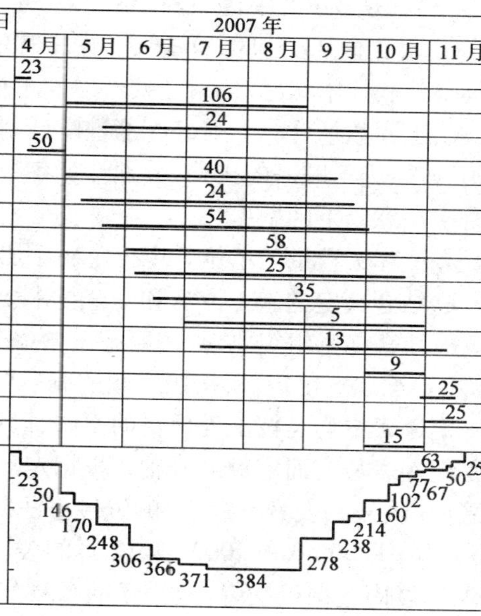

图 3-1-17　铁背山 1 号隧道横线式施工进度图

作业工期计算表

表 3-1-8

序号	工程部位或桩号	施工项目	施工方法	工程数量 单位	工程数量 数量	定额编号	主导工期	人工劳动量（工日） 定额	人工劳动量（工日） 数量	实用人数 作业班制	实用人数 每班人数	人工作业工期
1	2	3	4	5	6	7	8	9	10	11	12	13

序号	机械作业量(台班) ××机 定额	××机 数量	××机 定额	××机 数量	××机 定额	××机 数量	实用机械台数与作业工期 ××机 班制	××机 台数	××机 工期	××机 班制	××机 台数	××机 工期	××机 班制	××机 台数	××机 工期
1	14	15	16	17	18	19	20	21	22	23	24	25	26	27	28

（2）根据设计图纸、施工方式、作业方法，参照所用定额的细目，按照下面介绍的划分施工项目的要求进行列项，并将施工项目（工序）填入表 3-1-8 相应栏内。

划分施工项目时应注意：

①划分施工项目的粗细程度一般要根据进度计划的需要和施工定额（施工图设计阶段按预算定额）的细目和子目填列，分项后的工程项目必须能够在定额项目表中查到。

②施工项目的划分要结合施工条件、施工方法和劳动组织等因素，使施工进度计划能够符合施工实际，起到真正指导施工的作用。

③施工项目的划分，必须要结合工程结构特点进行分项填列，切不可漏列、错列和重列，以免影响进度计划的准确性。

④划分施工项目时，要以主导施工项目为主。首先要安排好主导施工项目的施工进度，其他施工项目要密切配合。

(3)在表3-1-8中逐项确定施工方法、计算工程数量。

①确定施工方法时,首先要考虑工程的特点和机具的性能,其次要考虑施工单位所具有的机具条件和技术状况,最后还要考虑技术操作上的合理性。

②工程数量计算。列好施工进度计划项目后,即可根据施工图纸及有关工程数量的计算规则,按照施工顺序的排列,分别计算各个施工过程的工程数量并填入表3-1-8中。工程量计算时应注意以下问题:

a. 计算工程量的单位与现行定额手册中所规定单位相一致。

b. 结合选定的施工方法和安全技术要求计算工程量。

c. 结合施工组织要求,按照施工顺序分区、分段、分层次计算工程量。

(4)逐项选定定额,按照定额的编号要求将其编号填入表3-1-8中。

定额表中均是按工程项目的不同,以章为单元将定额表有序地排列起来,这种排列的序号就是定额表号。而定额编号则是根据定额表号采用简单的编号将所应用的定额表示出来。一般采用[页号-表号-栏号]的编号方法。例如[12-1-1-9-8]就是表示引用《公路工程预算定额》(JTG/T B06-02—2007)第12页的表[1-1-9](即第1章第1节第9表)中的第8栏,也就是"2.0m^3以内挖掘机挖装普通土"的预算定额。定额的调整、改变或叠用必须在定额编号后加以说明,如《公路工程预算定额》(JTG/T B06-2—2007)表[573-4-7-22-1]中需调整混凝土强度等级,编号应为[573-4-7-22-1 改];又如编号[113-2-1-7-29+30×5]是表示将表[113-2-1-7-30]乘以5后加到[113-2-1-7-29]中,是指厂拌20cm厚基层石灰、粉煤灰、砂砾混合料(石灰、粉煤灰、砂砾的定额配合比为5:15:80)的公路工程预算定额。

(5)劳动量(作业量)计算。劳动量就是工程细目的工程数量与相应时间定额的乘积。它等于施工时实际使用的劳动力数量与作业时间的乘积,或机械化施工时实际使用的机械台数与作业时间的乘积。

人工操作时称为劳动量,机械作业时称为作业量,统称劳动量。

劳动量根据计算出的各分部分项的工程量和查出的时间定额或产量定额按式(3-1-13)或(3-1-14)计算:

$$D = \frac{Q}{C} \tag{3-1-13}$$

或

$$D = Q \cdot S \tag{3-1-14}$$

式中:D——完成某施工过程所需的劳动量(工日)或机械台班数量(台班);

Q——完成某施工过程所需的工程数量(m^3、m^2、t…);

S——某施工过程所需的时间定额(工日或台班/m^3、工日或台班/m^2、工日或台班/t…);

C——某施工过程所需的产量定额(m^3/工日或台班、m^2/工日或台班、t/工日或台班…)。

(6)在表3-1-8中逐项确定施工班组、作业班制、实用人数或机械台数,通过计算确定作业工期;或根据限定的主导工期和合同规定的工期,通过计算确定所需人工和机械数量。

计算各分部分项工程作业工期的方法有两种:

①按计划配备在各分部分项工程上的施工机械数量和各专业工人数确定,即

$$t = \frac{D}{R \cdot n} = \frac{Q \cdot S}{R \cdot n} = \frac{Q}{C \cdot R \cdot n} \tag{3-1-15}$$

式中:t——完成某分部分项工程的作业工期(施工天数);

D——某分部分项工程所需的劳动量或机械台班数量(工日或台班);

Q——完成某分部分项工程所需的工程数量（m^3、m^2、t…）；

S——某分部分项工程所需的时间定额（工日或台班/m^3、工日或台班/m^2、工日或台班/t …）；

C——某分部分项工程所需的产量定额（m^3/工日或台班、m^2/工日或台班、t/工日或台班 …）；

R——某分部分项工程所配置的工人人数或机械台数；

n——每天工作班制数。

在安排每班工人人数和机械台数时，应综合考虑各分项工程所安排的工人或机械都应有足够的工作面（不能少于最小工作面），以提高工作效率，并保证施工安全。

②根据总工期要求倒排各分部分项工程的作业工期。首先根据规定总工期和施工经验，确定各分部分项工程的施工时间，然后再按各分部分项工程需要的劳动量或机械台班数量，确定每一分部分项工程每个工作班所需要的工人数或机械台数，此时可将式（3-1-15）变化为：

$$R = \frac{D}{t \cdot n} = \frac{Q \cdot S}{t \cdot n} = \frac{Q}{C \cdot t \cdot n} \tag{3-1-16}$$

式中符号意义同前。

通常计算时均先按一班制考虑，如果每天所需机械台数或工人人数，已超过施工单位现有人力、物力或工作面限制时，则应根据具体情况和条件从技术上和施工组织上采取积极的措施，如可采用两班制或三班制，最大限度地组织立体交叉平行流水作业等。

两班制或三班制作业，主要适用于工艺要求连续生产的作业项目，需要突击或为了缩短总施工期的作业项目，以及需要调节作业工期的作业项目。一般情况下，桥梁工程的水下施工部分（如基础、承台等），为了赶在汛期前完成，可采用两班制或三班制作业；路线工程一般采用一班制作业。

（7）在表 3-1-8 中逐项确定主导工期。由式（3-1-15）可知，当某分部分项工程所配置的人工人数或机械台数确定之后，可根据该项目所投入的工人人数、机械台数求得工人以及各种机械作业的工期。其中工期最长的那个作业称为主导作业，主导作业的工期称为主导工期。一个施工过程的工期主要取决于主导工期。

主导工期的长短，主要取决于各种作业的人工或机械数量的实际投入量。生产过程中，各种作业的人工、机械投入数量是可以调节的，从而施工过程中的主导作业及其主导工期也是可变的。

在编制施工进度图时，应尽量调节各种作业所需的人工、机械投入数量，使各种作业的工期一致，即都成为主导作业。但在施工阶段，由于受实际施工条件限制，往往不能使各种作业的工期一致，此时，则应按主导作业的主导工期绘制施工进度图，控制该施工过程的工期。而其他非主导作业所需的人工、机械数量只能供统计之用。

一般情况下，应以人工作业工期为主导工期，其他作业则应调节机械投入量或作业班制。在条件允许的情况下，在 24h 内组织两班制或三班制作业，将会缩短作业的生产工期。

3. 绘制施工进度线图

（1）参照图 3-1-17 绘制横线图的图框和表格。

（2）将“作业工期计算表”中的相关数据、计算成果抄录于横线图的左侧。

(3)按照合同或施工方案确定的开、竣工日期,在图中填列施工进度日历。

(4)根据"作业工期计算表"计算主导工期,结合工程项目(工序)之间的逻辑关系和各方面的因素,在进度图上合理设计各作业项目的施工起止日期。即用直线或不同形状、不同颜色的线条在施工进度图的右侧绘制施工进度线。

(5)在作业项目进度安排上,进行反复优化、比较、修改,同时修改作业工期计算表中的相关数据,直至合理并取得较优结果为止。

(6)在进度图的下部,绘制劳动力分布曲线。

(7)编写施工进度图的说明,并列于进度图的适当位置。

(8)在进度图的适当位置,列出图例。

4. 多方案反复比较、评价,择优定案

为了使施工组织符合施工实际,需要做多个比较方案,绘制几个施工进度草图,再经过反复平衡、比较、评价,最后才能确定采用的方案。

三、学习效果评价反馈

(一)学生自评

根据横线式施工进度图的编制过程回答下列问题:

(1)施工进度计划的表示方法有哪些?

(2)施工进度计划的基本作业方法有哪些?每种方法各有哪些特点?

(3)流水作业各参数的含义是什么?这些参数在流水作业中各起什么作用?

(4)流水施工的类型有哪些?各种类型的总工期如何确定?

(5)简述流水作业的作图要点。

(6)什么是流水步距?如何确定最小流水步距?

(7)"约—贝"法则和"潘氏法则"的作用是什么?它们对流水作业的作图有什么影响?

(8)横线式施工进度图的编制步骤是什么?

(二)学习小组评价

班级:__________姓名:__________学号:__________

学习内容	分 值	评 价 内 容	得 分
基础知识	30	施工进度计划编制的原则、依据、作用;施工进度计划的基本作业方法及综合作业方法比较;流水作业的组织形式;流水施工的主要参数的确定;流水施工类型及总工期;施工项目中的施工次序确定;流水作业图绘制要点;施工进度横线图绘制步骤	
应会技能	10	能合理确定施工项目中的施工次序	
	10	能科学地确定流水施工的主要参数	
	10	能运用"约—贝"法则确定施工项目最优施工顺序	
	10	能运用"潘氏法则"确定最小流水步距	
	20	能运用横线式施工进度图编制施工进度计划	
学习态度	10		
合 计	100		
学习小组组长签字:			年 月 日

（三）任课教师评价

班级：__________姓名：__________学号：__________

评价内容	分 值	简 评	得 分	教师签字
准备工作情况	20			
课堂表现情况	30			
任务完成质量	30			
团结协作精神	20			
合 计	100			
备 注			年 月 日	

工作任务二 施工进度斜线图的编制

学习目标

1. 了解施工进度斜线图的表示方法；
2. 知道施工进度斜线图的常用格式；
3. 分析施工进度斜线图的优点及缺点；
4. 根据所给工作任务规范确定斜线图的编制步骤；
5. 正确完成斜线式施工进度图的编制。

任务描述

本工作任务是通过流水施工参数的计算及施工项目中施工次序的确定，绘制斜线式施工进度图。通过斜线式施工进度图的绘制，可以方便地表达出各分部分项工程的施工持续时间及施工计划的总工期，便于计算完成施工计划所需的劳动力、材料、机械设备及资金等各种资源需要量。完成该任务，首先应根据本工程的设计图纸、施工方案、作业方法列项；然后编制作业工期计算表，确定主导工期；最后绘制施工进度线，进行多方案反复比较、评价，择优定案。

学习引导

本工作任务沿着以下脉络进行学习：

斜线图编制基础知识→斜线图作图准备工作→编制作业工期计算表→绘制施工进度线→方案反复比较、评价，择优定案→施工进度计划的检查及调整

一、相关知识

1. 斜线图法

斜线图（也叫垂直图或坐标图），是在流水作业斜线图的基础上扩充和改进形成的。它是以纵坐标表示施工日期和工程数量，以横坐标表示公路里程和工程位置，而各分部分项工程（工序）的施工进度，则相应地以不同的斜线或符号表示的一种施工进度图形。

2. 斜线图的常用格式

斜线图一般由三部分组成：图的上部表示了各分部分项工程的工程数量按里程分布的具

体情况和构造物的具体位置、结构形式等；图的中间部分用不同的斜线或线条表示了各工序的施工进度和作业组织形式，对应进度线的右侧按月以一定的比例绘出劳动力需要量曲线；图的下部按里程绘出施工组织平面示意图。

3. 斜线图的特点

(1)斜线图的优点如下：

①各工程项目工程数量的分布情况和施工日期一目了然。

②工程项目的相互关系、施工紧凑程度和施工速度都十分清楚。

③从图中可直接找出任何时间各作业队的施工位置和施工情况，可以预测在正常施工条件下的施工进程。

(2)斜线图的缺点如下：

①不能确定工作的机动时间及关键工作。

②计划的编制及修改的工作量较大。

③不能使用电子计算机进行定量分析。

④不能进行计划方案的比较及选优。

斜线图适用于任何工程，是编制工程进度的一种较好的形式。

二、任 务 实 施

(一)工程概况

营城子至西丰一级公路中的营城子至伊通河大桥段是吉林省公路网的一部分。路线起点位于伊通县营城子镇长营高速公路终点，终点为伊通河大桥。起点处与长白公路设互通式立体交叉一处，匝道全长 3 955.487m，其中 A 匝道和 B 匝道为营城子—西丰公路主线的连接线，B 匝道往伊通河大桥方向单向行驶，A 匝道往营城子方向单向行驶，互通范围内长白公路长 1 240m，长东公路长 1 311.834m，将 A 匝道计入主线总里程，则营城子至伊通河大桥段长为 1.645 44km，主线从 A 匝道(或 B 匝道终点)算起，至伊通河大桥结束，长度为 845.864m，该路线由福财村至伊通河，主要构造物：主线有大桥 1 座，小桥 1 座，涵洞 5 道；互通式立体交叉处有跨线桥两座，小桥 1 座，涵洞 6 道；其他工程有小桥 1 座，渡槽 1 道。

(二)水文地质及气象条件

营城子至西丰一级公路中的营城子至伊通河大桥段位于辽源地区与四平地区伊通县交界处，其地貌为山间河流冲积平地，主要河流为伊通河，地表多为水田，少部分为旱田。其气候属大陆性气候，夏季短、冬季长，结冰期为 5 个月，气候严寒，初雪一般在十月上、中旬，终雪在翌年四月上旬，最高月平均气温为 23℃，最低月平均气温为 －17℃，历年最大降雨量 880.5mm，多集中于七、八两月，冬季常刮西北风，夏季转为南风，三、四、五月风力最大可达 3 ~5 级，每年十月中旬至翌年四月中旬为冰冻期，标准冰冻深度为 1.60m，根据中国自然区划属 II_2 区。

(三)技术标准

路基宽度：25.5m(主线里程指横断面为 25.5m 路段，长度为 893.174m)。

桥涵设计荷载：汽超—20 级，挂—120。

桥面宽度：净 2 ×10m。

(四)合同工期

合同工期要求16个月,即2002年8月1日至2003年11月30日。实际工期15个月,即2002年8月1日至2003年10月31日。本工程的施工进度计划的斜线式施工进度图如图3-2-1所示。

结合图3-2-1,编制斜线式施工进度图的步骤如下。

1. 作图的准备工作

编制斜线图的准备工作,与编制横线图的准备工作基本相同。

2. 编制作业工期计算表

编制斜线图作业工期计算表的内容和方法,与编制横线图作业工期计算表的内容和方法基本相同。但列项时,线性工程要按里程顺序,并以公里为单位计量列项;集中型工程要按工程的桩号顺序,并单独计量列项(必要时还要按工程子目计量列项)。

3. 绘制施工进度线

(1)根据作业项目的多少,参照图3-2-1绘制斜线图的图表轮廓。

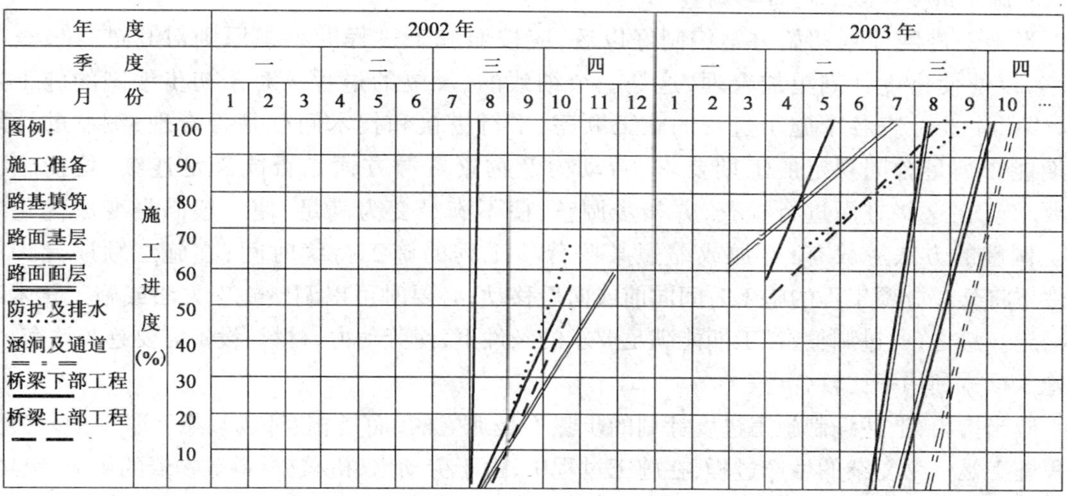

图3-2-1 营城子至伊通河大桥工程斜线式施工进度图

(2)根据合同或上级确定的工程开、竣工日期,将施工进度日历绘于图的上部。

(3)列项计算各施工项目的劳动量、作业持续时间、劳动力及机械台数,一般可在作业工期计算表中算好,这与前面所介绍的计算方法相同。

(4)按各作业项目的主导工期、施工方法、作业方式,依照施工组织原理,分别用铅笔绘出不同形状(符号)的进度线,并按紧凑的原则,使各进度线相对移动到最佳位置,此项设计工作要反复比较、修改,直至符合要求。具体设计方法如下:

①小桥涵工程。首先要明确施工组织作业方法(顺序、平行、流水作业等),然后根据每座小桥涵工程的开、竣工日期,在各小桥涵的相应位置,用斜线绘出施工期进度线,并依次向流水方向移动,在图上反映的垂直方向全长,即为全部小桥涵工程之总工期。

②大中桥工程。其绘制方法与小桥涵工程相同,但习惯上将桥梁上、下部工程用两种图线符号表示,有的还将下部分为基础和墩、台身表示。

③路基工程。当路基工程的作业方式确定之后,可根据工程量、施工力量配置、施工条件,

依据里程,逐个将施工段按主导工期,以斜线表示时间和里程之间的关系。由于工程施工的复杂和多方面原因,路基施工进度线可能是一条或多条直线,也可能是一条或多条连续(或间断)的折线。

④路面工程。路面工程一般组织成一段或多段连续施工,故进度线一般是一条或多条斜直线。斜线的垂直高度为路面施工的总工期,斜线的水平长度等于路面总里程。由于路基工程施工进度线起伏变化大,为了使路面线与路基线不致相交(避免施工中断),应经过试排后再画。

(5)进行反复优化、比较和修改。

(6)绘制图例。

(7)编写施工进度图的说明。

4. 做多个方案,进行比较、评价,择优定案

为了使施工组织符合施工实际,需要做多个比较方案,绘制几个施工进度草图,再经过反复平衡、比较、评价,最后才能确定采用的方案。

5. 施工进度计划的检查与调整

当施工进度计划初始方案编制好以后,应按照施工过程的组织原则对其进行检查与调整,以便使进度计划更加合理,这是一个细致的、反复的过程。对于初步编制的施工进度计划,主要检查各个施工过程的施工顺序、平行搭接和技术间歇是否合理;编制的计划工期能否满足合同规定的工期要求;劳动力及物资资源方面是否能满足连续、均衡施工的要求。在这些方面进行检查,并初步调整,使不满足变为满足,使一般满足变成优化满足。调整的方法一般有:增加或缩短某些分项工程的施工持续时间;在施工顺序允许的条件下将某些分项工程的施工时间向前或向后移动;必要时可以调整施工方法或施工技术组织措施。总之,通过调整,在工期能满足要求的条件下,使劳动力、材料、设备需要趋于均衡,主要施工机械利用率比较合理。

应当指出,上述编制施工进度计划的步骤不是孤立的,而是相互依赖、相互联系的。公路工程施工是一个复杂的生产过程,在施工过程中,由于劳动力、机械、材料等物资的供应及自然条件等因素的影响而经常出现不符合原计划的情况,因而在工程进展中,应随时掌握施工动态,经常检查,不断调整计划。

三、学习效果评价反馈

(一)学生自评

根据斜线式施工进度图的编制过程回答下列问题:

(1)斜线式施工进度图如何表示?

(2)斜线式施工进度图的常用格式有哪些?

(3)斜线式施工进度图的特点有哪些?

(4)编制斜线图作业工期计算表列项时应注意哪些问题?

(5)绘制斜线式施工进度图的作图要点有哪些?

(6)如何进行斜线式施工进度计划的检查与调整?

(7)斜线式施工进度图的编制步骤有哪些?

（二）学习小组评价

班级:____________姓名:____________学号:____________

学习内容	分 值	评 价 内 容	得 分
基础知识	30	流水施工的主要参数的确定;斜线图法;斜线图的常用格式;斜线图的优点;斜线图的缺点;流水作业图绘制要点;施工进度斜线图绘制步骤	
应会技能	10	能科学地确定流水施工的主要参数	
	20	能进行施工进度计划的检查与调整	
	30	能运用斜线式施工进度图编制施工进度计划	
学习态度	10		
合 计	100		
学习小组组长签字:			年 月 日

（三）任课教师评价

班级:____________姓名:____________学号:____________

评 价 内 容	分 值	简 评	得 分	教师签字
准备工作情况	20			
课堂表现情况	30			
任务完成质量	30			
团结协作精神	20			
合 计	100			
备 注				年 月 日

工作任务三　施工进度网络图的编制

学习目标

1. 了解网络计划技术的基本原理、优点及分类;

2. 熟悉双代号网络图、单代号网络图、双代号时标网络图、单代号搭接网络图的绘图规则及绘制方法;

3. 分析双代号网络图、单代号网络图中工序之间逻辑关系的表示方法;

4. 根据双代号网络关系的表示方法,规范完成双代号网络图的绘制及时间参数的确定;

5. 根据单代号网络关系的表示方法,规范完成单代号网络图的绘制及时间参数的确定;

6. 根据单代号搭接网络关系的表示方法,规范完成单代号搭接网络图的绘制及时间参数的确定;

7. 知道网络计划的工期优化、资源优化、费用优化的过程;

8. 正确运用双代号网络图、双代号时标网络图、单代号网络图、单代号搭接网络图编制施工进度计划。

任务描述

本工作任务是编制施工进度计划网络图。通过完成该任务,不但能使学生加强工程施工的计划性,使施工生产能均衡、连续、有节奏地进行,同时又能合理地确定各施工时段所需的各类资源数量,为施工准备工作提供依据。完成该任务,首先要根据网络图的绘制规则、绘制方法及各工序之间的逻辑关系绘制网络图,然后计算网络图中各类时间参数,确定关键线路。

学习引导

本工作任务沿着以下脉络进行学习:

网络计划技术基本原理 → 双代号网络图的编制 → 双代号时标网络图的编制 → 单代号网络图的编制 → 单代号搭接网络图的编制 → 网络计划的优化

一、相 关 知 识

(一)认知网络计划技术

1. 网络计划技术的产生与发展

网络计划技术,也称网络计划法,是20世纪50年代后期发展起来的一种计划管理的科学方法。早在20世纪初期,美国工程师亨利发明了"横道图法",它是以时间为横坐标,以各分项工程或施工工序为纵坐标,按一定的先后施工次序和工艺流程,用带时间比例的水平横道线表示对应项目或工序持续时间的施工进度计划图表。但是,随着科学技术的不断进步,建设规模的越来越大,横道图法的一些缺点也逐渐暴露出来,如不能显示各项工作之间的内在联系和逻辑关系,特别是不能使用现代化的计算工具——计算机。

为了适应现代化大生产的组织管理,一些行之有效的网络计划陆续产生。1956年,美国杜邦公司开发了一种面向计算机描述工程项目的合理安排进度计划的方法,此方法称为关键线路法(Critical Path Method),简称CPM法。杜邦公司采用此方法安排施工和维修等计划,仅一年时间就节省了约100万美元。到1958年,美国海军部武器局特别计划室提出了计划评审法(Program Evaluation and Review Techniques),简称PERT法。该方法应用于制订美国海军北极星导弹研制计划,收到了良好的效果,比原定计划完成时间提前了两年,并节省了大量资金。

随后,网络计划技术风靡全球,不断发展,以CPM方法为基础,又研制了如搭接网络计划法(DLN)、图形评审技术法(GERT)、风险评审技术法(VERT)、决策网络计划法(DN)、仿真网络计划法和流水网络计划法等。从此,网络计划技术作为一种现代管理方法,广泛应用于工业、农业、建筑业、国防和科学技术研究各个领域。

我国从20世纪60年代开始应用网络计划技术,著名数学家华罗庚教授结合我国实际情况,在吸收国外网络技术理论的基础上,将其统一命名为统筹法。网络计划技术在我国已广泛应用于国民经济各个领域的计划管理中,而应用最多的还是工程项目的施工组织与管理,并取得了巨大的经济效益。

2. 网络计划技术的基本原理

网络计划技术是从整个系统着眼,它把一项工程作为一个系统,将系统中相互依存、相互制约的要素之间的关系用网络图的形式形象地表示出来。人们可以预先分析和估计工程项目进行过程中可能发生的各种影响和资源利用的因素,统筹规划和安排,并进行目标优化,使项目能按预定的目标进行。在实施过程中可以经常按变化了的情况进行调整,使施工得以全面地达到优质、节省和快速的要求。

网络计划技术的基本原理是:首先应用网络图的形式来表达一项工程中各项工作之间错综复杂的相互关系及其先后顺序。接着可进行时间参数的计算,通过计算能找出决定工期的关键工作和关键线路,再通过优化、调整,不断地改进网络计划,寻求最优方案并付诸实施。最后在计划执行过程中进行有效的监测和控制,以便合理使用资源,优质、高效、低耗地完成预定的工作。

3. 网络计划技术的优点

(1)能把工程项目生产过程的各个环节有机地组织起来,并指明其中的关键所在,从而可使各级领导和管理人员既能统筹安排,考虑全局,又能抓住关键,实行重点管理。

(2)能反映整个生产过程各项工序之间相互制约和相互依赖的关系。

(3)能通过各种时间的计算,确定出关键工序,便于管理人员抓住关键,确保按期竣工,避免盲目抢工。

(4)通过各工序总时差(即机动时间)和局部时差的计算,能更好地运用和调配人力与设备,达到降低成本和加快进度的目的。

(5)在计划执行的过程中,能够预见某一工序因故提前或推迟完成对工程进度的影响程度,便于及早采取措施,保证自始至终对计划进行有效的控制与监督。

(6)能够设计出许多可行方案,并从中选出最佳方案。

(7)可以利用计算机进行计算、调整与优化。

网络计划技术不仅是一种编制计划的方法,而且还是一种科学的施工管理方法。它有助于管理人员合理地组织生产,使他们做到心中有数,知道管理的重点应该放在何处,怎样缩短工期,在哪里挖掘潜力,如何降低成本。

4. 网络计划技术的分类

1)按工序持续时间能否确定分类

(1)肯定型网络计划:指网络图中各工序的持续时间值是固定的,整个网络计划有确定的计划总工期,它可以用制订定额的方法来确定,如关键线路法(CPM)。

(2)非肯定型网络计划:指网络图中各工序的作业时间不能确定,只能采用估计值,整个网络计划无确定的计划总工期,如计划评审法(PERT)。

2)按网络结构分类

(1)单代号网络计划:指以单代号表示法绘制的网络计划。单代号网络图是用圆圈表示工序,箭线表示各工序之间相互制约、相互依赖的关系。

(2)双代号网络计划:指以双代号表示法绘制的网络计划。双代号网络图是用箭线表示工序、圆圈表示各工序之间的相互关系。

3)按目标分类

(1)单目标网络计划:指只有一个终点节点的网络计划,即网络图只有一个最终目标。

(2)多目标网络计划:指终点节点不止一个的网络计划。此种网络计划有若干个独立的最终目标。

4)按时间表示方法分类

(1)时标网络计划:是用箭线在横坐标上的投影长度表示工序时间的网络图。

(2)非时标网络计划:指箭线长短与工序作业时间无关的网络图。

5)按应用范围分类

(1)总网络计划:指以整个计划任务为对象编制的网络计划,如整条公路施工网络计划。

(2)局部网络计划:指以计划任务的某一部分为对象编制的网络计划,如一座小桥涵工程网络计划。

（二）双代号网络计划图

1. 双代号网络计划图的组成

用双代号网络计划图来表示工程进度计划是目前应用较为普遍的网络计划形式。这种网络图由箭线、节点和线路三个要素组成。其工作由箭线来表示，节点都编以号码，箭线前后两个节点的号码代表该箭线所表示的工序，因此叫“双代号”。

1）箭线

一条箭线表示一项工作，如挖基坑、安砌栏杆、浇筑混凝土等。箭线的箭头和箭尾各与一个圆圈衔接，如图 3-3-1 所示，i 为箭尾，表示工作的开始，j 为箭头，表示工作的结束。工作名称写在箭线上方，完成工作所需要的时间写在箭线的下方。箭线表示各项工作之间的关系，主要取决于网络计划的详细程度。

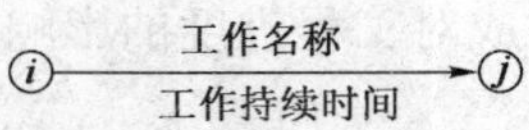

图 3-3-1 双代号表示方法

双代号网络图箭线又可分为实箭线和虚箭线。

（1）实箭线：表示的工作需要占用时间和消耗资源。如挖基坑这项工作，完成它需要消耗一定的人工、材料、机械和时间。也有些工作只消耗时间，不消耗资源，如混凝土养护，常用“→”表示。

（2）虚箭线：表示的工作既不消耗时间，也不消耗资源，即虚工作，只是用来表示工作之间逻辑关系的一种符号，常用“--→”表示。

2）节点

节点又称为事件，是网络图中两道工序之间的交接点，用圆圈表示。箭尾的节点为开始节点，箭头节点为结束节点。网络图的第一个节点叫网络起始节点，最后一个节点叫网络终点节点，它们分别表示网络计划的开始和结束，除整个网络计划的起、终点节点外，其余任何一个节点都叫中间节点，有双重含义，既是前面工序的结束节点，又是后面工序的开始节点。

3）线路

从网络始节点到网络终节点的通路称为线路。线路有很多条，通过计算可以找到需用时间最长的线路，这条线路称为关键线路，位于关键线路上的工作称为关键工作，关键线路一般用粗箭线（或双箭线）来表示。

关键工作完成的快慢直接影响着工程的总工期，这就突出了整个工程的重点，使施工的组织者明确主要矛盾。关键线路并不是一成不变的，在一定条件下，关键线路可能转化为非关键线路。例如，当采用了一定的技术组织措施，缩短了关键线路上各工作的持续时间，就有可能使关键线路发生转移，使原来的关键线路变成非关键线路，而非关键线路却变成了关键线路。

2. 常见双代号网络图的工作逻辑关系及虚箭线的应用

1）工作逻辑关系的表示方法

（1）逻辑关系的含义：指工序之间客观上存在的一种相互制约或者相互依赖的先后顺序关系。根据施工工艺和施工组织的要求，它包括工艺逻辑关系和组织逻辑关系。如桩基础施工，打桩→挖槽→承台→基础→回填土为工艺关系，如盖板涵 A→盖板涵 B→盖板涵 C 为组织关系。在表示施工进度计划的网络图中，根据施工工艺和施工组织的要求，应正确反映各道工序之间相互依赖和相互制约的关系，这也是网络图与横道图的最大不同之处。

各工序间的逻辑关系表示是否正确，是网络图能否反映工程实际情况的关键，也是网络计划实施的重要依据。如果逻辑关系错了，网络图中各种时间参数的计算就会发生错误，关键线路和工程的总工期也将发生错误。

要画一个正确的网络图，必须根据施工工艺和施工组织的要求确定各道工序之间的逻辑关系，才能逐步地按工序的先后顺序把代表各道工序的箭线连接起来，绘成一张正确的网络图。

确定各道工序之间的逻辑关系，必须要解决下面三个问题：

①该工序必须在哪些工序之前进行。

②该工序必须在哪些工序之后进行。

③该工序可以与哪些工序平行进行。

这样，工作关系就有紧前工序、紧后工序和平行工序。

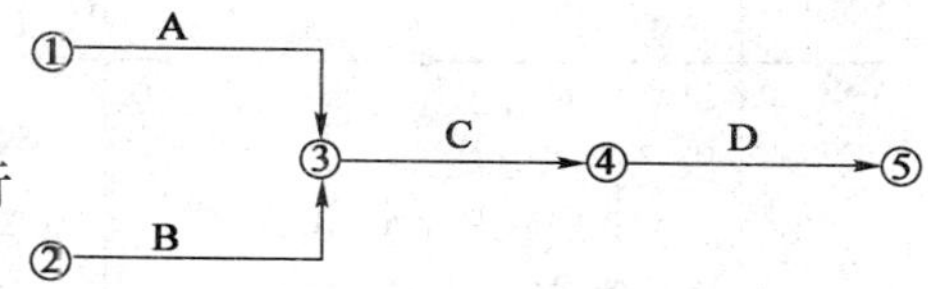

图 3-3-2　工序间的逻辑关系

如图 3-3-2 所示，就工序 C 而言，它必须在工序 D 之前进行，是工序 D 的紧前工序；工序 C 必须在工序 A、B 之后进行，是工序 A、B 的紧后工序；而工序 A、B 是平行进行的，则 A、B 是平行工序。

(2)各种逻辑关系的正确表示方法。在网络图中，各工序之间的逻辑关系是千变万化的，表 3-3-1 列出了网络图中最常见的一些逻辑关系及其表示方法。表中的工序名称均以字母表示。

各工序逻辑关系表示方法　　表 3-3-1

1	A 完成后进行 B	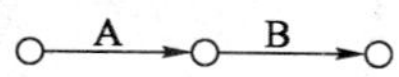	B 工序依赖 A 工序； A 工序约束 B 工序的开始
2	A、B、C 同时开始	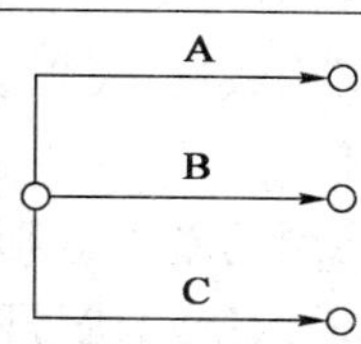	A、B、C 三道工序称为平行工序
3	A、B、C 同时结束	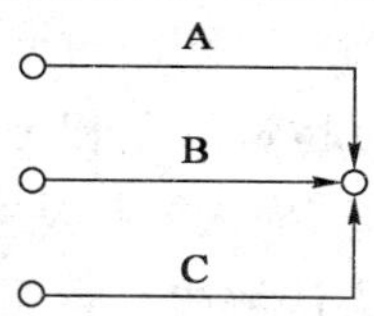	A、B、C 三道工序称为平行工序
4	A 完成后进行 B、C	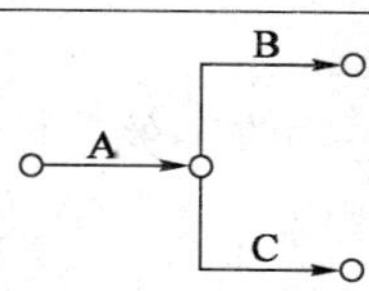	A 工序制约着 B、C 工序的开始，B、C 称为平行工序
5	A、B 均完成后同时进行 C、D	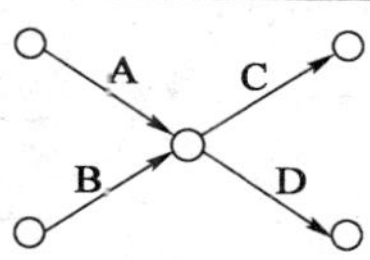	通过中间节点 1 正确地表达了 A、B 与 C、D 之间的关系
6	A 完成后进行 C； A、B 完成后进行 D	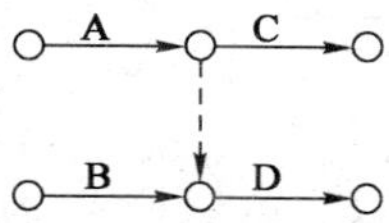	通过引入虚工序，才能正确表达 D 与 A 之间的逻辑关系
7	A、B、C 均完成后进行 D，B、C 均完成后进行 E	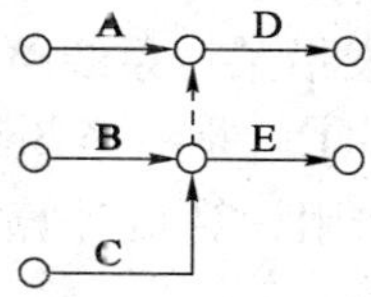	虚工序表示 D 工序受到 B、C 工序制约

续上表

8	A 完成后进行 C； A、B 完成后进行 D； B 完成后进行 E	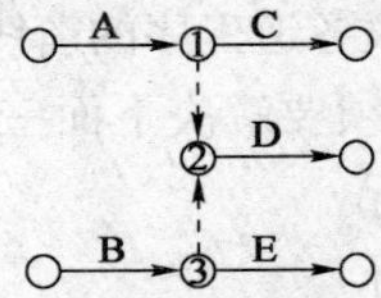	虚工序①→②反映出 C 工序只受 A 工序制约，虚工序②→③反映出 E 工序只受 B 工序制约，同时 D 工序受 A、B 工序制约
9	A、B 两道工序分成三个施工段，分别流水施工： A_1完成后进行 A_2、B_1； A_2完成后进行 A_3、B_2； B_1完成后进行 B_2； B_2完成后进行 B_3	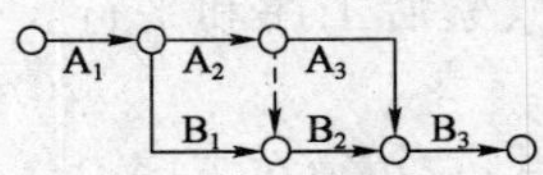	每道工序建立一个专业施工队伍，在每个施工段上进行流水作业，不同工序之间用逻辑搭接关系表示

2）虚箭线在双代号网络图中的应用

虚箭线表示该工序既不消耗时间，也不消耗资源，是一个假想的工作，它只是表达了各工序之间的逻辑关系，具体应用表现在以下两个方面。

（1）将前后工作连接起来。如表 3-3-1 序号 6 中，引入虚工序，将 A、D 两项工作连接起来。

（2）将工作关系隔断。仍以表 3-3-1 序号 6 为例，逆箭线方向将 B、C 工作关系断开了。

在双代号网络图的绘制过程中灵活有效地使用虚箭线是十分重要的。一般先按照某个工序的紧前工序主动增设虚箭线，待网络图构成后，再删去不必要的虚箭线。

3. 双代号网络图绘图的基本规则

绘制双代号网络图时，应按照有关绘图的基本规则进行。否则，就不能正确地表示各工序之间的逻辑关系和进行时间参数的计算。绘制双代号网络图一般应遵循下列规则。

（1）一个网络图中只允许有一个起始节点和一个终点节点。

如图 3-3-3 所示，节点①和⑥分别为起始节点和终点节点，节点①只有箭杆从它出发，没有箭头指向它；而节点⑥只有箭头指向它，而无箭杆从它出发。如果出现多个起始节点或终点节点，则可增加虚箭杆或将节点合并的方法解决。

（2）一对节点之间只允许有一条箭线。

在双代号网络图中，两个节点表示一项唯一的工序，如果一对节点之间有两条以上箭线同时存在，则无法分清这两个节点分别代表哪一项工序，如图 3-3-4a）所示。在这种情况下，正确的表示方法是引入虚箭线，如图 3-3-4b）所示。

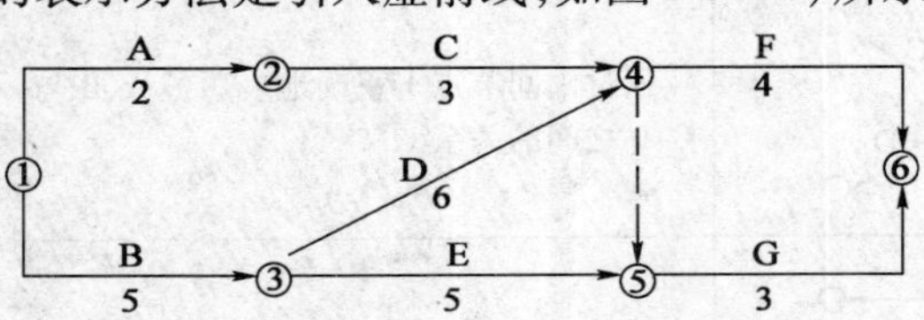

图 3-3-3　网络图 1

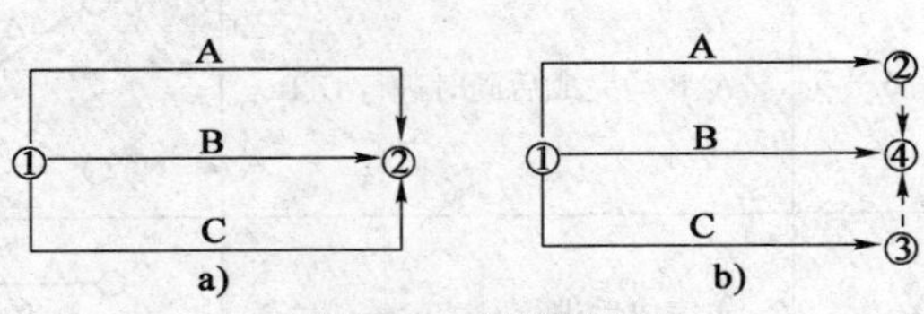

图 3-3-4　网络图 2

a）错误的表示方法；b）正确的表示方法

（3）网络计划图中不允许出现循环线路。

在网络计划图中，如果从一节点出发沿某一条线路又能回到原出发的节点，此线路为循环线路。如图 3-3-5a）所示，①→②→③→①就是一条闭合回路，它表示逻辑上的矛盾，工序 A、B、C 的每项都无法开始，也无法结束，如用计算机计算时间参数时，只能循环运行，无法输出结果。正确画法如图 3-3-5b）所示。

(4)网络计划图中不允许出现线段、双向箭头，并应避免使用反向箭线。

网络计划图的箭头方向即为施工前进方向，不能出现错画和漏画箭头的情况。箭线所表示的是工序需占用的时间，不能使用反向箭线，因为时间是不可逆的。否则会造成循环线路。

(5)网络计划图的布局应合理，应尽量避免箭线交叉。

网络计划图中箭线的交叉一般可以通过整理网络图来避免，当箭线的交叉不可避免时，可采用“暗桥”、“断线”等方法加以处理，如图 3-3-6 所示。

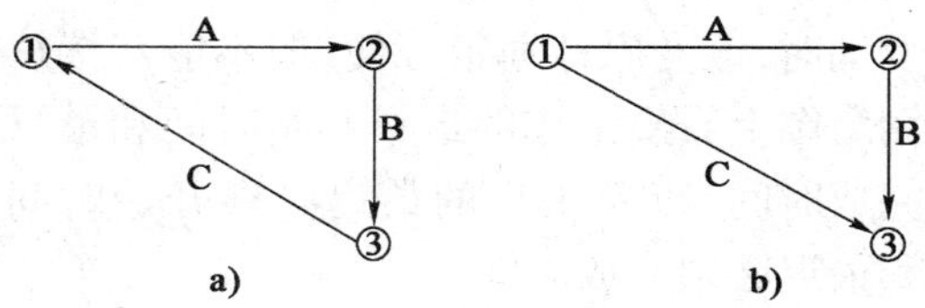

图 3-3-5　网络计划图 3

a)错误；b)正确

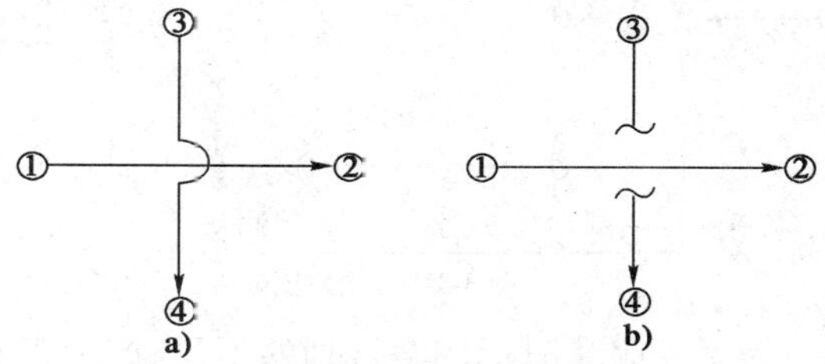

图 3-3-6　网络图中箭线交叉的情况

a)暗桥法；b)断线法

4. 双代号网络图的绘制方法

首先，按施工次序的约束条件画出双代号网络计划草图，再逐步调整和编排草图，尽量消除交叉箭杆。

(1)调整编排时，可采用下列方法：

①后退法。从完成的工序开始排，由后向前排，一直排到开始工序。

②前进法。从开始的工序排起，按紧接在后面的工序依次排下去，直到终点工序。

(2)举例。

[例 3-3-1]　根据紧后工序关系，按前进法绘制表 3-3-2 所示双代号网络计划图。

各工序逻辑关系表　　表 3-3-2

工序代号	A	B	C	D	E	F	G	H	I
紧后工序	C	D,E	G,F	G,F	H	H	I	—	—
持续时间(d)	4	6	6	7	5	9	7	4	8

解：根据表 3-3-2 中所给各工序的逻辑关系及双代号网络图的绘图规则，绘制网络图如图 3-3-7 所示。

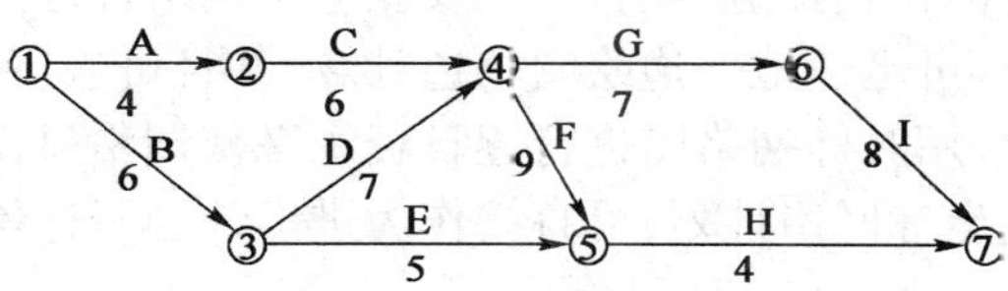

图 3-3-7　网络图

[例 3-3-2]　根据紧前工序关系，按后退法绘制表 3-3-3 所示双代号网络计划图。

各工序逻辑关系表　　表 3-3-3

工序代号	A	B	C	D	E	F	G	H	I	J	K
紧前工序	—	A	A	A	B	B,C	C,D	D	E,F	G,H,F	I,J
持续时间(d)	2	4	8	2	4	6	6	4	3	2	2

解：根据表 3-3-3 中所给各工序的逻辑关系及双代号网络图的绘图规则，绘制网络图如图 3-3-8 所示。

(三)双代号时间坐标网络图

1. 时间坐标网络计划

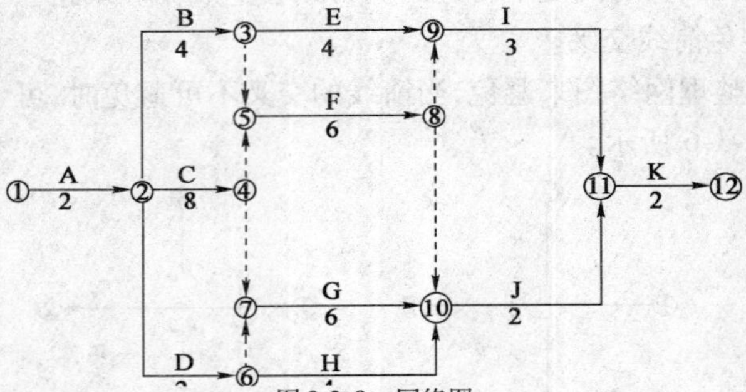

图 3-3-8　网络图

前面介绍的非时标网络计划图不带时间坐标,工作的作业时间由箭线下方标注的时间进行说明,各项工作的作业持续时间均与箭线的长短无关。使用这种网络计划图,如果工作顺序、相互关系及持续时间变动时,改变原计划很方便,但不能直接从网络图上看出工作的最早开始时间和最早完成时间,以及工作的最迟必须开始时间和最迟必须完成时间。

为了克服非时标网络计划的不足,产生了双代号时间坐标网络计划,简称时标网络计划,是网络计划的另一种表示形式。它是在一般网络计划图的上方或下方增加一个时间坐标,箭线的长短即表示该工作持续时间的长短。它能够表达工程各项工作之间恰当的时间关系,使网络图易于理解,方便使用,但修改起来比较麻烦。

2. 时间坐标网络计划的适用情况

时间坐标网络图比较接近横道图,它吸取了横道图直观易懂的优点。目前,时标网络图多应用于以下几种情况:

(1)工作项目较少,并且工艺过程简单的工程施工计划。使用时间坐标网络图编制这种工程施工计划时,能迅速地边绘、边算、边调整。

(2)在进行资源优化过程中,使用时标网络图进行逐日资源平衡调整最为方便。

(3)对于大型复杂的工程,可以先用时标网络图的形式绘制各分部分项工程的网络计划,然后再综合起来绘制出比较简明的总网络计划。也可先编制一个总的施工网络计划,以后每隔一段时间,对即将施工的各分部分项工程绘制详细的时标网络图。时间间隔的长短要根据工程的性质,所需的详细程度由工程的复杂性决定。

(4)为了直观地表示每道工序的时间进程,可将已编好的网络计划再编制成时标网络计划。

3. 时间坐标网络计划的特点

1)优点

(1)时标网络图与横道图比较接近,能直观地反映整个网络计划的时间进程。

(2)在编制工作项目时,可迅速地一边绘图一边计算,并且可进行及时调整。

(3)可用于资源优化,采用时标网络图进行逐日资源平衡调整显得尤为方便。

(4)调整优化后的时间坐标网络计划,可直接作为进度计划下达给承包人使用。

2)缺点

(1)在时标网络图上不能反映总时差,所以在图上不能利用时差来进行优化。

(2)时标网络图箭线的长度反映了工作时间的长短。工期长,箭线就长,图就长,从而给绘图和看图指导施工造成不便,因此一般在指导分部分项工程施工时用得较多。

(3)时标网络计划的调整比较繁琐,当情况发生变化时,有时移动局部几项工作就可能牵动整个网络计划的改变。

(4)在画时标网络图前仍需编制双代号网络图,计算出最早或最迟时间,从而增加了工作量。

(四)单代号网络计划图

单代号网络图与双代号网络图相似,也是由许多节点和箭线组成,但与双代号网络图不同的是单代号网络图的节点表示的是工序，而箭线仅表示各道工序之间的逻辑关系。单代号网络图与双代号网络图相比，具有工作之间的逻辑关系容易表示、没有虚工作、网络图便于检查和修改等优点，所以单代号网络图在国内外得到了广泛的应用。

1. 单代号网络图的组成

单代号网络图的基本组成要素有：节点、箭线和代号。

(1) 节点。节点是单代号网络图的主要符号，它可以用圆圈或方框表示。一个节点表示一项具体工作（工序、作业、活动或施工过程）。节点所表示的工作名称、作业时间和代号一般都标注在圆圈或方框内。计算所得的时间参数标注在节点的两侧，如图 3-3-9 所示。

(2) 箭线。单代号网络图中，箭线表示紧邻工作之间的逻辑关系。箭线应画成水平直线、折线或斜线。单代号网络图中没有虚箭线，箭线的箭尾节点编号应小于箭头节点的编号。箭线水平投影的方向应自左向右，表达工作的前进方向，有关箭线前后节点（工序）之间的关系如图 3-3-10 所示。

图 3-3-9　单代号网络图节点表示方法

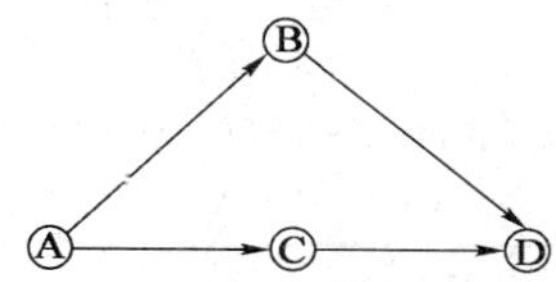

图 3-3-10　箭线所表示的工序关系

注：1. A 为 B、C 的紧前工序；

2. B 和 C 是平行工序；

3. D 为 B、C 的紧后工序。

(3) 代号。在单代号网络图中，节点（工序）必须编号，此编号即该工作的代号。代号只能有一个，不得重号，故称“单代号”。代号用数码表示，箭尾节点的号码要小于箭头节点的号码，并且节点编号严禁重复。例如有两道工序，即“盖板”和“回填土”，持续时间分别为 15d 和 12d，前者代号为 5，后者代号为 6，则这两道工序正确的代号表示方法如图 3-3-11 所示。

2. 单代号网络计划图的绘图规则

同双代号网络图的绘制一样，绘制单代号网络计划图也必须遵循一定的绘图规则。当违背了这些规则时，就可能出现逻辑关系混乱，无法判别各工作之间的紧前和紧后关系，无法进行网络图的时间参数计算。这些基本规则主要有：

(1) 当单代号网络图中有多项起点节点或多项终点节点时，应在网络图的两端分别增加一个虚拟的起点节点和终点节点。这也是单代号网络图所特有的规则，如图 3-3-12 所示。

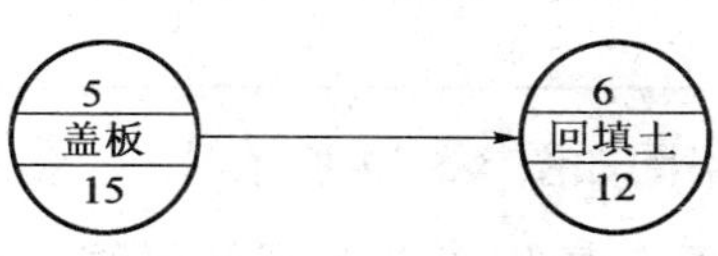

图 3-3-11　代号表示方法

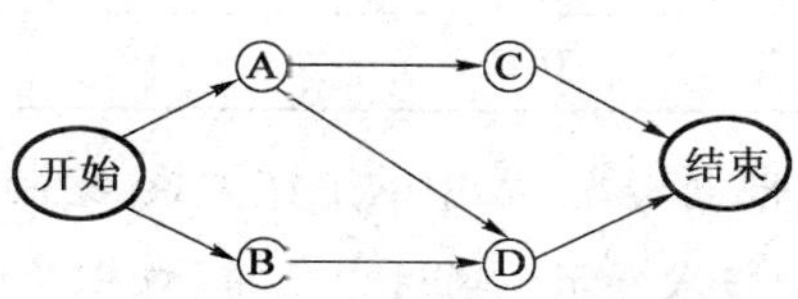

图 3-3-12　网络图

(2) 网络图中不允许出现循环回路。

(3) 在绘制网络图时，应避免箭线交叉。当交叉不可避免时，可采用“暗桥法”或“断线法”，如图 3-3-13 所示。

(4) 单代号网络图中不允许出现有重复编号的工作，任何一个编号只能表示一项工作。

(5) 在网络图中除起点节点和终点节点外，不允许出现其他没有内向箭线的工作节点和没

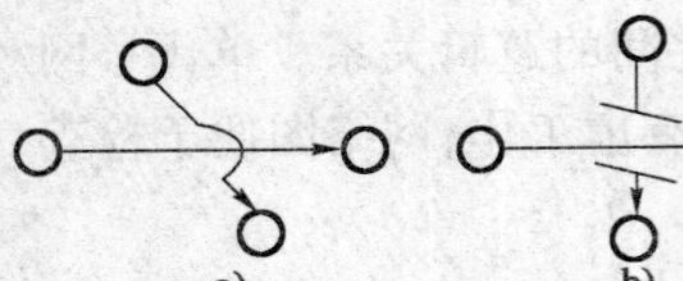

a)　　b)

图 3-3-13　网络图

a)暗桥法;b)断线法

有外向箭线的工作节点。

(6)网络图中箭尾节点的编号应小于箭头节点的编号。

3. 单代号网络图中工序之间逻辑关系的表示方法

由于单代号网络图中没有虚箭线，所以各工序之间的逻辑关系表示方法比较简单，其逻辑关系仍然是根据施工工艺和施工顺序来确定。表 3-3-4 是用单代号网络图表示的工序之间的各种逻辑关系。

单代号网络图工序逻辑关系表示方法　　表 3-3-4

描　述	图　示
A 工序完成后进行 B 工序	
B、C 工序完成后进行 D 工序	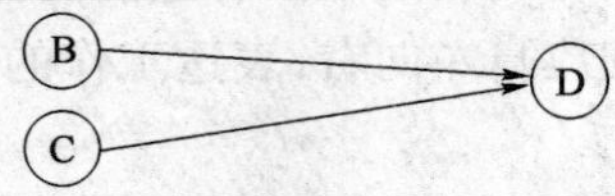
B 工序完成后，C、D 工序可以同时开始	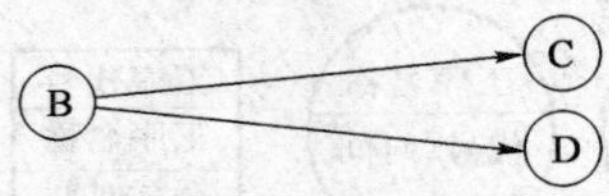
A 工序完成后，进行 C 工序，B 工序完成后，可以同时进行 C、D 工序	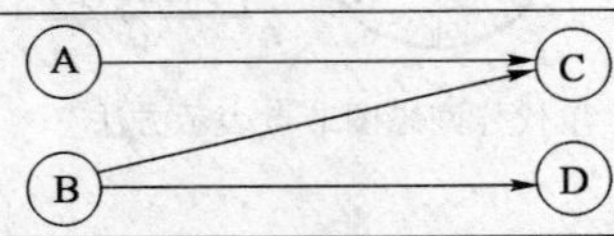

4. 单代号网络计划图的绘制方法

单代号网络图的绘制步骤与双代号网络图的绘制步骤基本相同，主要包括两部分。

(1)根据工程计划中各工序在工艺上、组织上的逻辑关系，列出工序一览表及各工序的紧前工序、紧后工序名称。

(2)根据上述工序之间的逻辑关系绘制单代号网络图。这里包括：首先绘制草图，然后对一些不必要的交叉进行整理，绘出简化网络图，再对绘出的简化网络图进行整理并编号，其编号原则与双代号网络图相同。

下面举例对上述步骤加以说明。

[例 3-3-3]　绘制如表 3-3-5 所示工作关系的单、双代号网络计划图。

各项工作的工作关系　　表 3-3-5

工 作 代 号	A	B	C	D	E	F
紧后工作	D、E、F	D、F	E、F	—	—	—

解：根据表 3-3-5 中的工作关系，绘制的单、双代号网络图如图 3-3-14 所示。

技术提示　通过以上单、双代号网络图实例比较可以看出，单代号网络图的绘制比双代号网络图简单，其各项工作之间的相互关系表示清楚；单代号网络图中不用虚工作，网络计划图便于检查、修改；单代号网络图中常用“暗桥法”或“断线法”解决交叉问题；由于单代号网络图中无节点时间参数，所以单代号网络图不能标画成时标网络图。

(五)单代号搭接网络计划图

前面所讲的网络计划，其工作顺序关系的逻辑表达都是一种固定的衔接关系，即紧前工序完成之后紧后工序才开始工作。但在工程实践中，为了达到缩短工期的目的，常常需要将相邻工序安排成平行或搭接方式进行。在这种情况下，紧后工序的开始并不以紧前工序的完成为条件，只要紧前工序开工一段时间能为后续工序提供一定的开始工作的条件，紧后工序就可以插入且与紧前工序平行施工。工序之间的这种关系称之为搭接关系。

如某盖板涵的基础工程，由挖基础和砌基础两项工作组成，即工作 A、工作 B。A 工作完成后才能进行 B 工作。但作为生产指挥者，为了加快施工进度，尽快完工，在工作面允许的情况下，分为两个施工段施工，即 A_1、A_2和 B_1、B_2，分别组织两个专业队进行流水施工，其单代号网络图及横道图表示如图 3-3-15 及图 3-3-16 所示。上述情况如果设 A 工作开始 5d 后，B 工作才能开始，用单代号搭接网络图来表示，其图形可大大简化，如图 3-3-17 所示。

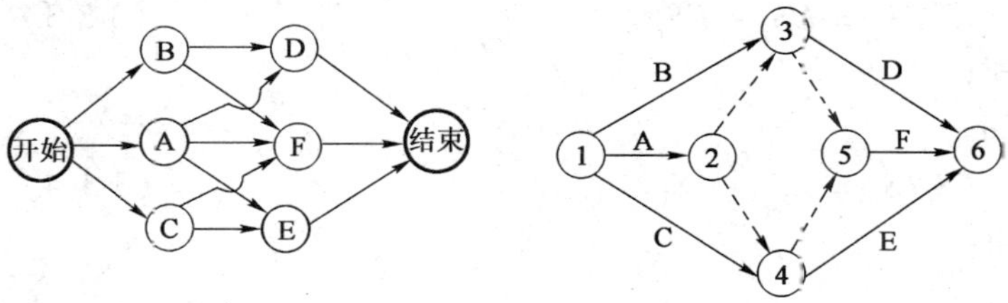

a) b)

图 3-3-14　网络图

a) 单代号网络图；b) 双代号网络图

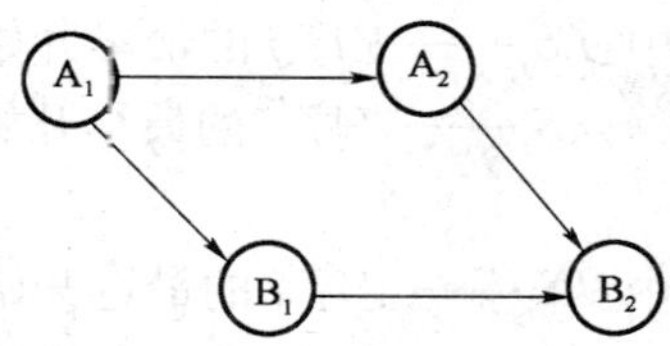

图 3-3-15　单代号表示法

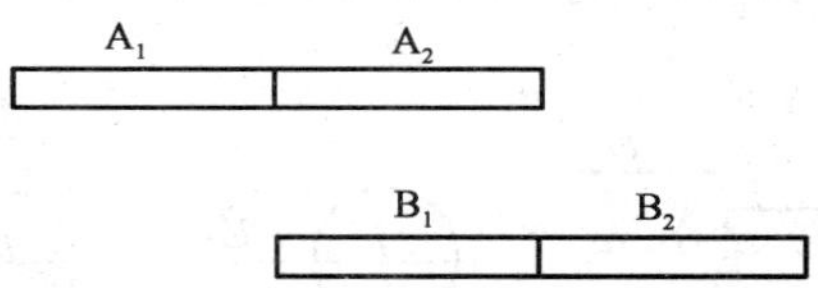

图 3-3-16　横道图表示法

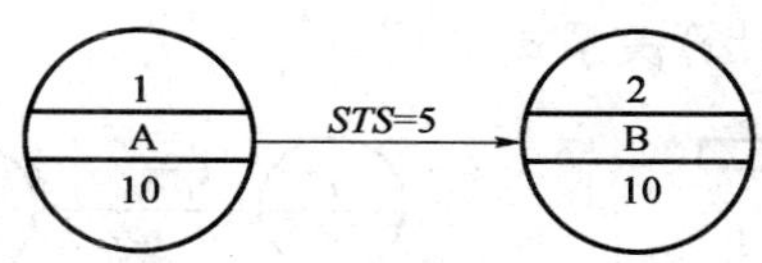

图 3-3-17　STS 型时间参数表示法

1. 搭接关系的表示方法

在搭接网络计划中，工作之间的逻辑关系是由相邻两工作之间的不同时距决定的。时距就是紧前工作与紧后工作的先后开始或结束工作之间的时间间隔。由于相邻工作各有开始和结束时间，故基本时距有四种情况，如图 3-3-18 所示。

1) 结束到开始时距（F_iTS_j）

F_iTS_j表示工作 i 结束时间到紧后工作 j 的开始时间之间的时间间隔，如图 3-3-19 所示。其计算关系式如下：

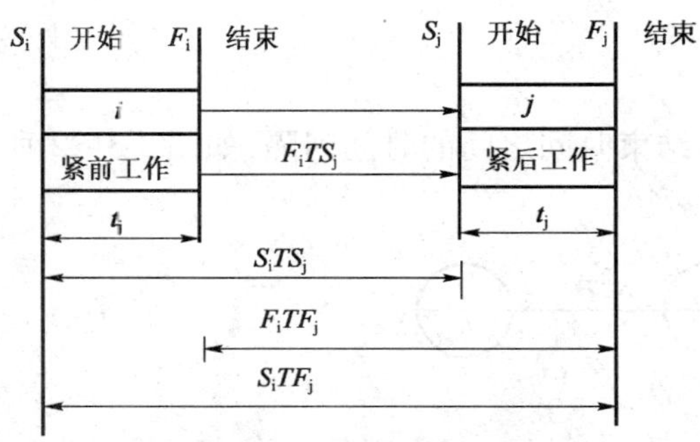

图 3-3-18　工序之间衔接关系图

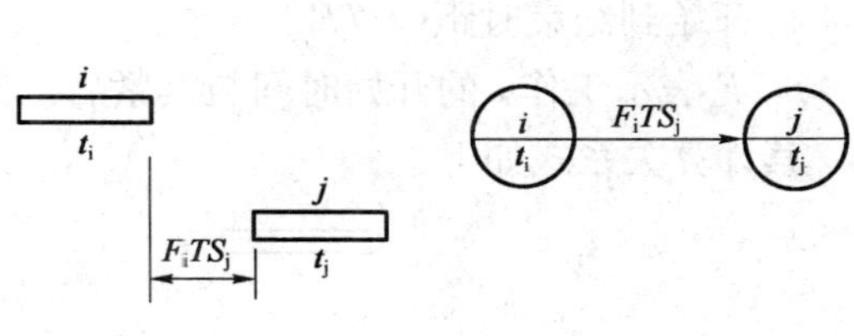

图 3-3-19　时距 FTS 的表示方法

$$F_iTS_j = ES_j - EF_i \tag{3-3-1}$$

式中：ES_j——工序 j 的最早开始时间；

EF_i——工序 i 的最早结束时间。

$$F_iTS_j = LS_j - LF_i \tag{3-3-2}$$

式中：LF_i——工序 i 的最迟结束时间；

LS_j——工序 j 的最迟开始时间。

当 $F_iTS_j=0$ 时，表示工作 i 结束后工作 j 就立即开始。当计划中所有相邻工作的 $F_iTS_j=0$ 时，整个搭接网络计划就成了前面所讲的一般单代号网络图了。可见，一般的衔接关系只是搭接关系的一种特殊表示形式。

2）开始到开始时距（S_iTS_j）

S_iTS_j 表示紧前工作 i 的开始时间到紧后工作 j 的开始时间之间的时间间隔，如图 3-3-20 所示。其计算关系式如下：

$$S_iTS_j = ES_j - ES_i \tag{3-3-3}$$

式中：ES_j——工序 j 的最早开始时间；

ES_i——工序 i 的最早开始时间。

$$S_iTS_j = LS_j - LS_i \tag{3-3-4}$$

式中：LS_i——工序 i 的最迟开始时间；

LS_j——工序 j 的最迟开始时间。

3）结束到结束时距（F_iTF_j）

F_iTF_j 表示工作 i 的结束时间与其紧后工作 j 的结束时间之间的时间间隔，如图 3-3-21 所示。其计算关系式如下：

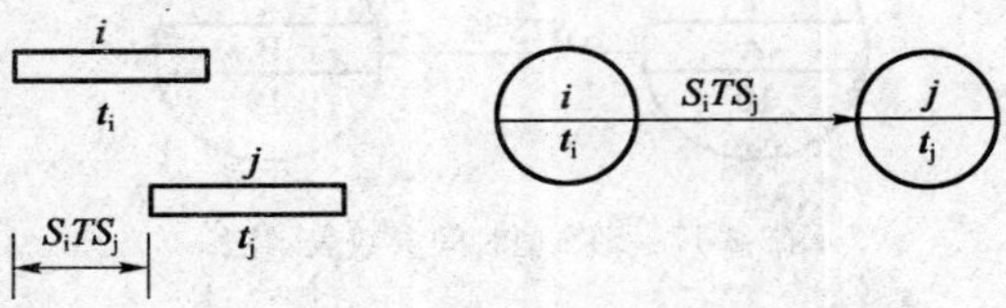

图 3-3-20　时距 STS 的表示方法

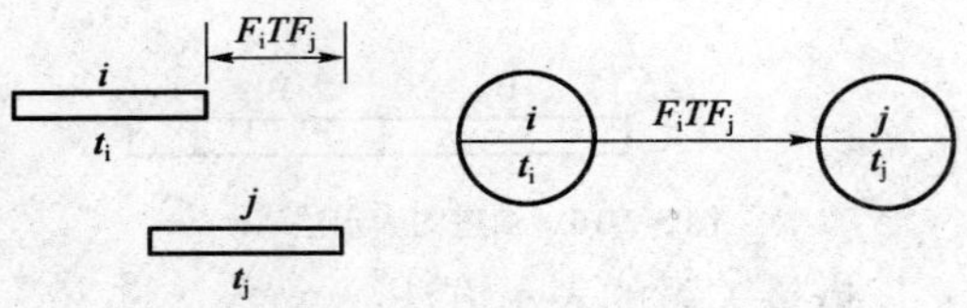

图 3-3-21　时距 FTF 的表示方法

$$F_iTF_j = EF_j - EF_i \tag{3-3-5}$$

式中：EF_j——工序 j 的最早结束时间；

EF_i——工序 i 的最早结束时间。

$$F_iTF_j = LF_j - LF_i \tag{3-3-6}$$

式中：LF_i——工序 i 的最迟结束时间；

LF_j——工序 j 的最迟结束时间。

4）开始到结束时距（S_iTF_j）

S_iTF_j 表示工作 i 的开始时间与其紧后工作 j 的结束时间之间的时间间隔，如图 3-3-22 所示。其计算关系式如下：

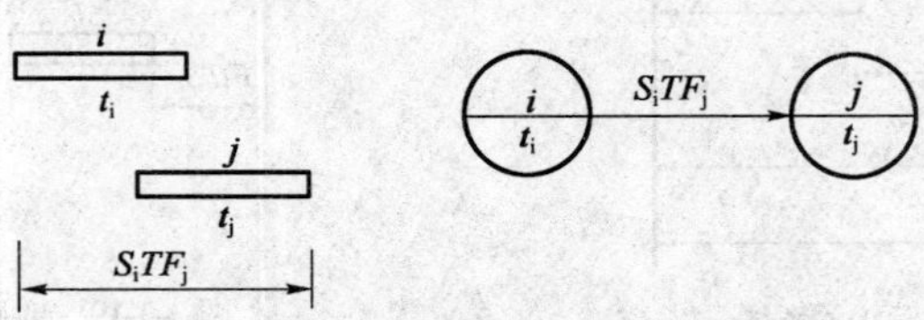

图 3-3-22　时距 STF 的表示方法

$$S_iTF_j = EF_j - ES_i \tag{3-3-7}$$

式中：EF_j——工序 j 的最早结束时间；

ES_i——工序 i 的最早开始时间。

$$S_iTF_j = LF_j - LS_i \tag{3-3-8}$$

式中：LS_i——工序 i 的最迟开始时间；

LF_j——工序 j 的最迟结束时间。

5）混合时距

在搭接网络计划中除了上述提到的四种基本时距关系之外，还有一种情况，就是由四种基本时距关系中的两种以上来同时限制工作之间的逻辑关系。例如 i、j 两项工作可能同时由 STS 与 FTF 时距限制，或由 STF 与 FTS 时距限制等，如图 3-3-23 所示。

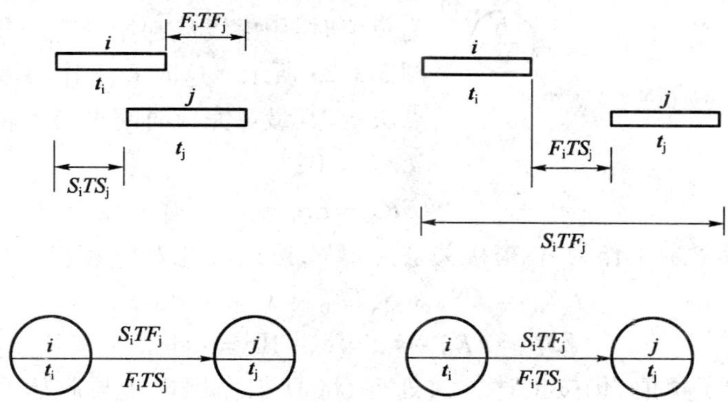

图 3-3-23 混合时距表示方法

2. 搭接网络计划时间参数计算

搭接网络计划的时间参数也就是各工作的时间参数和时差。现以图 3-3-24 某工程的搭接网络计划图为例进行分析计算。

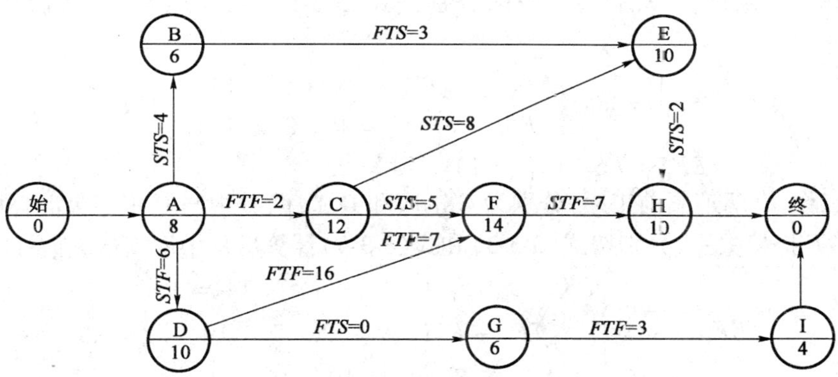

图 3-3-24 某工程搭接网络计划图

1）工作最早开始时间和最早完成时间的计算

计算工作最早时间参数必须从起始节点开始，沿箭线方向向终点进行。因为在单代号网络图中起点和终点都是虚设的，故其工作时间都为零。

（1）A 工作：凡是与起始节点相联系的工作最早开始时间都为零，且为一般搭接，则：

$$ES_A = 0;$$

$$EF_A = ES_A + t_A = 0 + 8 = 8$$

（2）B 工作：其紧前工作为 A，搭接关系为 STS，按式（3-3-3）计算得：

$$ES_B = ES_A + S_ATS_B = 0 + 4 = 4;$$

$$EF_B = ES_B + t_B = 4 + 6 = 10$$

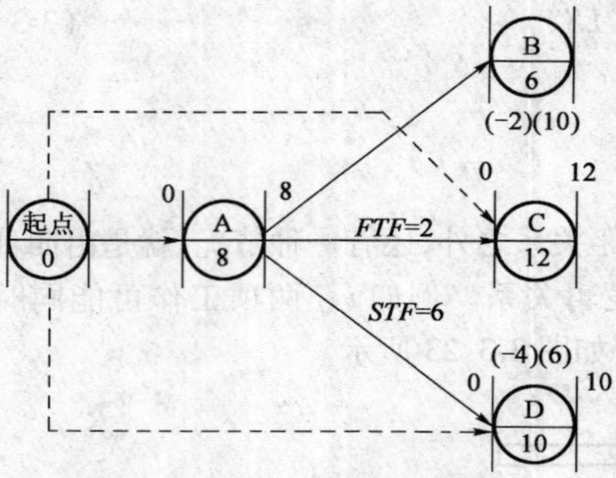

图 3-3-25　*ES* 为负值的处理方法图

(3) C 工作：其紧前工作为 A，搭接关系为 *FTF*，按式(3-3-5)计算得：

$$EF_C = EF_A + F_ATF_C = 8 + 2 = 10;$$

$$ES_C = EF_C - t_C = 10 - 12 = -2$$

C 工作的最早开始时间出现负值，这说明 C 工作在工程开始之前 2d 就应开始工作，这是不合理的，必须按以下方法来处理：凡某项中间工作的 ES_i 为负值时，用虚线从起始节点将该工作连接起来，如图 3-3-25 所示。这时 C 工作的最早开始时间就由起点决定，其最早完成时间也要重新计算。

$$ES_C = 0;$$

$$EF_C = ES_C + t_C = 0 + 12 = 12$$

(4) D 工作：其紧前工作为 A，搭接关系为 *STF*，按式(3-3-7)计算得：

$$EF_D = ES_A + S_ATF_D = 0 + 6 = 6;$$

$$ES_D = EF_D - t_D = 6 - 10 = -4$$

D 工作也出现了负值，仍按上述方法处理，将 D 工作用虚线与起始节点连接起来，如图 3-3-25所示。这时 D 工作的最早开始时间为：

$$ES_D = 0;$$

$$EF_D = ES_D + t_D = 0 + 10 = 10$$

(5) E 工作：其紧前工作为 B、C，与 B 工作搭接关系为 *FTS* 搭接；与 C 工作搭接关系为 *STS* 搭接，其计算也应像单代号网络图那样，分别按式(3-3-1)和式(3-3-3)计算后从中取其最大值，即

$$ES_E = \max\begin{Bmatrix} EF_B + F_BTS_E = 10 + 3 = 13 \\ ES_C + S_CTS_E = 0 + 8 = 8 \end{Bmatrix} = 13;$$

$$EF_E = ES_E + t_E = 13 + 10 = 23$$

(6) F 工作：有两道紧前工序，分别为 C 工序和 D 工序，其中与 C 工序为混合搭接关系，与 D 工序为 *FTF* 搭接关系，分别按式(3-3-3)和式(3-3-5)计算后从中取其最大值，即

$$EF_F = \max\begin{Bmatrix} ES_C + S_CTS_F + t_F = 0 + 5 + 14 = 19 \\ EF_C + F_CTF_F = 12 + 7 = 19 \\ EF_D + F_DTF_F = 10 + 16 = 26 \end{Bmatrix} = 26$$

$$ES_F = EF_F - t_F = 26 - 14 = 12$$

(7) G 工作：其紧前工作为 D，搭接关系为 *FTS*，按式(3-3-1)计算得：

$$ES_G = EF_D + F_DTS_G = 10 + 0 = 10;$$

$$EF_G = ES_G + t_G = 10 + 6 = 16$$

(8) H 工作：其紧前工作为 E、F，与 E 工作搭接关系为 *STS* 搭接；与 F 工作搭接关系为 *STF* 搭接，分别按式(3-3-3)和式(3-3-7)计算后从中取其最大值，即

$$EF_H = \max\begin{Bmatrix} ES_E + S_ETS_H + t_H = 13 + 2 + 10 = 25 \\ ES_F + S_FTF_H = 12 + 7 = 19 \end{Bmatrix} = 25$$

$$ES_H = EF_H - t_H = 25 - 10 = 15$$

(9) I 工作：其紧前工作为 G，搭接关系为 *FTF*，按式(3-3-5)计算得：

$$EF_{I} = EF_{G} + F_{G}TF_{I} = 16 + 3 = 19;$$

$$ES_{I} = EF_{I} - t_{I} = 19 - 4 = 15$$

(10) 终点节点：其紧前工作为 H、I，搭接关系均为一般搭接，取两者中最早完成时间的最大值作为终点节点的最早完成时间，即

$$EF_{终} = \max\{EF_{H}, EF_{I}\} = \max\{25, 19\} = 25$$

如果是单代号网络图，这个值就是网络计划中的最大值，也即是总工期。但在搭接网络计划中，决定工程工期的完成时间最大值的工作却不一定在最后，本例(图 3-3-26)就是一个实例，是在中间的 F 工作。也就是说，当中间工作的完成时间大于最后工作的完成时间时，它就是最终节点的时间(即工程的计划总工期)，这时应用虚箭线把该工作连接到终点节点，然后再计算终点节点时间，即

$$EF_{终点} = T_{计划} = \max\{EF_{F}, EF_{H}, EF_{I}\} = \max\{26, 25, 19\} = 26$$

2) 工作的最迟开始时间和最迟完成时间的计算

计算工作的最迟时间参数，必须从终点节点开始逆箭头方向向起始节点计算，以终点时间作为工程最迟完成时间开始计算。

(1) 凡是与终点节点有联系的工作，其最迟完成时间即为终点节点的最迟完成时间(工程的计划总工期)，即

$$LF_{终点} = LF_{F} = LF_{H} = LF_{I} = T_{计划} = 26$$

则：

$$LS_{终点} = LF_{终点} - t_{终点} = 26 - 0 = 26$$

$$LS_{F} = LF_{F} - t_{F} = 26 - 14 = 12$$

$$LS_{H} = LF_{H} - t_{H} = 26 - 10 = 16$$

$$LS_{I} = LF_{I} - t_{I} = 26 - 4 = 22$$

(2) E 工作：紧后工作只有 H，搭接关系为 *STS*，按式(3-3-4)计算得：

$$LS_{E} = LS_{H} - S_{E}TS_{H} = 16 - 2 = 14;$$

$$LF_{E} = LS_{E} + t_{E} = 14 + 10 = 24$$

(3) G 工作：紧后工作只有 I，搭接关系为 *FTF*，按式(3-3-6)计算得：

$$LF_{G} = LF_{I} - F_{G}TF_{I} = 26 - 3 = 23;$$

$$LS_{G} = LF_{G} - t_{G} = 23 - 6 = 17$$

(4) D 工作：有两个紧后工作 G、F，搭接关系分别为 *FTS*、*FTF*，其计算也应像单代号网络图那样，分别按式(3-3-2)和式(3-3-6)计算后从中取其最小值，即

$$LF_{D} = \min\left\{\begin{aligned} LS_{G} - F_{D}TS_{G} = 17 - 0 = 17 \\ LF_{F} - F_{D}TF_{F} = 26 - 16 = 10 \end{aligned}\right\} = 10;$$

$$LS_{D} = LF_{D} - t_{D} = 10 - 10 = 0$$

(5) C 工作：有两个紧后工作 E、F，与 E 为 *STS* 搭接关系，与 F 为混合搭接关系，按式(3-3-4)和式(3-3-6)计算后从中取最小值，即

$$LS_{C} = \min\left\{\begin{aligned} LS_{E} - S_{C}TS_{E} = 14 - 8 = 6 \\ LS_{F} - S_{C}TS_{F} = 12 - 5 = 7 \\ LF_{F} - F_{C}TF_{F} - t_{C} = 26 - 7 - 12 = 7 \end{aligned}\right\} = 6$$

$$LF_{C} = LS_{C} + t_{C} = 6 + 12 = 18$$

(6) B 工作：紧后工作只有 E，搭接关系为 *FTS*，按式(3-3-2)计算得：

$$LF_B = LS_E - F_BTS_E = 14 - 3 = 11$$

$$LS_B = LF_B - t_B = 11 - 6 = 5$$

(7) A 工作：有三个紧后工作 B、C、D，搭接关系分别为 *STS*、*FTF*、*STF*，分别按式(3-3-4)、式(3-3-6)、式(3-3-8)计算后从中取最小值，即

$$LS_A = \left\{\begin{matrix} LS_B - S_ATS_B = 5 - 4 = 1 \\ LF_C - F_ATF_C - t_A = 18 - 2 - 8 = 8 \\ LF_D - S_ATF_D = 10 - 6 = 4 \end{matrix}\right\} = 1$$

$$LF_A = LS_A + t_A = 1 + 8 = 9$$

(8) 起点节点：有三个紧后工作 A、C、D，搭接关系均为一般搭接关系，按式(3-3-2)计算后从中取最小值，即

$$LF_{起} = \min\left\{\begin{matrix} LS_A - F_{起}TS_A = 1 - 0 = 1 \\ LS_C - F_{起}TS_C = 6 - 0 = 6 \\ LS_D - F_{起}TS_D = 0 - 0 = 0 \end{matrix}\right\} = 0;$$

$$LS_{起} = LF_{起} - t_{起} = 0 - 0 = 0$$

3) 时差的计算

(1) 总时差的计算。总时差的定义前面已经讲过，它主要是指该项工序在不影响总工期的条件下所拥有的总机动时间，其计算公式与一般单代号网络计划相同，即

$$TF_i = LF_i - ES_i - t_i = LS_i - ES_i = LF_i - EF_i \tag{3-3-9}$$

本例按式(3-3-9)计算各工作的总时差分别如下（计算过程略）：$TF_{起点} = 0$；$TF_A = 1$；$TF_B = 1$；$TF_C = 6$；$TF_D = 0$；$TF_E = 1$；$TF_F = 0$；$TF_G = 7$；$TF_H = 1$；$TF_I = 7$；$TF_{终点} = 0$。

(2) 自由时差的计算。前面也讲过，自由时差就是在不影响紧后工序最早可能开始时间的情况下，本工序所拥有的机动时间。在搭接网络计划中，由于工作之间的连接关系是由不同的时距所确定，其自由时差也必然受其影响，所以自由时差应分别以不同的时距进行计算。其计算公式如下：

$$FF_i = \left\{\begin{matrix} ES_j - EF_i - F_iTS_j \\ ES_j - ES_i - S_iTS_j \\ EF_j - EF_i - F_iTF_j \\ EF_j - ES_i - S_iTF_j \end{matrix}\right\} \tag{3-3-10}$$

当工作的总时差 $TF_i = 0$ 时，其自由时差 FF_i 一定为零，即 $FF_i = 0$。

本例按式(3-3-10)计算各工作的自由时差分别如下：

$$FF_{起点} = 0\ (因为\ TF_{起点} = 0)$$

$$FF_A = \min\left\{\begin{matrix} ES_B - ES_A - S_ATS_B = 4 - 0 - 4 = 0 \\ EF_C - EF_A - F_ATF_C = 12 - 8 - 2 = 2 \\ EF_D - ES_A - S_ATF_D = 10 - 0 - 6 = 4 \end{matrix}\right\} = 0$$

$$FF_B = ES_E - EF_B - F_BTS_E = 13 - 10 - 3 = 0$$

$$FF_C = \min\left\{\begin{matrix} ES_E - ES_C - S_CTS_E = 13 - 0 - 8 = 5 \\ ES_F - ES_C - S_CTS_F = 12 - 0 - 5 = 7 \\ EF_F - EF_C - F_CTF_F = 26 - 12 - 7 = 7 \end{matrix}\right\} = 5$$

$$FF_D = \min\left\{\begin{matrix} EF_F - EF_D - F_DTF_F = 26 - 10 - 16 = 0 \\ ES_G - EF_D - F_DTS_G = 10 - 10 - 0 = 0 \end{matrix}\right\} = 0$$

$$FF_E = ES_H - ES_E - S_ETS_H = 15 - 13 - 2 = 0$$

$$FF_F = \min\left\{\begin{matrix} EF_{终} - EF_F = 26 - 26 = 0 \\ EF_H - ES_F - S_FTF_H = 25 - 12 - 7 = 6 \end{matrix}\right\} = 0$$

$$FF_G = EF_I - EF_G - F_GTF_I = 19 - 16 - 3 = 0$$

$$FF_H = EF_{终} - EF_H = 26 - 25 = 1$$

$$FF_I = EF_{终} - EF_I = 26 - 19 = 7$$

$$FF_{终点} = 0\ (因为\ TF_{终点} = 0)$$

本例所有工作的时间参数计算结果如图 3-3-26 所示。

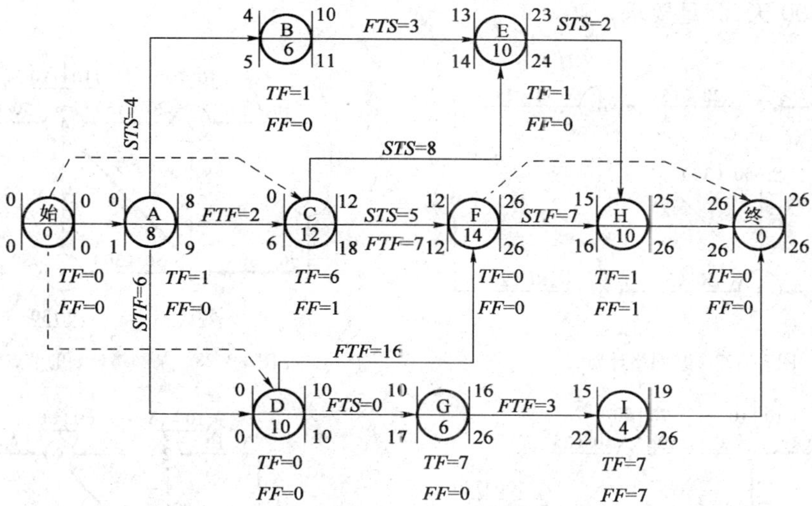

图 3-3-26 搭接网络计划时间参数计算图

4)关键线路的确定

从起始节点将工序总时差为 $TF_i = 0$ 的工作连接起来,直到终点节点的一条线路就是关键线路。本例中,起点→D→F→终点就是关键线路。

(六)网络计划的优化

网络计划的优化是指通过不断改善网络计划的初始方案,在满足给定网络计划的约束条件下,利用最优化原理,按照某一衡量指标(如时间、成本、资源等)来寻求一个最优的计划方案。根据网络计划优化的条件和目标不同,通常分为工期优化、资源优化和费用优化。

1. 网络计划的工期优化

工期优化就是以缩短工期为目标,通过对初始网络计划的调整,压缩关键工作的持续时间,使关键线路的工期缩短,从而满足上级规定的工期要求。需要注意的是,在压缩关键线路的工期时,会使某些时差较小的非关键线路变为关键线路,这时需要再次压缩新的关键线路,直到达到规定工期为止。下面以图 3-3-27 所示网络计划为例,说明工期优化的方法和步骤。假定上级指令性工期为 100 天,图中括号内数据为工作的最短持续时间。优化步骤如下:

第一步,计算并找出网络计划的关键线路及关键工作。用工作的正常持续时间计算节点的最早时间和最迟时间,找出网络计划的关键工作及关键线路,如图 3-3-28 所示。其中关键线路用粗箭线表示,为①→③→④→⑥,关键工作为①→③,③→④,④→⑥。

第二步,计算需缩短时间。根据图 3-3-28 所计算的工期需要缩短时间 60 天。

第三步,确定各关键工作能缩短的持续时间。根据图 3-3-27 中的数据,关键工作①→③

可缩短 20 天,③→④可缩短 30 天,④→⑥可缩短 25 天,共计可缩短 75 天,但考虑前述原则,因缩短工作④→⑥增加的劳动力较多,故仅可缩短 10 天,重新计算网络计划工期如图 3-3-29 所示。其中关键线路为①→②→③→⑤→⑥,关键工作为①→②,②→③,③→⑤,⑤→⑥,工期为 120 天。

第四步,若计算工期仍超过要求工期,则重复以上步骤,直到满足工期要求或已不能再压缩关键线路为止。如图 3-3-29 所示,按上级要求工期尚需压缩 20 天。仍根据前述原则,综合考虑后,选择工作②→③,③→⑤较适宜,用最短工作持续时间换置工作②→③和工作③→⑤的正常持续时间,重新计算网络计划参数,如图 3-3-30 所示。经计算,关键线路为①→③→④→⑥,工期 100 天,满足要求。

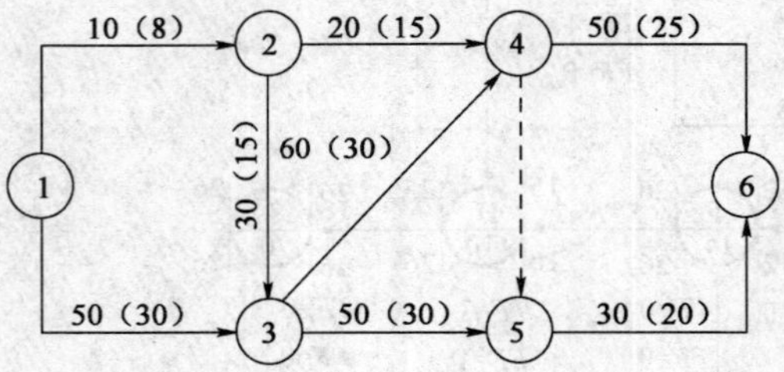

图 3-3-27　某网络计划图

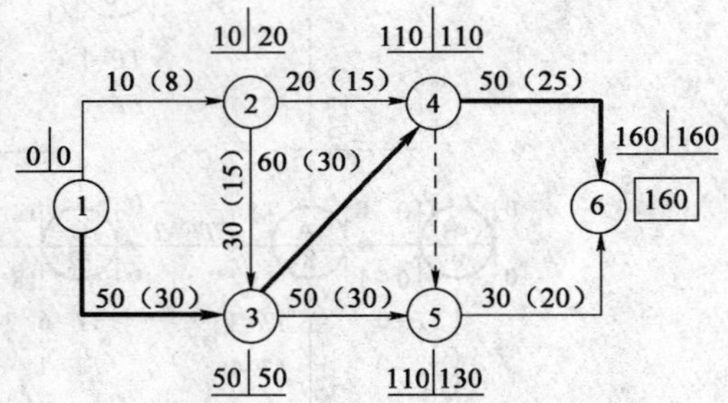

图 3-3-28　某网络计划的节点时间图

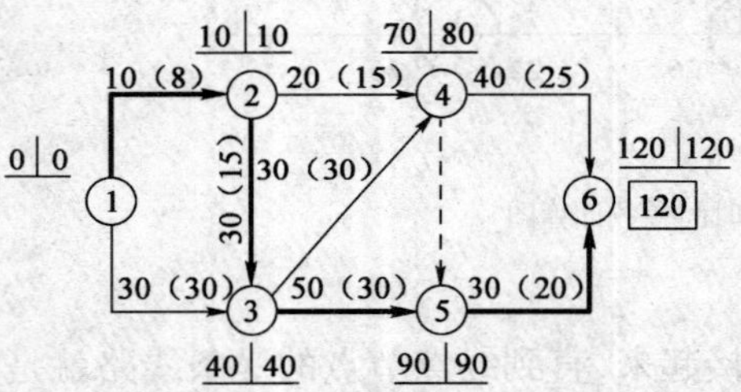

图 3-3-29　某网络计划第一次调整结果图

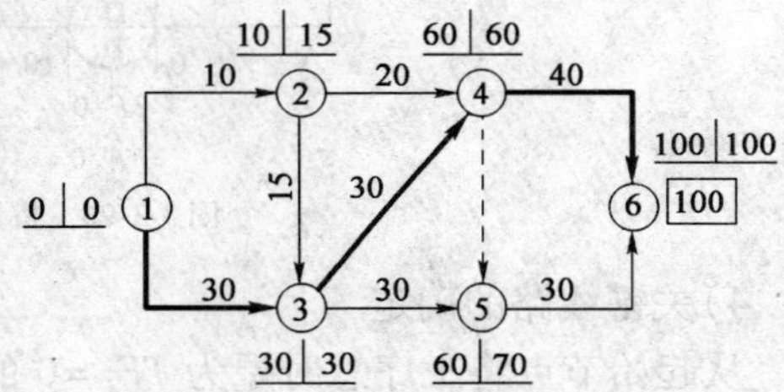

图 3-3-30　优化后的某网络计划图

2. 网络计划的资源优化

资源是指完成一项计划任务所需投入的人力、材料、机械设备和资金等。完成一项工程任务所需要的资源量基本上是不变的,不可能通过资源优化将其减少。资源优化的目的是通过改变工作的开始时间和完成时间,使资源按照时间分布符合优化目标。

资源优化可以分为以下两类:

(1)资源有限,工期最短。指在资源限制条件下,通过调整计划安排,使工期延长最小的过程。其优化步骤如下:

①按照各项工作的最早开始时间安排进度计划,计算网络计划中的每个时间单位的资源需用量。

②从计划开始日期起,逐个检查每个时段资源需用量是否超过所能供应的资源限量。如果每个时段的资源需用量均能满足资源限量的要求,则可行优化方案就编制完成;否则,必须转入下一步进行计划的调整。

③分析超过资源限量的时段。如果在该时段内有几项工作平行进行,则采取将其中的一项工作安排在与之平行的另一项工作之后进行的措施,以降低该时段的资源需用量。

④对调整后的网络计划重新计算每个时间单位的资源需用量。

⑤重复上述②~④步，直到整个工期范围内每个时间单位的资源需用量均满足资源限量为止。

(2)工期固定，资源均衡。指在不延长总工期的前提下，调整非关键工作的开始时间，达到资源尽可能均衡的过程。调整的方法一般有以下三种：

①利用工作机动时间，推迟或提前某些非关键工作的开始时间。

②在项目实际施工条件允许的情况下，可在资源需求量超限的时间段内中断某些非关键工作，以便减少资源的需用量。

③改变某些非关键工作的作业持续时间，相应减少其资源用量。

3. 网络计划的费用优化

费用优化又称工期成本优化，是指寻求工程总成本最低的工期安排，或按要求工期寻求最低成本的计划安排的过程。费用优化的基本步骤如下：

(1)按工作的正常持续时间确定计算工期、关键线路以及各项工作的直接费用率。

(2)当关键线路只有一条时，应找出组合直接费用率最小的一项关键工作，作为缩短持续时间的对象；当关键线路有多条时，应找出组合直接费用率最小的一组关键工作，作为缩短持续时间的对象。

(3)对于选定的压缩对象(一项关键工作或一组关键工作)，首先要比较其直接费用率或组合直接费用率与工程间接费用率的大小，然后再进行压缩。

(4)当需要缩短关键工作的持续时间时，其缩短值的确定必须符合下列两条原则：

①缩短后工作的持续时间不能小于其最短持续时间。

②缩短持续时间后的工作不能变成非关键工作。

(5)计算关键工作持续时间缩短后相应的总费用。

(6)重复上述(2)~(5)步，直至计算工期满足要求工期、被压缩对象的直接费用率或组合直接费用率大于工程间接费用率为止。

(7)计算优化后的工程总费用。

二、任 务 实 施

(一)双代号网络图

安康至平利公路，原是316国道中的一段，现为一条重要的省际干线，编号为S208。线路起于平利县缫丝厂(K22+760)，止于安康市酒厂门口(K90+000)，全长60.268km。按二级公路标准建设，设计行车速度40km/h，整体式路基宽8.5m/12m，路面宽7.0m。本标段新修涵洞819.26横延米/60道，其中钢筋混凝土盖板涵625.84横延米/52座，在钢筋混凝土盖板涵中有三座结构尺寸基本相同，这三座盖板涵自然形成三个独立的施工段，每座盖板涵的施工工序可划分为基础、墙身、盖板、回填4道工序，按其施工的工艺流程，各道工序的相互关系如图3-3-31所示，绘制双代号网络计划图并计算图中各时间参数并标注出关键线路。

1. 双代号网络计划图的绘制

结合图3-3-31，绘制双代号网络计划进度图步骤如下：

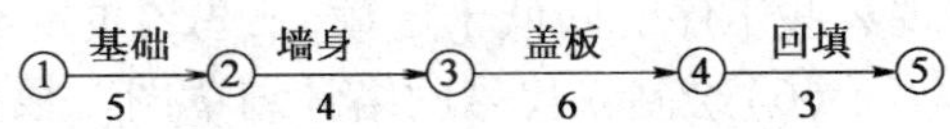

图3-3-31　盖板涵工艺流程

(1)熟悉设计文件。设计文件是编制网络计划图的依据。首先要熟悉工程设计图纸，全面了解工程概况，包括工程数量、工期要求、工程所属地区等，做到心中有数。

(2)进行调查研究。在熟悉设计文件的基础上，要做好调查研究工作，它是编制好网络计划图的重要一步。调查研究工作包括：资源的供应条件、施工条件、气候条件等。对调查所得的资料应进行综合的分析与研究，掌握其间的相互关系和联系，了解其发展变化的规律性。

(3)确定施工方案。施工方案主要取决于工程施工的顺序、施工方法、资源供应方式、主要指标控制量等。在确定施工方案中,施工的顺序可制作出多种方案,以便选出最优方案。施工方案的确定与规定的工期、可动用的资源、当前的技术水平有关。这样制订的方案才有可能落实。

(4)按施工方案分解工作(工序)。首先应清楚地显示计划的内容,将工程任务分解为若干单项的工作(工序)。一般在编制施工方案计划时,基本工序不宜划分得太细,可将某些工序组合成一个较大的工序。如本工作任务中的盖板涵可划分为基础、墙身、盖板、回填4道工序,而在基础中,可把挖基础和砌基础作为基础一项工序,其作业持续时间就是各工序的时间总和,这样可使网络图简化,便于计算。

通常在划分工序时,应按顺序列出表格,编排序号,以便查对是否遗漏或重复,及能否将若干工序组成一个工序,以便于分析逻辑关系。

(5)确定各单项工作的持续时间。当工序划分后,需确定其作业完成所需持续时间。确定工作的持续时间至关重要,因为工作持续时间的可靠性,直接影响进度计划的质量。若时间定得太短,则会造成人为的紧张局面,甚至无法完成工作;如果时间定得太长,又会造成时间上的浪费。在确定工作的持续时间时,应不受工作重要性、指令工期等条件的约束,也就是应按正常情况下所需时间来定。现在一般采用以下三种方法确定:

①定额计算法。当有定额或单位时间内计划产量时,可采用这种方法。计算公式如下:

$$t_i = \frac{Q_i}{C \cdot R \cdot n} \tag{3-3-11}$$

式中:t_i——完成某施工段第 i 道工序所需的作业时间,即施工天数(d);

Q_i——某施工段上第 i 道工序所需的工程数量(m^3、m^2、t…);

C——完成某施工段第 i 道工序所需的产量定额(m^3/工日或台班、m^2/工日或台班、t/工日或台班…);

R——完成某施工段第 i 道工序所需的工人人数或机械台数;

n——每天工作班制数。

②加权平均值法。当缺乏相应定额或不能肯定工作时间时,可采用加权平均值法。计算公式如下:

$$\overline{D}_{i,j} = \frac{a + 4m + b}{6} \tag{3-3-12}$$

式中:$\overline{D}_{i,j}$——工作 $i \sim j$ 的期望持续时间(施工天数,d);

a、m、b——分别表示工作 $i \sim j$ 的最快、正常、最慢的估计持续时间(施工天数,d)。

③经验确定法。这种方法是利用本企业过去作业时间的历史资料,根据经验进行确定。这就要求对过去的施工过程有详细的记录。按这种方法确定的时间比较切合实际,但可能出现某些工序时间低于定额,某些超过定额的情况,这时可进行适当调整,使之留有余地。

(6)绘制双代号网络计划草图。根据施工顺序约束条件、工序的划分以及工序之间的逻辑关系,绘制双代号网络计划草图。绘制草图时,要确定哪些是紧前工作,哪些是紧后工作,再逐步调整和编排,尽量消除交叉箭杆。

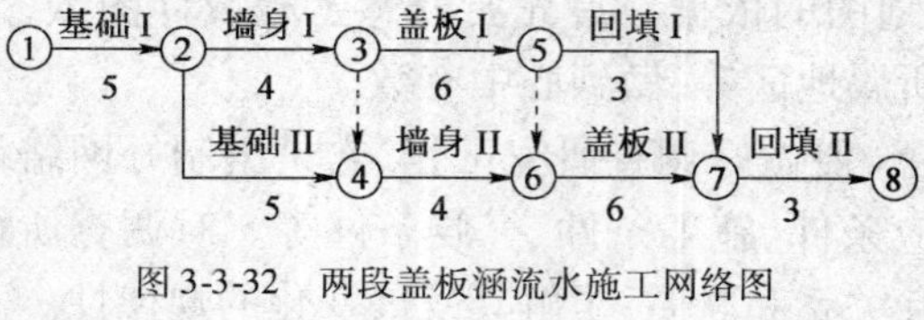

图3-3-32　两段盖板涵流水施工网络图

在本任务中,对于两座盖板涵的流水施工网络图,如图3-3-32所示,为了表达正确的逻辑关系,图中使用了虚箭线,图中Ⅰ、Ⅱ表示施工段编号。

本任务盖板涵有三座，按图 3-3-32 的画法可绘制三座盖板涵的流水施工网络图，如图 3-3-33所示。

(7)整理草图。整理草图的工作主要有：去掉多余的虚箭线，调整箭线的位置，尽量去掉交叉箭线，检查工作的逻辑关系是否正确，检查是否符合绘图规则，最后给各节点编号。

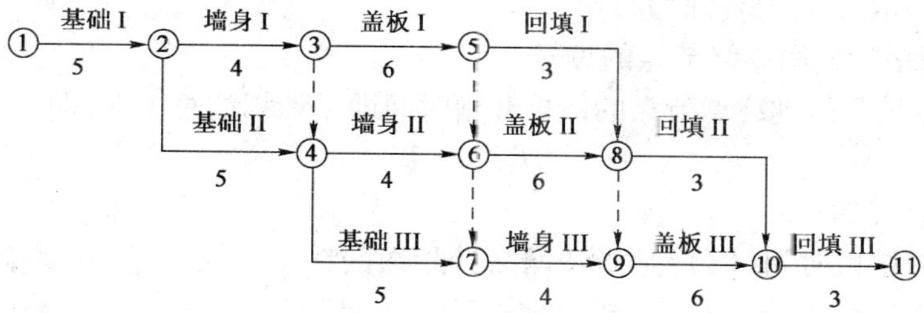

图 3-3-33　错误的流水施工网络图

特别注意　分析图 3-3-33，从图 3-3-33 中可看出：墙身 III 的施工必须等盖板 I 完成后才能开始，这显然是不对的。因为墙身 III 的施工只决定于两个条件，即基础 III 和墙身 II 完工，而与盖板 I 没有关系。正确的网络图应如图 3-3-34 所示，图中的虚工作⑥--→⑧"割断"了墙身 III 与盖板 I 的联系而又保持了其他的正确关系，基础 III、盖板 III 也是同样的情况。

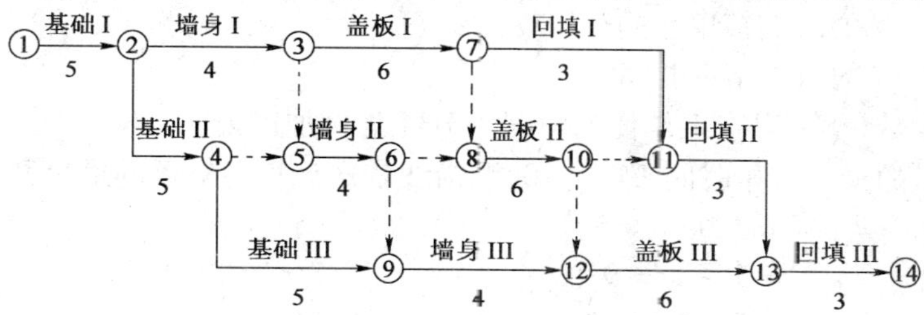

图 3-3-34　三段流水施工网络图

2. 双代号网络图时间参数的计算

计算网络图时间参数的目的在于通过网络图上各项工作和各个节点的时间参数的计算，找出网络图中的关键线路并进行网络计划的优化、调整和控制。

网络计划的时间参数按其特性可分为两类：控制性时间参数和协调性时间参数。其中控制性时间参数包括最早时间系列参数和最迟时间系列参数。这两个系列参数主要包括节点的最早可能开始时间和最迟必须结束时间，如工序的最早可能开始时间、最早可能结束时间、最迟可能开始时间、最迟可能结束时间。协调性时间参数包括工作总时差、自由时差、相干时差和独立时差。这些参数的计算方法有多种，常用的有公式计算法、图上计算法和表格计算法三种。下面，结合本工作任务对以上三种计算方法分别进行介绍。

1)公式计算法

(1)节点时间参数的计算。

①节点最早开始时间(ET)：是指从网络计划图的起始节点开始，沿着箭线到达下一个节点的某一时刻，它表示该节点紧前工作的全部完成，其后的紧后工作最早开始的时间。

计算时，如无规定，网络图的起始节点的最早开始时间应等于零，即 $ET_{(1)}=0$。其余节点的最早开始时间应顺着箭线依次进行计算，直至终点节点。如果有多条箭线汇集到某一个节点，则应对进入该节点的各条箭线分别进行计算，然后取其最大值作为该节点的最早开始时间。取最大值是因为以该节点为开始的各道工序，必须等它的紧前工序全部结束之后才能开始。用公式表示为：

$$ET_{(j)} = \max\{ET_{(i)} + t_{(i,j)}\} (j = 2,3,\cdots,n) \tag{3-3-13}$$

式中：$ET_{(i)}$——节点 i 的最早开始时间；

$ET_{(j)}$——节点 j 的最早开始时间；

$t_{(i,j)}$——工作(i,j)的持续时间；

n——网络计划图中终节点的编号。

按式(3-3-13)计算得到终点节点的最早开始时间即是计划的总工期，即

$$ET_{(n)} = T \tag{3-3-14}$$

式中：T——计划总工期。

②节点的最迟结束时间(LT)：是指从网络计划图的终点节点开始，逆着箭线方向计算出的以该节点为结束节点的各道工序最迟完成的某一时刻。

计算时，如无规定，网络图的终点节点的最迟结束时间应等于计划总工期，即 $LT_{(n)} = T = ET_{(n)}$；如另有规定，则应取规定的工期。如果有多条箭线从某一个节点出发，则应对从该节点出发的各条箭线分别进行计算，然后取其最小值作为该节点的最迟结束时间。取最小值是因为先行工序必须要保证其各后续工序最早开工的需要。用公式表示为：

$$LT_{(i)} = \min\{LT_{(j)} - t_{(i,j)}\} \quad (i = n-1, n-2,\cdots,2,1) \tag{3-3-15}$$

式中：$LT_{(i)}$——节点 i 的最迟结束时间；

$LT_{(j)}$——节点 j 的最迟结束时间。

③节点时间参数计算，以本工作任务中图 3-3-34 为例加以说明。

a. 设起点节点的最早开始时间 $ET_{(1)} = 0$，顺箭线依次计算各节点的最早开始时间如下：

$ET_{(2)} = ET_{(1)} + t_{(1,2)} = 0 + 5 = 5$

$ET_{(3)} = ET_{(2)} + t_{(2,3)} = 5 + 4 = 9$

$ET_{(4)} = ET_{(2)} + t_{(2,4)} = 5 + 5 = 10$

$ET_{(5)} = \max\{ET_{(3)} + t_{(3,5)}; ET_{(4)} + t_{(4,5)}\} = \max\{9 + 0 = 9; 10 + 0 = 10\} = 10$

$ET_{(6)} = ET_{(5)} + t_{(5,6)} = 10 + 4 = 14$

$ET_{(7)} = ET_{(3)} + t_{(3,7)} = 9 + 6 = 15$

$ET_{(8)} = \max\{ET_{(6)} + t_{(6,8)}; ET_{(7)} + t_{(7,8)}\} = \max\{14 + 0 = 14; 15 + 0 = 15\} = 15$

$ET_{(9)} = \max\{ET_{(4)} + t_{(4,9)}; ET_{(6)} + t_{(6,9)}\} = \max\{10 + 5 = 15; 14 + 0 = 14\} = 15$

$ET_{(10)} = ET_{(8)} + t_{(8,10)} = 15 + 6 = 21$

$ET_{(11)} = \max\{ET_{(7)} + t_{(7,11)}; ET_{(10)} + t_{(10,11)}\} = \max\{15 + 3 = 18; 21 + 0 = 21\} = 21$

$ET_{(12)} = \max\{ET_{(9)} + t_{(9,12)}; ET_{(10)} + t_{(10,12)}\} = \max\{15 + 4 = 19; 21 + 0 = 21\} = 21$

$ET_{(13)} = \max\{ET_{(11)} + t_{(11,13)}; ET_{(12)} + t_{(12,13)}\} = \max\{21 + 3 = 24; 21 + 6 = 27\} = 27$

$ET_{(14)} = ET_{(13)} + t_{(13,14)} = 27 + 3 = 30$

b. 终节点的最早开始时间 $ET_{(n)} = T = 30$，即等于计划工期。

c. 设终节点的最迟结束时间 $LT_{(n)} = T = ET_{(n)}$，逆箭线计算各节点的最迟结束时间如下：

$LT_{(14)} = ET_{(14)} = 30$

$LT_{(13)} = LT_{(14)} - t_{(13,14)} = 30 - 3 = 27$

$LT_{(12)} = LT_{(13)} - t_{(12,13)} = 27 - 6 = 21$

$LT_{(11)} = LT_{(13)} - t_{(11,13)} = 27 - 3 = 24$

$LT_{(10)} = \min\{LT_{(11)} - t_{(10,11)}; LT_{(12)} - t_{(10,12)}\} = \min\{24 - 0 = 24; 21 - 0 = 21\} = 21$

$LT_{(9)} = LT_{(12)} - t_{(9,12)} = 21 - 4 = 17$

$LT_{(8)} = LT_{(10)} - t_{(8,10)} = 21 - 6 = 15$

$LT_{(7)} = \min\{LT_{(8)} - t_{(7,8)}; LT_{(11)} - t_{(7,11)}\} = \min\{15 - 0 = 15; 24 - 3 = 21\} = 15$

$LT_{(6)} = \min\{LT_{(8)} - t_{(6,8)}; LT_{(9)} - t_{(6,9)}\} = \min\{15 - 0 = 15; 17 - 0 = 17\} = 15$

$LT_{(5)} = LT_{(6)} - t_{(5,6)} = 15 - 4 = 11$

$LT_{(4)} = \min\{LT_{(5)} - t_{(4,5)}; LT_{(9)} - t_{(4,9)}\} = \min\{11 - 0 = 11; 17 - 5 = 12\} = 11$

$LT_{(3)} = \min\{LT_{(5)} - t_{(3,5)}; LT_{(7)} - t_{(3,7)}\} = \min\{11 - 0 = 11; 15 - 6 = 9\} = 9$

$LT_{(2)} = \min\{LT_{(3)} - t_{(2,3)}; LT_{(4)} - t_{(2,4)}\} = \min\{9 - 4 = 5; 11 - 5 = 6\} = 5$

$LT_{(1)} = LT_{(2)} - t_{(1,2)} = 5 - 5 = 0$

需要注意的是,代表某工作的两个节点上的时间参数如果各自相等,并且箭尾节点时间参数加上工作持续时间等于箭头节点时间参数,则该工作即为关键工作,该节点就在关键线路上。

(2)工作时间参数计算。

①工作的最早开始时间(ES)。它是指一个工作在具备一定工作条件和资源条件后,可以开始工作的最早时间。在工作程序上,它要在紧前工作完成后方能开始。很明显,工作(i,j)的最早开始时间等于箭尾节点(i)的最早开始时间,即

$$ES_{(i,j)} = ET_{(i)} \tag{3-3-16}$$

式中符号意义同前。

②工作的最早完成时间(EF)。它是指一项工作如能在最早开始时间开始,对应就有一个最早完成时间,它等于箭尾节点的最早开始时间加上工作(i,j)的持续时间,即

$$EF_{(i,j)} = ET_{(i)} + t_{(i,j)} = ES_{(i,j)} + t_{(i,j)} \tag{3-3-17}$$

式中符号意义同前。

③工作的最迟完成时间(LF)。它是指在不影响整个计划按期完成的条件下,本工作最迟必须完成的时刻,用$LF_{(i,j)}$表示。它等于节点j的最迟结束时间,即

$$LF_{(i,j)} = LT_{(j)} \tag{3-3-18}$$

式中符号意义同前。

④工作最迟开始时间(LS)。它是指在不影响整个计划按期完成的条件下,本工作最迟必须开始的时刻,用$LS_{(i,j)}$表示。它等于工作最迟完成时间减去该工作的持续时间,即

$$LS_{(i,j)} = LF_{(i,j)} - t_{(i,j)} \tag{3-3-19}$$

式中符号意义同前。

现仍以本工作任务中图 3-3-34 为例加以说明,计算工作时间参数。

最早开始时间和最迟完成时间计算结果如下:

$ES_{(1,2)} = ET_{(1)} = 0; EF_{(1,2)} = ES_{(1,2)} + t_{(1,2)} = 0 + 5 = 5$

$ES_{(2,3)} = ET_{(2)} = 5; EF_{(2,3)} = ES_{(2,3)} + t_{(2,3)} = 5 + 4 = 9$

$ES_{(2,4)} = ET_{(2)} = 5; EF_{(2,4)} = ES_{(2,4)} + t_{(2,4)} = 5 + 5 = 10$

$ES_{(3,5)} = ET_{(3)} = 9; EF_{(3,5)} = ES_{(3,5)} + t_{(3,5)} = 9 + 0 = 9$

$ES_{(3,7)} = ET_{(3)} = 9; EF_{(3,7)} = ES_{(3,7)} + t_{(3,7)} = 9 + 6 = 15$

$ES_{(4,5)} = ET_{(4)} = 10; EF_{(4,5)} = ES_{(4,5)} + t_{(4,5)} = 10 + 0 = 10$

$ES_{(4,9)} = ET_{(4)} = 10; EF_{(4,9)} = ES_{(4,9)} + t_{(4,9)} = 10 + 5 = 15$

$ES_{(5,6)} = ET_{(5)} = 10; EF_{(5,6)} = ES_{(5,6)} + t_{(5,6)} = 10 + 4 = 14$

$ES_{(6,8)} = ET_{(6)} = 14; EF_{(6,8)} = ES_{(6,8)} + t_{(6,8)} = 14 + 0 = 14$

$ES_{(6,9)} = ET_{(6)} = 14; EF_{(6,9)} = ES_{(6,9)} + t_{(6,9)} = 14 + 0 = 14$

$ES_{(7,8)} = ET_{(7)} = 15; EF_{(7,8)} = ES_{(7,8)} + t_{(7,3)} = 15 + 0 = 15$

$ES_{(7,11)} = ET_{(7)} = 15; EF_{(7,11)} = ES_{(7,11)} + t_{(7,11)} = 15 + 3 = 18$
$ES_{(8,10)} = ET_{(8)} = 15; EF_{(8,10)} = ES_{(8,10)} + t_{(8,10)} = 15 + 6 = 21$
$ES_{(9,12)} = ET_{(9)} = 15; EF_{(9,12)} = ES_{(9,12)} + t_{(9,12)} = 15 + 4 = 19$
$ES_{(10,11)} = ET_{(10)} = 21; EF_{(10,11)} = ES_{(10,11)} + t_{(10,11)} = 21 + 0 = 21$
$ES_{(10,12)} = ET_{(10)} = 21; EF_{(10,12)} = ES_{(10,12)} + t_{(10,12)} = 21 + 0 = 21$
$ES_{(11,13)} = ET_{(11)} = 21; EF_{(11,13)} = ES_{(11,13)} + t_{(11,13)} = 21 + 3 = 24$
$ES_{(12,13)} = ET_{(12)} = 21; EF_{(12,13)} = ES_{(12,13)} + t_{(12,13)} = 21 + 6 = 27$
$ES_{(13,14)} = ET_{(13)} = 27; EF_{(13,14)} = ES_{(13,14)} + t_{(13,14)} = 27 + 3 = 30$

最迟完成时间和最迟开始时间计算结果如下：

$LF_{(13,14)} = LT_{(14)} = 30; LS_{(13,14)} = LF_{(13,14)} - t_{(13,14)} = 30 - 3 = 27$
$LF_{(12,13)} = LT_{(13)} = 27; LS_{(12,13)} = LF_{(12,13)} - t_{(12,13)} = 27 - 6 = 21$
$LF_{(11,13)} = LT_{(13)} = 27; LS_{(11,13)} = LF_{(11,13)} - t_{(11,13)} = 27 - 3 = 24$
$LF_{(10,12)} = LT_{(12)} = 21; LS_{(10,12)} = LF_{(10,12)} - t_{(10,12)} = 21 - 0 = 21$
$LF_{(10,11)} = LT_{(11)} = 24; LS_{(10,11)} = LF_{(10,11)} - t_{(10,11)} = 24 - 0 = 24$
$LF_{(9,12)} = LT_{(12)} = 21; LS_{(9,12)} = LF_{(9,12)} - t_{(9,12)} = 21 - 4 = 17$
$LF_{(8,10)} = LT_{(10)} = 21; LS_{(8,10)} = LF_{(8,10)} - t_{(8,10)} = 21 - 6 = 15$
$LF_{(7,11)} = LT_{(11)} = 24; LS_{(7,11)} = LF_{(7,11)} - t_{(7,11)} = 24 - 3 = 21$
$LF_{(7,8)} = LT_{(8)} = 15; LS_{(7,8)} = LF_{(7,8)} - t_{(7,8)} = 15 - 0 = 15$
$LF_{(6,9)} = LT_{(9)} = 17; LS_{(6,9)} = LF_{(6,9)} - t_{(6,9)} = 17 - 0 = 17$
$LF_{(6,8)} = LT_{(8)} = 15; LS_{(6,8)} = LF_{(6,8)} - t_{(6,8)} = 15 - 0 = 15$
$LF_{(5,6)} = LT_{(6)} = 15; LS_{(5,6)} = LF_{(5,6)} - t_{(5,6)} = 15 - 4 = 11$
$LF_{(4,9)} = LT_{(9)} = 17; LS_{(4,9)} = LF_{(4,9)} - t_{(4,9)} = 17 - 5 = 12$
$LF_{(4,5)} = LT_{(5)} = 11; LS_{(4,5)} = LF_{(4,5)} - t_{(4,5)} = 11 - 0 = 11$
$LF_{(3,7)} = LT_{(7)} = 15; LS_{(3,7)} = LF_{(3,7)} - t_{(3,7)} = 15 - 6 = 9$
$LF_{(3,5)} = LT_{(5)} = 11; LS_{(3,5)} = LF_{(3,5)} - t_{(3,5)} = 11 - 0 = 11$
$LF_{(2,4)} = LT_{(4)} = 11; LS_{(2,4)} = LF_{(2,4)} - t_{(2,4)} = 11 - 5 = 6$
$LF_{(2,3)} = LT_{(3)} = 9; LS_{(2,3)} = LF_{(2,3)} - t_{(2,3)} = 9 - 4 = 5$
$LF_{(1,2)} = LT_{(2)} = 5; LS_{(1,2)} = LF_{(1,2)} - t_{(1,2)} = 5 - 5 = 0$

(3)工作的时差计算。时差是指在不影响整个任务完工时间的条件下，某项活动可以利用的机动时间。工作的时差包括总时差、自由时差、相干时差和独立时差。

①总时差(TF)：指在不影响紧后工作的最迟必须开始时间的前提下，本工作所拥有的最大机动时间。计算公式为：

$$TF_{(i,j)} = LS_{(i,j)} - ES_{(i,j)} = LF_{(i,j)} - EF_{(i,j)} \tag{3-3-20}$$

或

$$TF_{(i,j)} = LT_{(j)} - ET_{(i)} - t_{(i,j)} \tag{3-3-21}$$

式中符号意义同前。

工作总时差具有以下性质：

a. 如果工作总时差 $TF_{(i,j)} = 0$，则工作(i,j)无任何机动时间，其他时差也都为0。

b. 总时差与前后工作都有关系，它是一条线路所共有的最大机动时间。

c. 工作的总时差一般用于控制整个计划的总工期。

d. $TF_{(i,j)}>0$，说明该工作存在机动时间；$TF_{(i,j)}=0$，说明该工作无机动时间；$TF_{(i,j)}<0$，说明计划工期超过规定工期，应采取措施予以缩短，确保施工按期完成。

②自由时差（FF）：指在不影响紧后工作最早可能开始时间的前提下，工作所具有的机动时间，它是总时差的一部分。计算公式为：

$$FF_{(i,j)}=ET_{(j)}-ET_{(i)}-t_{(i,j)}=ET_{(j)}-EF_{(i,j)} \tag{3-3-22}$$

或

$$FF_{(i,j)}=ES_{(j,k)}-EF_{(i,j)} \tag{3-3-23}$$

式中：$ES_{(j,k)}$——工作（i,j）的紧后工作的最早开始时间；

其余符号意义同前。

工作自由时差具有以下性质：

a. 工作的自由时差总是小于或等于其总时差。

b. 工作的自由时差，对紧后工作的最早开始时间没有影响。

c. 工作的自由时差用于控制工程项目实施过程中的中间进度，使计划各阶段的工作按期完成。

③相干时差（IF）：指可以与紧后工作共同利用的机动时间。它是在工作总时差中，除去自由时差外，剩余的那部分时差。计算公式为：

$$IF_{(i,j)}=LT_{(j)}-ET_{(j)} \tag{3-3-24}$$

或

$$IF_{(i,j)}=TF_{(i,j)}-FF_{(i,j)} \tag{3-3-25}$$

式中符号意义同前。

④独立时差（DF）：指在不影响紧前工作最迟结束时间及紧后工作最早开始时间的前提下，本工作所拥有的机动时间。计算公式为：

$$DF_{(i,j)}=ET_{(j)}-LT_{(i)}-t_{(i,j)} \tag{3-3-26}$$

或

$$DF_{(i,j)}=FF_{(i,j)}-IF_{(h,i)} \quad (h<i) \tag{3-3-27}$$

式中：$IF_{(h,i)}$——工作（i,j）的紧前工作的相干时差；

其余符号意义同前。

（4）关键线路及其确定。

①关键线路。在网络图中，由关键工作组成的线路即为关键线路。网络图的各条线路中，持续时间之和最长的线路就是关键线路。

②非关键线路。在网络图中，关键线路以外的线路，即为非关键线路。非关键线路中总时差不为零的工作称为非关键工作。非关键线路上的工作并非全由非关键工作组成。

③关键线路的确定。

a. 在网络图中，总时差最小的工作所组成的线路就是关键线路。

b. 关键线路上所有节点的两个时间参数均相等；反过来，如果节点的两个时间参数相等，该节点不一定是关键线路上的节点。

④关键线路的性质如下：

a. 关键线路在网络计划中有时不一定只有一条，可能存在多条。

b. 非关键工作如果将总时差全部用完，就会转化为关键工作。

c. 当非关键线路延长的时间超过它的总时差，关键线路就转化为非关键线路。

现仍以本工作任务图 3-3-34 为例加以说明,计算工作时差并确定关键线路。

基础Ⅰ:

$TF_{(1,2)} = LS_{(1,2)} - ES_{(1,2)} = 0 - 0 = 0$;$FF_{(1,2)} = ET_{(2)} - EF_{(1,2)} = 5 - 5 = 0$

$IF_{(1,2)} = TF_{(1,2)} - FF_{(1,2)} = 0 - 0 = 0$;$DF_{(1,2)} = ET_{(2)} - LT_{(1)} - t_{(1,2)} = 5 - 0 - 5 = 0$

墙身Ⅰ:

$TF_{(2,3)} = LS_{(2,3)} - ES_{(2,3)} = 5 - 5 = 0$;$FF_{(2,3)} = ET_{(3)} - EF_{(2,3)} = 9 - 9 = 0$

$IF_{(2,3)} = TF_{(2,3)} - FF_{(2,3)} = 0 - 0 = 0$;$DF_{(2,3)} = ET_{(3)} - LT_{(2)} - t_{(2,3)} = 9 - 5 - 4 = 0$

盖板Ⅰ:

$TF_{(3,7)} = LS_{(3,7)} - ES_{(3,7)} = 9 - 9 = 0$;$FF_{(3,7)} = ET_{(7)} - EF_{(3,7)} = 15 - 15 = 0$

$IF_{(3,7)} = TF_{(3,7)} - FF_{(3,7)} = 0 - 0 = 0$;$DF_{(3,7)} = ET_{(7)} - LT_{(3)} - t_{(3,7)} = 15 - 9 - 6 = 0$

回填Ⅰ:

$TF_{(7,11)} = LS_{(7,11)} - ES_{(7,11)} = 21 - 15 = 6$;$FF_{(7,11)} = ET_{(11)} - EF_{(7,11)} = 21 - 18 = 3$

$IF_{(7,11)} = TF_{(7,11)} - FF_{(7,11)} = 6 - 3 = 3$;$DF_{(7,11)} = ET_{(11)} - LT_{(7)} - t_{(7,11)} = 21 - 15 - 3 = 3$

基础Ⅱ:

$TF_{(2,4)} = LS_{(2,4)} - ES_{(2,4)} = 6 - 5 = 1$;$FF_{(2,4)} = ET_{(4)} - EF_{(2,4)} = 10 - 10 = 0$

$IF_{(2,4)} = TF_{(2,4)} - FF_{(2,4)} = 1 - 0 = 1$;$DF_{(2,4)} = ET_{(4)} - LT_{(2)} - t_{(2,4)} = 10 - 5 - 5 = 0$

墙身Ⅱ:

$TF_{(5,6)} = LS_{(5,6)} - ES_{(5,6)} = 11 - 10 = 1$;$FF_{(5,6)} = ET_{(6)} - EF_{(5,6)} = 14 - 14 = 0$

$IF_{(5,6)} = TF_{(5,6)} - FF_{(5,6)} = 1 - 0 = 1$;$DF_{(5,6)} = ET_{(6)} - LT_{(5)} - t_{(5,6)} = 14 - 11 - 4 = -1$

盖板Ⅱ:

$TF_{(8,10)} = LS_{(8,10)} - ES_{(8,10)} = 15 - 15 = 0$;$FF_{(8,10)} = ET_{(10)} - EF_{(8,10)} = 21 - 21 = 0$

$IF_{(8,10)} = TF_{(8,10)} - FF_{(8,10)} = 0 - 0 = 0$;$DF_{(8,10)} = ET_{(10)} - LT_{(8)} - t_{(8,10)} = 21 - 15 - 6 = 0$

回填Ⅱ:

$TF_{(11,13)} = LS_{(11,13)} - ES_{(11,13)} = 24 - 21 = 3$;$FF_{(11,13)} = ET_{(13)} - EF_{(11,13)} = 27 - 24 = 3$

$IF_{(11,13)} = TF_{(11,13)} - FF_{(11,13)} = 3 - 3 = 0$;$DF_{(11,13)} = ET_{(13)} - LT_{(11)} - t_{(11,13)} = 27 - 24 - 3 = 0$

基础Ⅲ:

$TF_{(4,9)} = LS_{(4,9)} - ES_{(4,9)} = 12 - 10 = 2$;$FF_{(4,9)} = ET_{(9)} - EF_{(4,9)} = 15 - 15 = 0$

$IF_{(4,9)} = TF_{(4,9)} - FF_{(4,9)} = 2 - 0 = 2$;$DF_{(4,9)} = ET_{(9)} - LT_{(4)} - t_{(4,9)} = 15 - 11 - 5 = -1$

墙身Ⅲ:

$TF_{(9,12)} = LS_{(9,12)} - ES_{(9,12)} = 17 - 15 = 2$;$FF_{(9,12)} = ET_{(12)} - EF_{(9,12)} = 21 - 19 = 2$

$IF_{(9,12)} = TF_{(9,12)} - FF_{(9,12)} = 2 - 2 = 0$;$DF_{(9,12)} = ET_{(12)} - LT_{(9)} - t_{(9,12)} = 21 - 17 - 4 = 0$

盖板Ⅲ:

$TF_{(12,13)} = LS_{(12,13)} - ES_{(12,13)} = 21 - 21 = 0$;$FF_{(12,13)} = ET_{(13)} - EF_{(12,13)} = 27 - 27 = 0$

$IF_{(12,13)} = TF_{(12,13)} - FF_{(12,13)} = 0 - 0 = 0$;$DF_{(12,13)} = ET_{(13)} - LT_{(12)} - t_{(12,13)} = 27 - 21 - 6 = 0$

回填Ⅲ:

$TF_{(13,14)} = LS_{(13,14)} - ES_{(13,14)} = 27 - 27 = 0$;$FF_{(13,14)} = ET_{(14)} - EF_{(13,14)} = 30 - 30 = 0$

$IF_{(13,14)} = TF_{(13,14)} - FF_{(13,14)} = 0 - 0 = 0$;$DF_{(13,14)} = ET_{(14)} - LT_{(13)} - t_{(13,14)} = 30 - 27 - 3 = 0$

通过以上计算,找出总时差为零的工作有基础 I、墙身 I、盖板 I、盖板 II、盖板 III、回填 III,将这些关键工作连接起来,就可确定出关键线路为:①→②→③→⑦→⑧→⑩→⑫→⑬→⑭。

2)图上计算法

图上计算法是根据各时间参数计算公式直接在网络图上计算各时间参数的方法。这种方法无需列式计算,简捷而不易出错,且便于检查和修改,所以较常使用,表示方法见图3-3-35。

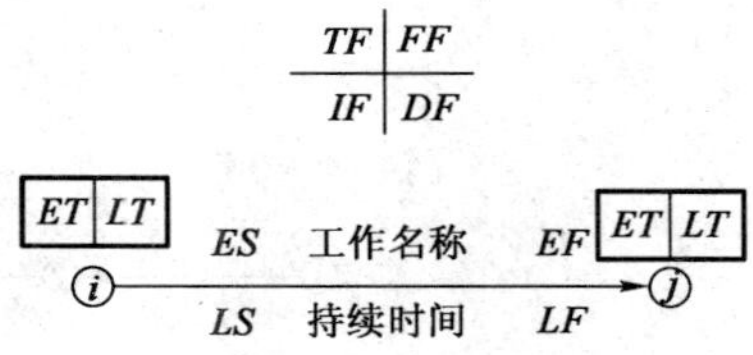

图 3-3-35 图上作业法的表示方法

[**例 3-3-4**] 用图上计算法计算本工作任务图 3-3-34 中所示网络计划图的各项工作时间参数,并用粗箭线标出关键线路。

解:根据式(3-3-13)~式(3-3-27)计算各类时间参数,并将计算结果按图 3-3-35 的表示方法直接标于图上,如图 3-3-36 所示。

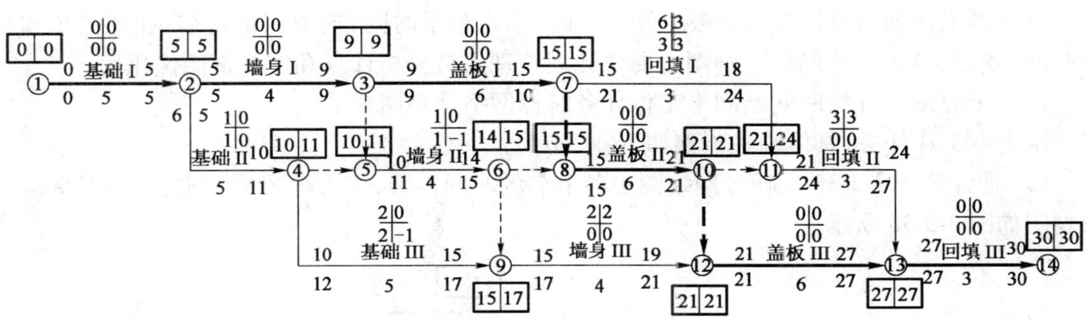

图 3-3-36 三段流水作业网络图

3)表上计算法

表上计算法是以表格的形式来计算时间参数,原理同图上计算法一样,限于篇幅,这里不再赘述。

(二)双代号时标网络图

吉林省长春市硅谷大街至电台街城市道路,全长 15km,双向 6 车道。现要对该城市道路进行更新改造,该城市道路更新改造工程可分解为测量工作、土方工程、路基施工、安装排水设施、清除杂物、路面施工、路肩施工及清理场地八项工作,分别用代号 A、B、C、D、E、F、G、H 表示各项工作,现已根据各项工作的工程量确定其各自的工作时间如表 3-3-6 所示,绘制双代号时标网络计划图。

城市道路工作运输关系及作业时间表 表 3-3-6

工作代号	A	B	C	D	E	F	G	H
工作名称	测量工作	土方工程	路基施工	安装排水设施	清除杂物	路面施工	路肩施工	清理场地
紧后工作	B	C、D、E	F、G	F	G	H	H	—
工作时间(d)	2	10	5	4	1	3	2	1

1. 绘制双代号网络计划图

绘图前,先确定各单项工作之间的约束关系。该工作任务中,路基施工、安装排水设施、路面施工、路肩施工构成半约束关系,而路基施工、清除杂物、路面施工、路肩施工亦构成半约束关系。按照双代号网络图的绘图规则绘制双代号网络计划图，并注意其绘制方法，即可顺利绘制出双代号网络计划图，如图3-3-37所示。

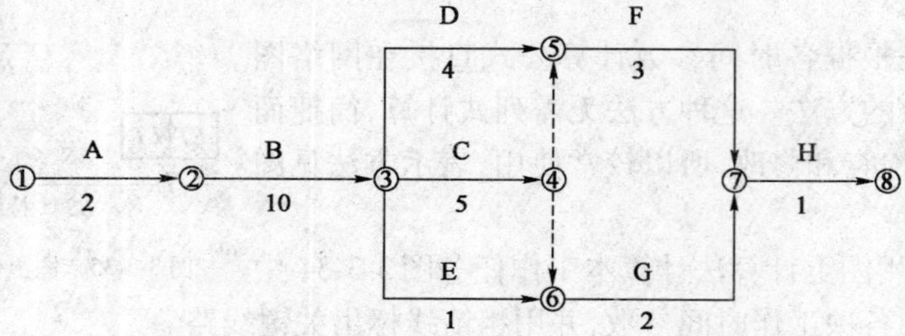

图3-3-37　双代号网络计划图

2. 双代号时标网络计划图的绘制

时标网络计划图可以按节点最早开始时间（节点最早时间）或节点最迟结束时间（节点最迟时间）绘制，这种时标网络计划图主要供计划管理人员分析计划和实施资源优化用。

1）按节点最早开始时间绘制本工作任务时标网络计划图

结合本工作任务，具体画法步骤如下：

（1）把计算图3-3-37双代号网络图中各节点的时间参数，作为画图的依据；绘制时标网络计划图如图3-3-38所示。

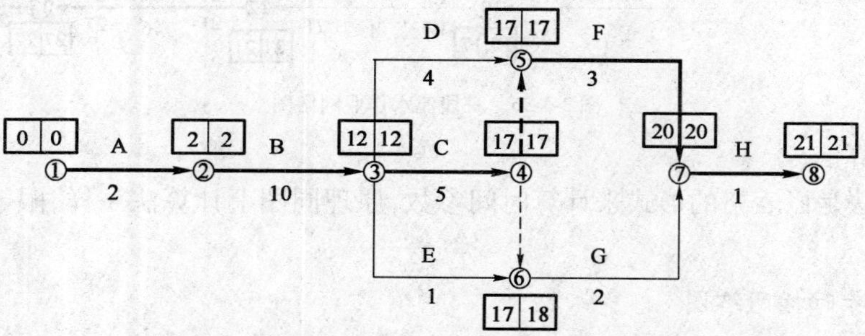

图3-3-38　时标网络计划图

（2）绘制横向时间坐标刻度。图中所有节点的位置，应按节点的最早可能开始时间标画在相应的时间坐标上，如图3-3-39所示。

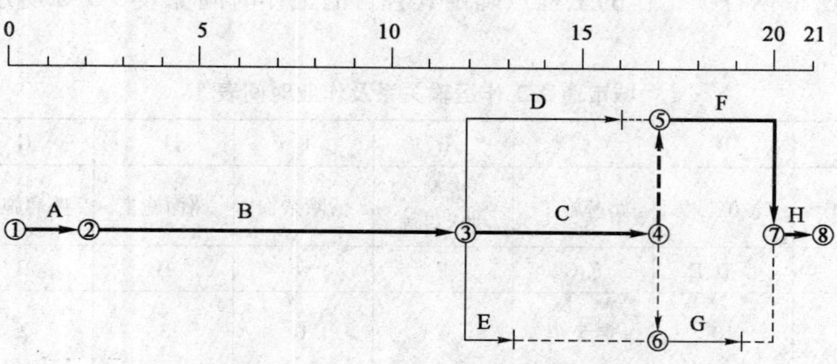

图3-3-39　绘制横向时间坐标刻度和关键路线

（3）绘制关键线路。把时差为0的工作由时标的起点连接至终点的线路，就是关键线路。关键线路应画在图中适当的位置，并用粗实线表示，使图形更为清晰、形象，如图3-3-39所示。

(4)从网络图起点开始按箭线方向逐项将工作绘至网络图的终点，工作用实箭线表示，实箭线的长度表示工作持续时间的长短，虚工作用虚箭线表示，工作的机动时间用虚线表示，虚线补在实线的右边，并在实箭线和虚线分界处加一截止短线作为分界线，如图 3-3-39 所示。

技术提示 从图 3-3-39 中可看出，按节点最早开始时间绘制的时标网络图，在工作安排上是"前紧后松"，工作的机动时间分布在后面，此时图中的虚线部分即为各工作的自由时差。时标网络计划图中各节点的纵向位置没有时间含义。

2）按节点最迟结束时间绘制本工作任务的时标网络计划图

结合本工作任务，具体画法步骤如下：

(1)把计算图 3-3-37 双代号网络图中各节点的时间参数，作为画图的依据；绘制时标网络计划图如图 3-3-38 所示。

(2)绘制横向时间坐标刻度。图中所有节点的位置应按节点的最迟可能结束时间标画在相应的时间坐标上，如图 3-3-40 所示。

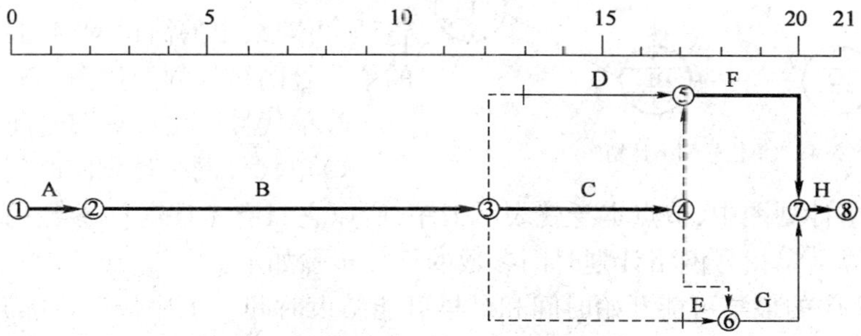

图 3-3-40 绘制横向时间坐标和关键路线

(3)绘制关键线路。把时差为 0 的工作由时标的起点连接至终点的线路，就是关键线路。关键线路应画在图中适当的位置，并用粗实线表示，使图形更为清晰、形象，如图 3-3-40 所示。

(4)从网络图的终点开始逆箭线方向逐项将工作绘至网络图的始点，工作用实箭线表示，实箭线的长度表示工作持续时间的长短，虚工作用虚箭线表示，工作的机动时间用虚线表示，虚线补在实线的左边，并在实箭线和虚线分界处加一截止短线作为分界线，如图 3-3-40 所示。

技术提示 从图 3-3-40 中可看出，按节点的最迟结束时间绘制的时标网络图，在工作安排上是"前松后紧"，工作的机动时间分布在前面，此时图中的虚线部分没有任何时差的概念。时标网络计划图中各节点的纵向位置没有时间含义。

(三)单代号网络图

国道主干线(GZ40)二连浩特至河口，陕西境内户县涝峪口至洋县槐树关(涝峪口至筒车湾)段高速公路第 20 标段，位于宁陕县境内，起点桩号为 K112 +600，终点桩号为 K115 +050，全长 2.45km。采用 4 车道高速公路标准，路基宽度为 24.5m，设计行车速度在 60 ~ 100km/h，桥涵设计荷载：汽超—20，挂车—120。大桥设计洪水频率为 1/100，桥梁 2 119 延米/7 座(半幅)。桥梁主梁采用箱梁结构形式。绘制箱梁预制施工过程的单代号网络计划图并计算网络图中各时间参数及标注出关键线路。

1. 单代号网络计划图的绘制

(1)分解箱梁预制的施工过程。箱梁预制的施工过程可划分为平整及硬化预制场地、钢筋骨架的制作及安装、砂石及水泥等材料的储备、模板的拼装及校正、浇筑及振捣混凝土、混凝土养生及拆模6道工序，分别用代号A、B、C、D、E、F表示。

（2）根据箱梁施工过程中各工序的工艺流程及各道工序的相互关系，列出工序一览表及各工序的紧前工序、紧后工序名称，如表3-3-7所示。

箱梁工作逻辑关系及作业时间表 表3-3-7

工序代号	A	B	C	D	E	F
紧前工序	—	A	A	B	B、C、D	D、E
紧后工序	B、C	D、E	E	F	F	—
作业时间(d)	3	4	5	6	3	2

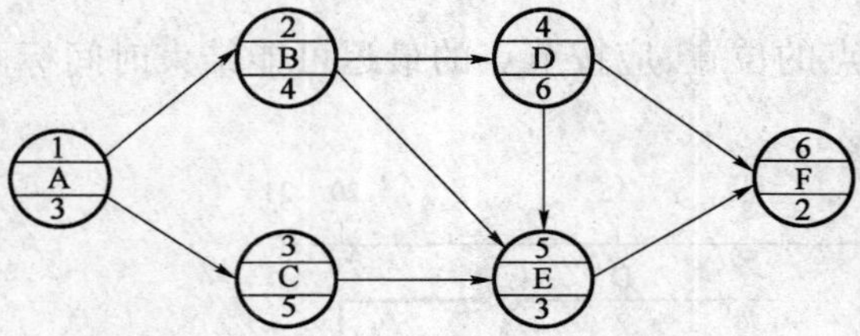

图3-3-41 单代号网络计划图

（3）根据箱梁各工序之间的逻辑关系绘制单代号网络图。首先按单代号网络图的绘图规则绘制草图，然后对一些不必要的交叉进行整理，再对绘出的简化网络图进行编号。绘制的单代号网络计划图如图3-3-41所示。

2. 单代号网络计划图时间参数的计算

1）单代号网络计划图时间参数的计算步骤

单代号网络计划图中，节点本身就表示工序，所以它只有工序时间参数的计算，没有节点时间参数的计算。单代号网络计划时间参数的计算步骤如下：

（1）计算工序的最早可能开始时间和最早可能结束时间。工序最早可能开始时间和最早可能结束时间的计算应从网络图的起始节点开始，顺着箭线方向按节点编号从小到大的顺序依次逐个计算。

①网络图的起始节点所代表的工作，其最早可能开始的时间如无规定时，其值等于零，即

$$ES_1 = 0$$

②工序的最早可能结束时间等于本工序的最早可能开始时间与其持续时间之和，即

$$EF_i = ES_i + t_i \quad (i = 1,2,3,\cdots,n-1,n) \tag{3-3-28}$$

式中：EF_i——工作 i 的最早可能结束时间；

ES_i——工作 i 的最早可能开始时间；

t_i——工作 i 的持续时间；

n——网络计划图中终点节点的编号。

③其他工序的最早可能开始时间等于其紧前工序的最早可能结束时间的最大值，即

$$ES_j = \max\{EF_i\} \quad (j = 2,3,4,\cdots,n-1,n) \tag{3-3-29}$$

式中：ES_j——工序 j 的最早可能开始时间；

EF_i——工作 j 的紧前工序 i 的最早可能结束时间。

式中 EF_i 取最大值是因为任何一道工序必须等它的紧前工序全部结束后才能开始。

④网络计划的计算工期等于其终点节点所代表的工序的最早可能结束时间，即

$$T_{计算} = EF_n \tag{3-3-30}$$

式中：EF_n——终点节点 n 的最早可能结束时间。

(2)计算相邻两道工序之间的时间间隔。相邻两道工序之间的时间间隔是指其紧后工序的最早开始时间与本工序的最早结束时间之间的差值,即

$$LAG_{i,j} = ES_j - EF_i \tag{3-3-31}$$

式中:$LAG_{i,j}$——工作 i 与其紧后工作 j 之间的时间间隔;

ES_j——工作 j 的最早可能开始时间;

EF_i——工作 i 的最早可能结束时间。

(3)计算工序的最迟可能结束时间和最迟可能开始时间。工序最迟可能结束时间和最迟可能开始时间的计算应从网络图的终点节点开始,逆着箭线方向按节点编号由大到小的顺序依次逐个计算。

①网络计划的计划工期应小于或等于上级规定的工期,当上级未规定工期时,可令计划工期等于计算工期,即

$$T_{计划} = T_{计算} \tag{3-3-32}$$

②网络计划终点节点 n 所代表的工序的最迟可能结束时间应等于计划工期,即

$$LF_n = T_{计划} \tag{3-3-33}$$

由式(3-3-30)、式(3-3-32)、式(3-3-33)可知,$LF_n = EF_n$,即终点节点的最迟可能结束时间等于它的最早可能结束时间。

③工序最迟可能开始时间等于工序最迟可能结束时间减去该工序的作业持续时间,即

$$LS_i = LF_i - t_i \qquad (i = n, n-1, \cdots, 3, 2, 1) \tag{3-3-34}$$

式中:LS_i——工作 i 的最迟可能开始时间;

LF_i——工作 i 的最迟可能结束时间;

t_i——工作 i 的持续时间。

④其他工序的最迟可能结束时间等于其紧后工序的最迟可能开始时间的最小值,即

$$LF_i = \min\{LS_j\} \qquad (i = n-1, n-2, \cdots, 3, 2, 1) \tag{3-3-35}$$

式中:LS_j——工作 i 的紧后工序 j 的最迟可能开始时间。

式中 LS_j 取最小值是因为任何一道工序的结束都不应影响其紧后工序的最迟开始时间。

(4)计算工序的总时差。在单代号网络图中,工序总时差的概念与双代号网络图完全相同。工序的总时差应从终点节点开始,逆箭线方向按节点编号从大到小依次计算。其计算过程如下:

①网络计划终点节点的工序总时差等于计划工期与计算工期之差,即

$$TF_n = T_{计划} - T_{计算} \tag{3-3-36}$$

式中:TF_n——网络终点节点 n 的工序总时差。

②其他工序的总时差等于本工序与其各紧后工序之间的时间间隔加上该紧后工序的总时差所得之和的最小值,即

$$TF_i = \min\{LAG_{i,j} + TF_j\} \tag{3-3-37}$$

式中:TF ——工序 i 的总时差;

$LAG_{i,}$ ——工序 i 与其紧后工序 j 之间的时间间隔;

TF ——工序 i 的紧后工序 j 的总时差。

③当已计算出各道工序的最早、最迟可能开始和结束时间后,工序的总时差也可以按下面

的公式计算：

$$TF_i = LF_i - EF_i \tag{3-3-38}$$

或

$$TF_i = LS_i - ES_i \tag{3-3-39}$$

式中符号意义同前。

(5)计算工序的自由时差。工序的自由时差的概念与双代号网络图中工序的自由时差的概念完全相同。其计算过程如下：

①网络计划终点节点的工序的自由时差等于计划工期与本工序的最早完成时间之差，即

$$FF_n = T_{计划} - EF_n \tag{3-3-40}$$

式中：FF_n——终点节点 n 的工序的自由时差；

$T_{计划}$——单代号网络计划的计划工期；

EF_n——终点节点 n 所代表的工序的最早可能完成时间。

②其他工序的自由时差等于本工序与其紧后工序之间的时间间隔的最小值，即

$$FF_i = \min\{LAG_{i,j}\} \tag{3-3-41}$$

式中：FF_i——工序 i 的自由时差；

其他符号意义同前。

③当已计算出各道工序的最早可能开始时间后，工序的自由时差也可按下面的公式计算：

$$FF_i = \min\{ES_j\} - ES_i - t_i \tag{3-3-42}$$

式中：ES_j——工序 i 的紧后工序 j 的最早可能开始时间；

其他符号意义同前。

2)关键工序和关键线路的确定

(1)关键工序的确定。

如前所述，总时差最小的工序为关键工序。

(2)关键线路的确定。

①将总时差最小的关键工序相连，并保证相邻两关键工序之间的时间间隔为零而构成的线路就是关键线路。

②从网络计划的终点节点开始，逆着箭线方向依次找出相邻两道工序之间的时间间隔为零的线路就是关键线路。

③在肯定型网络计划中，工序总持续时间最长的线路为关键线路。

3)单代号网络计划图时间参数的标注方法

单代号网络计划图时间参数的标注方法如图 3-3-42 所示。

4)计算本工作任务中图 3-3-41 所示的单代号网络计划图的时间参数，并确定关键线路

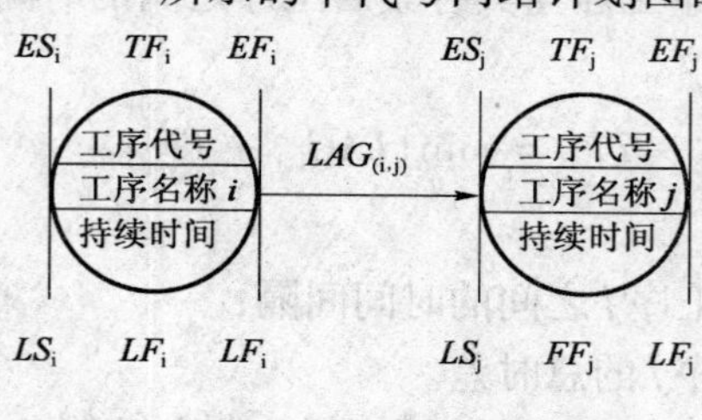

图 3-3-42　单代号网络计划图时间参数的标注图

(1)计算工序的最早可能开始时间和最早可能完成时间。

①因起始节点工序 A 的最早可能开始时间未规定,故取 $ES_1 = 0$。

②工序的最早可能结束时间等于本工序的最早可能开始时间与其持续时间之和,因此,A 工序的最早可能结束时间为:$EF_1 = ES_1 + t_1 = 0 + 3 = 3$。

③其他工序的最早可能开始时间等于其紧前工序的最早可能结束时间的最大值,各道工序计算过程如下:

B 工序:$ES_2 = EF_1 = 3; EF_2 = ES_2 + t_2 = 3 + 4 = 7$

C 工序:$ES_3 = EF_1 = 3; EF_3 = ES_3 + t_3 = 3 + 5 = 8$

D 工序:$ES_4 = EF_2 = 7; EF_4 = ES_4 + t_4 = 7 + 6 = 13$

E 工序:$ES_5 = \max\{EF_2, EF_3, EF_4\} = \{7, 8, 13\} = 13$

$EF_5 = ES_5 + t_5 = 13 + 3 = 16$

F 工序:$ES_6 = \max\{EF_4, EF_5\} = \{13, 16\} = 16$

$EF_6 = ES_6 + t_6 = 16 + 2 = 18$

④网络计划的计算工期等于其终点节点所代表的工序的最早可能结束时间,即

$$T_{计算} = EF_6 = 18$$

(2)计算相邻两道工序之间的时间间隔。按公式 $LAG_{i,j} = ES_j - EF_i$ 计算,计算过程如下:

$LAG_{1,2} = ES_2 - EF_1 = 3 - 3 = 0; LAG_{1,3} = ES_3 - EF_1 = 3 - 3 = 0$

$LAG_{2,4} = ES_4 - EF_2 = 7 - 7 = 0; LAG_{2,5} = ES_5 - EF_2 = 13 - 7 = 6$

$LAG_{3,5} = ES_5 - EF_3 = 13 - 8 = 5; LAG_{4,5} = ES_5 - EF_4 = 13 - 13 = 0$

$LAG_{4,6} = ES_6 - EF_4 = 16 - 13 = 3; LAG_{5,6} = ES_6 - EF_5 = 16 - 16 = 0$

(3)计算工序的最迟可能结束时间和最迟可能开始时间。

①网络计划的计划工期的计算。上级未规定计划工期时,令计划工期等于计算工期,即

$$T_{计划} = T_{计算} = EF_6 = 18$$

②网络计划终点节点工序的最迟可能结束时间应等于计划工期,即

$$LF_6 = T_{计划} = 18$$

③其他工序的最迟可能结束时间等于其紧后工序的最迟可能开始时间的最小值;工序最迟可能开始时间等于工序最迟可能结束时间减去该工序的作业持续时间,各道工序计算过程如下:

F 工序:$LF_6 = 18; LS_6 = LF_6 - t_6 = 18 - 2 = 16$

E 工序:$LF_5 = LS_6 = 16; LS_5 = LF_5 - t_5 = 16 - 3 = 13$

D 工序:$LF_4 = \min\{LS_5, LS_6\} = \min\{13, 16\} = 13; LS_4 = LF_4 - t_4 = 13 - 6 = 7$

C 工序:$LF_3 = LS_5 = 13; LS_3 = LF_3 - t_3 = 13 - 5 = 8$

B 工序:$LF_2 = \min\{LS_4, LS_5\} = \min\{7, 13\} = 7; LS_2 = LF_2 - t_2 = 7 - 4 = 3$

A 工序:$LF_1 = \min\{LS_2, LS_3\} = \min\{3, 8\} = 3; LS_1 = LF_1 - t_1 = 3 - 3 = 0$

(4)计算工序的总时差。网络计划终点节点的工序总时差按 $TF_n = T_{计划} - T_{计算}$ 计算,当没有规定时,认为 $T_{计划} = T_{计算} = 18$,则 $TF_6 = 0$。其他工作总时差按公式 $TF_i = \min\{LAG_{i,j} + TF_j\}$ 计算,计算结果如下:

$TF_5 = LAG_{5,6} + TF_6 = 0 + 0 = 0$

$TF_4 = \min\{(LAG_{4,5} + TF_5); (LAG_{4,6} + TF_6)\} = \min\{(0 + 0); (3 + 0)\} = 0$

$TF_3 = LAG_{3,5} + TF_5 = 5 + 0 = 5$

$TF_2 = \min\{(LAG_{2,4} + TF_4);(LAG_{2,5} + TF_5)\} = \min\{(0+0);(6+0)\} = 0$

$TF_1 = \min\{(LAG_{1,2} + TF_2);(LAG_{1,3} + TF_3)\} = \min\{(0+0);(0+5)\} = 0$

(5)计算工序的自由时差。网络计划终点节点的工序自由时差按公式 $FF_n = T_{计划} - EF_n$ 计算,则 $FF_6 = 0$

其他工序的自由时差按 $FF_i = \min\{LAG_{i,j}\}$ 计算,计算过程如下:

$FF_1 = \min\{LAG_{1,2};LAG_{1,3}\} = \min\{0;0\} = 0$

$FF_2 = \min\{LAG_{2,4};LAG_{2,5}\} = \min\{0;6\} = 0$

$FF_3 = LAG_{3,5} = 5$;$FF_4 = \min\{LAG_{4,5};LAG_{4,6}\} = \min\{0;3\} = 0$

$FF_5 = LAG_{5,6} = 0$

以上计算结果如图 3-3-43 所示(在图中未标注的工序之间的时间间隔为 0)。

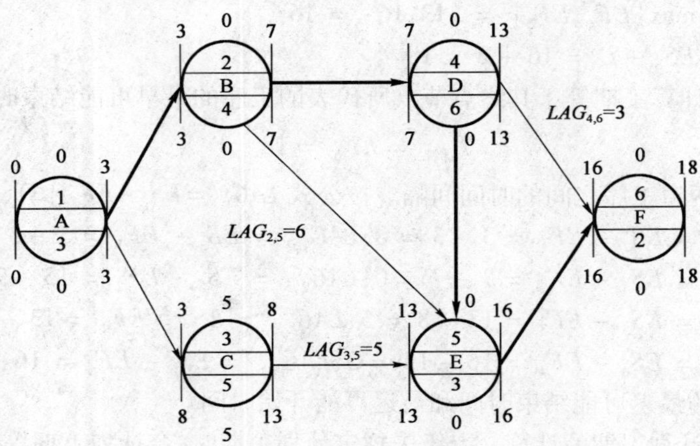

图 3-3-43　单代号网络时间参数计算图

(6)确定关键工序和关键线路。当上级没有规定工期时,认为网络计划的计算工期与计划工期相等,这样总时差为零的工作为关键工作。如图 3-3-44 所示单代号网络计划图中关键工序有:A、B、D、E、F 工序。将这些关键工序相连,并保证相邻两项关键工序之间的时间间隔为零所构成的线路就是关键线路,即线路 A→B→D→E→F 为关键线路。

本例关键线路用粗黑线表示。如果相邻两道关键工序之间的时间间隔不为零,则仅仅由这些关键工序相连的线路不一定是关键线路,如线路 A→B→D→F 和线路 A→B→E→F 均不是关键线路。因此,在单代号网络计划中,关键工序相连的线路并不一定是关键线路。

在单代号网络计划中,线路上工作总持续时间最长的线路为关键线路,本例总持续时间最长为 18 天,即网络计算工期。

(四)单代号搭接网络计划图

某隧道长 1 002m,除进口有 20mIII 类围岩外,其余均为 V 类围岩,故决定采用全断面钻孔台车开挖,无轨运输;钻孔爆破后进行喷锚临时支护,以保证施工人员和机械的安全,然后再整体衬砌。衬砌采用钢模台车,混凝土输送泵灌注混凝土。隧道贯通后要求做整体道床。由于此隧道出口处是悬崖,施工只能从进口一头开始。隧道掘进要求 11 个月贯通,每月工作 30 天,最迟 13 个月全部竣工,以迎接铺轨。劳动力与主要机械设备安排如表 3-3-8 和表 3-3-9 所示。采用单代号搭接网络计划技术编制该隧道工程施工进度计划。

劳动力安排表　　表 3-3-8

序号	工作内容	所需劳动力（工/日）	序号	工作内容	所需劳动力（工/日）
1	全断面开挖	48	8	安装水沟盖箱	2
2	喷锚	9	9	挖电缆槽	10
3	全断面衬砌	18	10	安装盖板	2
4	拉沟	40	11	清底	10
5	刷洞门仰坡	20	12	铺底	20
6	建洞门	15	13	整体道床	40
7	挖水沟	10	14	其他	40

主要机械设备表　　表 3-3-9

序号	名称	单位	数量	技术性能
1	三臂凿岩台车	台	1	
2	混凝土输送泵	台	1	$60m^3/h$
3	装载机	台	2	$2.8m^3$
4	倾卸车	辆	4	15t/辆
5	喷射混凝土三联机	台	1	$4 \sim 6m^3/h$
6	推土机	台	1	13.2kW
7	压路机	台	1	
8	吊车	台	1	解放吊车 5t

1. 分析

隧道工程由于受地质条件、开挖方法和机械化施工的限制，很难有统一的模式。要编制单代号搭接网络计划，还要根据隧道的长短、工期的要求，有时按月计划编制，有时按季度计划编制，有时只编制掘进、出渣和衬砌的计划。

2. 划分工程活动和施工顺序

因为是整体方案，工程各活动应以主要工序划分。如掘进活动不宜再分钻孔、装药、爆破、清理危石等细部工序，可在具体编制旬（月）网络生产计划时作为一个子系统考虑。其完成作业的时间是各个细部工序所用时间的总和即可。因此，本例大体划分为表 3-3-10 所列的活动及相应的作业时间。

施工顺序是从进口拉沟开始，钻孔掘进的同时刷仰坡，当进入 20m 并进行了衬砌后才开始做洞门。喷锚紧跟掘进，它是一项断续的作业，掘进多少喷多少，然后是等待时间。掘进贯通后才能清底和铺底，最后做道床。

3. 初始方案

采用部分单代号搭接网络绘制初始方案网络图，因为喷锚是在掘进后立即开始，故以结束到结束搭接；因衬砌晚于喷锚，也以结束到结束搭接；清底开始一段后就可铺底，故以开始到开始搭接；同样，做整体道床也不需要等到全部铺底完成后才开始，也以开始到开始搭接。但要注意,衬砌是断续施工的,所以计算参数时要用间断型计算方法。这样编制的网络图如图 3-3-44 所示,全部工程共需 326 天。

活动及持续时间表 表 3-3-10

活动代号	活动名称	持续时间(d)	活动代号	活动名称	持续时间(d)
A	拉沟	20	L	挖避车、人洞	8
B	刷仰坡	4	M	避车、人洞衬砌	10
C	建洞门(进口)	7	N	挖水沟及灌注混凝土	20
D	掘进(洞口)	7	O	安装盖板(水沟)	7
F	掘进	195	P	挖电缆槽及灌注混凝土	20
G	喷锚	195	Q	安装盖板(电缆槽)	7
H	衬砌(进口一段)	4	R	整体道床	90
I	衬砌	120	S	出口刷仰坡	4
J	清底	40	T	建洞门(出口)	7
K	铺底	10			

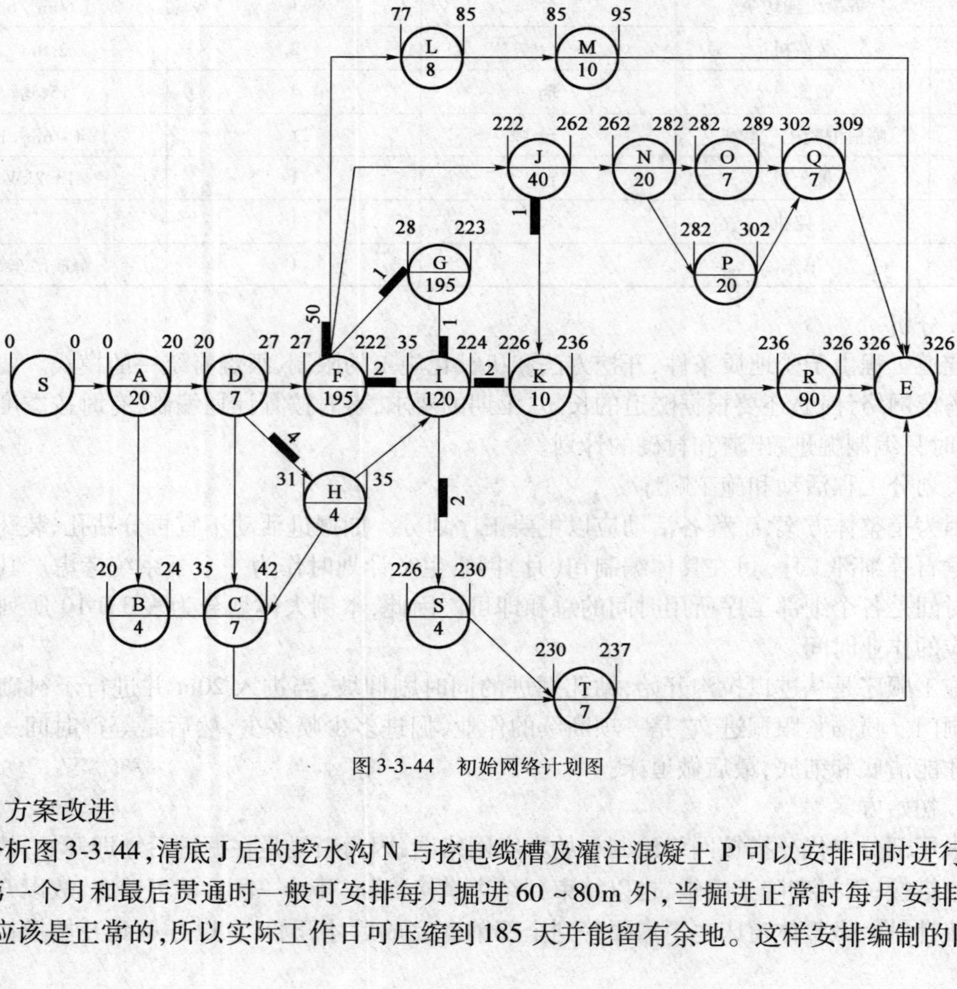

图 3-3-44 初始网络计划图

4. 方案改进

分析图 3-3-44,清底 J 后的挖水沟 N 与挖电缆槽及灌注混凝土 P 可以安排同时进行;掘进 F,除第一个月和最后贯通时一般可安排每月掘进 60 ~ 80m 外,当掘进正常时每月安排 120 ~ 150m 应该是正常的,所以实际工作日可压缩到 185 天并能留有余地。这样安排编制的网络计划如图 3-3-45 所示。

此方案比初始方案少 18 天，是可行的。如果施工中没有遇到地质变化或发生其他事故，采用这样先进的机械化作业线完全可以按网络计划完成。

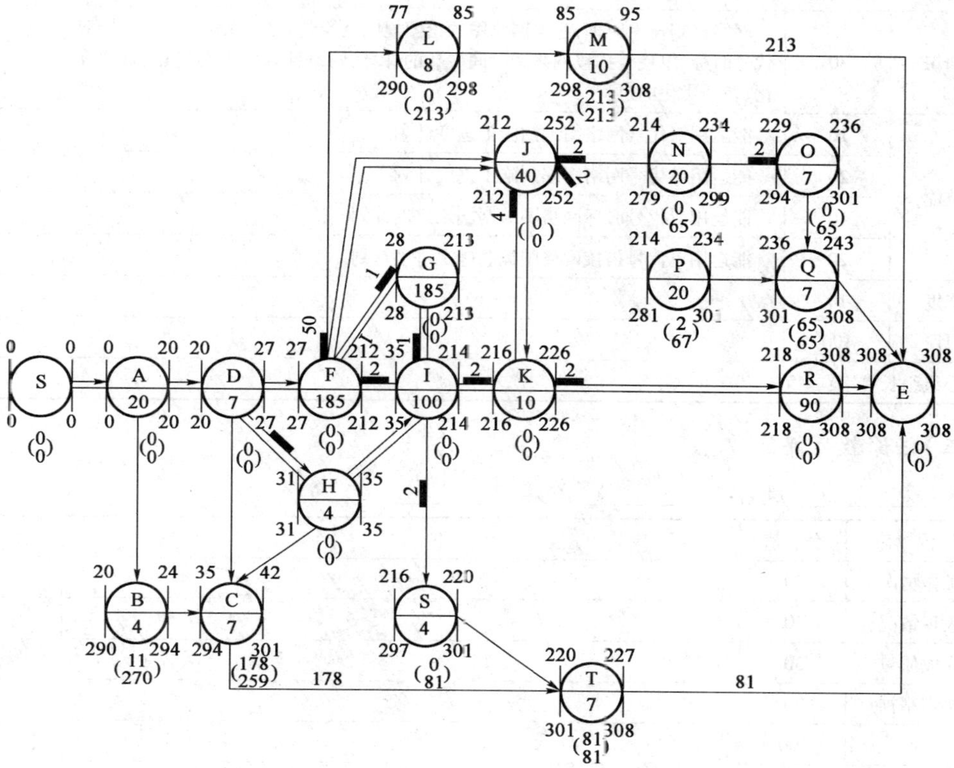

图 3-3-45　改进的网络计划图

三、学习效果评价反馈

（一）学生自评

根据网络图示施工进度计划的编制过程回答下列问题：

（1）网络计划技术的优点有哪些？

（2）双代号网络图由哪些要素组成？各要素的含义是什么？

（3）绘制双代号网络图时，应遵循哪些基本原则？

（4）双代号时间坐标网络计划图有哪些特点？

（5）时间坐标网络计划图的绘制方法有几种？试加以比较。

（6）单代号网络图的基本组成要素有哪些？它与双代号网络图的本质区别是什么？

（7）单代号网络图的绘图规则有哪些？

（8）如何确定单代号网络图的关键线路？

（9）什么是单代号搭接网络计划？搭接关系的表示方法有哪几种？

（10）单代号搭接网络计划时间参数有哪些？如何进行计算？

（11）什么是网络计划的优化？有哪几种优化？各种优化的步骤有哪些？

（二）学习小组评价

班级：____________姓名：____________学号：____________

学习内容	分 值	评 价 内 容	得 分
基础知识	30	网络计划技术原理；各类网络图的绘图规则及绘制方法；双代号、单代号、双代号时标、单代号搭接网络图时间参数的计算；网络计划的工期优化、资源优化、费用优化的过程	
应会技能	10	能运用双代号网络图编制施工进度计划	
	20	能运用单代号网络图编制施工进度计划	
	10	能运用双代号时标网络图编制施工进度计划	
	20	能运用单代号搭接网络图编制施工进度计划	
学习态度	10		
合 计	100		
学习小组组长签字：			年 月 日

（三）任课教师评价

班级：____________姓名：____________学号：____________

评 价 内 容	分 值	简 评	得 分	教师签字
准备工作情况	20			
课堂表现情况	30			
任务完成质量	30			
团结协作精神	20			
合 计	100			
备 注				年 月 日

学习情境四　资源需要量计划的编制

工作任务一　劳动力需要量计划

学习目标

1. 了解施工进度计划与资源需要量计划的关系；
2. 了解资源需要量计划编制的原则、依据及要求；
3. 了解资源供应计划的编制方法及编制程序；
4. 熟悉组建施工作业班组的一般要求；
5. 熟悉组建施工队的一般要求；
6. 正确计算施工项目的劳动力需要量；
7. 能够编制劳动力需要量计划。

任务描述

劳动力需要量计划是指工程项目在施工生产过程中，对人力资源的统筹规划，其劳动力投入随时间的变化通常趋于正态分布。制订一分切实可行的劳动力需要量计划，不仅能够建立优质高效的团队，提高工效，降低成本，还能为保证施工进度和质量提供有力的支持和保障。通过完成该任务，学生应领会组建作业班组和施工队的一般要求，能够配置与整合人力资源，根据施工进度图计算劳动力需要量，并可编制劳动力需要量计划图表。完成该任务首先应熟悉组建生产作业单位的一般要求，其次，在识读施工进度图的基础上，利用施工组织资料和进度计划计算资源需要量，进而编制劳动力需要量计划。

学习引导

本工作任务沿着以下脉络进行学习：

领会资源供应及劳动组织的一般要求 → 识读施工进度计划 → 确定各施工项目作业周期 → 计算劳动力需要量 → 绘制劳动力分布图 → 编制劳动力需要量计划

一、相 关 知 识

(一)施工进度计划与资源需要量计划的关系

施工进度计划是编制资源需要量计划的先决条件和主要依据。在施工进度计划确定以后，才可依据施工进度计划编制资源需要量计划。

编制资源需要量计划时，首先按已确定的施工进度计划——横道图或网络图，确定每个施工项目的作业周期；其次，根据作业周期和工程量计算各个施工项目在某一时段(或每天)所需要的各种资源种类和数量；然后，按时间顺序将各时段内的所有施工项目(指统计时段平行作业的施工项目)的同种资源逐项累加,即可计算出每种资源随时间而变化的需要量。

由此可见,资源需要量是随施工进度计划的变动和调整而变化的,施工进度计划的调整必然要引发资源需要量的变动。因此,资源需要量的确定必须与进度计划相适宜,并在执行计划过程中适应进度计划的变化,以满足进度计划的需要。只有这样,才能保持正常的施工节奏和施工秩序。否则,当资源组织不平衡或受限制,满足不了执行进度计划的需求时,不只会浪费资源而造成经济损失,甚至还会停工待料影响施工节奏,延缓工程进度。

施工进度与施工资源投入量成反比关系,即针对某个施工项目而言,施工资源投入量越大,其作业周期越短。当进度计划编制完成后,意味着每个施工项目的作业周期业已确定,据此,结合拟选的施工方法和工程量的大小,便可计算出所有的施工资源需要量。

通常人们处理施工进度与施工资源投入量之间的关系时,作如下考虑:当工期很紧时,通过选择合理的施工方法、施工机械和施工方式,努力创造施工条件,开创作业面,加大施工资源配置数量来压缩关键施工项目的作业周期;当工期较松时,则以正常的施工条件组织施工,合理配置施工资源即可。

资源供应计划与成本有着密切的关系,特别是材料供应计划,一定要切合实际编制,既要保证正常的施工需要,也要预见性地保持必要的储备,满足进度调整的需要。否则,储备量过大,积压资金,增加施工成本,影响项目流动资金的周转,储备量过小又影响施工进程。可见,在施工过程中,一定要处理好材料供应计划与进度计划的关系,以提高流动资金的周转率和利用率。

(二)资源供应计划的编制原则

资源供应计划的优劣,对施工成本和进度均有直接影响,编制时必须遵循以下原则:

(1)遵循国家的法律、法规等法令性条文的有关规定。

(2)遵循国家各项物资管理政策和要求。

(3)因地制宜,按照市场供求规律编制资源供应计划。

(4)根据甲方的合同要约编制资源供应计划。

(5)尽量组织工程所在地的资源,以降低采购成本。

(6)资源供应计划应与施工进度计划相适宜,并有一定预见性储备或留有余地。

(7)结合施工企业的流动资金状况编制切实可行的资源供应计划。

(8)以满足施工质量、安全和进度等需要为前提。

(三)资源供应计划的编制依据

(1)设计图纸及其工程量。

(2)施工方案及施工进度计划。

(3)发包人在合同条款中提出的特殊要求。

(4)资源储备及运输条件等。

(5)可供利用的资源状况。

(6)资源消耗量标准:主要指预算定额或企业定额中的材料、构件或半成品的消耗标准、机械台班消耗量标准、劳动力消耗量标准和周转性材料消耗量标准等。

①编制竞标性施工组织设计(也称指导性施工组织设计)时,按以下标准编制:

a. 公路工程主要按交通部2007年第33号文件公布的《公路工程基本建设项目概算预算编制办法》(JTG B06—2007)及《公路工程预算定额》(JTG/T B06-02—2007)编制。

b. 铁路工程应按《铁路工程概预算编制办法与概预算新定额全集》(科学技术出版社，2007 年 5 月)的规定编制。

c. 房建和市政工程一般采用工程所在地行业规定的消耗定额标准。

②实施性施工组织设计和竞标性施工组织设计所采用的定额消耗量标准不同，一般采用企业定额结合部颁预算定额的消耗量标准，即结合施工企业的施工技术和管理水平进行编制，通常企业定额(消耗量标准)水平应高于部颁预算定额的水平，否则，实际消耗量增加，成本提高，项目就会发生亏损。

(四)编制资源供应计划的要求

编制资源供应计划首先要在满足合同工期要求和施工进度计划需要的前提下，充分考虑设备和资金的利用率，以提高经济效益为中心，降低施工成本为目的。

编制资源供应计划应在广泛进行工程所在地的施工资源调查的基础上，结合施工企业内外可供利用的人力、机械、材料和资金等资源，由项目部的工程技术部门配合物资供应部门进行编制。具体要求如下：

(1)保质保量。所谓保质是指材料、构件和半成品的选择达到设计要求和业主提出的质量要求即可，过分地追求高标准和高要求意味着成本提高，效益低下；机械设备选择应符合施工技术规范和安全操作规程的要求，并能在施工过程中保持良好的运行工况；人力资源的配置应做到各工种配合得当，特别是机械化施工时应达到人机最佳组合，充分挖掘人机潜力，提高生产效益。

保量是指进货量、库存量和供应量应与施工进度计划相协调，资源供应要持续均衡，既不占用太多的流动资金，还能按进度计划的施工节奏进行施工，满足施工需要，并考虑略有余量。否则，资源供应不足，虽然占用流动资金较少，但停工待料会延缓施工进度，而供大于求时，又降低了流动资金的利用率，影响工程效益。

(2)适时。适时是指材料应按进度计划的需求，以最短的存储时间，分期分批、持续均衡地供应到现场，既不积压资金，也不造成窝工而影响施工进度。

(3)因地制宜。资源供应应以保持良好的施工连续性为前提，合理调度和配置施工资源，减少人工和机械的调运次数，保证材料供应直达施工现场，避免二次搬运，以免造成不必要的浪费和效益损失。

(4)合理低价。合理低价是指工料机应按合理低价原则进行选择，尽量不超过工程的预算价格，保证工程项目的经济效益。如地产材料等的价格随季节性变化较大，在流动资金允许或具备淡季储备材料条件时，可在分部分项工程开工前一段时间内提前储备材料，以较低价格购进材料，寻求最大的经济效益。

(5)充分挖掘社会资源。工程项目施工离不开工程所在地的社会资源，特别是地产材料的运输条件、储量和价格，材料供应及时与否对工程项目的成本影响较大，因此，编制资源供应计划要充分利用工程所在地的社会资源，降低成本，保障供给。

(五)主要资源组织计划的编制方法

主要资源组织计划是指劳动力使用计划、主要材料供应计划和主要机械设备使用计划。其中，主要资源一般包括劳动力，主要材料、成品、半成品、预制构件，对施工项目作业周期起控制作用的主导施工机械等。其编制方法如下：

(1)确定主要施工资源。根据施工对象和采用的施工方法确定所需主要资源的种类，按需确定资源组织计划纲要，即列出需要编制的资源使用计划，如劳动力计划、机械使用计划、水泥和木材供应计划等。

(2)编制资源组织计划表格。资源组织计划表格的内容应根据资源种类和重要性及供应情况不同而采用不同的形式，一般包括序号、名称、规格、单位、数量、来源、运输方式、计划使用时间和备注等。

(3)计算每个施工项目单位时间的资源需要量。根据设计工程量和定额消耗量计算某种资源的总消耗量，再除以施工进度计划中该施工项目的作业周期(实际作业天数)，则得到每个施工项目每天的资源需要量。

(4)累计汇总。将同一时段内的各施工项目的同一资源数量相加，即为该时段的总需要量，然后填写表格。

(5)平衡和优化资源。根据计算所得的总需要量、资金计划、施工进度计划及交通运输条件进行平衡和优化资源。

(六)资源供应计划的编制程序

资源供应计划一般分为三个阶段编制，编制时应结合进度计划和资金流量，切合实际，考虑周全。

(1)准备阶段。调查企业内外部可供利用的资源，熟悉分部分项工程的施工顺序及其施工方法，了解各分部分项工程的资源消耗定额，理解施工组织设计和进度计划的主要内容，进行主要资源的估算与预测。

(2)编制阶段。清查库存和可供安排的资源。根据各分部分项工程的工程量、可供利用的资源数量(包括工、料、机和资金)及进度计划中已经确定的分部分项工程的作业周期，核算资源需要量，然后针对资金使用和工期目标进行资源平衡和优化。

(3)执行阶段。根据进度计划的执行调整情况，适时调整资源供应计划，以满足施工需要。

(4)项目资源采购与配给优化。应用价值分析原理进行采购优化。优化时明确两个目标：一是保证资源供应的可靠性，即各种资源的数量和质量满足施工要求，能及时运达指定地点；二是保证合理低价，即在满足质量要求的前提下，保证各种资源的采购费用经济合理，降低施工成本。

(七)劳动组织方式

劳动组织是指按照工程项目的建设目标，将具备一定劳动技能的劳动力组织起来，选择最佳的劳动组合方案，使之满足施工项目需要，并充分发挥劳动力的作用，提高工效，以求创造更多的物质财富。

劳动组织实质上是劳动者的劳动能力的组合，它与劳动者的职业技能、经验、文化程度、工作态度、团队意识和进取心等密切相关。劳动组织的目的就是为了将不同专长、不同技能的劳动者合理搭配起来，各司其职，各尽所能，为完成某一生产任务组建一个优质高效的团队，提高生产效益。

工程项目的劳动组织方式一般分为直线式、职能式、直线职能式和矩阵式四种，通常以职能式、矩阵式组建项目经理部的居多。项目经理部实行项目经理负责制，对施工生产活动的全过程进行管理，具有管理与服务双重职能，并代表施工企业行使职权，对公司和业主负责。

工程项目的劳动组织，除了考虑项目经理部管理层的机构及其人员配备外，主要研究施工生产基层作业单位的设置及劳动力的配置问题,即施工队或班组的人员组合、工种结构、工人技术等级组合比例、每日用工数量及工程施工高峰期用工数量等。此外,还研究工程项目全过程生产经营活动的用工数量的动态变化规律及机械化施工时人力资源的合理配置问题。

(八)施工作业班组设置及其组织优化

施工作业班组按一般工艺原则来组建,即将具备某一专项技能的劳动者组织起来,为完成某个主要工序配置生产技术和作业人员,并配备必要的生产工具、机械和设备。

组建施工作业班组时一般应满足以下要求:

(1)保证每个成员的最小工作面。最小工作面是指在满足施工安全操作规程的条件下,每个成员自如作业所占据的最小空间。它与工种和劳动工具的触及范围有关。一般据实测定,如人工开挖最小工作面为 $2.5m^2$。

通常作业面上容纳的人工数量采用式(4-1-1)计算。

$$人工数量 = 施工作业面面积(m^2)/最小工作面(m^2/人) \qquad (4\text{-}1\text{-}1)$$

(2)同一工种工人的技术等级应搭配合理。一般技工的施工技术水平对工程质量和进度的影响较大,因此,充分调动技工的积极性,挖掘潜力,有益于保证工程质量和工程进度。但只有技工,没有普工辅助,技工的施工技术效力也难以发挥出来,故技工和普工应合理搭配,才能充分发挥技工的作用。通常根据施工需要,一个技工应有一个或几个普工辅助进行生产活动。

(3)按施工工艺要求的最低限度配备施工人数。当按工程量和进度要求,采用定额方法测算的人数低于施工工艺要求配置的最低人数时,应以工艺要求为主,配置劳动力。如钢筋加工按工程量和作业周期测算的用工数为 4 人,但钢筋加工要求运卸料和除锈 2 人,上料和下料 2 人,弯钩 1 人,共需 5 人,故钢筋加工作业应按 5 人配置。

(九)施工队的设置及其劳动组织优化

施工队往往由若干个不同工种的施工作业班组组成,一般按对象原则进行组建,即为了完成某个分部分项工程、某一构件等成品,把技术上相互关联的作业班组或个人组合起来,以加工“成品”为对象而组建的施工作业单位。

如路面施工队由混合料拌和、运输、摊铺、碾压等施工作业班组组成,拥有完成路面结构层的所有施工机械和设备,并以加工路面(按分部分项工程验收的成品)为对象,将技术上相互关联的几个施工作业班组组织起来,联动作业。

组建施工队时的一般要求有如下几点:

(1)按机械作业需要配置辅助人工数量。施工队拥有完成不同工序的各种机械,机械化作业往往需要人力配合施工。当人机联动作业时,应根据机械的规格型号及其生产率合理搭配人工数量,争取达到人机联动的最佳生产效率。如利用摊铺机摊铺水泥石灰稳定砂砾和沥青混合料时,配置的人工数量就不一样。通常在充分发挥摊铺机的作业效率的前提下,辅助作业的人工数量以够用为度。摊铺机辅助作业人工数量的多少与摊铺机的规格型号以及产量有关。

(2)紧前紧后工序的施工力量配置应协调一致。如挖土与运土、运土与夯实、运送混凝土和浇筑混凝土、制模与绑扎钢筋、隧道钻孔与出渣均为紧前紧后工序。为了充分挖掘紧前工序的潜力,保证施工作业班组的最佳作业效率,配备劳动力时,应保持紧前紧后工序在施工能力上的比例关系,即紧后工序的生产能力一般应略大于紧前工序 5% ~10%,使各工序的总工效相等。

(3)根据施工技术含量配备必要的专业技术人员。施工队一般完成的是技术含量较高的施工项目,所以,应配置熟悉工艺流程和施工技术的专业技术人员,必要时还需配备测量、检测、安全等专业工程师辅助施工,围绕"成品"加工开展专业性较强的生产技术工作。

(4)根据施工方式组建施工队。施工作业方式不同时,选择施工队的组成也不同。顺序作业和平行作业方式多数选用由不同工种的班组组成的综合施工队,而流水作业方式通常选用专业班组,如大桥墩台和基础施工分别由基础施工队和墩台施工队完成,而小桥涵不分基础和涵台全部由一个综合施工队完成。

(十)劳动力需要量计划图表

根据已确定的施工进度计划,就可计算出各个施工项目每天所需的人工数,将同一时间内所有施工项目的人工数进行累加,即可绘出每日施工的人工数量随时间变化的劳动力需要量图。

劳动力需要量图表明劳动力需要量与施工期限之间的关系,不同的工程进度安排,劳动力需要量图呈现不同的状态。图 4-1-1 所示是劳动力需要量的三种典型图式。

如前所述,正确的施工组织设计应该使劳动力需要量均衡,以减少服务性的各种临时设施和避免因施工调动频繁而形成窝工。图 4-1-1a)表示在短期内劳动力出现高峰现象,图 4-1-1b)表示劳动力数量频繁调动,这两种情况都不便于施工管理并增加了各种临时设施的规模,在编制施工进度计划时应力求避免;图 4-1-1c)表示在较长时间内劳动力保持了均衡,符合施工规律,是最好的情况。

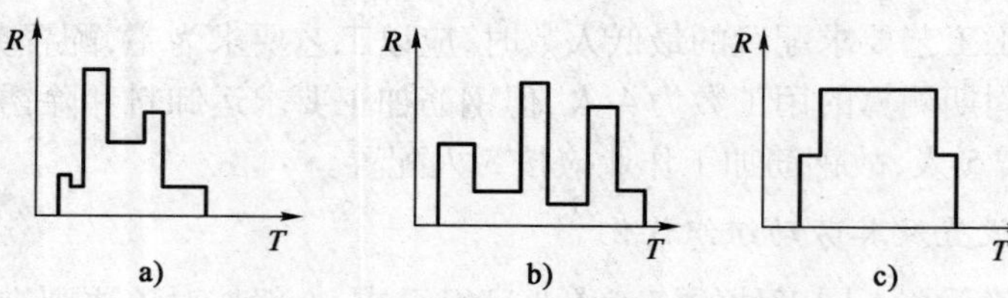

图 4-1-1 劳动力需要量示意图

a)短时高峰;b)锯齿波动;c)均衡情况

劳动力消耗的均衡性,可用劳动力不均衡系数 K 表示,见式(4-1-2)。劳动力不均衡系数的值应大于或等于 1,一般不超过 1.5。其值按式(4-1-2)计算。

$$K = \frac{R_{max}}{R_{平均}} \tag{4-1-2}$$

式中:R_{max}——施工期间劳动力最高人数;

$R_{平均}$——施工期间加权平均人数,即总劳动量/计划总工期。

根据劳动力需要量图,可以编制劳动力需要量计划(表 4-1-1)。劳动力需要量计划,主要是作为安排劳动力的平衡、调配和衡量劳动力耗用指标、安排生活福利设施的依据,其编制方法是将施工进度计划表内所列各施工过程每天(或旬、月)所需工人人数按工种汇总而得。

劳动力需要量计划表

表 4-1-1

序号	工种	人数	需要人数及时间										备注
			年度					年度					
			一季度	二季度	三季度	四季度	合计	一季度	二季度	三季度	四季度	合计	
1	2	3	4	5	6	7	8	9	10	11	12	13	14

（十一）施工项目劳动力需要量计算示例

某水泥混凝土路面工程施工任务，路面厚度为20cm。工程量为50 000m^2，分散拌和，手推车运输，人工铺筑。查施工进度计划，该项施工任务要求在120天内完成，采用一班制作业，试确定日劳动力需要量。

解：（1）查《公路工程预算定额》（JTG/T B06-02—2007），确定工料机消耗量。查得水泥混凝土路面工程的预算定额编号为[172-2-2-17-1]。查之可知，完成1 000m^2（定额单位）水泥混凝土路面需要：

人工	290.3 工日
250L 以内混凝土搅拌机	7.43 台班
水泥混凝土真空吸水机	3.48 台班
混凝土切缝机	3.36 台班
4 000L 以内洒水汽车	1.44 台班

250L以内混凝土搅拌机是控制施工进度的主导机械。按正常的施工条件组织施工，保证机械工效，充分发挥机械潜力，平均每个台班合理配置的人工数量为290.3÷7.43=39.07人→39人。

（2）计算劳动量。

$D_{人工}=50\,000\div1\,000\times290.3=14\,515$（工日）

（3）计算机械作业量。

$D_{搅拌机}=50\,000\div1\,000\times7.43=371.5$（台班）

$D_{吸水机}=50\,000\div1\,000\times3.48=174$（台班）

$D_{切缝机}=50\,000\div1\,000\times3.36=168$（台班）

$D_{洒水车}=50\,000\div1\,000\times1.44=72$（台班）

（4）计算日劳动力需要量。

当要求该项施工任务120天完成时（$T_i=120$），每日需要：

$R_{人工}=D_{人工}/(T_{人工}\times n)=14\,515\div(120\times1)=120.96$（人）→121人

$R_{搅拌机}=D_{搅拌机}/(T_{搅拌机}\times n)=371.5\div(120\times1)=3.10$ 台→适当延时加班为3台

$R_{吸水机}=D_{吸水机}/(T_{吸水机}\times n)=174\div(120\times1)=1.45$ 台→2台

$R_{切缝机}=D_{切缝机}/(T_{切缝机}\times n)=168\div(120\times1)=1.40$ 台→考虑适当延时加班为1台

$R_{洒水车}=D_{洒水车}/(T_{洒水车}\times n)=72\div(120\times1)=0.6$ 台→1台

根据以上计算结果，在正常的施工条件下，每日合理配置人数在117（注：3×39=117）~121人之间，施工时可按施工组织需要调整。

二、任 务 实 施

（一）任务引领

1. 任务情境

（1）工程概况。广西×××公路是国道主干线重庆至湛江公路的重要组成部分，其中No2标段北起HC市都安县保平乡，起点桩号K126+000，路线经过拉友、板旺、光隆、坝牙，终点为耀南，终点桩号为K154+131，全长28.1km。本项目部主要承揽路面工程施工任务，合同工期

335 天。

结构形式:26cm 水泥混凝土路面,路面宽度为 14.0m;浆砌片石路肩,路肩宽度为 0.5m;路面基层为 18cm 水泥稳定碎石,基层宽度为 14.5m(全填)或 14.0m(全挖)或 14.25m(半填半挖);路面底基层为 16cm 级配碎石,与 95 区顶同宽,即 15m。

设计标准及主要技术指标:设计行车速度为 60km/h,路基宽 15m,土路肩宽 0.5m,水泥混凝土路面厚 26cm,平曲线最小半径 135m,最大纵坡 7%,最大超高 8%。设计荷载为汽车超—20 级,挂车—120 级。

地质条件:No2 标段地处山岭重丘区,位于云贵高原边缘,起伏大,地面横坡较陡,沿线多经过以石灰石为主体的石灰石夹土地区,有岩溶。除部分地段为林地和荒地外,其沟底和坡脚多为旱地和梯田。

(2)施工顺序。

①底基层(全幅施工):机械铺料,拖拉机带铧犁拌和。

2002 年 12 月 1 日至 2003 年 1 月 15 日	K144 +400 ~ K147 +000;
2003 年 1 月 16 日至 2003 年 3 月 1 日	K147 +000 ~ K150 +000;
2003 年 3 月 2 日至 2003 年 4 月 1 日	K138 +600 ~ K143 +800;
两个作业队同时施工	K128 +000 ~ K133 +000;
2003 年 4 月 2 日至 2003 年 5 月 1 日	K150 +000 ~ K154 +000;
	K126 +000 ~ K128 +000;
	K137 +570 ~ K138 +600;
2003 年 5 月 2 日至 2003 年 6 月 30 日	K133 +000 ~ K137 +400。

②基层施工(半幅施工)。

2003 年 3 月 10 日　　试验路段	K145 +000 ~ K145 +300 左;
2003 年 3 月 20 日至 2003 年 4 月 1 日	K138 +000 ~ K145 +000 左;
2003 年 4 月 2 日至 2003 年 5 月 1 日	K139 +000 ~ K147 +000 右;
2003 年 5 月 2 日至 2003 年 5 月 22 日	K147 +000 ~ K154 +000 右;
2003 年 5 月 23 日至 2003 年 6 月 13 日	K147 +000 ~ K154 +000 左;
2003 年 6 月 14 日至 2003 年 7 月 4 日	K145 +300 ~ K147 +000 左;
2003 年 7 月 5 日至 2003 年 7 月 25 日	K133 +000 ~ K126 +000 左;
2003 年 7 月 26 日至 2003 年 8 月 14 日	K127 +000 ~ K133 +000 右;
2003 年 8 月 15 日至 2003 年 9 月 5 日	K133 +000 ~ K138 +000 左;
2003 年 9 月 6 日至 2003 年 9 月 26 日	K133 +000 ~ K138 +000 右。

③水泥混凝土面层(半幅施工)。

2003 年 5 月 1 日　　试验路段	K139 +000 ~ K139 +200 左;
2003 年 6 月 1 日至 2003 年 7 月 1 日	K139 +200 ~ K151 +000 左;
2003 年 7 月 2 日至 2003 年 8 月 1 日	K151 +000 ~ K154 +131 左;
	K139 +000 ~ K151 +000 右;
2003 年 8 月 2 日至 2003 年 9 月 1 日	K151 +000 ~ K154 +131 右;
	K153 +000 ~ K126 +000 左;

2003 年 9 月 2 日至 2003 年 10 月 2 日　　　　K133 +000 ~ K126 +000 右；

2003 年 10 月 3 日至 2003 年 11 月 2 日　　　　K133 +000 ~ K139 +000 左右。

(3)各施工段分项工程(工艺顺序)划分。各施工段分项工程包括水泥混凝土面层、封油层、水泥稳定碎石基层、级配碎石底基层和浆砌片石硬路肩 5 个分项工程。

(4)进度计划安排。

底基层:2002 年 12 月 1 日至 2003 年 6 月 30 日。

基层:2003 年 3 月 10 日至 2003 年 9 月 26 日。

面层:2003 年 5 月 1 日至 2003 年 11 月 2 日。

路面工程施工进度计划如图 4-1-2 所示。

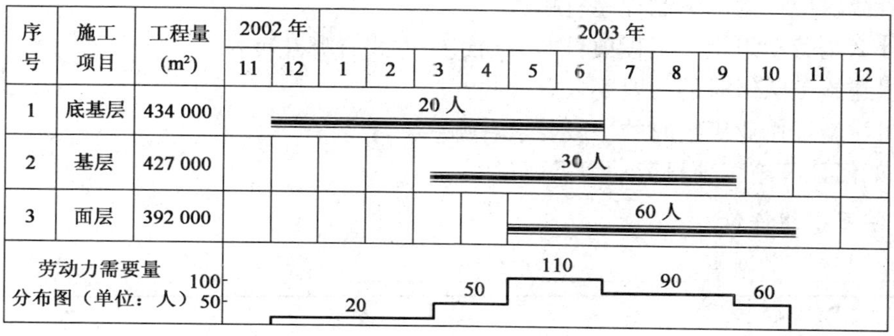

图 4-1-2　某路面工程进度计划

2. 工作任务

试确定路面工程项目的劳动力需要量计划。

(二)任务实施——编制劳动力需要量计划

根据施工进度图中的时间坐标进程,逐月统计每月已(或应)开工的施工任务(平行作业)的个数,并明确确定各施工任务的开工和结束时间,再逐月汇总各施工任务(指每月平行作业的施工任务)的每班平均人数,即可绘制劳力资源分布图.如图 4-1-2 中劳动力需要量分布图,并编制劳动力需要量计划,如表 4-1-2 所示。

劳动力需要量计划表　　　　表 4-1-2

作业时间		施工项目	劳动力分配(人)	需要量(人)	备注
2002 年 12 月 1 日	2003 年 3 月 9 日	底基层	20	20	
2003 年 3 月 10 日	2003 年 4 月 30 日	底基层	20	50	
		基层	30		
2003 年 5 月 1 日	2003 年 6 月 30 日	底基层	20	110	
		基层	30		
		面层	60		
2003 年 7 月 1 日	2003 年 9 月 26 日	基层	30	90	
		面层	60		
2003 年 9 月 27 日	2003 年 11 月 2 日	面层	60	60	

三、学习效果评价反馈

(一)学生自评

根据劳动力需要量计划编制的过程完成下列问题:

(1)施工进度计划与资源需要量计划有何关系?

(2)资源供应计划的编制原则是什么?

(3)资源供应计划的编制依据有哪些?

(4)编制资源供应计划的要求是什么?

(5)主要资源组织计划的编制方法有哪些?

(6)资源供应计划的编制程序有哪些?

(7)什么是劳动组织?工程项目的劳动组织方式有哪几种?

(8)组建施工队伍时的一般要求有哪些?

(9)组建施工作业班组时的一般要求有哪些?

(10)如何计算施工项目劳动力需要量?

(二)学习小组评价

班级:____________姓名:____________学号:____________

学习内容	分 值	评 价 内 容	得 分
基础知识	30	施工进度计划与资源需要量计划的关系;资源供应计划的编制原则、依据;编制资源供应计划的要求;主要资源组织计划的编制方法;资源供应计划的编制程序;劳动组织及工程项目的劳动组织方式;组建施工作业班组及施工队伍的一般要求	
应会技能	10	学会资源供应计划的编制方法	
	20	会组建施工作业班组及施工队伍	
	10	能正确计算施工项目的劳动力需要量	
	20	能够编制劳动力需要量计划	
学习态度	10		
合 计	100		
学习小组组长签字:			年 月 日

(三)任课教师评价

班级:____________姓名:____________学号:____________

评 价 内 容	分 值	简 评	得 分	教师签字
准备工作情况	20			
课堂表现情况	30			
任务完成质量	30			
团结协作精神	20			
合 计	100			
备 注				年 月 日

工作任务二　施工机具与设备需要量计划

学习目标

1. 熟悉机械化施工组织的内容；
2. 了解机械化施工组织的特点；
3. 能够正确计算分部分项工程施工机具与设备的需要量；
4. 了解主要施工机具与设备需要量计划的编制方法；
5. 正确编制主要施工机具与设备的需要量计划。

任务描述

施工机具与设备需要量计划是指工程项目在施工生产过程中，对机具、设备资源的统筹规划。它以合同段的施工进度计划为依据，并在已完成的施工进度计划的基础上编制而成。施工机具、设备需要量计划的编制与施工方案的选择密切相关，相辅相成。制订施工机具、设备的需要量计划时，应充分考虑施工方法与施工机具选择的一致性和协同性，合理配置、整合和优化施工机具及设备资源。通过完成该任务，学生应熟悉机械化施工组织的主要内容，正确计算施工机具、设备的需要量，合理配置与整合机械、设备资源，并可编制可行的机械、设备需要量计划图表。完成该任务首先应熟悉组建机械化施工组织的主要内容，然后，在识读施工进度图的基础上，利用施工组织资料和进度计划计算资源需要量，进而编制机械、设备需要量计划。

学习引导

本工作任务沿着以下脉络进行学习：

熟悉机械化施工的主要内容 → 识读施工进度计划 → 确定各施工项目作业周期 →

根据施工方案及定额确定施工机具种类 → 计算机具、设备的需要量 → 编制机具、设备需要量计划

一、相关知识

（一）机械化施工组织概述

1. 施工过程组织与机械化施工组织的联系与区别

机械化施工组织与公路施工过程组织是既有联系又有区别的两种不同的施工组织活动。

（1）组织目的不同。机械化施工组织的主要依据是施工总进度计划，它是在服从总进度计划的总体安排，并满足总进度计划的统一要求的基础上，针对主要机具设备的供应计划所进行的资源整合和优化，其目的是：

①合理选用和配置各个施工环节的施工机械，充分发挥各种机械的效能。

②合理利用施工机械设备，充分发挥施工主导机械的作用，提高相应施工环节的生产率，加快关键工程等重要施工环节的作业进度。

③科学维护和保养施工机械设备，提高机械完好率，保持机械作业过程的正常工作状态，从而保证施工总进度计划的顺利实施。

④优化可供利用的设备资源，合理进行机械的组织和调配，提高机械的利用率，保证施工机械能够连续均衡地进行生产作业，避免机械损失和浪费，提高经济效益。

显然，机械化施工组织仅仅是针对施工机械资源的合理配置和利用而进行的组织活动，且

这些资源的配置及需求量是由施工总进度计划所决定的(实质上,在编制施工进度计划的过程中,制订施工方案并选择分部分项工程的施工方法时,曾对施工机械和设备的选择进行过充分的评估和考虑,业已初步拟订了施工机械与设备的使用方案),而施工过程组织的目的是全过程、全方位地合理安排各项施工生产活动。二者的组织目的截然不同。

(2)组织对象不同。施工组织的对象是建设项目或合同段的基本生产过程,如分部分项工程施工的时间进程安排和施工方案的制订,而机械化施工组织的对象是完成这些分部分项工程所需配置的机械资源,即考虑机械资源配置的合理性、实效性和利用率。显然,二者的组织对象也是不同的。

(3)组织内容不同。施工组织的主要内容包括时间组织和空间组织两个方面。施工组织的成果是施工进度计划,它是遵循施工生产的客观规律,按照时间和工艺顺序,对施工全过程的各项生产活动及其施工资源作出的科学合理的计划安排;而机械化施工组织只是施工组织的一个组成部分,仅仅针对机械设备资源的利用和优化而言。二者的组织内容也不同。

(4)侧重点不同。施工组织强调生产活动计划的合理性,而机械化施工组织强调机械资源利用的实效性。

2. 机械化施工组织的特点

由以上比较可以看出,机械化施工组织有其自身的特点:

(1)机械化施工组织的宗旨是最大限度地保持机械作业的均衡性和连续性。

(2)机械化施工组织的重点是机械资源配置的合理性、实效性和利用率。

(3)与施工组织设计比较,组织内容单一。

(4)机械化施工组织具有从属性。即机械化施工组织是在施工总进度计划的基础上进行的,是服从并从属于施工总进度计划的机械作业时间安排的,它是为了总进度计划顺利实施而进行的组织活动。

(5)机械化施工组织以"机械资源"组织为主。主要是合理配置各项施工活动的机械资源,解决机械、设备资源的合理配置和有效利用问题。而施工过程组织则以"时间"组织为主,主要是为了安排各项生产活动的时序和进程,确定计划工期,制订施工进度计划。

(二)机械化施工组织的内容

对于一个工程项目来讲,为了保证工程质量和进度,有时业主在招标文件中,针对施工过程中某些关键环节的主要机械设备配置提出一些具体的要求,如机械或设备的规格、型号及生产率等。通常承包人在进行机械化施工组织时,首先应满足招标文件或设计文件提出的要求,其次,才能根据施工方案及施工总进度计划合理地进行机械化施工组织。具体内容如下:

(1)确定重点工程的机械化施工方案,合理选择机械设备。

(2)组建机械设备资源管理机构,确定机械作业流程、方法及操作规程。

(3)合理进行机械化施工场地布设。

(4)确定各季度计划台班数量,制订分部分项工程主要机械的作业计划。

(5)制订机械设备供应计划。

(三)主要机械需要量计划的编制

主要机具、设备的供应计划反映了完成合同段的全部施工任务所需要的机种以及各机种的需要量、规格型号、作业开始及结束时间和各机种作业的延续时间。它是机械化施工组织的基础,也是优化设备资源,协调、调度和安排机械作业的依据。主要设备机具的供应计划根据施工总进度计划制订。下面以混凝土路面施工为例,说明主要施工机具、设备作业计划的确定步骤。

1. 确定施工任务

根据施工进度图中的时间坐标进程,逐月统计每月已(或应)开工的施工任务(平行作业)的个数,并确定和记录各施工任务的开工和结束时间。

比如,查某合同段进度计划可知,该合同段面层为水泥混凝土路面,路面厚度为20cm,工程量为50 000m^2。计划于6月1日开工,9月31日完工,计划工期120天。施工方法为分散拌和,手推车运输,人工铺筑,采用一班制作业。

2. 确定机械种类及需要量

(1)查《公路工程预算定额》(JTG/T B06-02—2007),确定机械种类及其台班消耗量。水泥混凝土路面工程的预算定额编号为[173-2-2-17-1]。查之可知,完成1 000m^2(定额单位)水泥混凝土路面需要:

250L以内混凝土搅拌机	7.43台班
水泥混凝土真空吸水机	3.48台班
混凝土路面切缝机	3.36台班
4 000L以内洒水汽车	1.44台班

(2)计算机械作业量。按各施工任务的实际工程量和相应机械台班消耗定额列出完成该任务需要的机种,并分别计算各种机械的作业量。

根据式(3-1-14)及《公路工程预算定额》(JTG/T B06-02—2007)可知,完成该项施工任务所需主要机种及其作业量计算如下:

$D_{搅拌机}=50\,000\div1\,000\times7.43=371.5$(台班)

$D_{吸水机}=50\,000\div1\,000\times3.48=174$(台班)

$D_{切缝机}=50\,000\div1\,000\times3.36=168$(台班)

$D_{洒水车}=50\,000\div1\,000\times1.44=72$(台班)

(3)确定机械需要量。根据式(3-1-16)及各种机械的作业量、作业周期并考虑作业班制及工作面等条件,确定完成每项施工任务时各种机械的需要量。当要求该项施工任务120天完成时($T_i=120$),假定采用一班制作业($n=1$),各种机械每日需要量为:

$R_{搅拌机}=D_{搅拌机}/(T_{搅拌机}\times n)=371.5\div(120\times1)=3.10$(台)→适当延时加班为3台

$R_{吸水机}=D_{吸水机}/(T_{吸水机}\times n)=174\div(120\times1)=1.45$(台)→2台

$R_{切缝机}=D_{切缝机}/(T_{切缝机}\times n)=168\div(120\times1)=1.40$(台)→适当延时加班为1台

$R_{洒水车}=D_{洒水车}/(T_{洒水车}\times n)=72\div(120\times1)=0.6$(台)→1台

施工主导机械的每日需要量确定后,其他辅助机械可根据施工组织情况或采取必要的施工组织措施调整每日需要量,但不管如何调整,都要保证主导机械效率的最大化。

3. 编制主要机械需要量计划表

按以上方法确定每一项施工任务的机种及各机种的作业量和每日需要台数,再逐月汇总各施工任务(指每月平行作业的施工任务)需要的相同机种及其每日需要台数,即可制订出整个合同段的主要机具、设备计划。如类似于表4-2-1所示的路基填方工程机械作业计划表。

路基填方工程机械作业计划表　　表 4-2-1

机种名称	施工任务	所需机械台数																			
		9 月																			
		9日	10日	11日	12日	13日	14日	15日	16日	17日	18日	19日	20日	21日	22日	23日	24日	25日	26日	27日	28日
推土机	清除障碍	9	9	5	5	5	5	5	5	5	5	5					9	9	8	8	8
	表层剥土			4	4	4	4	4	4	4	4	4	4	4					5	5	5
	排水	1	1	1	1	1	1	1	1	1	1	1	1	1							
	挖掘									1	1	1	1	1	5	5	7	7			
	铺平									1	1	1	1	1	1	1	1	1			
	清运便道	2	2	2																	
铲运机	表层剥土			4	4	4	4	4	4	2	2	2									
	挖掘								6	6	6	9	9	9	8	8					
	表面终压													1	1	1	1	1	1		
	便道铲土	1	1	1																	
羊足碾	碾压							1	1	1	1	1	1	1	1	1	1	1			
平地机	表面刮削			1	1	1	1	1	1	1	1										
	铺平							1	1	1	1	1	1	1	1	1	1	1			
	面精加工															2	2	2	2	2	2
挖掘机	挖掘							2	2	2	2	2	2	2	2	2	2	2			
	排水			1	1	1															
翻斗车	排水				6	6	6	6	6												
	挖运										9	9	9	9	9	9	9	9			
压路机 10t	表面终压															1	1	1	1	1	1
压路机 20t	表面终压															1	1	1	1	1	1

(四)其他机械作业计划的编制

1. 施工主导机械作业计划

施工主导机械作业计划应与总进度计划的总体安排一致,在总进度计划的基础上绘制,步骤如下:

(1)根据施工总体进度计划,在横道图中按施工次序列出采用机械化施工且由主导机械控制施工进度的作业项目名称,并将主导机械的机种列入主导机械栏内,如图 4-2-1 所示。

(2)在施工总进度计划中,查出以上各作业项目的开、竣工时间(与总进度计划一致)及作业周期,并确定每日需要台数(见图 4-2-1 中横道上方的数字)。

(3)按各作业项目的开、竣工时间及作业周期(与总进度计划一致),绘制主导机械的横道图,如图 4-2-1 所示。

2. 常用机械作业计划

某种机械作业计划应与总进度计划的总体安排一致,仍在总进度计划的基础上绘制,步骤如下:

(1)根据施工总体进度计划，列出使用该种机械的所有作业项目，并按其实际工程量和机械台班消耗定额确定各作业项目的作业周期及作业量（与总进度计划对应并一致），如图 4-2-2 中所示“台班数量”中的数字。

(2)依据开、竣工时间和作业周期（与总进度计划对应并一致）绘制该种机械的横道图，如图 4-2-2 所示。

序号	作业项目	工程量	单位	台班数量	作业周期	主导机械作业进度（月）										主导机械
						1	2	3	4	5	6	7	8	9	10	
1	准备工作	2 714	m^2	90	45	2										载重车
2	汽车运材料	6 147	m^3	2 140	194				11							载重车
3	集中土方开挖	53 471	m^3	182	90				2							挖掘机
4	汽车运土石方	63 714	m^3	1 452	121				12							自卸车
5	桥梁混凝土	1 436	m^3	120	120					1						搅拌机
6	管涵安装	625	m^3	68	68							1				起重机
7	板涵安装	382	m^3	45	45							1				起重机
8	沿线设施安装	253.5	t	120	60									2		电焊机

图 4-2-1 某工程主导机械作业横道图

序号	作业项目	工程量	单位	台班数量	作业周期	某机械作业进度（月）										某种机械
						1	2	3	4	5	6	7	8	9	10	
1	准备工作	2 714	m^2	40	45	1										电焊机
2	汽车运材料	6 147	m^3	0	194				0							电焊机
3	集中土方开挖	53 471	m^3	0	90				0							电焊机
4	汽车运土石方	63 714	m^3	0	121				0							电焊机
5	桥梁混凝土	1 436	m^3	120	120					1						电焊机
6	管涵安装	625	m^3	68	68						1					电焊机
7	板涵安装	382	m^3	45	45							1				电焊机
8	沿线设施安装	253.5	t	120	60									2		电焊机

图 4-2-2 某工程电焊机施工横道图

二、任 务 实 施

(一)任务引领

1. 任务情境

(1)工程概况。广西×××公路是国道三干线重庆至湛江公路的重要组成部分，其中 No2 标段北起 HC 市都安县保平乡，起点桩号 K126+000，路线经过拉友、板旺、光隆、坝牙，终于耀南，终点桩号为 K154+131，全长 28.1km。本项目部主要承揽路面工程施工任务，合同工期为 335 天。其他同本学习情境工作任务一中“任务情境”的内容，从略。

(2)进度计划。路面工程施工进度计划如图 4-2-3 所示。

2. 工作任务

试确定路面工程项目的主要机械需要量计划。

序号	施工项目	工程量(m^2)	2002年		2003年											
			11	12	1	2	3	4	5	6	7	8	9	10	11	12
1	底基层	434 000					20人									
2	基层	427 000								30人						
3	面层	392 000										60人				

图 4-2-3　某路面工程进度计划

(二)任务实施——编制主要机械需要量计划

1. 确定施工任务

根据施工进度图中的时间坐标进程,逐月统计每月已(或应)开工的施工任务(平行作业)的个数,并确定各施工任务的开工和结束时间。

底基层:2002 年 12 月 1 日至 2003 年 6 月 30 日,计划工期 210 天。

基层:2003 年 3 月 10 日至 2003 年 9 月 26 日,计划工期 196 天。

面层:2003 年 5 月 1 日至 2003 年 11 月 2 日,计划工期 182 天。

2. 确定机械种类

进一步明确各项施工任务的施工方法,查《公路工程预算定额》(JTG/T B06-02—2007)确定每项施工任务的机械种类(本例未考虑拌和站的安装与拆除、路面钢筋及封油层的机具、设备资源消耗)。

(1)底基层。级配碎石厚 16cm,采用机械铺料,拖拉机带铧犁拌和,压路机碾压。查《公路工程预算定额》(JTG/T B06-02—2007)[131-2-2-2-9 + 12 × 8]"级配碎石路面"知,完成该施工任务需要的机械为:

120kW 自行式平地机　　0.28 台班/1 000m^2

75kW 履带式拖拉机　　0.27 台班/1 000m^2

6 ~ 8t 光轮压路机　　0.14 台班/1 000m^2

12 ~ 15t 光轮压路机　　1.09 台班/1 000m^2

6 000L 以内洒水车　　0.36 台班/1 000m^2

(2)基层。水泥稳定碎石厚 18cm,厂拌法施工,摊铺机分两幅摊铺,压路机压实。查《公路工程预算定额》(JTG/T B06-02—2007)[109-2-1-7-5 + 6 × 3]"厂拌基层稳定土混合料"和[121-2-1-9-7]"机械铺筑厂拌基层稳定土混合料"可知,完成该施工任务需要的机械为:

3.0m^3以内轮胎式装载机　　0.57 台班/1 000m^2

6 ~ 8t 光轮压路机　　0.14 台班/1 000m^2

12 ~ 15t 光轮压路机　　1.27 台班/1 000m^2

300t 以内稳定土厂拌设备　　0.30 台班/1 000m^2

7.5m 以内稳定土摊铺机　　0.35 台班/1 000m^2

6 000L 以内洒水车　　0.31 台班/1 000m^2

混合料运输的平均运距为 9km,查《公路工程预算定额》(JTG/T B06-02—2007)[120-2-1-8-13 + 15 × 16]"厂拌基层稳定土混合料运输"知:

10t 以内自卸车　8.06 + (9 − 1) ÷ 0.5 × 0.86 = 21.82 台班/1 000m^3 = 3.93 台班/1 000m^2

(3)面层。混凝土面层厚26cm,搅拌楼拌和,滑模式混凝土摊铺机摊铺。查《公路工程预算定额》(JTG/T B06-02—2007)[173-2-2-17-5 + 6 × 6]"水泥混凝土路面"知:

3.0m^3以内轮胎式装载机　1.2 台班/1 000m^2
滑模式水泥混凝土摊铺机　0.49 台班/1 000m^2
混凝土电动刻纹机　8.91 台班/1 000m^2
混凝土电动切缝机　3.82 台班/1 000m^2
6m^3以内混凝土搅拌运输车　3.58 台班/1 000m^2
60m^3/h 以内混凝土搅拌站　0.85 台班/1 000m^2
6 000L 以内洒水车　1.90 台班/1 000m^2

6t 以内自卸车运送混凝土平均运距 8.5km,查《公路工程预算定额》(JTG/T B06-02—2007)[178-2-2-19-5 + 7 × 15]"自卸汽车运输水泥混凝土"知:

6t 以内自卸车　41.89 台班/1 000m^3 = 10.89 台班/1 000m^2

3.确定机械需要量

根据以下公式计算施工机械需要量,可采用列式法或表算法进行计算。

$$\text{施工项目机械台班消耗量(作业量)} = \text{施工项目工程数量} \times \text{台班消耗定额} \quad (4\text{-}2\text{-}1)$$

$$\text{施工项目单位时间机械需要量} = \text{施工项目机械台班消耗量}/\text{施工项目作业周期} \quad (4\text{-}2\text{-}2)$$

(1)底基层每日机械需要量。

120kW 自行式平地机　434 000 ÷ 1 000 × 0.28 ÷ 210 = 0.58(台)→1 台
75kW 履带式拖拉机　434 000 ÷ 1 000 × 0.27 ÷ 210 = 0.56(台)→1 台
6 ~ 8t 光轮压路机　434 000 ÷ 1 000 × 0.14 ÷ 210 = 0.29(台)→0 台
12 ~ 15t 光轮压路机　434 000 ÷ 1 000 × 1.09 ÷ 210 = 2.25(台)→振动压路机 2 台
6 000L 以内洒水车　434 000 ÷ 1 000 × 0.36 ÷ 210 = 0.74(台)→1 台(与基层共用)

(2)基层每日机械需要量。

3.0m^3以内轮胎式装载机　427 000 ÷ 1 000 × 0.57 ÷ 196 = 1.24(台)→1 台
6 ~ 8t 光轮压路机　427 000 ÷ 1 000 × 0.14 ÷ 196 = 0.3(台)→0 台
12 ~ 15t 光轮压路机　427 000 ÷ 1 000 × 1.27 ÷ 196 = 2.77(台)→振动压路机 2 台
300t 以内稳定土厂拌设备　427 000 ÷ 1 000 × 0.30 ÷ 196 = 0.65(台)→1 台
7.5m 以内稳定土摊铺机　427 000 ÷ 1 000 × 0.35 ÷ 196 = 0.76(台)→1 台
6 000L 以内洒水车　427 000 ÷ 1 000 × 0.31 ÷ 196 = 0.68(台)→1 台
10t 以内自卸车　427 000 ÷ 1 000 × 3.93 ÷ 196 = 8.56(台)→9 台

(3)面层每日机械需要量。

3.0m^3以内轮胎式装载机　392 000 ÷ 1 000 × 1.2 ÷ 182 = 2.58(台)→3 台
滑模式水泥混凝土摊铺机　392 000 ÷ 1 000 × 0.49 ÷ 182 = 1.06(台)→1 台
混凝土电动刻纹机　392 000 ÷ 1 000 × 8.91 ÷ 182 = 19.19(台)→两班制 9 台
混凝土电动切缝机　392 000 ÷ 1 000 × 3.82 ÷ 182 = 8.23(台)→两班制 4 台
6m^3以内混凝土搅拌运输车　392 000 ÷ 1 000 × 3.58 ÷ 182 = 7.71(台)→两班制 4 台
60m^3/h 以内混凝土搅拌站　392 000 ÷ 1 000 × 0.85 ÷ 182 = 1.83(台)→2 台
6 000L 以内洒水车　392 000 ÷ 1 000 × 1.90 ÷ 182 = 4.09(台)→两班制 2 台
6t 以内自卸车　392 000 ÷ 1 000 × 10.89 ÷ 182 = 23.46(台)→24 台

某路面工程施工机械需要量计划

表 4-2-2

机种名称	施工任务	规格型号	开工时间	完工时间	2002 年		2003 年											备注
					11	12	1	2	3	4	5	6	7	8	9	10	11	
平地机	底基层	120kW	2002-12-01	2003-06-30		1	1	1	1	1	1	1						主导
拖拉机	底基层	75kW	2002-12-01	2003-06-30		1	1	1	1	1	1	1						
压路机	底基层	20t 振动	2002-12-01	2003-06-30		2	2	2	2	2	2	2						
	基层		2003-03-10	2003-09-26					2	2	2	2	2	2	2			
装载机	基层	$3.0m^3$	2003-03-10	2003-09-26					1	1	1	1	1	1	1			
	面层		2003-05-01	2003-11-02							3	3	3	3	3	3	3	
稳定土厂拌站	基层	300t	2003-03-10	2003-09-26					1	1	1	1	1	1	1			
稳定土摊铺机	基层	7.5m	2003-03-10	2003-09-26					1	1	1	1	1	1	1			主导
混凝土运输车	面层	$6m^3$	2003-05-01	2003-11-02							4	4	4	4	4	4	4	
混凝土拌和站	面层	$60m^3/h$	2003-05-01	2003-11-02							2	2	2	2	2	2	2	
滑模摊铺机	面层		2003-05-01	2003-11-02							1	1	1	1	1	1	1	主导
电动刻纹机	面层		2003-05-01	2003-11-02							9	9	9	9	9	9	9	
电动切缝机	面层		2003-05-01	2003-11-02							4	4	4	4	4	4	4	
洒水车	底基层	6 000L	2002-12-01	2003-06-30		1	1	1	1	1	1	1						
	基层		2003-03-10	2003-09-26					1	1	1	1	1	1	1			
	面层		2003-05-01	2003-11-02							2	2	2	2	2	2	2	
自卸车	基层	10t	2003-03-10	2003-09-26					9	9	9	9	9	9	9			组合
	面层	6t	2003-05-01	2003-11-02							24	24	24	24	24	24	24	组合

4. 编制施工机具、设备需要量计划表

列出完成各分部分项工程所需的机械种类和每日需要量，逐月汇总各施工任务（指每月平行作业的施工任务）施工时需要的相同机种及其台数和每日需要台数，即可制订出整个施工项目的机具、设备计划，如表4-2-2所示。

三、学习效果评价反馈

（一）学生自评

根据施工机具与设备需要量计划编制的过程完成下列问题：

（1）施工组织与机械化施工组织的联系与区别有哪些？

（2）机械化施工组织的特点有哪些？

（3）机械化施工组织的内容是什么？

（4）主要施工机械需要量计划的编制步骤有哪些？

（5）施工主导机械作业计划的编制步骤有哪些？

（6）如何确定常用机械作业计划的编制步骤？

（二）学习小组评价

班级：__________ 姓名：__________ 学号：__________

学习内容	分 值	评 价 内 容	得 分
基础知识	30	施工方案的内容；施工进度计划的内容；机械化施工组织的特点；机械化施工组织的内容；主要施工机械需要量计划的编制；施工主导机械作业计划的编制；常用机械作业计划的编制	
应会技能	10	能合理地确定施工组织中的施工方案	
	10	能科学地编制施工进度计划	
	10	会利用施工组织资料和进度计划计算资源需要量	
	10	能正确计算施工机具、设备需要量	
	20	会编制主要施工机具、设备需要量计划	
学习态度	10		
合 计	100		
学习小组组长签字：			年 月 日

（三）任课教师评价

班级：__________ 姓名：__________ 学号：__________

评 价 内 容	分 值	简 评	得 分	教师签字
准备工作情况	20			
课堂表现情况	30			
任务完成质量	30			
团结协作精神	20			
合 计	100			
备 注				年 月 日

工作任务三　材料需要量计划

学习目标

1. 熟悉材料需要量计划编制依据；
2. 了解主要材料包括的内容；
3. 明确主要材料需要量的计算步骤；
4. 根据不同的施工方法，能确定各分部分项工程的材料种类并会计算供应量；
5. 学会主要材料计划表的编制方法；
6. 根据各种材料的供应量能计算其每日需要量；
7. 正确编制主要材料需要量计划表。

任务描述

材料需要量是指工程项目建设的全过程中根据实际施工活动的需要，各分部分项工程对材料的需要数量。在项目的施工过程中，材料的消耗量大，所用的品种多、规格复杂，在工程总造价中所占的比例比较大（一般占50% ~70%）。而主要材料需要量计划，是备料、供料和确定仓库、堆场面积及组织运输的依据，其编制方法是将施工进度计划表中各施工过程的工程量，按材料品种、规格、数量、使用时间、材料的来源及运输方式计算汇总。通过完成该任务，学生应能计算各种材料需要量并会编制主要材料需要量计划表。完成该任务应明确主要材料包括的内容，正确计算各分部分项工程的材料消耗量，在进一步计算出各种材料的每日需要量的基础上，正确编制主要材料需要量计划。

学习引导

本工作任务沿着以下脉络进行学习：

明确主要材料包括的内容 → 识读施工进度计划 → 确定各分部分项工程的材料种类 → 计算各种材料的供应量 → 计算各种材料的每日需要量 → 编制主要材料需要量计划

一、相关知识

工程项目施工采用的材料名目繁多，数不胜数。但不管一个建设项目使用了多少材料，一般都根据用量大小和价值高低分为主要材料和辅助材料，简称主材和辅材。主要材料是指用量大、价格高的工业原料，如钢材、木材、水泥和沥青等；辅材是指制作半成品、成品所必需使用的零星的、低值易耗的辅助材料，如铁皮、铁丝、焊条和草袋等，用量较小。在施工过程中，人们通常编制的材料需要量计划，主要是针对主材需要量进行的统筹规划，旨在节约材料，降低成本，既能盘活流动资金，又能保障供给，满足施工需要。

材料需要量计划一般在已拟订了施工方案的基础上，并在制订了施工进度计划后进行编制，其编制依据主要有：

（1）施工图设计文件。

（2）招标文件及其工程量清单。

（3）施工方案和施工进度计划。

（4）公路工程概算或预算定额。

(5)施工承包合同。

(一)材料需要量的计算方法

施工方案确定后,施工进度也编制结束了,这时就可以着手编制材料需要量计划。

计算材料需要量主要是根据完成的工程量和所选用材料消耗定额进行的。在编制竞标性施工组织设计时,要根据标书上指定材料消耗标准进行材料需要量计算。实施性施工组织设计采用企业的或行业的材料消耗定额,在计算主要材料的需要量计划时是比较粗略的,而单位工程或分部分项工程的实施性施工组织设计计算所需要的材料种类一般都比较详细,几乎除了低值易耗品外都要进行需要量计算,给出材料需要量计划。

计算分部分项工程的材料需要量,首先应明确分部分项工程的施工方案及施工方法,然后根据工程施工内容套用定额,按式(4-3-1)、式(4-3-2)计算分部分项工程的材料消耗量。

$$\text{施工项目材料消耗量(供应量)} = \text{施工项目工程数量} \times \text{材料消耗定额} \tag{4-3-1}$$

$$\text{施工项目每日消耗量} = \text{施工项目材料消耗量(供应量)}/\text{作业工期} \tag{4-3-2}$$

其中:施工项目工程数量 = 施工项目实际(设计)工程量/定额单位

编制竞标性施工组织设计时,材料用量计划一般要给出主要材料的用量,并列出主要材料需要量计划表。

编制指导施工和施工准备的施工组织设计时,施工组织总设计只给出主要材料及地方材料的需要量计划,并列出其需要量计划表。而实施性施工组织设计中的单位工程施工组织设计材料计划项目比较细,除了低值易耗品及占材料费中按比例列材料费的项目不做计划外,其余所有材料项目都要给出详细的材料计划,并列出需要量计划表,作为领发料和材料核算的依据。

例:查某合同段进度计划可知,该合同段面层为C30水泥混凝土路面,路面厚度为20cm,工程量35 000m^2。计划于6月1日开工,8月31日完工,计划工期90天。施工方法为分散拌和,手推车运输,人工铺筑,采用一班制作业。求其材料供应量及材料日消耗量。

解:(1)查《公路工程预算定额》(JTG/T B06-02—2007)[172-2-2-17-1]"水泥混凝土路面"可知,每完成1 000m^2C30水泥混凝土路面所消耗的材料种类和定额为:

M32.5水泥	76.908t
碎石(4cm)	169.32m^3
中(粗)砂	93.84m^3
锯材	0.066m^3
光圆钢筋	0.004t
型钢	0.054t
石油沥青	0.099t
煤	0.02t
水	29m^3
其他材料费	273.0元

(2)计算材料供应量。

32.5级水泥	$35\,000 \div 1\,000 \times 76.908 = 2\,691.78$(t)
碎石(4cm)	$35\,000 \div 1\,000 \times 169.32 = 5\,926.2$($m^3$)
中(粗)砂	$35\,000 \div 1\,000 \times 93.84 = 3\,284.4$($m^3$)

锯材　　35 000 ÷ 1 000 × 0.066 = 2.31(m^3)

光圆钢筋　　35 000 ÷ 1 000 × 0.004 = 0.14(t)

型钢　　35 000 ÷ 1 000 × 0.054 = 1.89(t)

石油沥青　　35 000 ÷ 1 000 × 0.099 = 3.465(t)

煤　　35 000 ÷ 1 000 × 0.02 = 0.7(t)

水　　35 000 ÷ 1 000 × 29 = 1 015(m^3)

其他材料费　　35 000 ÷ 1 000 × 273.0 = 9 555(元)

(3)计算材料日消耗量。

M32.5 水泥　　35 000 ÷ 1 000 × 76.908 ÷ 90 = 29.9(t)

碎石(4cm)　　35 000 ÷ 1 000 × 169.32 ÷ 90 = 65.9(m^3)

中(粗)砂　　35 000 ÷ 1 000 × 93.84 ÷ 90 = 36.5(m^3)

石油沥青　　35 000 ÷ 1 000 × 0.099 ÷ 90 = 38.5(kg)

煤　　35 000 ÷ 1 000 × 0.02 ÷ 90 = 7.8(kg)

水　　35 000 ÷ 1 000 × 29 ÷ 90 = 11.3(m^3)

技术提示　锯材、型钢和光圆钢筋为周转性材料,只考虑一次性使用量和实际周转次数。煤、石油沥青等均属于辅材,由于用量很少,可考虑一次性备料。而水泥、碎石和中(粗)砂均为主材,因用量很大,可根据施工要求和资金周转状况分期分批备料。

(二)主要材料需要量的计算步骤

(1)根据施工进度图中的时间坐标进程,逐月统计每月已(或应)开工的施工任务(平行作业)的个数,并确定和记录各施工任务的开工和结束时间。

(2)确定材料种类,计算各种材料需要量。

(3)划定主材种类,计算主材每日消耗量。

(三)主要材料需要量计划的编制

主要材料包括施工需要的钢材、水泥、木材、沥青、石灰、砂、石料、爆破器材等,以及有关临时设施和拟采取的各种施工技术措施用料,预制构件及其他半成品亦列入主要材料计划中。

主要材料需要量计划是备料、供料和确定仓库、堆场面积及组织运输的依据,其编制方法是将施工进度计划表中各施工过程的工程量,按材料品种、规格、数量、使用时间、材料的来源及运输方式计算汇总。其表格形式如表 4-3-1 所示。

主要材料计划表　　表 4-3-1

序号	材料名称及规格	单位	数量	来源	运输方式	年度、季度需要量										备注
						××××年					××××年					
						一季度	二季度	三季度	四季度	合计	一季度	二季度	三季度	四季度	合计	
1	2	3	4	5	6	7	8	9	10	11	12	13	14	15	16	17

主要材料计划的编制过程同劳动力需要量计划类似,一般按年度和季度进行编制。

二、任 务 实 施

(一)任务引领

1. 任务情境

(1)工程概况。广西×××公路是国道主干线重庆至湛江公路的重要组成部分,其中No2标段北起HC市都安县保平乡,起点桩号K126+000,路线经过拉友、板旺、光隆、坝牙,终于耀南,终点桩号为K154+131,全长28.1km。本项目部主要承揽路面工程施工任务,合同工期335日历日。其他同本学习情境工作任务一中“任务情境”的内容,从略。

(2)进度计划。路面工程施工进度计划如图4-3-1所示。

序号	施工项目	工程量(m^2)	2002年		2003年											
			11	12	1	2	3	4	5	6	7	8	9	10	11	12
1	底基层	434 000		═	═	═	═ 20人	═	═	═						
2	基层	427 000					═	═	═	═ 30人	═	═	═			
3	面层	392 000							═	═	═	═ 60人	═	═	═	

图4-3-1 某路面工程进度计划

2. 工作任务

试确定路面工程项目的主要材料需要量计划。

(二)任务实施——编制路面工程主要材料需要量计划

1. 确定施工任务

根据施工进度图中的时间坐标进程,逐月统计每月已(或应)开工的施工任务(平行作业)的个数,并明确确定各施工任务的开工和结束时间。

底基层:2002年12月1日至2003年6月30日,计划工期210天。

基层:2003年3月10日至2003年9月26日,计划工期196天。

面层:2003年5月1日至2003年11月2日,计划工期182天。

2. 确定材料种类及需要量

进一步明确各项施工任务的施工方法,查《公路工程预算定额》(JTG/T B06-02—2007)确定每项施工任务的材料种类并计算供应量(本例未考虑拌和站的安装与拆除、封油层及路面钢筋的材料消耗等)。

(1)底基层。级配碎石厚16cm,查《公路工程预算定额》(JTG/T B06-02—2007)[131-2-2-2-9+12×8]“级配碎石路面”知,完成该施工任务需要的材料为:

石屑　　434 000÷1 000×(12.10+8×1.51)=10 494.12(m^3)

1.5cm路用碎石　　434 000÷1 000×(18.25+8×2.28)=15 836.7(m^3)

2.5cm路用碎石　　434 000÷1 000×(30.42+8×3.80)=26 395.88(m^3)

3.5cm路用碎石　　434 000÷1 000×(36.50+8×4.56)=31 673.32(m^3)

5cm路用碎石　　434 000÷1 000×(24.34+8×3.04)=21 118.44(m^3)

(2)基层。水泥稳定碎石厚18cm,查《公路工程预算定额》(JTG/T B06-02—2007)[109-2-1-7-5+6×3]“厂拌基层稳定土混合料”知,完成该施工任务需要的材料为:

M32.5 水泥　　427 000 ÷ 1 000 × (16.755 + 3 × 1.117) = 8 585.26(t)

碎石　　427 000 ÷ 1 000 × (220.32 + 3 × 14.69) = 112 894.53(m^3)

水　　427 000 ÷ 1 000 × (21 + 3 × 1) = 10 248(m^3)

(3)面层。C30 水泥混凝土面层厚 26cm,查《公路工程预算定额》(JTG/T B06-02—2007)[172-2-2-17-5 + 6 × 6]"水泥混凝土路面"知,完成面层施工所需要的材料为:

M32.5 水泥　　392 000 ÷ 1 000 × (76.908 + 3.845 × 6) = 39 191.38(t)

碎石(4cm)　　392 000 ÷ 1 000 × (169.32 + 8.47 × 6) = 86 294.88(m^3)

中(粗)砂　　392 000 ÷ 1 000 × (93.84 + 4.69 × 6) = 47 816.16(m^3)

锯材　　392 000 ÷ 1 000 × 0.001 = 0.39(m^3)

型钢　　392 000 ÷ 1 000 × 0.001 = 0.39(t)

石油沥青　　392 000 ÷ 1 000 × (0.138 + 0.006 × 6) = 68.21(t)

煤　　392 000 ÷ 1 000 × (0.028 + 0.001 × 6) = 13.33(t)

水　　392 000 ÷ 1 000 × (31 + 2 × 6) = 16 856(m^3)

其他材料费　　392 000 ÷ 1 000 × (304.1 + 5.0 × 6) = 130 967.2(元)

3. 划定主材,计算主材每日需要量

(1)底基层。

石屑　　434 000 ÷ 1 000 × (12.10 + 8 × 1.51) ÷ 210 = 50.0(m^3)

1.5cm 路用碎石　　434 000 ÷ 1 000 × (18.25 + 8 × 2.28) ÷ 210 = 75.4(m^3)

2.5cm 路用碎石　　434 000 ÷ 1 000 × (30.42 + 8 × 3.80) ÷ 210 = 125.7(m^3)

3.5cm 路用碎石　　434 000 ÷ 1 000 × (36.50 + 8 × 4.56) ÷ 210 = 150.8(m^3)

5cm 路用碎石　　434 000 ÷ 1 000 × (24.34 + 8 × 3.04) ÷ 210 = 100.6(m^3)

(2)基层。

M32.5 水泥　　427 000 ÷ 1 000 × (16.755 + 3 × 1.117) ÷ 196 = 43.8(t)

碎石　　427 000 ÷ 1 000 × (220.32 + 3 × 14.69) ÷ 196 = 576(m^3)

(3)面层。

M32.5 水泥　　392 000 ÷ 1 000 × (76.908 + 3.845 × 6) ÷ 182 = 215.3(t)

碎石(4cm)　　392 000 ÷ 1 000 × (169.32 + 8.47 × 6) ÷ 182 = 474.1(m^3)

中(粗)砂　　392 000 ÷ 1 000 × (93.84 + 4.69 × 6) ÷ 182 = 262.7(m^3)

4. 编制主要材料需要量计划表

按以上计算结果,将有关数据填入主要材料需要量计算表中,如表 4-3-2 所示。

某路面工程主要材料需要量计划　　表 4-3-2

主材名称	规　格	施工任务	开工时间	完工时间	供应量(m^3)	每日消耗量	备注
石屑		底基层	2002-12-01	2003-06-30	10 494.1	50.0m^3	
路用碎石	1.5cm	底基层	2002-12-01	2003-06-30	15 836.7	75.4m^3	
路用碎石	2.5cm	底基层	2002-12-01	2003-06-30	26 395.9	125.7m^3	
路用碎石	3.5cm	底基层	2002-12-01	2003-06-30	31 673.3	150.8m^3	
路用碎石	5cm	底基层	2002-12-01	2003-06-30	21 118.4	100.6m^3	
水泥	M32.5	基层	2003-03-10	2003-09-26	8 585.3	43.8t	
	普通 M32.5	面层	2003-05-01	2003-11-02	39 191.4	215.3t	

续上表

主材名称	规　　格	施工任务	开工时间	完工时间	供应量(m^3)	每日消耗量	备注
碎石		基层	2003-03-10	2003-09-26	112 894.5	576m^3	
碎石	4cm	面层	2003-05-01	2003-11-02	86 294.9	474.1m^3	
中(粗)砂		面层	2003-05-01	2003-11-02	47 816.2	262.7m^3	

三、学习效果评价反馈

(一)学生自评

根据主要材料需要量计划编制的过程完成下列问题：

(1)材料需要量计划的编制依据是什么?

(2)主要材料都包括哪些?

(3)主要材料需要量的计算步骤是什么?

(4)如何计算各分部分项工程的材料供应量?

(5)主要材料计划表的编制方法是什么?

(6)如何计算材料的每日需要量?

(7)如何编制主要材料需要量计划表?

(二)学习小组评价

班级:__________姓名:__________学号:__________

学习内容	分　值	评 价 内 容	得　分
基础知识	30	施工进度计划的内容;施工方案的内容;材料需要量计划编制的依据;主要材料包括的内容;材料需要量计算方法;主要材料需要量计算步骤;主要材料需要量计划表内容	
应会技能	10	能合理地确定施工组织中的施工方案	
	10	能科学地编制施工进度计划	
	10	会利用施工组织资料和进度计划计算资源需要量	
	10	能学会主要材料计划表的编制方法	
	20	会编制主要材料需要量计划	
学习态度	10		
合　计	100		
学习小组组长签字:			年　月　日

(三)任课教师评价

班级:__________姓名:__________学号:__________

评 价 内 容	分　值	简　　评	得　分	教师签字
准备工作情况	20			
课堂表现情况	30			
任务完成质量	30			
团结协作精神	20			
合　计	100			
备　注				年　月　日

学习情境五　施工平面布置

工作任务一　施工总平面布置

学习目标

1. 熟悉施工平面布置的基本含义；
2. 了解施工平面布置的分类及作用；
3. 掌握施工总平面布置的方法和步骤；
4. 熟悉施工总平面布置的基本内容；
5. 依据施工总平面图布置的原则，完成总平面图绘制。

任务描述

施工总平面布置是在满足运输组织及运输技术条件要求的前提下，结合施工场地的自然条件，合理地确定拟建建筑物及构筑物、运输线路、工程管线、安全环保等设施的平面位置。根据公路施工组织设计文件编制的内容，明确施工平面布置在工程项目施工组织设计中的地位和作用。完成本工作任务需要明确施工平面布置的内容，通过对施工总平面布置的方法和步骤的理解，进行施工总平面布置，最终掌握施工总平面图绘制方法。

学习引导

本工作任务沿着以下脉络进行学习：

施工平面图的含义→施工平面布置的作用→施工平面布置的原则→施工总平面布置依据→施工总平面布置的步骤→施工总平面图布置方法和内容→绘制施工总平面布置图

一、相关知识

施工平面图设计是施工过程空间组织的具体表现，即对施工过程所需的工艺路线、施工设备、原材料堆放、动力供应、场内运输、半成品生产、仓库、料场、临时生活设施等进行空间和平面的科学规划与设计，最后以平面图的形式加以表达。科学合理的施工平面布置使施工现场秩序井然，从而保证工程施工顺利进行，提高施工生产效率，降低施工成本，同时对工程质量和施工安全等方面的管理起着十分关键的作用。因此在施工项目管理规划编制时，应对施工平面布置给予极大重视。

（一）施工平面布置的意义和作用

施工场地平面布置是施工组织设计的重要组成部分，它对指导现场安全施工、文明施工、控制施工成本、保证工程质量和安全有着重要的意义。在进行施工平面的规划和设计时，施工场地布置的不合理会造成施工秩序的混乱。如施工场地布置粗糙将直接影响施工安全，并容易发生触电、失火、水淹等危害，造成经济损失和人身安全事故。因此，必须在施工平面图设计前进行调查研究，详细分析资料，充分估计到施工过程的发展和变化，遵循方便、经济、高效、安全的原则，认真进行施工平面布置。

施工平面布置具体的作用可以概括如下：

(1)确定生产要素的空间位置及为施工服务的各种设施的位置。

(2)确保在施工过程中，各施工队伍间互不干扰，有秩序地进行施工作业。

(3)确保在施工过程中，有效地组合利用各种资源和服务设施并使其安全运行。

(4)减少施工场地内物、料的二次转运费，降低施工成本。

(5)是施工单位进行统筹组织与施工的主要依据。

(6)施工现场平面布置图是现场平面管理的依据、现场调度指挥的标准。

(二)施工平面布置原则

施工平面布置是一项综合性规划课题，很大程度上取决于施工现场的具体条件。它涉及的因素很广，不可能轻易地获得令人满意的结果，必须通过方案的比较及必要的计算和分析才能确定。一般情况下，施工平面布置应该遵循以下原则：

(1)在保证施工进程顺利的前提下，少占农田并考虑地表水、风向等自然因素的影响，施工平面布置紧凑合理，尽量减少施工用地，所有临时性建筑和运输线路的布置必须为基本工作服务，并不得妨碍地面和地下建筑物的施工。

(2)合理组织运输，保证运输方便通畅，力求材料直达工地，减少二次搬运和场内的搬运距离，并将笨重及大型的预制构件或材料放置在使用地点附近，所有货物的运输量和起重量必须减至最小。即使需要场地内搬运也要确保距离最短，不要出现反向运输。

(3)尽量采用装配式施工设施，减少搬迁损失，提高施工设施安装速度。

(4)制作、加工等附属企业基地尽可能设置在原料产地或运输集汇点(如车站、码头等)，附属企业内部的布置要以生产工艺流程为依据，有利于连续生产。

(5)施工管理机构位置布置必须有利于全面指挥，临时房屋及设施的布置可以充分利用各种原有建筑物、构筑物，以降低施工设施建造费用，但要便于工人的休息和文化生活。

(6)场地布置要与施工进度、施工方法、工艺流程和机械设备等相适应。

(7)如果工程需要分期施工，施工平面布置要符合施工方案中安排的施工顺序。

(8)施工区域的划分和场地的确定，应符合施工流程要求，尽量减少专业工种和其他各工种之间的干扰。

(9)慎重考虑避免自然灾害(如洪水、泥石流、山崩)的措施，各项设施布置除了要满足方便生产、有利于生活的要求之外，还要兼顾安全防火、环境保护、劳动保护、市容卫生等有关规定和法规。

(10)合理、科学地规划，使平面布置准备工作的投资最经济。

知识链接 依据施工方案、施工进度要求及资源进场存放量等，施工平面布置一般包括施工总平面布置、单位工程施工平面布置及年度或施工阶段施工平面布置等。施工总平面布置是以整个工程为对象来进行的，单位工程平面布置是以一个单位工程为对象的，对于较大的建设项目，由于其在各个不同施工阶段的施工内容不同，因而机械、临时设施位置和材料堆放布置等都将随之变化。为此，对于大型建设项目和工期较长的一般工程，还需要按年度或施工阶段分别进行布置。本工作任务主要阐述施工总平面的布置。

(三)施工总平面布置的依据

施工总平面布置是施工组织设计的重点之一,自始至终起着牵头和归总作用。施工组织设计的一些重要成果也反映在施工总平面布置上。施工总平面布置直接影响到工程施工、工程进度、工程造价、工程质量、环境保护、安全卫生。施工总平面布置既要考虑服务生产、方便施工,又要考虑满足安全文明施工的要求。施工总平面布置的依据有:

(1)建设地区的自然条件和技术经济条件。

(2)一切原有和拟建工程位置及尺寸、建设单位可提供的房屋和其他生活设施。

(3)建设项目建筑总平面图、竖向布置图和地下设施布置图。

(4)建设项目的概况、施工总进度计划、施工总质量计划和施工总成本计划。

(5)建设项目施工部署和全部施工设施施工方案。

(6)建设项目施工总资源需要量计划和施工设施计划。

(7)建设项目施工用地范围、水电源位置、建筑区域的竖向布置、临时水电供应的有关设计资料以及项目安全施工和防火标准。

(四)施工总平面布置的内容

施工总平面布置的内容,涉及面广,影响因素多,是确定施工场地、交通运输方案及各项施工设施的规模、位置、相互关系等综合性很强的设计工作。它是施工组织设计的组成部分,也称施工总体布置。总平面布置的内容,因行业的性质、规模等不同而略有不同。公路工程施工的总平面布置应包括下列内容:

(1)公路建设项目施工用地范围内地形和等高线,全部地上、地下已有和拟建的建筑物、构筑物及其他设施的位置和尺寸。

(2)全部拟建的建筑物、构筑物和其他基础设施的坐标网。

(3)对外交通运输方案和场内运输方式。

(4)施工场地和施工指挥系统的分区规划,各种施工辅助设施、仓库堆场、办公及生活福利设施布置。

(5)施工供水、供电、供风、通信系统的规模及站网位置,干管、干线布置。

(6)弃渣线路、弃渣场地、堆料场地等的规划以及开挖土石方的调配方案。

(7)建设项目施工必备的安全、防火和环境保护设施布置(如施工场地防洪、防火、排水等)。

(五)施工总平面布置的步骤

(1)收集和分析基础资料。所需的基础资料包括:

①施工场区地形图。

②拟建道路枢纽的布置图。

③可为工程施工服务的建筑、加工制造、修配、运输等企业的规模、生产能力及其发展规划。

④现有水陆交通运输条件和通行能力。

⑤水电以及其他动力供应条件。

⑥当地建筑材料及生活物资供应情况。

⑦施工现场范围内的工程地质与水文土质资料。

⑧施工场区土地状况和征地有关问题。

⑨河流水文资料、当地气象资料。

⑩施工场地范围内及施工区的卫生、环境保护要求。

(2)确定临建项目。在掌握基本资料的基础上,根据工程的施工条件,结合类似工程的施工经验,编拟临建工程项目清单。

(3)选择施工场地。当有多处可供选择作为施工场地的地段时,应进行技术经济比较,选择最为有利的地段作为施工场地。

(4)选择场地内外运输方案。在深入调查工程所在地区现有交通运输状况的基础上,根据工程施工特性分析、计算货运量及运输强度,结合具体的枢纽布置、地形条件、施工条件,通盘考虑,综合研究,经过技术经济比较后选定。

(5)进行施工场地区域规划。施工场地区域规划是解决施工总体布置的关键,要着重研究解决一些重大原则问题。在工程施工实行分项承包的情况下,尤其要做好区域规划,明确划分承包单位的施工场地范围,并按规划要求进行布置,使得既有各自的活动区域,又能避免互相干扰。

(6)分区布置。即在施工场地区域规划后,进行各项临时设施的具体布置。

(7)比较和选定合理方案。即根据布置内容,通常提出若干个布置方案进行比较,确定重点项目和一般项目,通过定量和定性比较对提出的布置方案进行综合评价,并结合选定方案,绘制施工总平面布置图。

技术提示 从上面的阐述可以看出:施工总平面布置是对施工过程所需的工艺路线、施工设备、原材料堆放、动力供应、场内运输、半成品生产、仓库、料场、临时生活设施等进行空间的科学规划与设计,要想用简洁、直观、易懂的方式来指导工程施工,则需要把施工总平面布置以平面图的形式绘制出来,即施工总平面布置图。

(六)施工总平面布置图的绘制方法和内容

一般在1:500~1:2 000的线路平面图(即地形图)上布置各种临时设施的位置。临时设施及新建工程、已有工程所使用的符号,一般采用各行业的通用符号、图示及文字叙述进行标注。对图上采用的标注符号、图示和对施工场地平面布置的重点要加以说明。施工总平面图应包括以下内容:

(1)原有河流、居民点、交通路线(公路、铁路、大车道等)、车站、码头、通信、运输点等位置和主要尺寸,工地附近已有的和拟建的地上、地下建筑物以及其他地面附着物、农田、果园、树林、洞穴、坟墓等位置和主要尺寸。

(2)施工用地范围和主要工程项目位置及里程,沿线的交通工程与设施(如大中桥梁、隧道、渡口、交叉口等结构物)位置及里程,道班房、加油站等运输管理服务建筑物位置。

(3)需要拆迁的建筑物,永久或临时占用的农田、果园、树林。

(4)取土场和弃土场的位置。当取土场和弃土场距离施工现场很远,平面布置无法标注时,可用箭头指向取土场和弃土场方向并加以说明。

(5)施工组织成果。各种临时设施的位置,包括临时生活房屋、采料场、各类加工车间、仓库、临时动力站(如抽水站、发电所、供热站等)、临时便道、临时便桥、施工场地排水系统、水源位置、河流位置、河道改易位置、电源线路(尤其是高压线)、变压器位置等;大型机械设备的停放及维修场位置。

(6)施工管理机构,如工程局、工程处、施工队及工程指挥系统的驻地等。

(7)标出划分的施工区段。当一个施工区段有两个以上施工单位时，标出各自的施工范围。

(8)其他与施工有关的内容，如不良地质地段、国家测量标志、气象台、水文站以及防洪、防风、防火的安全设施等。

二、任务实施

施工单位在编制施工组织设计文件时，需要对施工现场范围内，施工对象的设计位置、工程材料、施工设备以及服务于生产和生活的各项临时设施进行全面合理的布置，并且最终以平面图的形式准确表达出来。下面以两个实际工程任务为例来介绍施工总平面的布置过程。

(一)金丽温高速公路丽水至温州公路项目丽水至青田段

1. 工程概况

本项目为金丽温高速公路三期工程，起自金丽温二期终点丽水洋店，起点桩号为K116+600，经丽水市、青田县，终点为丽水青田与温州永嘉行政限界花岩头村，终点桩号为K192+560，全长约75.9km。

本合同段为第17合同段，起点K176+800，终点K180+600，全长3.8km。设计布置为隧道群。隧道初拟长度：鹤城隧道左洞K176+800~K177+600，长度800m；右洞K176+640~K177+440，长度800m。风门亭隧道左洞K177+640~K179+180，长度1 540m；右洞K177+610~K179+175，长度1 565m。戈岙隧道左洞K179+310~K179+683，长度373m；右洞K179+340~K179+715，长度375m。剑石隧道左洞K179+990~K180+557，长度567m；右洞K180+080~K180+572，长度492m。合计单洞长度6 512m，折合双洞长度3 256m。

2. 地形、地貌

本工程位于浙江省南部山区，境内以少土多石的低山山地地貌为主，间有台滩地。最高山海拔1 318.6m。总体地势中高两端低，相对高差50~1 000m。"V"形峡谷，属中深切割区，在低山区以"V"宽谷为主，山势相对变缓，相对高差小于300m。

工程地形属山岭重丘，地形起伏较大，为侵蚀剥蚀地貌，穿插少量侵蚀沟谷，地势陡峭，切割强烈，相对高差大，常形成小瀑布，小坍塌、滑坡经常可见。青田境内山坡坡度较大，一般为20°~40°，局部达45°以上，丽水境内一般山体坡度较小，地形较平缓，坡度一般在15°~20°。地青植被发育，森林茂盛，山清水秀，可耕地甚少，主要分布于瓯江两岸及山间凹地内，山坡还有少量梯田。沿线交通发达，330国道贯穿线路，道路纵横交错。

3. 气象、水文条件

本区属亚热带季风气候，温暖潮湿，四季分明，冬暖夏凉，雨量充沛。年平均气温在17.9℃，极端最高气温39.3℃，极端最低气温-4℃。年平均降水量1 698mm，降水主要集中在5~9月，以梅雨、台风雨为主，间有秋旱出现。主导风向，夏季为东南风，冬季为西北风，夏秋之交时受台风侵袭，风力可达8~12级，易形成灾害性气候。

本项目路线沿瓯江两岸布设。

4. 地质、地震

本工程地质构造比较复杂，受中生代环太平洋构造作用，形成以火山熔岩~火山碎屑岩为主体的陆相火山岩构造。岩体中节理、块状结构稳定性较好。新生代以来，受太平洋板块的强烈作用影响，断裂、节理、裂隙等构造发育，是新构造运动最为活跃的地区之一。滑坡、崩塌、泥石流等不良地质现象均有不同程度发育。

本区地震具有频率低、强度弱之特点，区内最大震级为4.75，最高烈度为Ⅴ~Ⅵ度。根据国家地震局1990年编制的《中国地震烈度区划图》，区内地震烈度属Ⅵ度区。

5. 施工环境条件

(1)交通条件。本工程紧傍330国道，施工队伍、设备进出场，材料进场以及外运料渣可利用330国道。

(2)施工用电。工地附近电网发达，可以在每个施工区接设变压器，供施工用。

(3)通信。区段属电信网覆盖区，程控及移动电话均可外拨，与外界联系方便。

(4)施工及生活用水。沿线有瓯江水和泉水可利用。

(5)地材。沿线有石料厂可利用。

6. 工程特点及难点

(1)隧道多、工程量大。本标段共有隧道3.3座(双幅)，合计单洞长度6 512m，折合双洞长度3 256m，隧道集中。

(2)施工场地狭窄。本标段因地形限制，施工场地狭窄，只能在隧道洞口处布设施工场地，且雨季容易受雨水的冲刷。

(3)工期紧。本标段总工期为30个月，但由于施工场地狭小，便道坡度大，又要维持330国道正常通行，施工干扰大，所以施工进度制约因素较多，工期紧迫。

(4)维持330国道交通困难。330国道相对较窄，车流量较大，施工车辆加入其中，更增加车流密度，且剑石隧道出口施工面正对330国道，维持其正常通行困难。

7. 施工总平面布置

(1)施工场地布置。本标段由于隧道多，受地形限制，隧道进出口场地狭窄，只能在隧道洞口处因地制宜布设施工场地，而且雨季容易受雨水的冲刷。施工场地遵循"集中布置、统筹规划、有利施工、注意防洪"的原则进行布置。

①鹤城隧道出口、风门亭隧道进口，由隧道一队负责施工，凿岩台车、衬砌台车各2台，混凝土拌和站1套，混凝土输送泵2台。水堆坑桥由桥涵一队负责施工，所需混凝土由隧道一队混凝土拌和站提供。路基由路基队负责施工。

②风门亭隧道出口、戈岙隧道进口由隧道二队负责组织施工，配备凿岩台车、衬砌台车各2台，混凝土拌和站1套，混凝土输送泵2台。本段路基由路基队负责配合施工。

③剑石大桥由桥涵二队负责施工。剑石隧道由隧道三队负责组织施工，配备凿岩台车、衬砌台车各2台，混凝土拌和站设备1套，混凝土输送泵2台。路基由路基队负责施工。

④水堆坑桥桥梁梁体及隧道路缘排水沟等预制由综合队负责组织施工，配备混凝土拌和站设备1套。剑石大桥梁体由桥涵二队负责施工，在鹤城选择一块平坦地为综合队预制场施工场地，要求道路通畅，运梁方便，剑石大桥预制场计划设在左幅路基上。

⑤路基队，负责全线路基土石方施工。

⑥综合施工队，负责浆砌圬工、水堆坑桥制梁施工。

(2)施工便道、便桥。考虑就近原则，布置本工程施工总平面图时，如图5-1-1所示，在鹤城隧道出口、风门亭隧道进口处修筑由公路通向施工场地的便道800m，架设长1~20m、宽6m的"六四"式铁路军用梁便桥一座，在风门亭隧道出口、戈岙隧道进口修筑由公路通向施工场地的便道长约1 000m，从而保证施工机械设备、临时设施进场安装，施工材料及隧内弃渣外运。在剑石隧道进口、剑石大桥处修筑便道长约500m。在330国道和剑石隧道出口间修一道钢轨枕木隔离墙，内部平整为洞门施工场地。剑石大桥用地，作先期施工隧道场地。

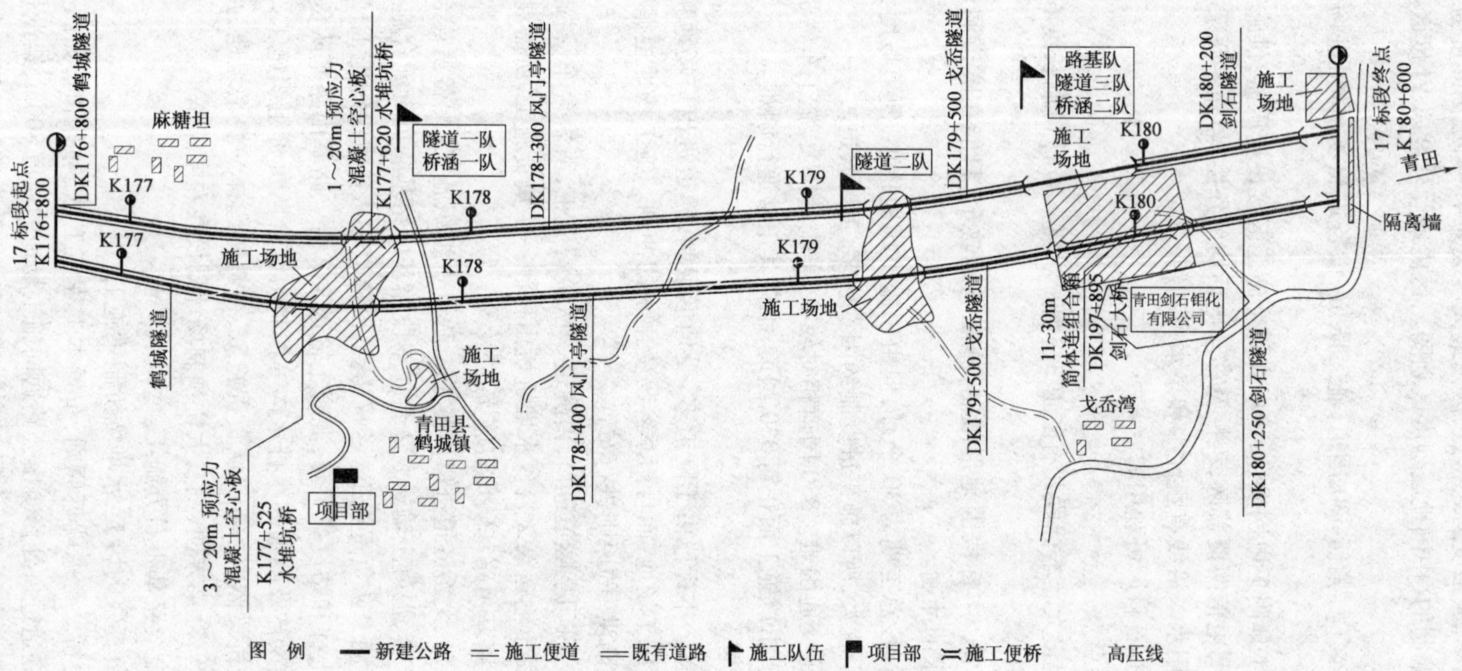

图 5-1-1　金丽温高速公路丽水至青田段 17 合同段施工总平面布置图

(3)施工供电。工地附近电网发达，在每个施工区接设变压器供施工用。同时在每个施工区自备发电机备用。

(4)施工供水。采用瓯江之水、聚集泉水、采集地下水三种方式供水。

(5)施工供风。为满足隧道施工用风，在每个施工区设置1座空压机站，配备电动空压机及内燃空压机(备用)，为隧道掘进和路基工程石方爆破提供动力风。洞内高压风管采用ϕ200mm的无缝钢管，主管路每隔100m设分闸阀。

(6)生产、生活房屋。项目经理部生活办公用房在青田租用，施工队生产及生活房屋采用就近租用及现场简易房屋两种方式。发电机房、配电房、空压机房等分别设在洞口附近的平台上。雷管库和炸药库设在隧洞附近僻静山坳中。

(7)临时通信。项目部安装程控电话，项目部部室以上领导、队长、技术主管配备手机，项目部与施工队之间用有线电话联系。

(二)邵怀高速公路第19合同段

1. 工程概况

本工程19合同段起点里程K117+300，经大冲、周家楼、毛师冲、土地坳、葛塘冲，止于麻溪冲，终点里程K121+400，共计4.1km。

本合同段共有特大桥1座，大桥5座，桥梁工程具体见表5-1-1。路线中有一座连拱隧道，即土地坳隧道，该隧道里程为K118+530~K118+865，全长335m。

邵怀高速公路第19合同段桥梁工程统计表 表5-1-1

序号	桥梁名称	孔数×跨径	结构形式	
			上部	下部
1	K117+707 大冲高架桥	27×20m	预应力混凝土连续T梁	双柱墩配桩基础，右幅邵阳台为重力式桥台配扩大基础，其余桥台为柱式桥台配桩基础
2	K119+081 汤家高架桥	14×30m		双柱墩配桩基础，重力式桥台配扩大基础
3	K119+660 葛塘冲大桥	12×30m		双柱墩配桩基础，重力式桥台配扩大基础
4	K120+248.5 麻溪高架桥	16×30m		双柱墩配桩基础，肋板式、柱式桥台配桩基础
5	K120+906 新田高架桥	11×20m		双柱墩配桩基础，桥台为重力式桥台配扩大基础
6	K121+229 笙竹1号高架桥	10×30m		柱式墩配桩基础，桥台为重力式桥台配扩大基础

2. 自然特征

本合同段主要为低山丘陵地貌，沿线地形起伏较大，山丘上植被较发育，坡脚处堆积的多为新近形成的坡积物。水系较发育，小溪河道与线路大多呈小角度相交，其中铁山溪宽约10m，其流向与线路方向近平行。

本区属亚热带温润季风性气候，四季分明，气候温和，雨量充沛。年平均气温为17℃，极端高温为39.7℃，极端低温为-11.1℃，多年平均降水量为1 352.8mm，降水较集中于4~8月。沿线地下水主要赋存于上部覆盖层中的孔隙中及基岩的节理裂隙中，地下水对钢筋混凝土无侵蚀性。

3. 施工环境条件

线路位于邵阳、怀化两市境内，沿线有湘黔铁路、320 国道、省道 S220 线、省道 S221 线以及县、乡公路与拟建公路交叉、相接或平行，路线起点有邵潭高速公路直达长沙，交通比较发达。但本合同段修建从既有道路通往工地的便道及贯通全线的便道比较困难。

本合同段石料主要为深青色板岩，未有分化层。在铁山乡羊里溪、大崇乡尖坡脚等地设石料场，其中，安江镇的三岩湾有一个大型的灰岩料场，石质坚硬，储量丰富，运距短，运输方便。

砂场位于沅江两岸。其中，在洪江市硖州乡下坪村、桂花园乡茅头村安江镇搬运码头有三个大的砂场，但运距较远，运输不便。

沿线附近河流沟渠较多，水质较好。可选用常年有水，化学侵蚀性小的河流、水库的水作为工程用水。

沿线电资源丰富，能满足本项目建设需要。

4. 工程特点及关键点

本工程特点是地形复杂，场地布置困难，桥梁与隧道多。关键点及对策见表 5-1-2。

关键点及对策表 表 5-1-2

序号	关键点项目名称	简　　述	对　　策
1	隧道工程	连拱隧道工序多，施工难度大	调遣本单位具有连拱隧道施工经验的队伍上场，配备先进的施工设备
2	桥梁工程	桥梁多，地形复杂，施工难度大	多上队伍，多开工点，加强垂直运输能力，如多上混凝土泵车、地泵，利用塔吊作起吊运输，部分桩基采用人工挖孔施工等
3	路基工程	高填方	做好基地处理，利用大型压实设备，确保路基压实度
		深路堑，边坡不稳定	做好排水等预防措施，防护工程早安排施工

5. 施工总平面布置

(1)施工队驻地。经现场考察，根据本合同段地形条件、工程规模及工期要求，安排两个道路作业队、三个桥梁队施工，并决定施工驻地主要设置在沿线附近，个别施工队驻地设在施工现场。在图 5-1-2 中布置如下：

①道路作业一队，桩号 K117 + 300 ~ K118 + 870，驻在 K118 + 360 右侧 150m，负责 K117 + 300 ~ K119 + 400 段路基土石方、全合同段路面底基层施工及管区便道修理维护。整个道路作业一队分 3 个填、挖组合作业组，以自然区段划分为 3 个作业区，第一作业区为 K117 + 300 ~ K117 + 470 段，第二作业区为 K117 + 874 ~ K118 + 300 段，第三作业区为 K118 + 300 ~ K118 + 530 段，3 个区段以隧道进口处及通道处土石方为重点形成流水施工。

②道路作业二队，桩号 K118 + 870 ~ K121 + 400，驻 K119 + 700 左侧 150m，负责 K119 + 400 ~ K121 + 400 段路基土石方、管区便道修理维护。整个道路作业二队分两个填、挖组合作业组，以 K120 + 480 ~ K120 + 820 为中心展开流水施工。

③桥梁作业一队，桩号 K117 + 300 ~ K118 + 530，驻 K117 + 950 右侧 60m，负责大冲高架桥工程施工。

④桥梁作业二队，桩号 K118 + 870 ~ K119 + 860，驻 K119 + 650 左侧 60m，负责汤家高架桥、葛塘冲高架桥、麻溪冲高架桥工程施工。

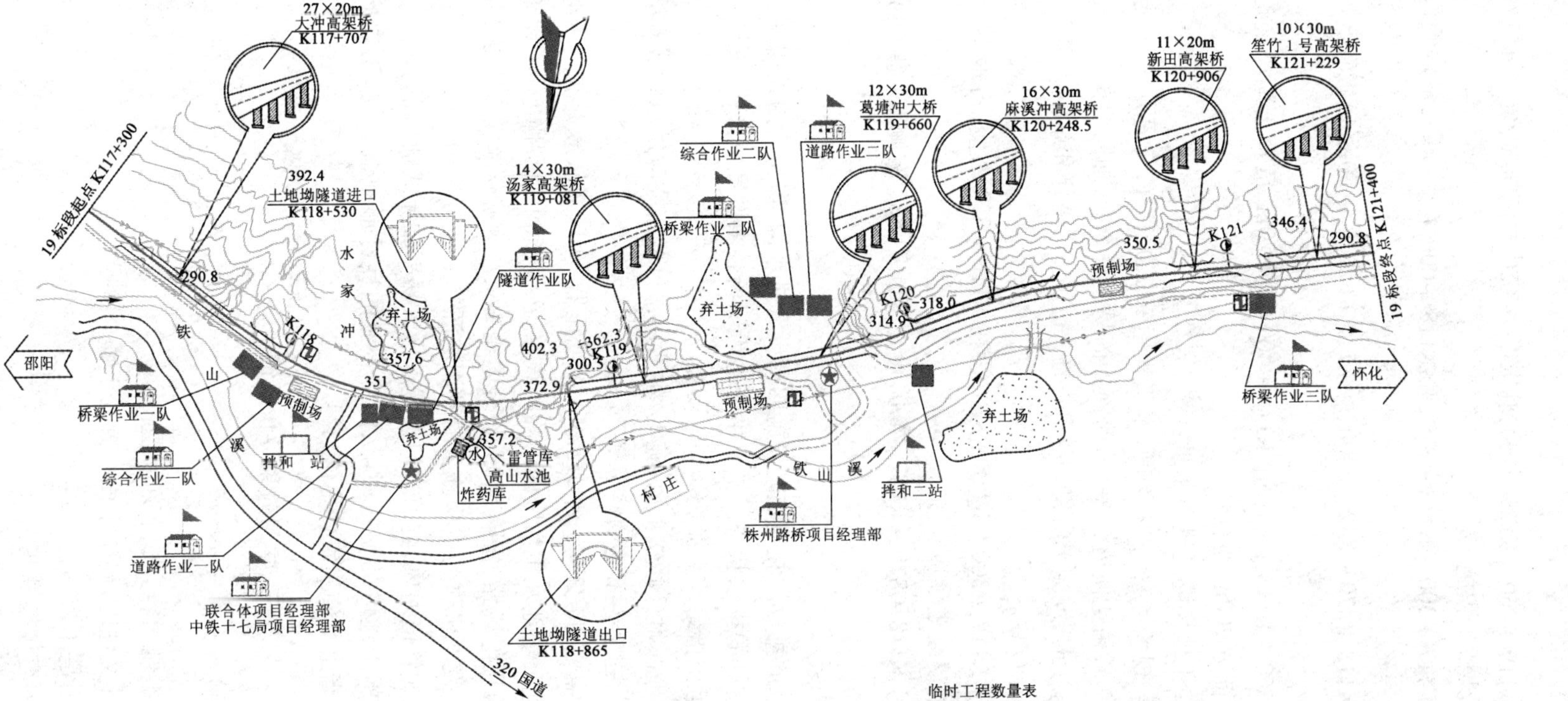

图例：1. 新建高速公路
2. 桥梁
3. 既有便道
4. 新建便道
5. 河流
6. 新架高压电线
7. 施工队驻地
8. 项目经理部
9. 变压器
10. 水池
11. 预制场
12. 既有高压电线
13. 弃土场
14. 炸药库
15. 雷管库
16. 隧道

临时工程数量表

序号	临时工程名称	单 位	数 量	序 号	临时工程名称	单 位	数 量
1	桥梁作业一队生活及办公用地／生产用地	m^2	620/2 200	9	拌和二站生活及办公用地／生产用地	m^2	140/800
2	桥梁作业二队生活及办公用地／生产用地	m^2	680/2 200	10	隧道作业队生活及办公用地／生产用地	m^2	440/1 200
3	桥梁作业三队生活及办公用地／生产用地	m^2	680/2 500	11	新修施工便道	m	1 750
4	道路作业一队生活及办公用地／生产用地	m^2	290/1 200	12	拓宽便道	m	1 000
5	道路作业二队生活及办公用地／生产用地	m^2	320/1 200	13	新修便桥	m	50
6	综合作业一队生活及办公用地／生产用地	m^2	320/600	14	加固便桥	m	100
7	综合作业二队生活及办公用地／生产用地	m^2	260/300	15	临时高压电力线	m	1 380
8	拌和一站生活及办公用地／生产用地	m^2	140/800	16	临时给水管	m	600

图 5-1-2　施工总平面布置图

⑤桥梁作业三队，桩号 K119 +860 ~ K121 +400，驻 K121 +050 右侧 50m，负责麻溪冲高架桥、新田高架桥、筀竹 1 号高架桥工程施工。

⑥综合作业一队，桩号 K117 +300 ~ K118 +870，驻 K118 +000 右侧 50m，负责管区内涵洞、通道、路基防护及排水工程施工。

⑦综合作业二队，桩号 K118 +870 ~ K121 +400，驻 K119 +620 左侧 50m，负责管区内路基防护及排水工程施工。

⑧隧道队，桩号 K118 +500 ~ K118 +870，驻 K118 +400 右侧 20m，负责土地坳隧道的施工。施工场地设于隧道进口前方 200m 处右侧。

⑨炸药库、雷管库均设在土地坳隧道进口附近。

(2)施工便道及便桥。经现场考察，施工期间，本工程紧邻 320 国道，交通方便，自起点贯穿至终点新修建便道长 1 750m，拓宽便道 1 000m，跨河处简易便桥 50m，加固便桥 100m。

(3)预制场建设。桥梁施工时，混凝土由集中拌和站统一供应，每座拌和站生产率 $25m^3/h$。同时，受地形限制，预制场分点设置。

①混凝土拌和一站，桩号 K117 +300 ~ K118 +870，设在 K118 +320 右侧，占地 $140m^2$，负责管区内两座桥、一座隧道的混凝土供应。

②混凝土拌和二站，桩号 K118 +870 ~ K121 +400，设在 K119 +880 右侧，占地 $140m^2$，负责管区内 4 座桥的混凝土供应。

(4)临时用水、电设施布设。

①施工、生活垃圾与污水的排放。驻地临时设施四周设置排水沟，保持区内无积水。施工现场沿途设置排水沟，保持良好的排水状态。施工生产生活现场必须设置垃圾箱，现场有专人负责清扫，垃圾定期由专车运至指定地点倾倒。

②施工用水。在项目经理部附近修建水池，施工、生活用水可驳接临时供水管线 600m，铺设管路接入施工区、生活区，供生产生活使用。

③施工用电。根据施工需要，将安装 3 台 315kV · A 变压器，变压器从最近的高压电网接入，施工时由变压器处接驳施工场地及生活区内的临时线路，供生产和生活用电。考虑施工现场设置全长 1 380m 临时高压用电线路，每隔 500m 设分电箱 1 只。为确保施工安全进行，在工地现场备用 3 台 200kW 固定发电机作为工程施工的备用电源。

④施工通风。采用压入式管道通风，隧道进口设置 1 台大功率轴流式通风机。

⑤工地围挡。为了维护施工地区的良好环境、保持企业的良好形象，桥梁施工现场设围挡，围挡采用蓝色瓦楞板，适当书写施工宣传标语口号。

三、学习效果评价反馈

(一)学生自评

根据施工组织设计文件编制内容完成下列问题：

(1)在编制施工组织设计文件时，施工平面布置处于哪个阶段？

(2)施工平面布置的原则是什么？

(3)施工总平面布置的内容包括哪些？

(4)施工总平面布置的方法和步骤是什么？

(5)道路工程施工总平面图应包括哪些内容？

(二)学习小组评价

班级:____________姓名:____________学号:____________

学习内容	分　值	评 价 内 容	得　分
基础知识	30	施工平面布置的作用;施工平面布置的原则;施工总平面布置的内容;施工总平面布置的步骤;施工总平面图布置的方法和内容	
应会技能	10	能明确施工平面布置的地位和作用	
	10	能叙述施工平面图布置的方法	
	20	能计算工地各种运输工具数量、仓库面积、临时加工场地面积,能计算工地供水、供电、供热量等	
	20	能根据施工总平面布置的步骤,绘制施工总平面布置图	
学习态度	10		
合　计	100		
学习小组组长签字:			年　　月　　日

(三)任课教师评价

班级:____________姓名:____________学号:____________

评 价 内 容	分　值	简　　评	得　分	教师签字
准备工作情况	20			
课堂表现情况	30			
任务完成质量	30			
团结协作精神	20			
合　计	100			
备　注				年　　月　　日

工作任务二　单位工程施工平面布置

学习目标

1. 了解单位工程的基本含义;
2. 了解单位工程施工平面布置的依据;
3. 分析单位工程施工平面布置的参考资料;
4. 描述单位工程施工平面布置的基本内容;
5. 正确绘制单位工程现场平面布置图。

任务描述

单位工程施工平面布置,是单位工程施工组织设计的重要组成部分,是对拟建工程的施工现场,根据施工需要的有关内容,按一定的规则作出的平面和空间的规划。为便于指导施工,工程实际布置的情况需要用平面图的形式加以体现,即绘制单位工程施工平面布置图。单位工程施工平面图是安排和布置施工现场的基本依据。完成本工作任务需要明确单位工程施工平面布置的内容,通过对单位工程施工平面布置的方法和步骤的理解,学会绘制单位工程施工平面图。

学习引导

本工作任务沿着以下脉络进行学习：

单位工程的含义 → 单位工程施工平面布置含义 → 单位工程施工平面布置依据 → 单位工程施工平面布置的内容 → 单位工程施工平面图布置的方法和内容 → 绘制单位工程施工现场平面布置图

一、相 关 知 识

单位工程是指具备独立施工条件并能形成独立使用功能的建筑物及构筑物。从施工的角度来看，单位工程就是一个独立的交工系统，有自身的项目管理方案和目标，是需要按业主的投资及质量要求如期建成并交付生产和使用的。它具有独立的施工图设计文件，竣工后不能独立发挥生产能力、产生工程效益，是构成单项工程的组成部分。比如：完整的道路、桥梁通常是一个设施，即称为单项工程。如果对道路或桥梁划分标段的话，可以说每个标段就是单位工程。

（一）单位工程施工平面布置的依据

（1）自然条件调查资料。

（2）技术经济条件调查资料。

（3）拟建工程施工图纸及有关资料。

（4）一切已有和拟建的地上、地下的管道位置。

（5）建筑区域的竖向设计资料和土方平衡图。

（6）施工方案与进度计划。

（7）资源需要量计划。

（8）建设单位能提供的已建房屋及其他生活设施的面积等有关情况。

（9）现场必须搭建的有关生产作业场所的规模要求。

（10）其他需要掌握的有关资料和特殊要求。

（二）单位工程施工平面图设计参考资料

（1）建设工程设计和施工组织设计时所依据的有关拟建工程的当地原始资料。

①自然条件调查资料。包括气象、地形、水文及工程地质资料，主要用于布置地表水和地下水的排水沟，确定易燃、易爆及有碍人体健康的设施布置，安排冬雨季施工期间所需设施的地点。

②技术经济调查资料。包括交通运输、水源、电源、物质资源、生产和生活基地情况，对布置水、电管线和道路等具有重要作用。

（2）建设工程设计资料。

①建设工程总平面图。包括一切地上、地下已建的和拟建的房屋及构筑物，它是确定临时房屋和其他设施位置、修建工地运输道路和解决排水等所需要的资料。

②一切已有和拟建的地上、地下管道位置。在设计施工平面图时，可考虑利用这些管道或考虑提前拆除或迁移，并需注意不得在拟建的管道位置上面建临时建筑物。

③建设区域的竖向设计和土方平衡图。它们在布置水、电管线和安排土方的挖填、取土或弃土地点时非常有用。

(3)拟建工程的有关施工图设计资料。

(4)施工资料。

①单位工程施工进度计划。从中可了解各个施工阶段的情况,以便分阶段布置施工现场。

②施工方案。据此可确定垂直运输机械和其他施工机具的位置、数量和规划场地。

③各种材料、构件、半成品等需要量计划。从中可确定仓库和堆场的面积、形式和位置。

(三)单位工程施工平面布置的内容

单位工程施工平面布置是针对单位工程来进行的。如果该单位工程是建设项目中的一个组成部分,那么单位工程施工平面布置是施工总平面布置在该单位工程的深化,也应受到施工总平面布置的约束和限制。但现在有许多工程项目只有一个建筑物(或构筑物)及少数附属工程,在这种情况下,单位工程施工平面布置一般独立进行。单位工程施工平面布置的主要内容包括:

(1)拟建工程及其周围的永久性建筑物、构筑物和其他设施的平面位置和尺寸。

(2)测量放线标桩位置、地形等高线和土方取弃场地。

(3)垂直运输设备,包括自行式起重机的开行路线、固定式垂直运输设备的位置及回转半径。

(4)各种生产临时设施,包括加工厂,搅拌站,材料、加工半成品、构件、机具的仓库或堆场,钢筋加工棚,木工房等。

(5)办公、生活福利设施的布置。

(6)临时道路,包括可利用的永久性或原有道路及其与场外交通的连接。

(7)临时给排水管线、供电线路、蒸汽及压缩空气管道等布置。

(8)一切安全及防火设施的位置。

特别注意 上述单位工程施工平面布置中的内容第(4)、(5)两项中的一些内容,如果在施工总平面中已经布置,则单位工程施工平面布置中就不予考虑。考虑到施工项目的阶段性,单位工程施工平面布置应根据施工各个阶段的特点以及工地条件的变化,及时进行调整和修正,以便符合不同施工阶段的需要。

(四)单位工程施工平面图布置的方法和内容

单位工程平面图布置一般是以施工总平面图为控制或依据进行布置的,基本上按照施工总平面图有关内容进行,但是比施工总平面图更加深入、具体。单位工程施工平面图通常用1:200~1:500的比例绘制,施工平面图上一般应详细绘出施工现场、辅助生产、生活区域及原有地形、地物等情况,详细内容包括:

(1)搅拌站、仓库和材料、构件堆场以及加工厂的布置。材料堆放尽量靠近使用地点,考虑运输及卸料方便;构件的堆放位置应该考虑安装顺序;布置搅拌站时,应根据任务的大小、工程特点、现场条件等,考虑搅拌站位置、规模和型号。

(2)运输道路的布置。应尽量使道路成直线,提高运输车辆的速度。尽量把临时道路和永久道路相结合,即可先修永久性道路的路基,作为临时道路使用,尤其是需修建场外临时道路时,要着重考虑这一点,可节约大量投资。在有条件的地方,如果能把永久性道路路面也事先修建好,将更有利于运输。

(3)临时设施的布置。临时设施的种类、大小及位置应根据工程的实际需要来定,尽可能节省新建临时设施面积,大型设施的新建还应按规定逐级上报审批。

临时设施在平面图上布置时,不能影响工程施工。它是施工中的附属性临时设施,应放在施工平面图的次要位置上,而且应满足工人上下班需要和使用方便。

(4)临时水电管网的布置。临时施工用水管网布置时,除了要满足生产、生活要求外,还要满足消防用水的要求,并设法使管道铺设越短越好;施工现场布置用电线路时,既要满足生产用电,还应使线路最短。

技术提示 以上是单位工程施工平面图布置的主要内容及要求。布置时,还应该参考国家及各地区有关安全消防等方面的规定,如各类建筑材料堆放的安全防火间距等。此外,对于比较复杂的单位工程,应按不同的施工阶段分别布置施工平面图。

二、任务实施

单位工程施工平面图是施工现场布置的依据,施工现场布置的妥善与否将直接影响能否有组织地按计划进行文明施工。下面结合鹰嘴山隧道工程,详细说明单位工程施工平面布置过程。

(一)工程概况

鹰嘴山隧道位于湖南省岳阳县境内,隶属武广客运专线铁路第II标段。该隧道地处丘陵地区,隧道起讫里程为DK1 418 +006 ~ DK1 420 +102,全长2 096m,最大埋深195.7m,最小埋深位于进口附近约3m,是本标段最长隧道。隧道内设无砟轨道,隧道进出口与洞外路基连接处设置刚性路基过渡段。隧道内设综合洞室8个。计划开工日期为2006年2月15日,完工日期为2008年5月31日,工期为27.5个月。

(二)自然地质条件

隧道属丘陵地区,自然坡度20°~50°,相对高差200~220m,地形起伏较大,植被发育,山顶及左侧基岩裸露;地表层风化严重,节理发育,裂隙水发育;隧道最大和正常涌水量分别为2 487.1m^3/d和1 386.4m^3/d。隧道岩性主要为Z1震旦系下统中厚层石英砂岩,局部夹砂质板岩、泥质板岩。产状320°∠25°,节理不发育,其上覆粉质黏土夹碎石。该隧道岩性变化大,DK1 418 +480、DK1 419 +850附近存在角度不整合面。

不良地质情况:DK1 418 +850右侧山体中部有一处20m×40m、厚度大于1.5m岩堆,岩性为硅质岩碎石,对隧道工程无影响。

(三)施工环境条件

1. 交通运输

隧道进出口与岳兴公路相距不远,其间有乡村公路和机耕道路与之相连,沿线还有京广铁路、京珠高速公路和多条国道、省道,长江通过岳阳地区,水陆交通便利。

2. 主要材料及其供应计划

碎石采用大坳石场碎石,砂采用新墙河砂。工程用水泥为M32.5普通硅酸盐水泥;外加剂主要是速凝剂、防水剂、高效减水剂、高效抗裂防水膨胀剂和防腐剂;钢材主要为螺纹钢筋、盘条、型钢(I18、I20a)、ϕ108mm(δ=6mm)和ϕ42mm(δ=4.2mm)无缝钢管、ϕ25mm中空注浆锚杆和GM自进式锚杆;防水材料主要有防水板、土工布、透水盲管、PVC管、止水带、止水条、沥青、油毡等。材料由集团公司供应或就近购买。

3. 油料供应

除依靠当地石油公司外,集团公司项目部拥有自己的油库,能保证施工车辆和机械设备的正常运转。

4. 通信情况

区段属中国移动和中国联通网络覆盖区，除移动电话，进出口分别再安装一到两部固定电话，确保工区与外界的联络畅通。

5. 其他资源

岳阳市区内有较大规模的医院，距离长沙只有 100 多公里，工区成立工地医疗系统，确保了施工人员的身体健康。

(四)施工平面布置

在整个施工期内，根据此隧道工程数量以及工期进度安排，在隧道进口、出口各组建一个隧道工程队参与施工，两队分别组建变电站、发电机、空压机、高压水泵及高压水池、料场等生产设施。施工平面布置情况如下：

1. 施工场地布置

在图 5-2-1 和图 5-2-2 中，施工场地遵循“集中布置、统筹规划、有利施工、注意防洪”的原则进行布置。由于隧道进出口场地狭窄，故各队驻地、生产用房、施工场地只能根据施工特点和现场实际情况布置在隧道附近。

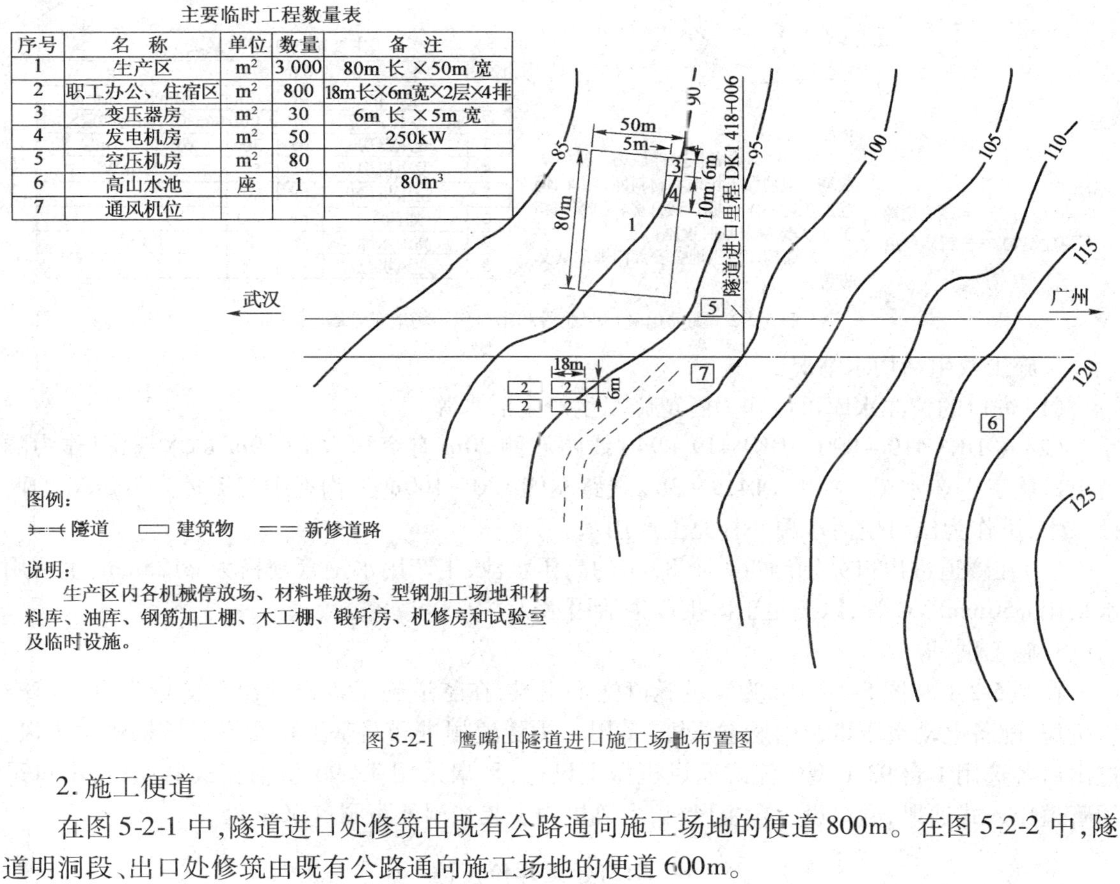

序号	名 称	单位	数量	备 注
1	生产区	m^2	3 000	80m 长 ×50m 宽
2	职工办公、住宿区	m^2	800	18m长×6m宽×2层×4排
3	变压器房	m^2	30	6m 长 ×5m 宽
4	发电机房	m^2	50	250kW
5	空压机房	m^2	80	
6	高山水池	座	1	$80m^3$
7	通风机位			

图 5-2-1 鹰嘴山隧道进口施工场地布置图

2. 施工便道

在图 5-2-1 中，隧道进口处修筑由既有公路通向施工场地的便道 800m。在图 5-2-2 中，隧道明洞段、出口处修筑由既有公路通向施工场地的便道 600m。

3. 施工用电

(1)隧道进出口不远处都有 10kV 高压电力线路通过。进口改造 5km 旧线路、架设 1km 新线路可供应 1 台 630kV · A 和 1 台 500kV · A 变压器并联解决隧道进口生产生活用电，从地方新架 10kV 电力线路三个杆位(未有杆号)搭火。

(2)出口改造 7km 旧线路、架设 0.2km 新线路可供应 2 台 400kV · A 变压器并联解决隧道出口生产生活用电,从麻镇线(支)021 号杆搭火。

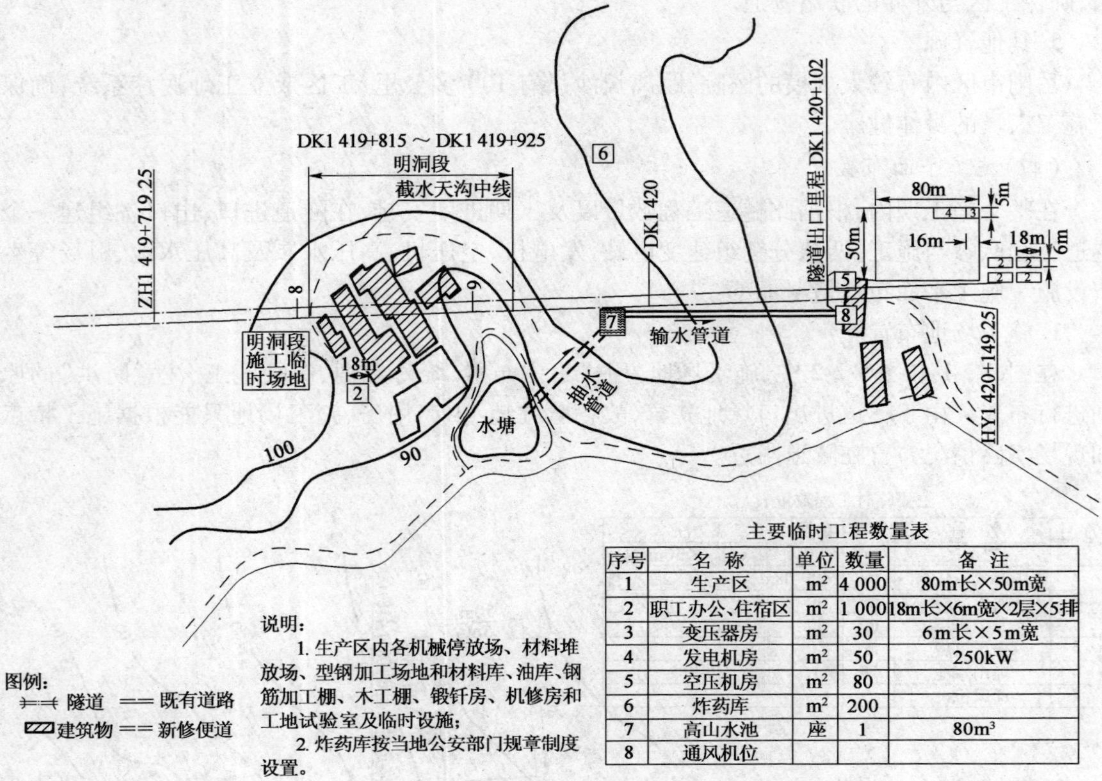

主要临时工程数量表

序号	名 称	单位	数量	备 注
1	生产区	m^2	4 000	80m长×50m宽
2	职工办公、住宿区	m^2	1 000	18m长×6m宽×2层×5排
3	变压器房	m^2	30	6m长×5m宽
4	发电机房	m^2	50	250kW
5	空压机房	m^2	80	
6	炸药库	m^2	200	
7	高山水池	座	1	$80m^3$
8	通风机位			

图 5-2-2　鹰嘴山隧道明洞段和出口施工场地布置图

4. 施工及生活用水情况

(1)进口的黄洋水库可以作为隧道施工生产生活水源。

(2)在 DK1 419 + 890 ~ DK1 419 + 940 线路右侧 20m 有容积为 1 600m^3 的水塘,可作为隧道出口施工生产水源。在 DK 1419 + 380 线路左侧 120 ~ 160m 处沟谷中有流量为 300t/d 的两处泉水,可作为出口生活水源并补充生产用水。

(3)在隧道进出口分别砌筑一个 80m^3 的高压水池,生产用水钢管规格为 ϕ125mm,生活用水采用 ϕ50mmPVC 管,以满足工区生产生活用水。

5. 施工供风

在图 5-2-1 和图 5-2-2 中,为满足隧道施工用风,在隧道施工进口和出口区域设置 2 座空压机房,配备电动空压机及内燃空压机(备用),为隧道掘进和路基工程石方爆破提供动力风。进出口各选用 1 台 93-1 型轴流式通风机做主风机,局扇采用 TZ-90 型轴流式通风机,出口采用管道压入式通风,洞口设 1 台主风机,主风机均安装在洞外距洞口 30m 处。

三、学习效果评价反馈

(一)学生自评

根据单位工程平面布置的原则完成下列问题:

(1)单位工程施工平面布置的定义是什么?

(2)什么是单位工程施工平面图?

(3)单位工程施工平面图设计一般包括哪些内容?

(4)布置临时设施应注意哪些问题?

(5)运输道路的布置应注意什么?

(二)学习小组评价

班级:____________姓名:____________学号:____________

学习内容	分 值	评 价 内 容	得 分
基础知识	30	单位工程施工平面布置的含义;单位工程施工平面布置的依据和内容;单位工程施工现场平面图布置的方法和内容	
应会技能	10	能明确总平面布置和单位工程施工平面布置之间的关系	
	10	能叙述单位工程施工平面图布置的方法及步骤	
	20	能计算施工现场各种辅助生产和生活区域的占地面积,会进行施工现场布置	
	20	能根据施工现场布置的内容,绘制施工现场单位工程平面布置图	
学习态度	10		
合 计	100		
学习小组组长签字:			年 月 日

(三)任课教师评价

班级:____________姓名:____________学号:____________

评 价 内 容	分 值	简 评	得 分	教师签字
准备工作情况	20			
课堂表现情况	30			
任务完成质量	30			
团结协作精神	20			
合 计	100			
备 注				年 月 日

学习情境六　施工技术组织措施

工作任务一　施工进度技术组织措施

学习目标

1. 了解施工技术组织措施的基本含义；
2. 了解施工技术组织措施的分类；
3. 分析影响施工进度的主要因素；
4. 描述施工进度组织措施的基本内容；
5. 准确完成工程项目施工进度组织措施的编制。

任务描述

本工作任务的内容是依据公路施工组织设计的内容，明确施工技术组织措施的定义和作用，分析得出其中影响施工进度的主要因素，针对不同工程施工特点，编制不同的确保工程进度的技术组织措施文件。

学习引导

本工作任务沿着以下脉络进行学习：

施工组织设计文件内容 → 施工技术组织措施的含义 → 施工技术组织措施的作用 → 影响施工进度的因素 → 确保施工进度的技术组织措施内容 → 编制工程项目施工进度组织措施文件

一、相关知识

工程项目在施工过程中，由于施工人员的技术水平不同、思想重视程度不同，施工组织方式不同，会影响到工程质量、进度、成本、安全等目标的实现。因此，在编制施工项目管理规划时，要设计相应的施工技术组织措施，来保证顺利实现各项目标。

施工技术组织措施就是指在技术、组织上为确保工程质量、安全、成本、工期、环保和季节性施工等目标的实现所采用的方法。施工技术组织措施的编制，能使业主全面了解承包人的现代化管理水平，增强对承包方完成项目的信心。因此，技术组织措施是工程项目施工组织设计必不可少的内容。

(一)施工技术组织措施的作用

由于施工技术组织措施是施工组织设计内容的补充和延续，因此它的主要作用有：

(1)从施工组织管理角度看，它体现了对施工资源的科学地组织与管理，是降低施工成本的保证。

(2)从施工技术角度看，它可使技术要求更深化、更具体，从而保证工程质量和施工安全。

(3)施工技术组织措施得力,能加速施工进度、保证合同工期。

(4)编制施工技术组织措施,能使参加项目的全体施工人员的施工行为标准化、程序化、规范化。

(5)它可以明确项目各个层次人员的岗位责任,能够使项目领导、管理人员及生产一线职工有明确的目标。

(6)它能够更好地落实施工组织设计的要求,使项目全体员工按照施工组织设计的要求进行施工,保证项目始终按照施工组织设计的要求和规定进行。

(二)影响施工进度的主要因素

为了对工程项目的施工进度进行有效地控制,必须在施工进度计划实施之前对影响工程项目施工进度的因素进行分析,进而提出保证施工进度计划的措施,以实现对工程项目施工进度的主动控制。

实际上,影响施工进度的因素很多。这些因素可归纳为人的因素、材料因素、技术因素、资金因素、工程水文地质因素、气象因素、环境因素、社会环境因素以及其他难以预料的因素。本工作任务主要从施工承包单位的角度来考虑影响施工进度的因素,归纳起来有以下几个方面:

(1)项目经理部配置的管理人员不能满足施工需要,管理水平低、经验不足,致使工程组织混乱不能按预定进度计划完成。

(2)施工人员资质、资格、经验、水平及人数不能满足施工需要。

(3)施工组织设计不合理、施工进度计划不合理、施工方案采用不得当。

(4)施工工序安排不合理,不能解决工序之间在时间上的先后和搭接问题,达不到保证质量,充分利用空间、争取时间,实现合理安排工期的目的。

(5)不能根据施工现场情况及时调配劳动力和施工机具。

(6)施工用机械设备配置不合理,不能满足施工需要。

(7)施工用供水、供电设施及施工用机械设备出现故障。

(8)材料供应不及时,材料的数量、型号及技术参数错误,供货质量不合格。

(9)总承包人协调各分包人能力不足,相互配合工作不及时、不到位。

(10)承包人与分包人、材料供应商及其他协作单位发生合同纠纷、引起仲裁或诉讼。

(11)承包人(分包人)自有资金不足或资金安排不合理,无法支付相关应付费用。

(12)安全事故、质量事故的调查、处理。

(13)关键材料、设备、机具被盗和破坏。

(14)施工现场管理不善出现瘟疫、传染病及施工人员食物中毒。

(15)承包人(分包人)由于管理机构调整、股权调整、人员调整、资产重组等原因无法按相关合同履约。

(三)施工进度技术组织措施内容

(1)进行施工进度控制及动态管理。利用网络计划编制施工进度,优化施工安排,确定关键线路及关键工作。充分利用工程项目中各项工作间的关系,在互相不干扰的情况下,尽量同步安排多项工作进行立体交叉的平行流水作业。由于施工的时间和空间组织是在施工前预先进行的,因此在施工过程中必须结合实际及时调整和优化网络计划。

(2)做好施工现场的组织与协调工作。对于现场出现的影响进度的情况,要通过加强调度协调解决;对于施工中对工期长短影响大的重点工程,要优先保证物资和设备的供应,加强施工管理和控制。

(3)施工进度管理的岗位责任制及管理制度。为保证和加快施工进度,建立目标管理制度,各阶段进度目标具体落实到人,明确职责,实行严格的奖惩考核;实行技术保证制度,严格执行技术交底制度,保证施工人员在施工前明确各项工程及各道工序的结构、质量要求、施工要领等,尽量避免误工、返工等现象出现。

(4)项目各职能部门的保障工作。

(5)和施工进度有直接关系的协调控制。

二、任 务 实 施

对于工程项目而言,确保工期是第一要务。施工单位必须按照合同规定工期完成施工任务,这就要求施工单位在编制施工组织设计文件时,编制详细全面的确保进度的技术组织措施。下面结合亳州至阜阳高速公路工程来说明确保进度的技术组织措施的编制内容。

(一)工程概况

亳州至阜阳高速公路是国家重点公路山东东营至香港(口岸)高速公路的一段,本项目起点接河南省商丘至营廓集高速公路,终点接界阜蚌高速公路,全长99.97km。

(二)地形地貌

亳州至阜阳高速公路位于安徽省西北部,地跨亳州、阜阳两市,位于北纬33°10′~34°51′,东经115°45′~115°52′之间。本项目起点位于黄淮海平原南缘,地形平坦,为典型的堆积型地貌。公路选线范围内区域属黄淮冲积平原,位于黄河冲积扇平原的前缘与淮河冲积平原的交界处,为一地势平坦开阔、微有波状起状的平原形态。地势由西北向东南微倾,坡降1/4 000~1/10 000,地面高程为28~47m,物质组成为第四系全新统灰黄色亚黏土和棕红色黏土、上更新统青灰及青黄色亚黏土。区内地貌分为冲积平原与剥蚀冲积平原。

(三)气候水文条件

本项目选线区域位于中纬度内陆,属暖温带半湿润季风气候,季风明显,四季分明,雨量适中,光照充足,无霜期长。由于该区兼有南北方气候之长,水资源优于北方,光资源优于南方,同时又兼有南北方气候之短,受季风影响大,冷暖气团交替频繁,天气多变,故常有旱、涝、低温、霜冻、干热风、冰雹等自然灾害发生。区内多年平均气温在14.4~15.1℃,极端最高气温(7月)达42.1℃,极端最低气温(1月)为-20.6℃。区内年日照时间为2 174~2 425h,年无霜期为210~230天。

(四)工期安排

业主要求开工日期为2002年12月5日,要求竣工日期为2004年8月5日。

我方承诺开工日期为2002年12月5日,竣工日期为2004年7月1日,总工期19个月。

(五)确保工期的技术组织措施

1. 工期保证体系

选派强有力项目领导班子和具有丰富施工经验的专业化施工队伍,科学合理地安排施工工序和施工进度,并在实施过程中及时调整进度计划,加强组织管理及协调,保证技术、人、材、物、机供给。本项目工期保证体系建立如图6-1-1所示。

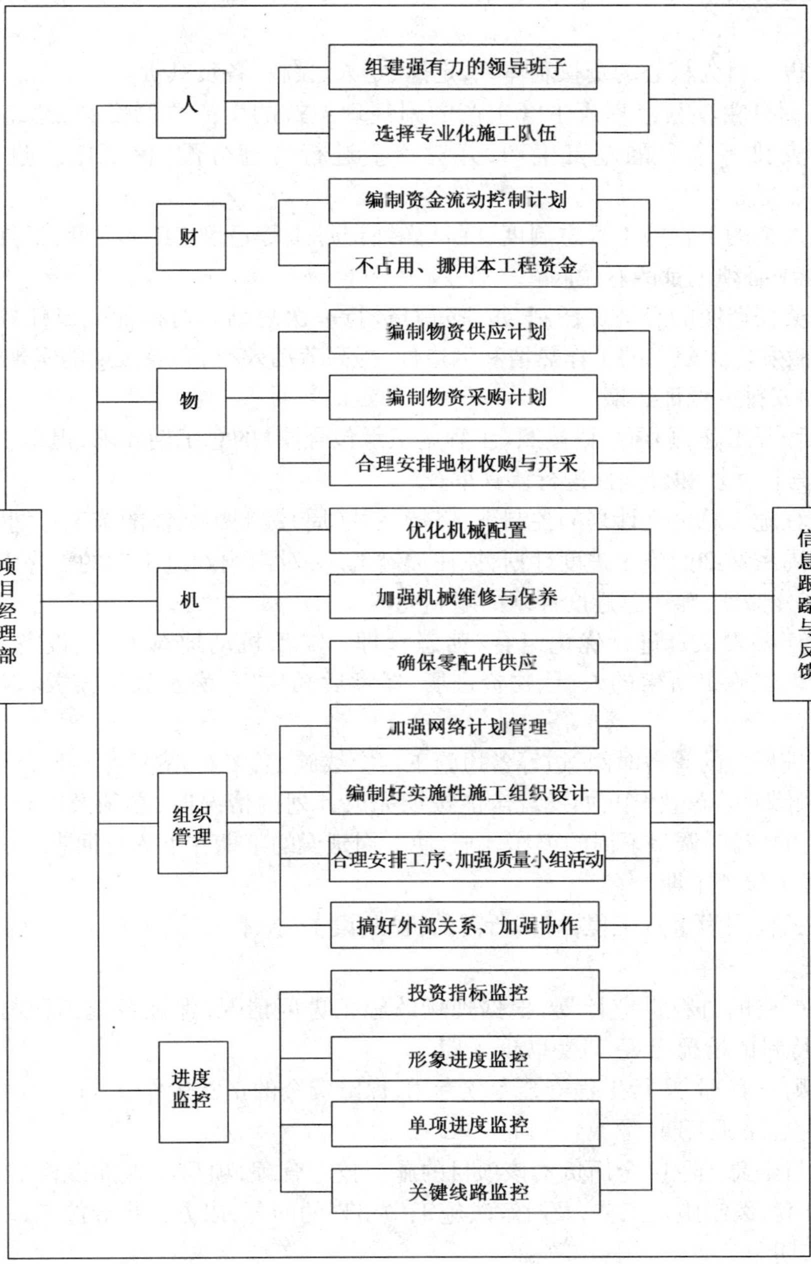

图 6-1-1　工期保证体系框图

2. 工期保证措施

1）从优化施工方案上保证工期

在编制正式的施工方案时，充分考虑到这一点，优化组织分项工程的平行流水作业。对有难度的工序制订详细的施工方案，充分发挥技术和设备优势，重点突破，从而保证工程顺利实施。

2）从组织管理上保证工期

(1)组织充足精干人员,调集精良设备到本项目之中,形成一个从上而下主管施工进度的组织体系。

(2)建立以项目为核心的责权利体系,定岗、定人、授权,各负其责。

(3)每月召开由项目经理或主管生产的副经理主持的生产总调度会,总结上个月的施工进度情况,安排下个月的施工生产,并对资金进行合理分配,保证施工进度的落实和完成。

(4)建立严格的工程施工日志制度,逐日详细记录工程进度、工程质量、工具洽商等问题以及施工过程中必须记录的有关问题。

(5)建立奖罚严明的经济责任制,每季每月进行一次总结。对提前完成任务的相关责任人进行奖励,激发广大职工的工作热情和创造性,提高劳动效率,确保工期的实现。

3)从计划安排上保证工期

(1)在工程开工前,必须严格按照《工程施工承包合同》的总工期要求,提出工程施工总进度计划,并对其科学性和合理性进行认真审查。

(2)在工程施工总进度计划的控制下,坚持逐月(周)编制出具体的施工计划和工作安排。

(3)制订周密详细的施工进度计划,抓住关键工序,对影响到总工期的工序和作业给予人力和物力的充分保证,确保总进度计划的顺利完成。

(4)对生产要素认真进行优化组合、动态管理。灵活机动地对人员、设备、物资进行调度安排,及时组织施工所需的人员、物资进场,保障后勤供应,满足施工需要,保证连续施工作业。

(5)缩短进场后的筹备时间,边筹备边施工。全线施工,多头并进。

(6)工程计划执行过程中,如发现未能按期完成计划的情况时,必须及时检查分析原因,立即采取有效的措施,调整下周的工作计划,使上周延误的工期在下周赶回来。

4)从资源上保证工期

(1)将该工程列为重点工程,对其所需的机械、设备、技术人员、劳动力、材料、资金等资源给予优先保证。

(2)制订严格的材料供应计划,根据现场的施工进度情况,保证各施工段材料的及时供应,杜绝停工待料的情况出现,以免耽误工期。

(3)加强财务管理,实行工程资金专款专用,保障资金的正常运作。

5)从技术上保证工期

(1)由项目部总工程师全面负责该项目的施工技术管理,项目经理部设置工程技术部,负责制订施工方案,编制施工工艺,及时解决施工中出现的问题,以方案指导施工,防止出现返工现象而影响工期。

(2)实行图纸会审制度,在工程开工前由总工程师组织有关技术人员进行设计图纸会审,及时向业主和监理工程师提出施工图纸和其他技术文件中的错误和不足之处,以便工程顺利进行。

(3)采用新技术、新工艺,尽量压缩工序时间,安排好工序衔接,统一调度指挥,使工程有条不紊地进行。

(4)实行技术交底制度,施工技术人员在施工前认真做好详尽的技术交底。

(5)施工全过程使用计算机进行网络计划管理,确保关键线路上的工序按计划进行,若有滞后,立即采取果断措施予以弥补。

三、学习效果评价反馈

(一)学生自评

根据施工组织设计文件编制的内容,完成下列问题:

(1)施工技术组织措施的含义是什么?

(2)施工技术组织措施的分类有哪些?

(3)施工技术组织措施的作用有哪些?

(4)影响施工进度的因素有哪些?针对这些因素如何确保施工进度?

(5)施工进度技术组织措施内容有哪些?

(二)学习小组评价

班级:____________姓名:____________学号:____________

学习内容	分 值	评 价 内 容	得 分
基础知识	30	施工技术组织措施的定义和分类;施工技术组织措施的作用;确保施工进度的技术组织措施内容	
应会技能	10	能明确施工进度技术组织措施的重要性	
	20	能叙述施工进度技术组织措施的内容	
	30	能编制确保施工进度的技术组织措施	
学习态度	10		
合 计	100		
学习小组组长签字:			年 月 日

(三)任课教师评价

班级:____________姓名:____________学号:____________

评 价 内 容	分 值	简 评	得 分	教师签字
准备工作情况	20			
课堂表现情况	30			
任务完成质量	30			
团结协作精神	20			
合 计	100			
备 注				年 月 日

工作任务二 施工质量技术组织措施

学习目标

1. 了解施工质量技术组织措施的重要性;
2. 分析影响施工质量的主要因素;
3. 描述施工质量技术组织措施的基本内容;
4. 准确完成工程项目施工质量技术组织措施的编制。

任务描述

本工作任务的内容是分析影响施工质量的主要因素，确定编制施工质量技术组织措施所需的内容，根据不同工程特点，密切配合施工方案，编制确保工程质量的技术组织措施。

学习引导

本工作任务沿着以下脉络进行学习：

施工组织设计文件内容 → 施工质量技术组织措施的作用 → 影响工程质量的因素 → 施工质量技术组织措施内容 → 编制工程项目施工质量组织措施文件

一、相关知识

公路工程建设项目是一个复杂、庞大的系统工程，质量是工程建设中的关键所在，任何环节或部位出问题，都会给工程建设带来严重后果，甚至造成巨大的经济损失。所以，公路工程建设必须遵循"百年大计，质量第一"的建设方针，进行"全方位、全过程、全员"的施工质量控制，提高施工过程中全体人员的质量意识，加强和保证施工质量。

(一)影响工程质量的主要因素

影响工程质量的因素贯穿整个施工过程，归纳起来主要有五个方面，即人(Man)、材料(Material)、机械(Machine)、方法(Method)和环境(Environment)，简称为4M1E因素。

(1)人员素质。人是生产经营活动的主体，也是工程项目建设的决策者、管理者和操作者。人员的素质，将直接或间接地对规划、决策、勘察、设计和施工的质量产生影响。因此，建筑行业实行经营资质管理和各类专业从业人员持证上岗制度是保证人员素质的重要管理措施。

(2)工程材料。工程材料的选用是否合理、产品是否合格、材质是否经过检验、保管使用是否得当等，都将直接影响建设工程的结构刚度和强度，影响工程外表及观感，影响工程的使用功能和使用安全。

(3)机械设备。机具设备对工程质量也有重要的影响，其产品质量优劣将直接影响工程使用功能质量。施工机具设备的类型是否符合工程施工特点、性能是否先进稳定、操作是否方便安全等，都会影响工程项目的质量。

(4)施工方法。在工程施工中，施工方案是否合理，施工工艺是否先进，施工操作是否正确，都将对工程质量产生重大的影响。大力推进采用新技术、新工艺、新方法，不断提高工艺技术水平，是保证工程质量稳定提高的重要因素。

(5)环境条件。环境条件往往对工程质量产生特定的影响。加强环境管理，改进作业条件，把握好技术环境，辅以必要的措施，是控制环境对质量影响的重要保证。所以工程项目施工前，要对影响工程质量的环境采取针对性的有效措施，确保工程质量。

技术提示 工程项目施工期比较长，一般跨年度施工，所以水文环境条件对工程质量的影响也很大，比如雨季施工混凝土工程就要提防雨淋、土方施工提防饱和土影响压实工作以及洪水的侵袭，冬季施工要注意温度对材料的强度影响等。因此，在编制施工质量技术组织内容时，必须考虑冬夏两季的质量保证措施。

(二)施工质量技术组织措施的主要内容

(1)建立和完善质量保证体系，落实质量管理组织机构，明确质量责任。

(2)建立项目质量监控流程。

(3)实行各项质量管理制度及岗位责任制。

(4)设立重点、难点及技术复杂的分部分项工程的质量控制点,并制订控制措施。

(5)制订对技术复杂、易出质量问题的部位采取的施工措施。

(6)制订冬、夏两季的施工措施。

(7)编写工序作业指导书。

二、任 务 实 施

良好的工程质量是完成任何优秀工程的前提条件,只有保证工程质量的优良才能进一步提升工程的品质、施工单位的形象。下面结合 203 国道肇源至松原一级公路工程,来详细说明确保工程质量的技术组织措施编制内容。

(一)工程概况

肇源至松原一级公路是 203 国道明(水)沈(阳)公路的一部分,该项目起于黑龙江省肇源县境内,跨越松花江后止于吉林省松原市境内。本标段起点里程为K5 +600,终点里程为K8 +600,路线长 3 000m,位于松原市风华镇境内。

本标段设特大桥 1 座,长 577.5m,基础为直径 120cm、150cm 的钻孔桩,下部为肋板式桥台、双柱式桥墩,上部为主跨为 19 孔 ×30m 后张法预应力混凝土 T 梁。

通道桥 1 座,长 10m,基础为预制混凝土打入方桩,下部为薄壁台身,上部为 1 ×10m 钢筋混凝土空心板梁。

路基长 2 412.5m,宽 25.5m;平均填土高度 9m;路基横坡 2%;一般路堤边坡坡度为 1∶1.5,桥头 0 ~4m 内坡度为 1∶1.75,4m 以下坡度为 1∶2。

路基防护排水形式为现浇和预制块混凝土护坡、护脚及叠拱护坡。

(二)地理情况及水文气象条件

1. 地形、地貌

203 国道肇源至松原一级公路 02 合同段所经地区属松嫩平原的东南部,地势平坦、开阔,略有起伏,海拔高度 117 ~159m,主要河流有嫩江和第二松花江,两江汇合后为松花江。松花江两岸地势低洼,属冲积河谷平原地形,沿线多为旱田,局部为湿地。

2. 地质、地震

路线经过地区处于松嫩平原盆地的中央凹陷带与东部隆起带的分界处。上覆地层为第四系低液限黏土、细砂、粗砂,粗砂含少量砾石,层厚 30 ~32m;其下为第三系泥岩,胶结较差;白垩系泥岩、砂岩埋深在 71m 以下,胶结较好。

路线所处地区的地震基本烈度为 VII 度。

3. 水文、气象

路线所经地区属中温带干旱或半湿润大陆性季风气候,春季干燥多风,夏季酷热多雨,秋季温和凉爽,冬季漫长寒冷,四季变化明显。年平均气温 4.7 ~4.9℃,最高气温 36.2℃,最低气温 −37.8℃。年平均降雨量为 230.4 ~578.0mm,雨季多集中在 7、8 月份,占年降水量的 65% ~70%。初冻在 11 月中旬,解冻在翌年 5 月中旬。冻胀、翻浆为公路的主要病害。本桥处于泄洪区内,汛期有水,其余时间干枯。

（三）确保工程质量的技术组织措施

为实现工程施工质量全优，应认真贯彻质量管理方针，根据本工程施工图纸设计，现行施工规程、规范和质量检查验收的有关要求，制订一系列施工质量保证措施。具体内容如下。

1. 质量目标

质量方针是：信守质量承诺，创建优质工程。

质量目标为：单位工程优良品率 100%，合同工期履约率 100%，重大安全生产责任事故为 0。

2. 主要质量技术组织措施

1）组织、管理措施

（1）建立健全质量保证体系。在该工程施工中，应严格按照 ISO9002 标准的全部要素组织施工，建立以总工程师为首的质量监督检查组织机构，建立以项目经理为总负责，项目质量工程师中间控制，项目质检员基层检查的管理系统，对工程质量进行全过程、全方位、全员的控制，具体质量保证体系见图 6-2-1。

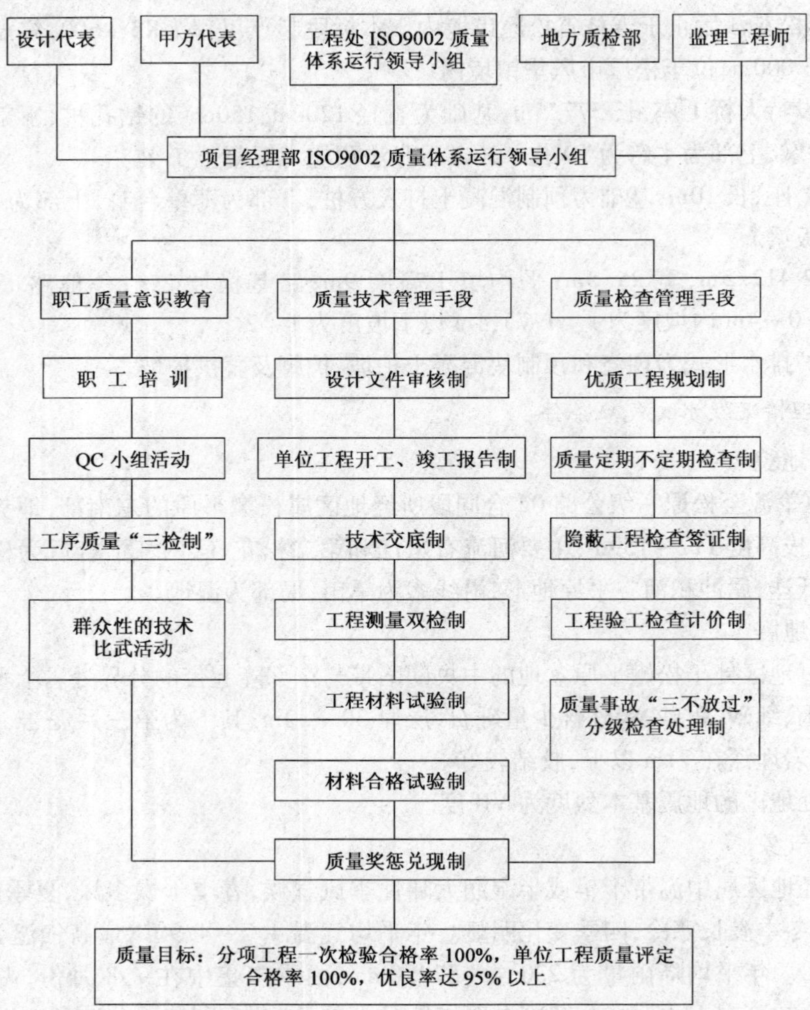

图 6-2-1 质量保证体系框图

(2)搞好分工负责。在质量管理上,项目经理统管全盘,全面负责现场施工,其他领导成员按照工程结构和分类进行分工,实行领导干部分段、分片质量管理责任制,建立质量管理档案。工期紧张阶段,领导进驻现场,跟班作业,指挥协调。

(3)质量目标责任制。根据工程项目的标准要求,确定项目经理的质量目标,并将此目标分解,具体落实到各部门的工作中,同时制订各级人员质量责任制,将个人的工作报酬与其所承担的质量责任目标挂钩,从而保证质量目标的贯彻实施。

(4)质量分析会制度。在对施工质量进行数理统计分析的基础上,根据质量的波动情况、存在的问题,由项目总工主持,定期召开质量分析会,查找原因,制订措施,监督实施,从而提高工程质量。

2)技术保证措施

(1)测量放样。采用全站仪进行施工放样,做到四个复核:水准点、控制点复核,计算复核,图纸复核,放样复核。

(2)路基工程。

①路基施工前恢复中线,复测断面,对地形、地质变化处及时报监理工程师处理。

②路基填筑前,进行试验段填筑,确定路基施工参数,为路基施工提供科学依据。

③施工安排避开雨季,保证临时边沟的排水畅通。

④严格按试验段确定的工艺参数进行施工,对基底处理、分层厚度、碾压遍数、摊铺方法、填土速率和土料含水率进行重点控制,把好"三度",即平整度、横坡度和压实度。

⑤建立可靠的检测方法、严密的检测制度。

⑥规范进行沉降与稳定观测,以数据指导施工,加大施工期的沉降,降低工后沉降和桥头不均匀沉降。

⑦连接构造物的路基工程,其施工不能危害结构物的安全与稳定,应优选透水性较好的填料,采用小型机具和人工夯实相结合分层填筑,不得使用重型机械压实。

(3)桥梁工程。

①桥位布设高精度三角控制网,采用全站仪、精密水准仪进行测量,采取换手复核,减小测量差错。

②控制钻孔灌注桩施工质量。

a. 钻孔前检查钻架位置、钻头尺寸、护筒型号及埋设等是否正确。护筒中心位置偏差要符合规范要求,且严密、不漏。

b. 泥浆的主要技术条件应满足规范要求,并根据钻进中不同地质情况及时调整。

c. 钻进中遇有流塑状淤泥时,钢护筒需跟进贯通全部淤泥层,采用振动沉桩或压重物的方法随钻机逐节压入护筒,以防塌孔和缩孔。

d. 钻进要严格按操作工艺进行操作。终孔前,严格按规范进行成孔检查。

e. 初次清孔至浇注混凝土时间间隔较长时,必须进行二次清孔。孔底沉渣应符合设计要求。

f. 水下混凝土的配制应满足设计及规范要求。

g. 首批灌注混凝土数量必须经过计算,确保导管埋入深度不小于1m。灌注工作组织要严密、紧凑,确保灌注连续、顺畅进行。

h. 混凝土灌注最后高度必须高出设计高度50~100cm,以便凿除浮浆,确保混凝土质量。

③严格按设计要求做好基底检查，与设计不符时，应及时变更，确保基底承载力符合要求。

④控制钢筋、钢绞线施工质量。

a. 要严把材料关。钢筋、钢绞线应有出厂质量保证书或试验报告单，并作机械性能试验。对进场的钢筋、钢绞线进行抽验，遵守"先试验、后使用"的原则，对存在严重锈蚀、麻坑、裂纹夹砂和夹层以及其他不合规范要求的钢筋和钢绞线，坚决不予验收、使用。

b. 要严格控制钢筋、钢绞线的加工质量。

c. 要加强对加工后的钢筋、钢绞线的存放管理。

d. 要保证钢筋的绑扎和焊接质量。

⑤控制混凝土工程施工质量。

a. 控制原材料质量，把好水泥、碎石、砂子等材料的质量关，坚决做到不合格材料不验收、不使用。

b. 采用自动计量设备进行混凝土配料，采用自动计量拌和站进行混凝土拌和，以确保计量准确，保障混凝土质量。每次混凝土施工前必须测定砂石含水率，给出正确的施工配合比。

c. 混凝土浇筑实行分层浇筑，梁、盖板、墩台帽必须实现连续浇筑，桥墩施工缝埋设连接钢筋、凿毛，做好接缝处理。

d. 混凝土浇筑中，采取定人定岗负责振捣。插入式振动器的使用必须符合规定要求。梁板预制和现浇时主要采用侧振工艺，严禁空振模板。

e. 加强对混凝土浇筑后的养护。

⑥严把模板关，模板安装要牢固、紧密，脱模剂要涂刷均匀，确保圬工外观光洁。拆模必须在混凝土达到规定强度后进行，并及时整修模板，以备再用。

⑦加强预应力梁体质量控制。

(4)防护工程施工质量保证措施。

①用于路基防护的混凝土预制块护坡工程或现浇混凝土护坡工程，要安排具有丰富砌筑经验和混凝土施工经验的专业队伍进行施工。

②砂浆配合比由试验室确定，并根据中砂的含水率现场调整配合比，控制好水灰比。当所选用材料变化时，配合比也要重新确定，确保砂浆强度等级。

③砂浆拌和必须用拌和机，严格计量制度，严禁人工拌和，且随拌随用，使之保持良好的和易性和适宜的稠度。

④预制块砌筑前应先测量放样，挂线控制直顺度、平整度。勾缝前应充分湿润。

⑤浆砌工程统一采用平凹缝，既确保工程质量，又整齐美观。施工中专门设计制作一个简易控制器具，以确保砌缝的宽度、深度统一整齐，勾缝坚固。

3)施工质量保证措施

在施工中实施全过程、全方位的质量监控，推行高标准的质量管理，严格各工序技术要求，狠抓原材料和工艺双控制，做到程序化、标准化、规范化作业。

(1)完善质量检测手段。用检测控制工序，让工序控制过程，靠过程控制整体。从施工每一道工序、每一个细节入手，全过程跟踪检测，以确保工程质量有数据作为支持。

(2)严格执行质量标准。实施标准化作业，做到全部工序有标准、有检查，并把新技术、新工艺、新方法运用到各项施工生产中去，切实保证标准化的作业质量。

(3)严格控制工序。施工中严格执行"五不施工"制度，即施工桩号不清不施工、无技术交底不施工、无复测资料不施工、无质检工程师签证不施工、无监理批复不施工。

(4)严格执行“三检”制度。即工序自检、监理检验、交工互检，不经三检合格不得转入下道工序施工，使工程质量在施工全过程中都处于受控状态，以确保每道工序规范，施工全过程创优。

(5)严格质量验收。在日常检查或月份验工计价时，对存在个别缺点和不足的工程，限期改正；对不符内控标准、影响创优的工程，坚决推倒重来，并追究责任人的责任。

三、学习效果评价反馈

(一)学生自评

根据施工组织设计文件编制的内容，完成下列问题：

(1)施工质量技术组织措施的主要内容是什么？

(2)影响施工质量的因素有哪些？针对这些因素如何确保施工质量？

(3)冬季和雨季施工时，需要采取哪些技术组织措施？

(4)确保工程质量的技术组织措施主要涉及哪几方面内容？

(二)学习小组评价

班级：＿＿＿＿＿＿姓名：＿＿＿＿＿＿学号：＿＿＿＿＿＿

学习内容	分 值	评 价 内 容	得 分
基础知识	30	影响施工质量的因素；质量保证措施基本框架；施工质量技术组织措施的内容	
应会技能	10	能明确施工过程中，采取质量技术组织措施的重要性	
	20	能叙述施工质量技术组织措施的具体内容	
	30	能编制确保施工质量的技术组织措施文件	
学习态度	10		
合 计	100		
学习小组组长签字：			年 月 日

(三)任课教师评价

班级：＿＿＿＿＿＿姓名：＿＿＿＿＿＿学号：＿＿＿＿＿＿

评 价 内 容	分 值	简 评	得 分	教师签字
准备工作情况	20			
课堂表现情况	30			
任务完成质量	30			
团结协作精神	20			
合 计	100			
备 注			年 月 日	

工作任务三 施工安全技术组织措施

学习目标

1. 了解施工安全技术组织措施的重要性；
2. 分析影响施工安全的主要因素；

3. 描述施工安全技术组织措施的基本内容；

4. 准确完成工程项目施工安全技术组织措施的编制。

任务描述

本工作任务的内容是分析得出影响施工安全的主要因素，确定编制施工安全技术组织措施所需的内容，学会针对不同工程施工特点，编制与施工方案密切结合的确保施工安全的技术组织措施。通过完成该任务，能更好地指导施工，并保证工程项目顺利完工以达到各项预期目标。

学习引导

本工作任务沿着以下脉络进行学习：

施工组织设计文件内容 → 施工安全技术组织措施的含义 → 影响施工安全的因素 → 确保施工安全的技术组织措施内容 → 编制工程项目施工安全的技术组织措施文件

一、相关知识

施工安全技术组织措施是施工组织设计的重要组成部分，它是具体安排和指导工程安全施工的安全管理与技术文件。它能够针对每项工程在施工过程中可能发生事故隐患和安全问题的环节进行预测，从而在技术上和管理上采取措施，消除或控制施工过程中的不安全因素，防范事故的发生。制订施工安全技术组织措施应遵循"消除、预防、减少、隔离、个体保护"的原则。

(一)安全控制的方针与目标

"安全第一，预防为主"是安全控制的方针。"安全第一"是指在施工生产中，要把施工人员的人身安全放在首位，人身安全有保障，安全施工生产才能得以进行。"预防为主"是指以一定措施进行安全控制，减少或消除事故隐患。"预防为主"是实现"安全生产"的重要手段，是安全控制的主导思路。

安全控制以减少或消除不安全行为和设备、材料的不安全状态，改善生产环境和保护生态环境，实现安全管理为目标。总之，安全控制旨在减少或消除施工生产中不安全因素，确保施工人员人身安全和施工场地财产安全。

(二)影响施工安全的主要因素

1. 人为因素

(1)施工生产一线人员缺乏必要的安全生产知识及法律法规的学习、教育和培训。

(2)特种工操作人员未经过严格的专门培训，无证上岗。

(3)操作工人的身体健康状况不佳，操作不熟练。

2. 机械设备因素

有些施工机械设备年久失修或带"病"作业，加之施工中超负荷运转，加重设备的老化程度，很容易造成安全事故。

3. 材料因素

有些安全防护用品本身就存在一些安全隐患，如材质不合格、无合格证及检测报告等。

4. 方法因素

(1)安全防护用品的使用方法不正确,对建筑施工安全也有很大影响。

(2)安全管理方法简单或不正确,未建立健全各项安全生产规章制度及责任制,没有很好地以制度管理人、约束人,没有明确处罚、处理的依据,很容易造成事故或隐患的扩大化。

5. 施工环境因素

在施工过程中,常会遇到一些不利于施工的天气,如刮风、下雨等。此时如果进行施工就很不安全,尤其是高空作业更危险。

(三)施工安全技术组织措施内容

施工安全技术措施是针对每项工程的特点而制订的,编制安全技术组织措施的技术人员必须掌握工程概况、施工方法、施工环境、施工条件等第一手资料,并熟悉各项安全法规、标准,才能编写有针对性的安全技术措施。对大型工程,除必须在施工项目管理规划中编制施工安全技术总措施外,还应编制单位工程或分部分项工程安全技术措施,详细地制订出有关安全方面的防护要求和措施。所以,为确保该单位工程或分部分项工程的安全施工,可分为以下几方面的内容措施:

1. 施工安全保证措施

(1)明确安全责任。针对各工种的特点和施工条件,建立健全施工安全管理制度和安全操作规程,要求各级安全员忠于职守,本着对工程高度负责的责任心,对一切违反规定的劳动和违章行为及时予以纠正。

(2)做好安全技术交底工作。各项施工方案、施工工序在付诸实施前,工程师和专职安全员必须事先做好技术交底,强化职工安全保护意识,杜绝违章。特别对于易燃易爆材料,在施工前要制订详尽的安全防护措施,确保施工安全。

(3)建立安全生产设施管理制度和劳保用具发放制度,确保工程设施、设备、人员的安全。定期或不定期地对安全生产设施进行检查,发现问题及时进行处理,配备劳保用具和必要的安全生产设施。

(4)密切与业主、当地政府之间的协调联系,及时贯彻执行下达的文件、批示。

2. 施工现场安全措施

(1)施工现场的布置应符合防火、防触电、防雷击等安全规定的要求,现场的生产生活用房、仓库、材料堆放场、修配间、停车场等临时设施,按监理工程师批准的总平面布置图进行统一部署。

(2)施工场区内的地坪、道路、仓库、加工场、水泥堆放场四周采用砂或碎石进行场地硬化,危险地点悬挂警示灯或警告牌。在工作坑地点设防护围栏和明显的红灯警示,并在醒目的地方设置固定的大幅安全标语及各种安全操作规程牌。

(3)现场实行安全责任人负责制,具体制订各项安全施工规则,检查施工执行情况并对职工进行安全教育,组织有关人员学习安全防护知识,并进行安全作业考试,考试合格的职工才具备进入施工作业面作业的资格。

(4)重视业主和设计人员提供的气象资料和水文资料,做好抗灾和防洪工作。按照业主和监理要求做好每年的汛前检查工作,配置必要的防汛物资和器材,按要求做好汛情预报和安全度汛工作。若发现有可能危及人身、工程、财产安全的灾害预兆时,应采取切实可行的防灾害措施,确保人身、工程、财产的安全。

(5)定期举行安全会议，适时分析安全工作形势，由项目经理部成员、工区责任人和安全员参加并做好记录。

(6)加强安全检查，建立专门安全监督岗，实行安全生产承包责任制。在各自业务范围内，对应实现的安全生产负全责。遇有特别紧急的事故征兆时，应停止施工，采取措施确保人员、设备和工程结构安全。

(7)施工现场的生产、生活区按《中华人民共和国消防法》有关规定，配备一定数量常规的消防器材，明确消防责任人，并定期按要求进行防火安全检查，及时消除火灾隐患。

(8)住房、库棚、修理间等消防安全距离应符合《中华人民共和国消防法》有关规定，严禁在室内存放易燃、易爆、有毒等危险品。

(9)氧气瓶不得沾染油脂，乙炔瓶应安装防火安全装置，氧气瓶和乙炔瓶必须隔离存放，隔离存放的距离应符合有关安全规定的要求。

(10)现场工作人员应佩戴统一的安全帽，高空作业人员应系好安全带。

(11)施工现场临时用电应严格按《施工现场临时用电安全技术规范》(JGJ 46—2005)中有关的规定办理。

(12)施工现场和生活区应设置足够的照明，其照明度应不低于国家有关规定。夜间施工或特殊场所照明应充足、均匀，潮湿和易触、带电场所的照明供电电压不应大于36V。

3. 预防事故的措施

(1)改进生产工艺，实现机械化、自动化施工。

(2)设置安全装置，包括防护装置、保险装置、信号装置和危险警示。

(3)安排预防性的机械强度实验和电气绝缘检验。

(4)进行机械设备的保养和有计划的检修。

(5)文明施工。

(6)正确使用劳动保护用品。

(7)强化民主管理，认真执行操作规程，普及安全技术知识教育。

二、任务实施

工程施工方案是指导施工具体行动的纲领，其安全技术措施是施工方案中的重要组成部分。下面以新疆维吾尔自治区217国道克拉玛依至独山子段公路改建工程为例，详细说明安全技术措施编制过程。

(一)工程概况

217国道克拉玛依至独山子段公路改建工程路线起于克拉玛依市217国道原一级公路与二级公路相交处北侧K403+300处，沿217国道南行经五新镇、共青城，在奎屯市西南下穿兰新铁路西线，再南行1.5km后，与拟建的奎(屯)赛(里木湖)公路(连霍国道主干线的组成部分)立交，向南下穿独山子炼油厂铁路专用线后与312国道立交，南行2.5km再次下穿独山子炼油厂铁路专用线，南行4km折东行沿克拉玛依市独山子区韶山路向东止于与北京路交叉处，终点桩号为K551+741.585。路线全长148.450km，实际改建路线全长125.891km。

路面结构从上向下依次为：3cm厚密级配细粒式沥青混凝土、4cm厚中粒式沥青混凝土、20cm厚水泥稳定砂砾、25cm厚天然级配砂砾。本标段有互通立交两处：金龙镇互通立交和九公里互通立交；涵洞13道，结构形式主要为钢筋混凝土盖板涵；通道6道。

（二）气象水文资料

1.气象资料

新疆深居欧亚大陆腹地，远离海洋，具有典型的大陆性气候特征。寒暑差异悬殊，夏短酷热、冬长严寒，气温变化剧烈，降水稀少，蒸发强烈，气候极为干燥。

历年平均气温8.30℃，极端最高气温42.90℃，极端最低气温-35.90℃，最热月7月份平均最高气温27.60℃。历年平均降水量110mm，降水量集中在5~8月份，占全年降水量的64%，年最大降水量224.5mm。历年平均降雪为40mm，年最大降雪量41.3mm，降雪集中在11月至次年3月，占全年降雪量的95%，年平均积雪深度89mm，年最大积雪深度为250mm。历年雷暴天数为29.5天。平均冰雹天数为1天。沙尘暴40年平均1.4次。40年最大冻土深197cm。16年平均蒸发量2971.4mm。40年平均风速3.4m/s。历年10min平均最大风速33.7m/s，风向西北。极大风速49m/s，风向西北。克拉玛依地区的主导风向是西北风。

2.水文地质资料

路线通过地区地下水主要为第四系松散岩类孔隙水，其次为山区丘陵地段的基岩裂隙水。本项目所在地区，地下水由南部天山、西部界山山区，由南向北、由西向东向盆地径流。含水层多为砂砾石，所以径流条件较好。

地下水在洪积扇前缘及盆地中，主要靠泉水排泄、蒸发和植物蒸腾排泄。在山前洪积扇前缘形成沼泽、湿地，可以蒸发和蒸腾消耗。盆地中地势低洼处，是地表水的汇集中心，也是地下水排泄汇集的中心，如北部的乌伦古湖、盆地西北缘和南部的艾比湖和玛纳斯湖。部分为人为开采消耗。

（三）安全技术组织措施

安全生产始终是工程建设管理中的头等大事。本项目组织安全施工生产过程中，始终坚持“安全第一，预防为主，工程建设，安全为本”的方针。为认真贯彻国家的安全方针和有关安全生产的各项规定，同时满足本合同段施工的各项安全生产管理规定，以保证建设者的安全和健康，促进施工，应制订详实的施工安全保证措施，并保证在施工中认真贯彻执行。

1.安全目标

严格执行国家和交通运输部发布的有关施工技术安全规则。

(1)人身安全目标坚持预防为主，防管结合的原则。

①杜绝任何人员伤亡事故。

②杜绝因工亡人事故，重伤率小于0.06%，轻伤率小于0.12%。

(2)工程安全目标应做到将各种变形控制在允许范围内，确保地表建筑物及施工环境稳定。

①不发生断桩、梁体倾覆、隧道大塌方等责任事故。

②不发生重大及以上设备事故、重大交通事故和重大火灾事故。

③杜绝因施工造成的沟渠堵塞、道路交通中断、通信电力损伤等工程施工责任事故。

2.管理制度和保证体系

1)安全管理机构及管理人员职责

(1)安全管理机构。为确保施工安全将建立施工安全组织机构并健全施工安全保证体系，工程处指挥部成立由指挥长为组长的安全生产领导小组，设专职安全质量部，负责全项目的安全管理及联防联控工作；安全质量部设置项目专职安全工程师，具体负责安全措施的实施及监督检查；施工作业队设专职安全防护员，负责现场施工安全防护；施工班组设兼职安全员。分别建立如图 6-3-1 所示的施工安全组织机构框图及如图 6-3-2 所示的施工信息传递网络图。

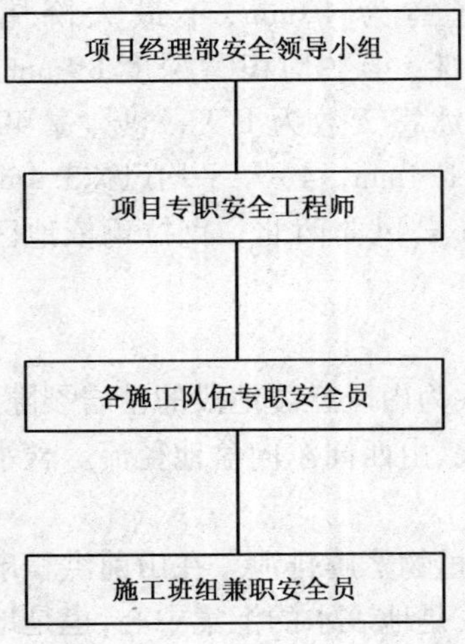

图 6-3-1　安全组织机构框图

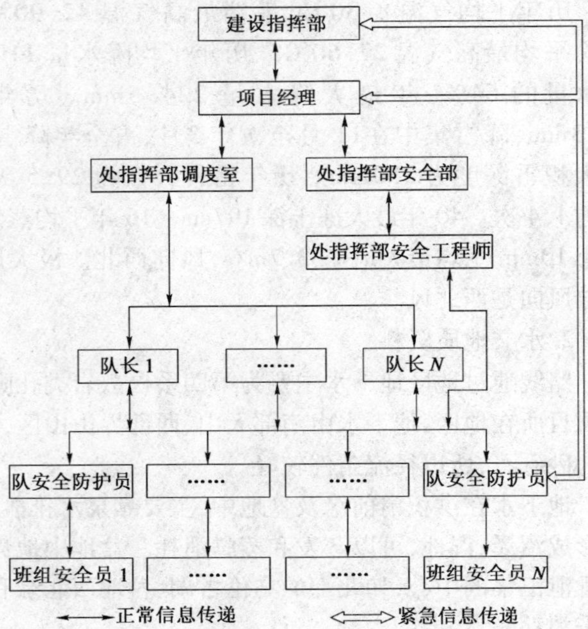

图 6-3-2　信息传递网络图

(2)安全保证体系。局指挥部、处项目经理部、施工作业队、工班及个人逐级签订安全生产包保责任状，形成自上而下、齐抓共管、群防群治的安全保证体系。

2)管理制度

(1)施工组织领导负责制度。

①开挖路基、架梁等工作，应由职务不低于处项目经理的领导负责。

②设置作业标防护的工作，应由班长或由队长批准并经考试合格的人员负责。

③施工前，要充分做好各项准备工作，向施工人员进行安全教育，发动职工讨论落实施工计划和安全措施，合理安排人力。施工中，要随时掌握好进度和质量，及时消除不安全隐患。

(2)安全培训制度。

①爆破工、架子工、电气焊工、吊车司机等特殊作业人员，送外部进行培训，考试合格后，确保持证上岗。

②新职工由项目安全部进行安全培训，考试合格后方能上岗。

(3)安全检查制度。

①项目安全部每月进行一次安全大检查。

②各作业队每旬进行一次安全检查和评比。

③各作业工班实行每天一次安全检查。

3. 施工安全保证措施

安全工作要坚持“安全第一、预防为主”的方针，各级成立以第一管理者为组长的安全工作领导小组，施工队设专职安全员，层层签订安全包保责任状，形成齐抓共管、群防群治的管理局面，针对本工程及施工现场特点，做好安全教育和安全技术交底，提高全员安全意识，有针对性地对从事高空作业、机械运输作业等人员，制订相应的制度和措施进行重点防范，确保安全目标实现。

(1) 加强安全教育工作。开工前组织干部职工认真学习相关安全规则，特殊作业人员和主要技术工种人员经培训合格后，持证上岗。

(2) 现场作业人员按规定作好个人防护用品，做到遵章守纪，按标准作业无违章现象。

(3) 为了保护工程，保障施工人员和群众的安全，在必要的地点和时间内设置照明、防护、警告信号和看守。

(4) 在施工中，遇有动力设备、高压电线路、地下管道、压力容器、易燃易爆品、有毒有害物体等情况，需按设计要求或报请建设单位，采取可靠安全防护措施，确保施工安全。

(5) 机电安全措施。

①施工机具、车辆和设备要有专人管理和操作，要进行定期保养，确定其性能处于完好状态，符合安全技术要求，以满足施工需要。

②非机电人员不得擅自动用机械设备，非驾驶人员不得擅自开动车辆，所有机电设备须接好接地保护措施，严禁故障作业。

③现场机电设备供电线路采用埋设电缆线布置，地面设配电箱，拖地电缆要有可靠保护，拖线箱本身要有可靠的搭铁和防雨措施。

④现场用电须由专职电工负责。

(6) 现场防火、防汛措施。做好现场管理及防火、防汛工作，确保现场管理有序，道路畅通，材料堆放整齐，防护、防火设施按规定配置且完好有效，安全标牌齐全且符合规定。雨季成立防汛小组设专人值班，并加强与气象部门的联系，提前做好防洪防汛工作，避免人员及财产损失。

(7) 高空作业安全措施。高空施工必须系好安全带和戴好安全帽，临边作业必须搭设防护栏杆、临时护栏或张挂安全网，通人流、货流处应设置安全门或流动防护栏杆。

(8) 交叉作业安全措施。垂直运输物交叉半径内，人员行走要划出专门路线。无隔离措施不得在同一垂直面内上下交叉作业，拆卸脚手架等难以避免的交叉作业，要划出禁区，由专人监护。

(9) 攀登作业安全措施。事先设计好登高设施及登高用具，登高用具的结构构造必须牢固可靠，具有防滑措施。作业人员必须使用规定的通道登高，不得在未经安全防护的地点进行攀登，更不能利用起重机臂等施工设备攀登。

三、学习效果评价反馈

(一) 学生自评

根据施工组织设计文件编制的内容，完成下列问题：

(1) 影响施工安全的因素有哪些？

(2) 施工安全技术组织措施的主要内容是什么？

（二）学习小组评价

班级：＿＿＿＿＿＿＿姓名：＿＿＿＿＿＿＿学号：＿＿＿＿＿＿＿

学习内容	分 值	评 价 内 容	得 分
基础知识	30	施工安全控制的方针与目标；影响施工安全的主要因素；施工安全技术组织措施的内容	
应会技能	10	能明确施工安全技术组织措施的重要性	
	20	能叙述施工安全技术组织措施的内容	
	30	能编制确保施工安全的技术组织措施	
学习态度	10		
合 计	100		
学习小组组长签字：			年 月 日

（三）任课教师评价

班级：＿＿＿＿＿＿＿姓名：＿＿＿＿＿＿＿学号：＿＿＿＿＿＿＿

评 价 内 容	分 值	简 评	得 分	教师签字
准备工作情况	20			
课堂表现情况	30			
任务完成质量	30			
团结协作精神	20			
合 计	100			
备 注			年 月 日	

工作任务四 施工环境技术组织措施

学习目标

1. 了解施工环境保护技术组织措施的重要性；
2. 描述施工环境保护技术组织措施的基本内容；
3. 准确完成工程项目施工环境保护技术组织措施文件的编制。

任务描述

本工作任务的内容是依据公路施工环境保护的现实意义，识别影响施工环境的各种因素，从而确定施工环境保护技术组织措施的内容，学会针对不同工程施工特点，编制施工环境保护的技术组织措施，以达到消除或减少施工对环境影响的目的。

学习引导

本工作任务沿着以下脉络进行学习：

施工组织设计文件内容 → 施工技术组织措施的含义 → 施工技术组织措施的作用 → 施工环境保护的现实意义 → 施工环境保护的技术组织措施内容 → 编制施工环境保护的技术组织措施文件

一、相关知识

随着社会的进步、经济的迅速发展,施工环境的保护显得越来越重要。工程项目施工阶段,往往会进行大量的土石方工程,极大的改变了原有环境稳定的自然形态。控制施工现场的各种粉尘、废水、废气、固体废弃物、噪声、振动等对环境的污染和危害,成为安全施工、文明施工的重要内容。

(一)施工环境保护的意义

(1)施工环境保护是保证人民身体健康和体现社会文明进步的需要。采取专项措施防止粉尘、噪声和水源污染,保护好施工现场和周边环境,是保证施工人员和周边居民身体健康、展现以人为本和社会文明进步的具体体现。

(2)施工环境保护是现代化生产的客观要求。现代化施工生产广泛采用的新技术、新工艺、新设备,对环境的质量要求很高,尤其是一些精密仪器。超标的粉尘、振动都有可能损坏设备,影响其使用效率。

(3)施工环境保护是消除外部干扰和保证施工顺利进行的需要。随着人们法制观念和自我保护意义的增强,施工扰民问题的反映越来越强烈。减少施工对环境的污染和对居民正常生活的干扰,不但可以减少由于施工引起的与当地居民的矛盾,同时也保证了施工生产的顺利进行。

(4)节约能源、保护人类生存环境,是保证社会与企业可持续发展的必然要求。现代社会化大生产在给人们带来诸多方便的同时,环境污染和能源紧缺等问题也凸显出来。“可持续发展和环境保护”是21世纪的主题,保护自然环境是社会和企业的责任与义务,同时也有利于社会和企业的可持续发展。

(二)施工环境技术组织措施内容

为了保护和改善生活环境与生态环境,防止由于建筑施工造成的作业污染和扰民,保障建筑工地附近居民和施工人员的身体健康,施工单位应努力做好环境保护工作。

(1)规范施工现场的场容,保持作业环境的整洁卫生。

(2)减少工程施工对周围居民环境的破坏影响。

(3)组织落实各种环境保护管理制度。

(4)妥善处置施工现场的固体废弃物。

(5)严格控制强噪声作业时间。

(6)严格控制人为噪声,比如无故甩打模板,高声使用喇叭等。

(7)及时处理施工废水、废油污染等。

二、任务实施

工程项目在施工中,应该重视施工场地内外环境的保护,施工环境的保护也是文明施工的重要内容,下面结合横龙山隧道工程来阐述施工环境保护措施的编制过程。

(一)工程概况

横龙山(南)隧道工程起止桩号为K0+840~K2+240,其中左线ZK0+840~ZK1+040和右线YK0+840~YK1+100为道路工程。横龙山(南)隧道为上下行双向六车道隧道,行车道中线间距52.25m,左线隧道ZK1+040~ZK2+240,全长1 200m,右线隧道YK1+100~YK2+240,全长1 140m。

（二）自然特征及施工环境条件

1. 地形地貌

横龙山（南）隧道呈近南北走向，沿线所经地区为低山、低山间冲沟、山麓等地貌。地势呈南高北低的趋势，地形起伏大，微地貌单元较发育。

2. 工程地质条件

隧址区典型的地质条件，从上向下依次为第四系人工填土、植物层、冲洪积黏土、砂砾、卵石、坡积黏土、残积砾质黏土、不同风化程度的燕山期粗粒花岗岩及震旦纪花岗片麻岩。本标段左线隧道有 F3 断层，右线隧道有 F2、F3 断层。F2 断层在震旦纪花岗片麻岩与燕山期花岗岩接触带，为碎裂岩，呈黄褐、灰褐色，局部具糜棱岩化，强度相当于弱风化岩；为压扭性，产状为：倾向 195°～205°，倾角 70°～80°。F3 断层微风化花岗片麻岩中，为碎裂岩，呈黄褐、灰褐色，局部具糜棱岩化，强度相当于弱风化岩；为压扭性，产状为：倾向 234°～245°，倾角 70°～75°。

3. 水文地质特征

隧道沿线为低山、山间冲沟地貌单元，地下水主要为第四系砂卵石层孔隙潜水和基岩中的裂隙水，基岩中的裂隙水为承压水。地下水位较深，主要受大气降水补给，其含水层为第四系砂卵石层，为强、中等风化基岩层，含水性、透水性均较好。

横龙山隧道地下水稳定水位埋深 0.40～58.00m，相对高程为 68.16～157.62m；地下水水质在强透水层中对混凝土结构具有分解弱腐蚀性，在弱透水层中不具有腐蚀性。

（三）环境保护技术组织措施

本工程为做好环保、水保工作，坚持“三同时”（同时设计、同时施工、同时竣工），以防止水土流失和空气污染，控制施工噪声。其中，对项目施工区、办公区和生活区三个场所影响环境的因素进行了详细识别。隧道施工现场的环境影响因素有噪声、水污染、压路机振动、大气污染、卫生消防、传染病等，图 6-4-1 所示为环境保护保证体系框图。具体施工环境保护技术组织措施编制如下：

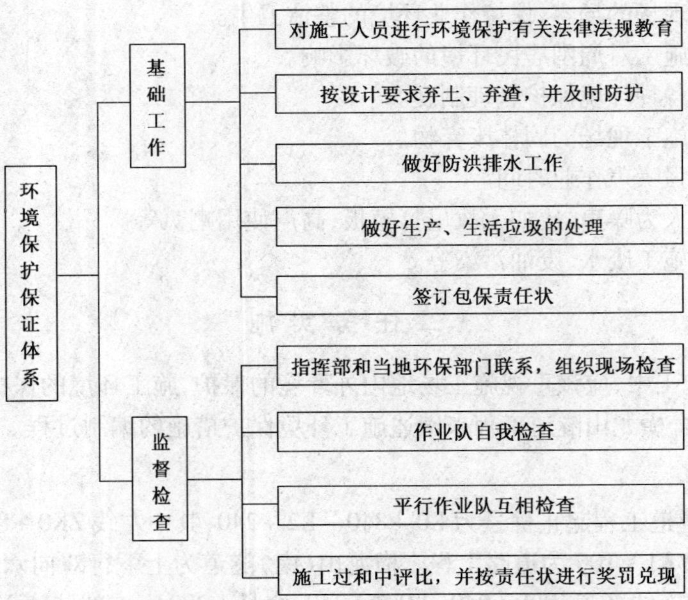

图 6-4-1　环境保护保证体系框图

1. 隧道工程环境保护的技术保证措施

(1)在爆破作业中,采用水幕降尘,保证作业面粉尘含量达标。

(2)在弃渣场设置喷水降尘系统,弃渣作业时喷水降尘,并做好弃渣场防护,防止水土流失。

(3)废浆、废液集中遗弃到废浆池,严禁污染农田、溪流,保护自然环境不受破坏。

(4)进入现场的机械、车辆必须做到不鸣笛、不紧急制动;汽车在等候装渣时开启小油门或停车;加强设备维修,定时保养润滑;对于与施工无关的人员和车量加以控制,避免或减少噪声。

2. 混凝土工程环境保护的技术保证措施

车辆在运料过程中,对易飞扬的物料用篷布覆盖严密,且装料适中,不得超载。车辆外表及轮胎经常用水冲洗干净,保持道路的清洁,树立新风尚。车辆通过村镇应减速慢行,文明行车。

3. 砌筑及排水工程环境保护的技术保证措施

施工现场无废弃砂浆和混凝土,在运输道路和操作面落地的要及时清走,砂浆、混凝土采取防散落措施。拆除旧有构筑物时要有防尘遮挡,在旱季适量洒水。

4. 拌和站环境保护的技术保证措施

(1)混凝土拌和、构件预制等场地选择时,尽量远离村庄,对使用的工程机械和运输车辆安装消声器并加强维修保护,降低噪声。

(2)拌和站用水泥采用散装水泥以减少水泥袋废弃物。

(3)报废材料立即运出现场并进行掩埋等处理。

(4)对于施工中废弃的零碎配件,如边角料、水泥袋、包装箱等,及时收集清理并做好现场卫生,以保护自然环境与景观不受破坏。

(5)设夜间巡逻队,加强安全保卫工作。

(6)混凝土拌和站的工作人员应配备必要的劳保防护用品。

(7)在运输水泥等易飞扬物料时用篷布覆盖严密,不得超限运输。

5. 生活环境保护的技术保证措施

(1)靠近生活水源施工时,用沟壕或堤坝同生活水源隔开,避免污染生活水源。

(2)施工营地和施工现场的生活垃圾,应集中堆放。

(3)施工和生活中的废弃物也可经当地环保部门同意后,运至指定地点。此外,工地设置能冲洗的厕所,派专门的人员清理打扫,并定期对周围喷药消毒,以防蚊蝇滋生,传播病毒。

(4)施工废水、生活污水按有关要求进行处理,不得直接排入农田、河流和渠道。

(5)施工机械的废油、废水,采用隔油池等有效措施加以处理,不得超标排放。

(6)生活污水采取二级生化或化粪池等措施进行净化处理,经检查符合标准后方准排放。

(7)在农田区施工时,对既有的排灌系统加以保护,必要时修建临时水渠、水管等,保证排灌系统的完整性。

(8)在河道、水库中施工的临时设施待工程完工后进行彻底清理,恢复原状原貌。

6. 油料环境保护的技术保证措施

对汽油等易挥发品的存放要密闭,并尽量缩短开启时间。施工中先考虑安排电动机械施工,对柴油机安装防漏油设施,对机壳进行围护,避免漏油污染。对设备或地面上的油污,应及时用棉纱吸取,废油棉纱应统一放在指定地点,以便集中处理。油品储存应设专门库房,库房应达到防挥发、防泄漏、防火、防爆炸、防毒、防潮、防高温等安全防范规定，并具有处理泄漏、着火等应急保护设施。

7. 水土及生态环境的保护措施

(1)保护原有植被。对合同规定的施工界限内、外的植物、树木等尽力维持原状。砍除树木和其他经济植物时，应事先征得所有者和业主的批示同意，严禁超范围砍伐。

(2)永久用地范围内的裸露地表用植被加以覆盖。

(3)临时用地范围内的耕地采取措施进行复耕，其他裸露地表植草或种树进行绿化。

(4)对路基工程的取、弃土场及改移道路，按设计实施工程防护；设计无防护段应营造良好环境。在施工现场和生活区设置足够的临时卫生设施，经常进行卫生检查。

(5)在生活区周围种花草、树木，美化生活环境。

(6)保护野生动物，严禁施工人员猎杀野生动物。

(7)做好防护工程、排水工程和裸露地表的植被覆盖工作，防止水土流失。

(8)石方爆破作业应采取控制爆破，防止飞石对附近林木、植物造成损害。

(9)工程完工后，及时进行现场彻底清理，并按设计要求采用植被覆盖或其他处理方式。

(10)对有害物质按有关的环保规定进行处理，防止对动、植物造成损害。

(11)按设计要求砌筑挡渣墙，防止弃渣流失侵占农田或堵塞河道。

8. 大气环境及粉尘的防治措施

(1)在设备选型时选择低污染设备，并安装空气污染控制系统。

(2)在运输水泥等易飞扬物料时用篷布覆盖严密，并装量适中，不得超限运输。

(3)配备专用洒水车，对施工现场和运输道路经常进行洒水湿润，减少扬尘。

(4)对汽油等易挥发品的存放要密闭，并尽量缩短开启时间。

(5)在爆破作业中，采用水幕降尘，保证作业面粉尘含量达标。在弃渣场设置喷水降尘系统，弃渣作业时喷水降尘。

(6)在有粉尘的作业环境中作业，除洒水外，作业人员还必须配备劳保防护用品。

9. 噪声环境的防治措施

(1)在比较固定的机械设备附近，修建临时隔间屏障，减少噪声传播。

(2)合理安排施工作业时间，尽量降低夜间车辆出入频率，夜间施工不得安排噪声很大的机械。

(3)适当控制机械布置密度，条件允许时拉开一定距离，避免机械过于集中形成噪声叠加。

(4)合理安排施工人员在高噪声间区的作业时间，并配备劳保防护用品。

三、学习效果评价反馈

(一)学生自评

根据施工组织设计文件编制的内容，完成下列问题：

(1)施工环境保护的意义是什么？

(2)施工环境保护的技术组织措施内容有哪些？

(3)隧道工程环境保护的技术保证措施有哪些？

(4)混凝土工程环境保护的技术保证措施有哪些？

(5)砌筑及排水工程环境保护的技术保证措施有哪些？

(6)拌和站环境保护的技术保证措施有哪些?
(7)生活环境保护的技术保证措施有哪些?
(8)油料环境保护的技术保证措施有哪些?
(9)水土及生态环境的保护措施有哪些?
(10)大气环境及粉尘的防治措施有哪些?
(11)噪声环境的防治措施有哪些?
(12)结合工程实际,谈一谈影响施工环境的因素。

(二)学习小组评价

班级:＿＿＿＿＿＿姓名:＿＿＿＿＿＿学号:＿＿＿＿＿＿

学习内容	分 值	评 价 内 容	得 分
基础知识	30	施工环境保护的意义;施工环境保护技术组织措施的内容	
应会技能	10	能明确施工环境保护技术组织措施的重要现实意义	
	20	能叙述施工环境保护技术组织措施的内容	
	30	编制保护施工环境的技术组织措施文件	
学习态度	10		
合 计	100		
学习小组组长签字:			年 月 日

(三)任课教师评价

班级:＿＿＿＿＿＿姓名:＿＿＿＿＿＿学号:＿＿＿＿＿＿

评 价 内 容	分 值	简 评	得 分	教师签字
准备工作情况	20			
课堂表现情况	30			
任务完成质量	30			
团结协作精神	20			
合 计	100			
备 注				年 月 日

附录　公路施工组织案例

公路施工组织可分为投标阶段的施工组织和施工阶段的施工组织。本实例是竞标性施工组织。这类施工组织要求高,能够反映施工企业的技术和管理水平、综合实力水平以及企业的竞争力和企业素质,所以编制这类施工组织,要求人员有较高的综合素质。

本例编制的是203国道单家围子至金宝屯一级公路08合同段的投标施工组织。为适应教学要求,对原工程作了适当的简化。

一、编制依据及原则

1.编制依据

(1)吉林省公路重点工程建设管理办公室及吉林省交通招标咨询中心发售的203国道单家围子至金宝屯段一级公路建设项目招标文件以及补遗书、标前会议纪要。

(2)中华人民共和国交通部颁发的现行《公路路基施工技术规范》(JTG F10—2006)、《公路桥涵施工技术规范》(JTJ 041—2000)、《公路路面基层施工技术规范》(JTJ 034—2000)、《公路沥青路面施工技术规范》(JTG F40—2004)、《公路工程施工安全技术规程》、(JTJ 076—1995)《公路工程质量检验评定标准》(JTG F80/1—2004)。

(3)通过踏勘工地,从现场调查、采集、咨询所获取的第一手资料。

(4)我公司的整体素质、施工技术、管理水平、取得的科技成果、拥有的机械设备装备以及多年来在高速公路和高等级公路施工中积累的施工经验。

2.编制原则

(1)遵守招标文件各项条款,全面响应招标文件及范本要求,贯彻业主的要求意图。

(2)严格遵守招标文件规定的《技术规范》、《施工规范》和《公路工程质量检验评定标准》中的有关规定和规则。

(3)坚持在实事求是的基础上,力求技术先进,方案科学可行、经济合理的原则。

(4)坚持自始至终对施工现场全过程、全方位严密监控,以科学的方法实行动态管理,灵活实施动静结合的管理原则。

(5)实施项目法管理,通过对劳动力、设备、材料、资金、技术、方案、时间与空间条件的优化处置,实现成本、工期、质量及社会信誉的预期目标。

(6)坚持对进度、质量、安全进行全方位的管理,坚持科学技术是第一生产力的原则,确保实现既定目标。

(7)对标书中的预期目标和行动纲领,坚持言必行、行必果。充分考虑各种不利于施工进度和质量的因素,在工期安排、人员设备配置、施工方法选定等方面综合考虑时留有余地。针对本合同段的施工特点、难点,着重考虑相应的施工方案和措施。

(8)全面贯彻质量方针和质量目标,确保工程质量达到优良。

二、工 程 概 况

1. 工程说明

203 国道单家围子至金宝屯段一级公路是吉林省 30 年路网规划“四纵、三横、两环”主骨架中纵向干道的一部分，是国家重点公路加格达奇至锦州公路在吉林省境内的重要路段。它的实施，对完善国家路网，促进国民经济的发展具有重要意义；对振兴东北老工业基地，增进整个东北地区的联系，带动吉林省的经济发展具有重要的作用。

第 08 合同段起点桩号为 K201 +000，终点桩号 K225 +030，全长 24.03km，为一级公路，路基宽度 26m。本标段沿线设 1 处通道，1 处互通式立体交叉，3 座小桥，8 道盖板涵。

2. 地质、气象、水文特征

路线地处松辽平原，属东北地槽系，为中新世沉积层。沿线地质大多为低液限黏土、粉土质砂或黏土质砂、细砂、盐渍土。环境工程地质特征为草原碱化，浅层介质松散，含盐度高，易发生砂土液化。沿线大部分地段水位较深，对路基稳定不会产生较大影响。

路线经过地区属中温带半湿润大陆性季风气候区，受西伯利亚高压和蒙古燥风影响，春季干燥多风，风向多为西北或北西北，平均风速为 3 ~5m/s，最大风速 29m/s，夏季酷热多雨，秋季温和凉爽，冬季漫长、严寒少雪。年平均气温 4.5 ~6.8℃，最高气温 36℃，最低气温 -37.8℃。年平均降雨量 460mm 左右，雨量 70% 集中在 6 ~8 月，初雪时间在 10 月下旬，冻结期一般在 11 月至次年 4 月，最大冻结深度 1.5 ~2.0m，最大积雪厚度为 120mm。

3. 本标段主要工程量

(1)路基工程。本段路基土方工程量为 699 209m^3，其中路基挖方 302 454m^3，路基利用土方 302 454m^3，借土填方 396 755m^3。

(2)路面工程。

①砂砾垫层：本合同段人工砂砾垫层工程数量为 33 296m^2。

②底基层：本合同段路面底基层为石灰粉煤灰稳定土(掺加 1/10 水泥)，厚 200mm 石灰粉煤灰稳定土数量为 215 015m^2；厚 250mm 石灰粉煤灰稳定土数量为 85 856m^2。

③基层：本合同段基层为石灰粉煤灰稳定碎石，厚度为 300mm 的基层数量为 286 277m^2；厚度为 200mm 的基层数量为 12 769.02m^2。

④透层、黏层：本合同段透层数量为 299 046m^2；黏层数量为 271 989m^2。

⑤下面层：本合同段下面层为厚 60mm 粗粒式沥青混凝土，数量为 270 685m^2。

⑥上面层：本合同段上面层为厚 40mm 沥青玛蹄脂碎石混合料，数量为 271 337m^2。

(3)桥涵工程。本合同段全线共设钢筋混凝土空心板梁桥 3 座，结构形式上部为钢筋混凝土空心板，下部为轻型台打入桩基础，全长 33.22m，中心桩号分别为 K205 +450、K209 +372、K210 +118。

通道 1 座，结构形式上部为钢筋混凝土空心板，下部为轻型台扩大基础。中心桩号为 K203 +964，全长为 13.74m。

(4)排水、防护工程。本合同段排水工程数量为边沟 32 328m，急流槽 5.85m^3；防护工程数量为预制混凝土护坡 1 416.7m^3，现浇混凝土护坡 3 716.9m^3，蒸发池挖方 5 774.9m^3。

三、总体施工安排

本着少占用地和方便施工的原则进行场地布置，具体布置情况见《施工总体平面布置图》(附录图 4)。

1. 项目经理部

根据现场勘察，拟在主线 K215 +900 右侧设置项目经理部，生活房屋采用活动板房并进行绿化。该处交通便利，利于指挥生产和采购生产、生活用品，占地面积 10 000m^2，其他各施工队驻地按各自所担负的工作任务就近布置。

2. 施工场地布置

在 K215 +900 项目经理部旁边设置拌和场，占地面积共为 40 000m^2，其中混凝土拌和场和梁板预制场为 10 000m^2，基层拌和场为 20 000m^2。稳定土底基层拌和场 2005 年作为基层拌和场，空心板预制场和混凝土拌和场后期作为沥青混凝土拌和场。预制场及拌和场的料场用 20cm 厚 8% 石灰土和 10cm 厚水泥混凝土进行硬化处理。

3. 施工便道、便桥

为保证全线施工畅通及进场材料、设备的交通运输，在路线右侧设纵向便道 31.2km，土场便道 0.6km。便道宽 4.5m，便道两侧设排水沟，便于及时排水，并设直径为 75cm 的临时圆管涵 84m。

4. 施工用电

施工中与当地用电部门联系，2003 ~2004 年拌和站及生活用电配备 1 台 300kV · A 变压器，2005 年配备 800kV · A 变压器，从附近高压电网引入施工用电，架设输电线路共计2 500m。另配备 1 台 200kW 发电机组作为备用电源，路上临时用电配备 3 台 75kW 发电机。

5. 施工用水

拌和站内设泵站、蓄水池，安设管道从机井中引入施工用水，在拌和站内打两口机井，至少打 4 口机井供施工、生活用水。用水均需先进行水质分析，合格后方可使用。

6. 临时通信

施工临时通信系统与当地电信部门联系，拌和站、项目部和各施工队驻地安设程控电话机，另配移动电话和手持式无线对讲机，保证项目部、拌和站、各施工队、各工作点之间及时联络。

7. 项目部组织机构及各分项工程人员配置

(1)项目经理部。即由项目经理、副经理、总工、工程、质检、试验、设备、材料、财务、办公、综合等科室组成，共 70 人。负责现场施工组织与管理、施工指挥、技术指导、服务与协调等工作。

(2)路基土石方施工。安排五个作业组，设道路工程师 1 人，技术员 5 人，工长 5 人，测量 6 人，试验 4 人，质检 3 人，力工 150 人。

(3)桥涵工程。安排四个作业组，设桥梁工程师 1 人，工长 4 人，技术员 4 人，质检 2 人，测量 3 人，试验 3 人，力工 160 人，技工 60 人。

(4)路面工程。

①砂砾垫层：安排一个作业组，设路面工程师 1 人，工长 1 人，技术员 1 人，测量员 2 人，试验员 2 人，质检员 1 人，力工 30 人。

②石灰粉煤灰稳定土底基层：安排一个作业组，设路面工程师 1 人，质检员 2 人，工长 2 人，测量员 2 人，试验员 3 人，劳动力 40 人(其中拌和场 20 人，摊铺现场 20 人)。

③石灰粉煤灰稳定碎石基层：安排一个作业组，设路面工程师 1 人，拌和站站长 1 人，技术负责人 1 人，工长 2 人，技术员 2 人，测量 4 人，试验 5 人，质检 4 人，工人 45 人(其中拌和站工人 20 人，施工现场工人 25 人)。

④透层、黏层：安排一个作业组，设路面工程师1人，工长1人，技术员1人，测量员1人，试验员2人，工人20人。

⑤沥青混凝土面层：安排一个作业组，设路面工程师1人，拌和站站长1人，技术负责人1人，工长3人，技术员3人，测量4人，试验4人，质检2人，普通工人46人（其中拌和站工人18人，施工现场工人28人）。

（5）排水防护工程。安排一个作业组，设工程师1人，技术员1人，工长1人，力工100人，技工30人。

四、设备、人员动员周期和设备、人员、材料运到施工现场的方法

1. 设备、人员动员周期

公司接到中标通知书后，立即进行设备、人员调配。签订合同书后3天内由项目经理率工程技术、企划、质检、试验、人劳、设备、材料、财务、综合科等各职能部门人员进入现场迅速展开工作。5天内可由省内各施工项目调配急需的施工人员200名及施工急需的主要施工设备如推土机、挖掘机、压路机、自卸汽车、平地机、发电机、混凝土搅拌站、砂浆搅拌机、打桩机、试验仪器、测量仪器运到工地。其余人员及设备根据工程进度安排，陆续提前组织进场，确保满足施工需要。

进场后，先进行征地和临建的筹备，测量人员进行路基导线点和水准点的测量及中线的测设，工程技术人员熟悉招标文件和设计图纸，并对沿线实际情况及特殊路段全面掌握，为能够顺利进行施工生产做好准备。试验人员对土场和料场进行材料的取样、检验，并进行材料的各项指标的鉴定，同时着手试验室的组建和筹备，对各项试验全面掌握，为直接进入施工生产做好准备。通过各项筹备工作的及时落实，保证主体工程的按期开工。

2. 设备、人员、材料运到施工现场的方法

（1）本工程所需设备采用公路运输的方式运至工地。

（2）人员乘坐汽车到达施工现场，部分管理人员将乘坐项目指挥车直接进入施工现场。

（3）材料由汽车运输直接到达工地。

五、主要工程项目的施工方案、施工方法

1. 路基工程

1）填方路基的施工

（1）土方填筑。

①填方路基挂线分层填筑，分层厚度根据试验路段确定的数据严格控制，每侧超出路基的设计宽度300mm，以保证修整路基边坡后的路基边缘有足够的压实度。

②路堤填土高度小于800mm时，对于原地表清理与挖除之后的土质基底，应将表面翻松深300mm，然后整平压实，达到设计要求压实度96%。

③路基填土高度大于800mm时，将路堤基底整平并用压路机碾压6～8遍，直至无轮迹。其压实度要求为：路堤填土高度大于800mm且小于或等于1 500mm时，不小于94%；路堤填土高度大于1 500mm时，不小于91%。

④填方作业面长度不小于300m，并尽量减少纵向施工接茬。当两个相邻段交接处不在同一时间填筑时，则先填段应按1：2坡度分层留台阶，台阶宽度不小于2m；如两段同时施工，则分层相互交叠衔接，其搭接长度不得小于2m。

(2)摊铺整平。先用推土机进行初平，再用平地机进行终平，控制层面平整、均匀。摊铺时层面做成向一侧倾斜2%的横向排水坡，以利路基面排水。

(3)机械碾压。

①当填料含水率在最佳含水率±2%范围内时碾压。路基碾压按先轻后重，先慢后快，直线段由低的一边向高的一边，曲线段由内侧向外侧的顺序碾压。碾压时光轮重叠1/2轮迹，振动重叠30cm轮迹。

②填方路基每两层在压实度检查合格后，再用50t振动压路机振动碾压一遍。

(4)路基整修。路基分层填筑时，当接近设计高程时，必须加强高程测量检查，以保证完工后的路基顶面的宽度、高程、平整度、拱度、边坡等符合规范和设计要求。表面如需补填时，且补填厚度小于100mm，要将压实层翻挖100mm以上，再补填同类料，整平压实。路基经过整修后，要达到路基检查验收标准，做到肩棱明显，路拱、坡面符合设计要求。

2)挖方路基施工

(1)土方开挖时，将适用于种植草皮和其他用途的表土储存于指定地点。

(2)开挖土方要自上而下进行，不得乱挖超挖，严禁掏底开挖。

(3)施工时要保证路堑坡面平顺，无明显的局部高低差。

(4)土质路堑开挖时，两边边坡预留200mm，底部预留200mm。开挖至预留层时，停止机械开挖，待进行路基路床施工时，再集中力量进行开挖。

(5)路堑开挖方式根据地形情况、路堑断面及其长度并结合土方调配情况来确定。平缓地面上短而浅的路堑采用全断面开挖；平缓横坡上一般路堑采用横向台阶开挖；傍山路堑采用纵向台阶开挖，边坡较高时要分层开挖。

2. 桥涵工程

1)小桥施工

(1)打入桩。

①用推土机将场地排压、整平，全站仪精确测量出桩位并用方木桩标示。

②打入桩施工前，按规范要求进行试桩，确定桩的承载力、贯入度参数。

③打入桩由一端向另一端连续进行。开始时锤的落距不大于0.5m，桩沉入一定深度，桩位正常后，再按要求的落距进行施工。锤的最大落距不得大于2m。

④桩帽采用2cm厚钢板制作，内侧面衬10cm厚硬杂木板，顶面衬20cm厚硬杂木板，施工过程中经常检查桩垫，破碎时及时更换。

⑤打入桩进入软土层时，改用较低落距锤击，保证桩身不产生拉应力。

(2)承台、台身。

①钢筋加工

a. 钢筋在车间制成半成品，现场绑扎成型，钢筋纵、横间距用木制标尺控制。

b. 保护层采用相同强度等级半圆形砂浆垫块，梅花式布置。

c. Ⅱ级钢筋接长采用CABR(套筒挤压)机械连接。Ⅰ级钢筋绑扎搭接长度符合设计要求。

②模板工程。

a. 采用5mm冷扎钢板制作模板，在模板内部均匀涂刷一层脱模剂，并在连接处贴上橡胶条。

b. 利用吊车配合支立模板，模板顶端和底端用紧线器拉紧，然后逐渐对中整平。

c. 模板底脚用锚杆固定在基底上，顶部采用ϕ16mm的钢筋拉杆，用以固定模板。

③混凝土浇筑。

a. 混凝土在拌和场拌和,混凝土搅拌车运送,由输送泵下放混凝土进行浇筑。

b. 检查模内的几何尺寸,按测量组给出的混凝土顶面高程浇筑混凝土。

c. 在下放混凝土时,混凝土由高处落下的高度超过 2m 时,应采用串筒或溜槽。混凝土水平分层浇筑,采用插入式振捣器振捣。

d. 混凝土浇筑完成待表面收浆后尽快养生。

④脱模及支架拆除。在混凝土抗压强度达到 5MPa 时拆除模板,模板拆除后,用水泵喷雾法进行养生,以保证混凝土的湿度。

(3)台帽。

在台身顶面下 30cm 预埋 ϕ16mm 的拉杆,间距 60cm,用以固定模板。钢筋绑制按设计要求进行。隔离剂采用比例为 3∶2 的机油与柴油配制,用毛巾沾后拧干,人工擦刷,保证隔离剂涂刷厚度。拼接缝之间用双面胶条密封。混凝土集中拌和运至施工现场,分层浇筑,并确保振捣充分,浇筑完成待混凝土收浆后尽快养生。

(4)空心板梁。

①绑扎钢筋。按设计要求安装、绑扎钢筋及预埋件。

②安装芯模、支侧模及端模。

a. 先绑扎底板及腹板钢筋,再绑扎空心胶囊位置的钢筋,以防止空心胶囊上浮,最后绑扎顶板位置钢筋。

b. 将涂好脱模剂的模板准确定位,相邻模板之间用螺栓连接,连接处中间塞橡胶皮,防止漏浆。侧模拼装就位后,准确安装牢固,上面用对拉杆将两侧模板拉紧,保证空心板的几何尺寸。

c. 先浇筑底板混凝土,然后穿入胶囊,并用空压机对胶囊进行充气,达到规定的压力(芯模安装前必须检查是否漏气)。

③浇筑混凝土。

a. 混凝土一次浇筑成型。浇筑程序为从中间向两端浇筑。混凝土振捣要密实、连续,在振捣过程中,振捣棒要避免碰撞芯模及侧模。浇筑完成后在空心板顶面拉毛,以保证梁板与桥面铺装连续。

b. 混凝土拌制过程中,按规范要求做试块。

④芯模放气、拆除侧模、养生。

a. 待混凝土强度达到 10MPa 时,打开橡胶芯模放气阀门,待空气排空后将芯模拽出,注意及时清理干净备用,拆除侧模。

b. 拆除侧模后,用水泵喷雾法进行养生,以保证梁体的湿度。

⑤梁体安装。

a. 梁体强度达到 100% 后,开始架梁。架梁前应保证桥头路基具有足够的抗压性、平整度。

b. 安装前检查桥台高程尺寸,测出中心高程位置。用运梁车运输空心板,用 30t 以上吊车进行安装。

2)钢筋混凝土盖板涵(通道)施工

(1)开挖基坑,经检查各项合格后,铺筑砂砾垫层,分层摊铺压实,压实度按重型击实法试验测定达到 95%。

(2)支立基础模板,浇筑基础混凝土,基础沿洞身方向每隔4~6m设沉降缝一道。待混凝土初凝后,对基础混凝土与墙身接触部分进行凿毛处理。

(3)支立台身模板,浇筑台身混凝土,台身沿洞身方向每隔4~6m设沉降缝一道。

(4)盖板在预制场集中预制,在预制板的强度达到设计强度的80%后方可搬运,且台帽强度达到设计强度的80%后方可安装。

(5)盖板采用吊车进行安装。安装前,检查涵台与预制板的尺寸和高程。板与板之间用钢筋点焊的方法连接,其间的接缝用混凝土填塞密实。

(6)在预制板已安装且强度达到100%以后进行台背填土。填土时,两个涵台同时对称填筑。

(7)对于暗涵,在砂浆强度达到100%以后方可进行涵顶面的填土。第一层填土最小厚度和压实厚度分别不得小于30cm和20m,并防止剧烈冲击。

3)台背回填施工

(1)回填分层填筑,根据压实机型,一般控制在每层填厚不大于10~15cm,尽量保证摊铺厚度均匀、平顺。在雨季回填时,填筑面做成3%~4%的坡度,以利于排水。

(2)构造物的回填遵照两边对称原则,并做到在基本相同的高程上进行,防止不均匀回填造成对构造物的损坏。

(3)基坑的回填应在排干积水的情况下作业,回填工作应得到监理工程师的同意。靠路基的坡度应当挖成台阶,以便保证回填质量。

(4)回填前,应先在断面上划分回填层次。回填时,要设专人负责,填写检测记录。

(5)不同土质分层填筑,不准混合回填。回填土要经过选择,含水率要接近最佳含水率。

(6)每层回填都要做压实度检验,压实度检验记录必须和填筑高度相等,并保证符合技术规范要求。

3. 路面工程

1)石灰粉煤灰稳定土底基层

(1)施工放样。

(2)摊铺。在取得监理工程师批准的路床上,按试验路段铺筑时确定的松铺系数,采用两台摊铺机摊铺混合料,前后相距8~10m,同步前进。

(3)压实。

①混合料摊铺后,要及时在全宽范围内进行碾压,碾压后压实度要达到95%。压实后表面应平整、无轮迹或隆起、无起皮现象。

②凡压实机械不能作业的部位,采用机夯进行夯实,并达到规定压实度。

③任何未压实或压实的混合料被雨淋湿的部分,均予清除并更换。

(4)横缝处理。当天施工结束后要做横缝,横缝处用与摊铺层同厚的木方支挡,挡板外多铺2~3m的混合料,供压路机碾压用。继续施工时撤去挡板,清除挡板外的混合料再摊铺新的混合料。

(5)养护、交通管制。完工并经监理工程师检查合格后的底基层要立即洒水养生,养生期不少于7天。7天内底基层表面始终保持潮湿状态,以减少干缩裂缝。在养生期间,封闭交通,除洒水车外禁止车辆通行。

2)石灰粉煤灰稳定碎石基层

(1)开始摊铺前一天进行测量放样,按摊铺机宽度和传感器间距,在直线每间隔10m处、曲线每间隔 5m 处做出标记，并根据松铺系数算出松铺厚度，挂好寻向控制线。

(2)混合料的摊铺。

①摊铺前将底基层适当洒水湿润。

②检查摊铺机运转情况(每天坚持重复此项工作)，调整好传感器臂与导向控制线的关系；严格控制基层厚度和高程，保证路拱横坡度满足设计要求。

③用 2 台摊铺机进行全幅梯队摊铺，2 台摊铺机一前一后相隔 5 ~ 10m，同步向前摊铺混合料，一起进行碾压。

(3)碾压。

①首先用振动压路机振压 2 ~ 3 遍，之后用 18 ~ 21t 的光轮压路机碾压 3 ~ 4 遍，最后用轮胎式压路机碾压 1 遍。碾压要在最佳含水率 ±1% 时进行，达到表面无明显轮迹为止。路面的两侧多压 2 ~ 3 遍，禁止压路机在已完成或正在碾压的路段上“调头”和紧急制动，以保证基层表面不受破坏。

②碾压过程中，如表面水分蒸发太快，要及时补洒少量的水；如有“弹簧”、松散、起皮等现象，要及时翻开重新拌和填补，使其达到质量要求。最后用胶轮压路机洒水碾压成型。

③碾压过程中用核子仪初查压实度，不合格时，重复再压。

(4)用洒水车洒水养生，养生不少于 7 天。在 7 天内保持基层处于湿润状态，28 天内正常养护。养生期间除洒水车外任何车辆不得行驶。

3)沥青混凝土面层

(1)混合料摊铺。

①采用德国产 ABG423 型摊铺机全幅摊铺。摊铺下面层时，摊铺机两侧架设钢丝。摊铺要均匀、连续进行，并严格控制路面高程和厚度，确保路面的平整度。

②专人指挥运料汽车徐徐倒车，当其后轮距摊铺机 20 ~ 30cm 时停车，让摊铺机推动料车前进，按指令缓缓起斗卸料。

③摊铺机熨平板进满混合料后，推动汽车慢慢前进开始摊铺。起步摊铺 5 ~ 10m 后，测量员立即检测摊铺好的混合料的厚度、高程和横坡度，如全部达标就继续前进。否则，按设计要求边调机，边整修摊铺的混合料，在 20m 内整修达标，再继续摊铺。

④特殊部位处理。下面层摊铺遇构造物时，摊铺到埋板 1m 处，严格控制高程不得高于桥面高程。过桥后，用根据虚铺系数及埋板坡度做好的楔形垫板垫起，然后再向前摊铺。

(2)碾压。

①碾压严格按初压、复压和终压三阶段进行，派专人设置好三阶段的标志，用三面不同颜色的标牌或旗子来指示三个阶段。设 1 人专门测量摊铺完的混合料温度，防止低温碾压出现裂纹。

②碾压要匀速行驶，在初压、复压及终压时，按机种不同应采用不同的行驶速度。

(3)施工接缝处理。

①施工中全部为横向施工缝，且全部采月平接缝。各层接缝至少错开 5m 以上。接缝处摊铺沥青混合料时，熨平板放到已压实好的路面上，在路面和熨平板之间垫木板，其厚度为压实厚度与虚铺厚度之差。

②为了保证横向接缝处的平顺，摊铺后即用 3m 直尺检查平整度，去高补低，之后用双驱双振压路机(不振动)沿路横向碾压。碾压时压路机的滚筒大部分在已铺好的路面上，仅有 10 ~ 15cm的宽度压到新摊铺的混合料上，然后逐渐移动跨过横向接缝。

4)SMA 路面面层的施工

(1)SMA 的摊铺。

①采用一台摊铺机连续摊铺，以提高摊铺层的均匀性和压实度。摊铺速度控制在 1～2m/min为宜，最大不超过 3m/min。

②上面层采用非接触式平衡梁作为纵向基准及平整度控制方式。

③将摊铺机调整到最佳工作状态，在每天起步前就将料量调整好，避免摊铺层出现离析现象，并随时分析、调整粗细料是否均匀，检测松铺厚度是否符合规定。

(2)SMA 的压实。

①SMA 的初压、复压用钢轮振动压路机碾压，碾压遵循紧跟、慢压、高频、低幅的原则进行。初压采用 10～12t 刚性压路机碾压 1～2 遍，复压采用 10～15t 双驱双振压路机碾压 2～4 遍，折返时要关闭振动并停止洒水。最后关闭振动装置静压 1～2 遍，消除全部轮迹。

②在初压和复压过程中，采用同类压路机并列成梯队压实，不采用首尾相接的纵列方式。用振动压路机压实 SMA 路面时，压路机轮迹的重叠宽度不超过 20cm。当采用静载压路机时，压路机的轮迹重叠 1/3～1/4 碾压宽度。

③对松铺厚度、碾压顺序、碾压遍数、碾压速度及碾压温度应设专岗检查。SMA 路面应严格控制碾压遍数，在压实度达到马歇尔密度的 98% 以上，或路面现场空隙率不大于 6% 后，不再作过度碾压。

(3)接缝。施工中全部为横向施工缝，且采用平接缝。当用切割机切割时，切缝时间宜在混合料尚未完全冷却时进行，切缝后必须用水将接缝处冲洗干净，干燥后涂刷黏层沥青，再铺筑新混合料。其余处理同普通沥青路面施工。

4. 排水、防护工程

1)浆砌预制混凝土护坡

(1)护坡必须在基面或坡面夯实整平，铺设砂砾垫层后方可砌筑。

(2)浆砌护坡的坡脚按图纸要求的深度嵌入基槽。

(3)砌筑时自下而上进行。

(4)护坡砌体较长时要分段砌筑，按设计要求设置伸缩缝，在基底土质变化处设沉降缝。砌筑时采用相邻两断缝板间挂线砌筑。

(5)外面进行勾缝，浆砌勾缝嵌入砌缝内约 2cm。

(6)砌块安放稳固，砌块间砂浆饱满，黏结牢固，不得直接贴靠或拖空。砌筑时底浆铺满，竖缝砂浆先在预制块侧面铺放一部分，然后于预制块放好后填满捣实。

(7)当勾缝工作完成且砂浆初凝后，将砌体表面刷洗干净，用浸水湿润的麻袋片覆盖，并至少养生 7 天。在养生期间经常洒水，使砌体保持湿润，并避免碰撞或振动。

2)浆砌预制块边沟、排水沟

(1)采用人工挖基。

(2)边沟的排水引入涵洞或按图纸所示将水流排入原有排水系统。

(3)在铺砌之前，对边沟、排水沟进行修整。保证沟底和沟壁坚实平整，断面尺寸符合图纸要求。

(4)砌筑方法及要求同护坡浆砌预制块相同。

(5)当勾缝工作完成且砂浆初凝后，将砌体表面刷洗干净，用浸水湿润的麻袋片覆盖，并至少养生 7 天。在养生期间经常洒水，使砌体保持湿润，并避免碰撞或振动。

六、各分项工程的施工顺序

根据本工程工作内容多、地形复杂的特点，施工中应突出抓住重点、难点项目。根据现场实际情况，选用先进的施工工艺，合理编排工序，运用科学的管理手段和网络技术，组织多工序平行作业，确保按计划工期完工。具体施工顺序安排如附录图 1 所示。

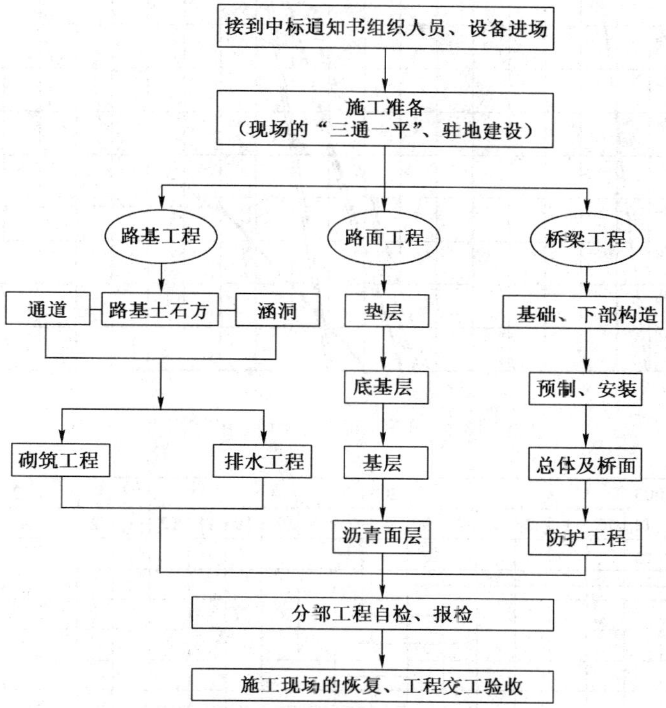

附录图 1　分项工程施工顺序图

七、施工进度安排

本合同段招标文件规定业主要求工期为 2003 年 10 月至 2005 年 9 月，路面基层于 2004 年 8 月底前完成，路面面层（含桥面）工程在 2005 年 8 月底前完成，其他附属工程于 2005 年 9 月 15 日前结束。投标人计划路基土方工程于 2004 年 8 月 20 日前完成，桥涵工程于 2004 年 8 月 10 日前结束，路面底基层于 2004 年 8 月 30 日前完成，路面工程于 2005 年 8 月 15 日前完成，比业主要求总工期提前 15 天。各分项工程进度率计划图（斜率图）和总体形象进度图分别如附录图 2 和附录图 3 所示。

各分项工程施工进度计划安排如下。

（1）施工准备：2003 年 10 月 5 日至 2003 年 11 月 20 日（主要是人员、设备进场，临时设施的搭建，拌和场的筹建，场地清理，施工便道、便桥的修建等）。

（2）路基施工：

路基填前处理：2003 年 10 月 15 日至 2004 年 5 月 25 日。

路基挖方：2004 年 5 月 1 日至 2004 年 6 月 20 日。

路基填方：2004 年 5 月 1 日至 2004 年 8 月 20 日。

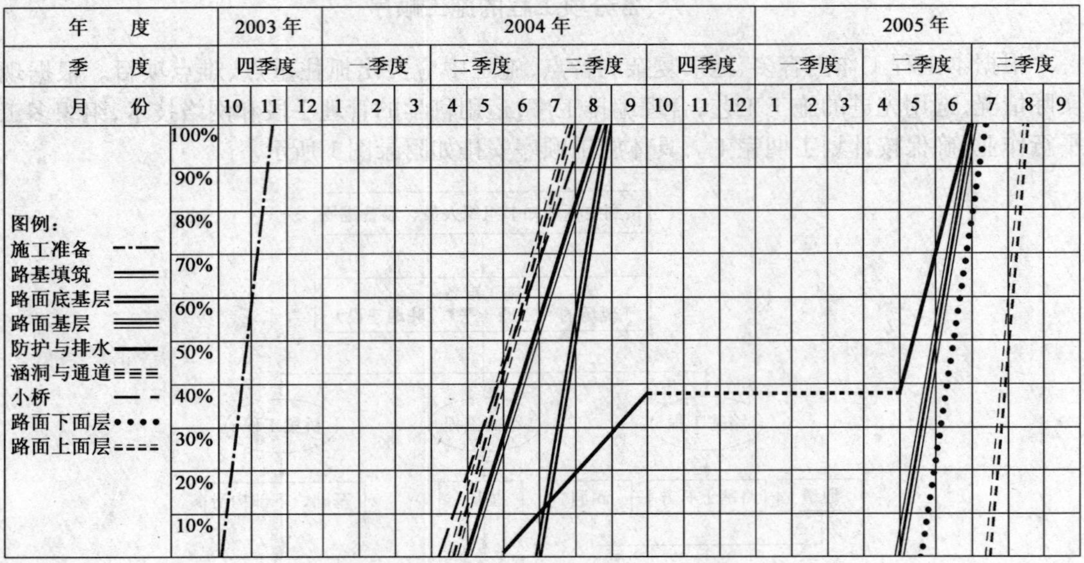

附录图 2 分项工程进度率计划图(斜率图)

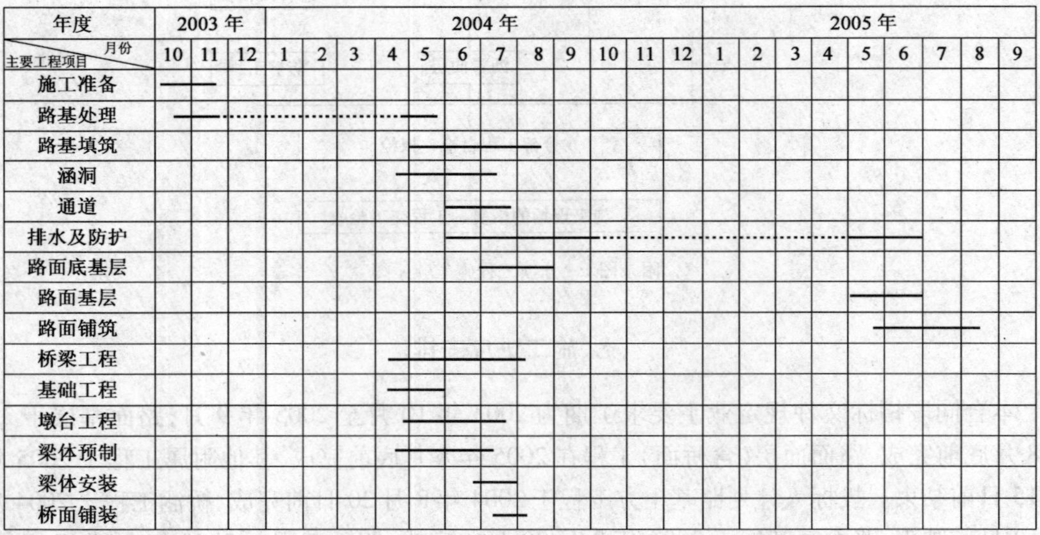

附录图 3 施工总体形象进度图

(3)桥涵施工:

开挖基础:2004 年 4 月 20 日至 2004 年 5 月 30 日。

打入桩预制:2004 年 4 月 10 日至 2004 年 5 月 10 日。

打入桩基础施工:2004 年 5 月 1 日至 2004 年 5 月 30 日。

基础及下部施工:2004 年 4 月 25 日至 2004 年 7 月 20 日。

空心板及盖板预制:2004 年 4 月 20 日至 2004 年 7 月 10 日。

空心板及盖板安装:2004 年 6 月 25 日至 2004 年 7 月 30 日。

桥面铺装:2004 年 7 月 10 日至 2004 年 8 月 10 日。

(4)路面工程：

石灰粉煤灰稳定土底基层:2004 年 7 月 1 日至 2004 年 8 月 30 日。

石灰粉煤灰稳定碎石基层:2005 年 5 月 1 日至 2005 年 6 月 30 日。

粗粒式沥青混凝土下面层:2005 年 5 月 20 日至 2005 年 7 月 10 日。

沥青玛蹄脂碎石上面层:2005 年 7 月 15 日至 2005 年 8 月 15 日。

(5)排水及防护工程:2004 年 6 月 1 日至 2005 年 6 月 30 日。

八、施工总平面图

根据线路所经区域的水文地质、地形地貌及交通等情况,结合工程量的分布,本着方便适用和便于管理的原则,进行施工总平面布置。施工总平面布置时,应合理使用场地,保证现场道路通畅,水、电供应正常;便道与各工点综合布置,并与场外道路连接;尽量利用永久征地;拌和站考虑分散与集中相结合,混凝土集中拌和设置在桥涵密集处;施工队伍尽量靠近施工现场。施工总平面布置详见附录图 4。

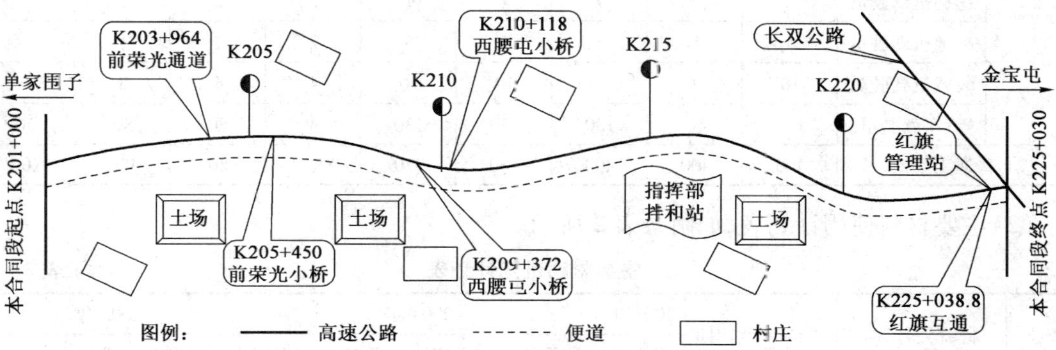

料场名称	位置	临时设施名称	位置
土场	K201+650 右	预制场及拌和站	K215+900 右
土场	K211+150 右	指挥部	K215+900 右
土场	K213+300 右	支线便道	至取土场
块片石	K225+208、K202+755		
山皮石	K225+208		
水泥、碎石	K225+028、K202+755		
生石灰、粉煤灰、矿粉	K225+208		
砂土	K201+650		

附录图 4　施工总平面布置图

九、资源需要量计划

根据本合同段提供的工程数量清单及工期的安排,提出具体使用计划。

(1)主要人员配备表,如附录表 1 所示。

主要人员配备表　　附录表 1

名　称	高峰人数	2003 年	2004 年				2005 年		
		四季度	一季度	二季度	三季度	四季度	一季度	二季度	三季度
管理人员	17	17	17	17	17	12	12	17	17
工程技术人员	35	35	35	35	35	20	20	25	25

续上表

名　　称		高峰人数	2003 年	2004 年				2005 年		
			四季度	一季度	二季度	三季度	四季度	一季度	二季度	三季度
技术工人	试验人员	6	6	6	6	6	6	6	6	6
	测量人员	6	6	6	6	6	6	6	6	6
	电焊工	5	5	5	5	5	2	1	1	1
	钢筋工	4	4	4	4	4				
	混凝土工	5	5	5	5	5	2	2	2	2
	木工	10	10	10	10	10	3	3	3	3
	起重工	3	3	3	3	3				
	修理工	2	2	2	2	2	2	2	2	2
	压路机驾驶员	30	30	30	30	30	5	10	18	15
	推土机驾驶员	12	12	12	12	12	5	5	6	3
	挖掘机驾驶员	7	7	7	7	7	2	2	1	1
	平地机驾驶员	5	5	5	5	5	2	1	1	
	装载机驾驶员	10	10	10	10	10	4	4	8	6
	汽车驾驶员	130	40	130	130	130	60	50	80	50
普通工		400	400	400	400	370	80	80	120	100

(2)主要材料使用计划表,如附录表 2 所示。

主要材料进场计划表　　附录表 2

序号	材 料 名 称	单位	计划用量	2003 年	2004 年				2005 年		
				四季度	一季度	二季度	三季度	四季度	一季度	二季度	三季度
1	原木	m^3	63	17	25	21					
2	锯材	m^3	423	152	170	101					
3	Ⅰ级钢筋	t	115	30	60	25					
4	Ⅱ级钢筋	t	131	30	35	45	21				
5	M42.5 水泥	t	4 403	600	600	2 000	1203				
6	柴油	kg	2 051 535	200 000	200 000	500 000	400 000	101 535	150 000	300 000	200 000
7	生石灰	t	28 636	2 000	9 000	5 000	1 000	2 000	6 000	3 636	
8	中(粗)砂	m^3	22 356	4 000	8 000	7 000	3 356				
9	砂砾	m^3	31 869	6 000	12 000	11 000	2 869				
10	片石	m^3	1 314	500	500	500	500	300	214	200	
11	碎石(基层)	m^3	98 438				5 000	40 000	35 000	18 438	
12	路面用碎石(1.5cm)	m^3	4 057					2 000	1 500	557	
13	路面用碎石(2.5cm)	m^3	5 685					2 500	2 500	685	
14	路面用碎石(3.5cm)	m^3	4 057					2 000	1 500	557	

续上表

序号	材料名称	单位	计划用量	2003年	2004年				2005年		
				四季度	一季度	二季度	三季度	四季度	一季度	二季度	三季度
15	路面用碎石（16mm）	m^3	13 123					2 000	6 500	4 623	
16	粉煤灰	m^3	80 329		15 000	15 000	15 000	20 000	10 000	10 329	
17	石油沥青（AH-90）	t	1 579						100	800	679
18	石屑	m^3	9 719					1 000	3 000	4 000	1 719
19	矿粉	t	4 944					500	2 000	2 000	444

（3）主要材料试验、测量、质检仪器设备计划表，如附录表3所示。

拟配备本合同工程主要材料试验、测量、质检仪器设备表 附录表3

序号	仪器设备名称	规格型号	单位	数量	备注
1	万能材料试验机	WE-30kN	台	1	
2	强制式搅拌机	NJB-52型	台	1	
3	混凝土振动台	100cm×100cm	台	1	
4	回弹仪	HT225	台	6	
5	混凝土凝结时间测定仪	CHN-1型	台	4	
6	大小台秤		台	4	
7	磅秤	TGT-50	台	2	
8	电子天平	称量2 000g	台	2	
9	胶砂振动台	GZ-85型	台	1	
10	净浆搅拌机	HJ160型	台	1	
11	胶砂搅拌机	HJ160型	台	1	
12	电动式重型击实仪	ZC-2	台	1	
13	土的含水率测定仪	HKC-30	台	1	
14	土的标准击实仪	70型	台	2	
15	砂浆稠度仪	SE145	台	2	
16	核子湿度密度仪	MC-3 3440型	台	2	
17	集料压碎值试验仪器		台	1	
18	烘箱	300℃	台	2	
19	沥青闪点仪	LR-SIV	台	2	
20	沥青自动针入度仪	LZR-2	台	2	
21	沥青自动控温延伸度仪	ZLY-79M	台	2	
22	沥青黏度仪	电控	台	2	
23	沥青抽提仪	电控	台	2	
24	沥青软化点测定仪	电脑控制	台	2	
25	沥青含蜡测定仪	离心式	台	1	
26	沥青脆点仪	ES-1型	台	2	

续上表

序号	仪器设备名称	规格型号	单位	数量	备注
27	沥青混合料温度测定仪	BC-1 型	台	2	
28	全站仪	徕卡	台	2	
29	水准仪	S3	台	8	
30	经纬仪	J2	台	6	
31	电子测距设备及附件	WITLD D15	台	1	
32	土壤筛	ϕ300 0.1-10	只	4	
33	碎石筛	ϕ300 方孔	只	1	
34	石灰剂量测定仪	第五代	台	1	
35	材料试验机	100T	台	1	购置
36	压力试验机	200T	台	1	购置
37	马歇尔试验机	数显	台	1	购置
38	马歇尔试验机附件		套	1	购置
39	马歇尔电动击实仪	LD136 型	台	1	购置
40	分析天平	万分之一	台	4	购置
41	路面材料强度试验仪	LD127-11 型	台	1	购置

(4)主要机械使用计划表,如附录表 4 所示。

拟投入本合同工程的主要施工机械表 附录表 4

机械名称	规格型号	额定功率、容量、吨位	厂牌及出厂时间	数量(台)				新旧程度(%)
				小计	其中			
					拥有	新购	租赁	
1 路基工程机械								
1.1 推土机	T120	89.484kW (120hp)	郑州 1999	13	11	2		90
1.2 平地机	PY180	180kW	天津 2000	5	5			85
1.3 挖掘机	小松 220-3 型	1m^3	日本 1999	11	9	2		90
1.4 装载机	ZL50		柳州 2000	16	10	6		90
1.5 光轮压路机	3Y18/21	18～21t	徐州 2001	20	16	4		85
1.6 振动压路机	CA25	30t	常州 1999	10	8	2		90
1.7 拖式振动压路机	CA50	50t	常州 2001	2		2		100
1.8 洒水车		6 000L	一汽 2001	5	5			90
1.9 自卸汽车		12t	一汽 2001	90	30		60	85
2 桥涵工程机械								
2.1 挖掘机	小松 220-3 型	2m^3	日本 1999	3	3			85
2.2 龙门吊		25t	北京 1999	1	1			85
2.3 吊车		25t	南京 2000	1	1			90
2.4 混凝土搅拌站	HZW25	50m^3/h	埠新 1998	1	1			80
2.5 混凝土输送泵		60m^3	武汉 1999	1	1			85
2.6 洗石机			武汉 2000	1	1			80

续上表

机械名称	规格型号	额定功率、容量、吨位	厂牌及出厂时间	数量(台)				新旧程度(%)
				小计	其中			
					拥有	新购	租赁	
2.7 钢筋调直机	TQ4-14	7kW	南京2000	4	4			90
2.8 钢筋弯曲机			南京2000	4	2	2		95
2.9 钢筋切断机			南京2000	4	2	2		90
2.10 电焊机	BX1-400	400A	济南1999	4	4			95
2.11 卷扬机		5t	天津1998	12	4	4	4	85
2.12 平板运输车		60t	一汽2000	2			2	85
2.13 发电机		75kW	天津1998	3	3			90
2.14 变压器		200kV·A	昆明2000	1	1			90
2.15 打桩机			武汉1999	2			2	90
2.16 插入式振捣器	ZN30		北京2001	24	24			90
2.17 附着式振捣器			北京2001	18	18			90
2.18 水泵			南京2001	6	6			80
2.19 混凝土运输车		6t	一汽2000	3	3			90
2.20 自卸汽车		12t	一汽2000	6	6			90
3 路面机械								
3.1 推土机	T140	140HP	郑州1999	2	2			90
3.2 推土机		105kW	郑州1999	3	3			85
3.3 平地机	PY180	180kW	天津2000	1	1			85
3.4 二灰稳定碎石拌和站	WCB200	400t/h	西安1999	2	1		1	80
3.5 装载机	ZL50		柳州2000	15	10	5		95
3.6 沥青洒布车			天津1999	1	1			90
3.7 沥青混凝土拌和站	西姆220	240t/h	意大利	1	1			80
3.8 双驱双振压路机		10t	德国2000	1	1			90
3.9 双驱双振压路机		12t	德国1999	2		2		100
3.10 振动压路机	CA25		常州1999	2	2			90
3.11 振动压路机	CA30		常州1999	2	2			90
3.12 手扶振动压路机			常州1998	1	1			85
3.13 木质纤维素添加机			锦州2000	1			1	90
3.14 森林灭火鼓风机			徐州2001	5	5			80
3.15 自卸汽车		12t	一汽2000	30	15		15	95
3.16 自卸汽车		15t	一汽2000	40	15		25	95
3.17 洒水车		6 000L	一汽2001	5	5			90
3.18 光轮压路机		6~8t	徐州2001	1	1			90
3.19 光轮压路机	3Y18/21	18~21t	徐州2001	10	10			85

续上表

机械名称	规格型号	额定功率、容量、吨位	厂牌及出厂时间	数量(台)				新旧程度(%)
				小计	其中 拥有	新购	租赁	
3.20 沥青洒布机	LS-7500		锦州 1999	1		1		100
3.21 轮胎压路机	Y214	9~16t	徐州 1999	1	1			90
3.22 轮胎压路机	Y214	16~20t	徐州 1999	3	2		1	90
3.23 轮胎压路机	Y214	25t	徐州 1999	4	2		2	90
3.24 沥青摊铺机	C-450S 型		锦州 1999	4	2		2	95
3.25 沥青摊铺机	ABG423 型		德国 1999	2	1	1		95
4 排水防护工程机械								
4.1 挖掘机	小松 220-3 型	$1m^3$	日本 1999	1	1			90
4.2 混凝土搅拌机		350L	天津 1998	2	2			85
4.3 砂浆搅拌机		250L	天津 1999	2	2			90
4.4 发电机		50kW	天津 1998	2	2			90
4.5 装载机	ZL50		柳州 2000	1	1			90
4.6 水泵			南京 2001	2	2			95
4.7 自卸汽车		15t	一汽 2000	8	8			95

十、质量、工期、安全及其他技术组织措施

1. 质量保证措施

1) 质量保证体系

建立以项目经理为首的质量保证体系。在项目经理部设置总工程师岗位，负责本段的施工技术的质量管理，负责组织解决关键疑难问题，建立健全内部质量检查机构，认真执行质量“四检制”。质量检查部门负责日常施工的质量管理、工程报验及配合驻地监理的各项监理活动。各施工队、作业组设兼职质检员，负责本施工队、班组的内部施工自检。

2) 主要措施

(1) 组织、管理措施。

①建立健全质量保证体系。

②在质量管理上，项目经理统管全盘，全面负责现场施工，其他领导成员按照工程结构和分类进行分工，实行领导干部分段、分片质量管理责任制。

③建立质量目标责任制。根据工程项目的标准要求，确定项目经理的质量目标，并将此目标分解，具体落实到各部门的工作中，从而保证质量目标的贯彻实施。

(2) 思想教育措施。

①教育全员要认清当前注重质量和建筑市场竞争激烈的形势，深刻理解质量、效益、进度之间的关系，明确质量就是生命、质量就是效益、质量就是信誉、质量就是发展、质量就是企业实力的最好证明。

②对全员进行 TQC 教育，使全员了解 TQC 活动的基本知识，建立“以预防为主、防检结合、为用户服务、用数据说话”的观念。

(3)施工保证措施。

①完善质量检测手段。用检测控制工序，让工序控制过程，靠过程控制整体。从施工每一道工序、每一个细节入手，全过程跟踪检测，确保工程质量有数据作为支持。

②严格质量标准。实施标准化作业，做到全部工序有标准、有检查，并把新技术、新工艺、新方法运用到各项施工生产中去，切实保证标准化的作业质量。

③严格工序控制。施工中严格执行"五不施工"制度，即施工桩号不清不施工、无技术交底不施工、无复测资料不施工、无质检工程师签字不施工、无监理批复不施工。

④严格执行"三检"制度。即工序自检、监理检验、交工互检，不经三检合格不得转入下道工序施工，使工程质量在施工全过程中都处于受控状态。

⑤严格质量验收。在日常检查或月份验工计价时，对存在个别缺点和不足的工程，限期改正；对不符内控标准、影响创优的工程，坚持推倒重来，并追究责任人的责任。

2. 工期保证措施

(1)建立从公司指挥部到各项目队的生产调度指挥系统，全面及时反馈影响施工进度的各种问题，加强对工程交叉和施工干扰的指挥与协调，保证工程的连续性和均衡性。

(2)建立生产计划考核制度，编制周密、详尽的施工生产计划，以日保旬，以旬保月，每季对各项目队生产计划的完成情况进行考核。

(3)实行工期奖惩制度。对完成好的给予表彰奖励，完成差的要查找原因，制订整改措施并给予必要的经济处罚，以充分发挥参战员工的积极性与主动性。

(4)根据现场实际情况和建设单位的安排，进一步优化和调整实施性施工组织设计，为实现工期目标提供更加科学、合理和有序的施工组织方案。

(5)当因环境条件变化而影响计划完成时，运用网络技术，及时找出新的关键线路，重新确定重点工程或工序，采取有力措施，使施工进度满足计划要求，使项目始终处于受控状态。

(6)经常与气象部门联系，掌握天气情况，合理组织工程或工序施工，尽量避免恶劣天气对施工造成影响和损失。

3. 安全保证措施

(1)建立完善以项目经理为首的安全生产领导小组，有组织、有领导地开展安全管理活动。建立各级人员安全生产责任制度，明确各级人员的安全责任，抓制度落实，抓责任落实，定期检查安全责任落实情况，及时反馈。

(2)加强全员的安全教育，使广大职工牢固树立"安全第一，预防为主"的意识，克服麻痹思想，组织职工有针对性地学习有关安全方面的规章和安全生产知识，做到思想上重视，生产上严格执行操作规程。

(3)坚持经常性的和定期的安全检查，及时发现事故隐患，堵塞事故漏洞，奖罚当场兑现；坚持以自罚为主，互查为辅，边查边改的原则。

(4)实施性施工组织设计的编制要综合考虑安全生产的要求；对采用的新技术、新材料、新结构、新工艺、新设备，要认真编制安全技术规程。

(5)不断改善劳动条件，搞好劳动保护，定期对职工进行体检，预防疾病的发生。

(6)施工现场设临时围墙和门卫，做好防盗、防火、防破坏工作。施工现场入口及危险作业部位设安全生产标志、宣传画、标语，随时提醒职工注意安全生产。任何人不得擅自拆动场内各种安全设备、设施、标志等。

(7)加强线路管理。施工现场内电线与其所经过的建筑物或工作地点保持安全距离，同时加大电线的安全系数。各种电动机械设备必须有可靠有效的安全接地和防雷装置。严禁非专业人员操作机电设备。

(8)加强对机械设备的检查、保养、维修,保证安全装置完备、灵敏、可靠,确保设备的正常安全运转。各类机械设备的操作工必须经专门安全操作技术训练,考试合格后方可持证上岗。严禁酒后操作。

(9)实行交通安全管制,定期对施工便道进行维护,尤其在雨季加强养护整修,杜绝交通事故。

(10)建立伤亡事故及时报告制度,做到"三不放过",即事故原因分析不清不放过、事故责任人和当事人未受到教育不放过、没有防范措施不放过。

4. 其他技术组织措施

1)文明施工措施

在文明施工方面,积极贯彻"诚信赢市场,质量创品牌,管理求发展"的质量方针。在施工过程中严格遵守ISO9000族国际质量认证标准及"文明在交通"活动的各项细则,认真执行国家的有关法律法规,有效地利用时间和空间,科学地组织施工,实现人、物、场地等在时间和空间上优化组合,保证良好的施工现场环境,做到工完、料净、场地清。在施工过程中,加强施工人员的技术培训及思想道德教育,做好思想政治工作,定期召集党员学习,开展五学活动,定期召开安全会议,使职工充分认识到"安全为生产,生产必须安全",同时对在文明施工过程中表现良好的个人给予一定的物质补助。

2)环保措施

本标段进场后做好全面规划,对环保工作综合治理,并与地方环保部门取得联系,按环保规定,做好施工现场的环境保护工作,具体措施如下:

(1)根据技术规范,为拌和设备配备较好的密封或防尘设备。

(2)施工便道、拌和站便道经常进行洒水处理。

(3)路面施工注意保持水分,以免扬尘。

(4)施工废水、生活污水不得直接排入农田、耕地、灌溉渠和水库,不得排入饮用水源。

(5)施工期间,对施工物料如沥青、水泥、油料、化学品等的堆放严格管理,防止在雨季物料随雨水径流排入地表及附近水域造成污染,沥青拌和场要控制空气中苯的含量。

(6)施工期间,严格控制工程破坏植被的面积,除了不可避免的工程占地、砍伐以外,不再发生其他形式的人为破坏。

(7)为保护施工现场附近居民的夜间休息,对距居民区150m以内的施工现场的施工时间加以控制。

3)消防措施

(1)消除一切可能造成火灾、爆炸事故的根源,严格控制火源以及易燃、易爆物品的储存。

(2)生活区及施工现场,特别是材料场地应配备足够的灭火器材,并同当地消防部门联系,加强安全防范工作。

(3)施工场地布置符合防火规程要求,电器动力线路设置要规范化、标准化。

(4)对职工进行防火安全教育,使职工杜绝使用电炉、乱扔烟头的不良习惯。

(5)对工地、生活区的支线及照明系统,派人随时检查、维修养护,防止漏电失火引起火灾。

4)治安措施

(1)进场后与当地治安部门取得联系,充分了解本地区的一些治安条例和重点防范内容。与地方治安部门成立联防小组,保证施工期间治安稳定。

(2)加强职工内部教育、管理。未经领导许可,晚上不准外出,不得与群众发生冲突、打架等。

5)防汛措施

(1)成立安全防汛领导小组,组成有经验的10~20人的抢险队,配置必要的抢险器材,警钟长鸣,常抓不懈,随时应急处理突发事件。

(2)健全通信系统,保证全线联络畅通,在事故易发点设专人巡查。

(3)专门设立1名预报员,进行天气预报的信息收集,每天与气象部门保持联系,如有暴风雨、大风大水等情况出现,尽早通知防汛领导小组,以便做出相应的预防准备工作。

6)廉政建设措施

为进一步贯彻落实好省厅、公司有关廉政建设工作的指示精神,推动项目部基层廉政建设的顺利发展,结合本项目施工的实际情况,特制订如下实施方案:

(1)项目部在与上级单位和各业务部门来往时,不能以任何理由向其工作人员行贿或馈赠礼金、有价证券、贵重礼品等。

(2)在选择录用包工队时,要严格按照ISO9001国际质量标准体系中的标准要求评审内容,规范工程劳务分承包人的录用制度。

(3)在施工机具、车辆使用方面遵照公司有关规定,领导成员的车辆、机具一律不准使用,严格执行签订合同、验收制度,不搞事后结算人情账。

(4)加强材料管理。原材料选购时,要货比三家,择优录用。在材料采购业务中,一经发现收受对方礼金、中介费、回扣等,要严肃处理,直到开除。

(5)严格财务现金、支票的管理,强化监督,严禁用公款支付非业务接待和娱乐活动。

(6)严格限额领料制度,加强现场管理力度,堵塞材料浪费漏洞,节支增收。

(7)严格工程结算手续,以原始记录和合同为依据,杜绝结算人情账,一经发现问题,严肃处理。

7)冬季和雨季施工措施

(1)冬季施工措施。冬季不安排正常施工,主要进行备料和修补工作,并对底基层过冬做好防御措施。

(2)雨季施工措施。雨季做好路面排水和防汛设施,及时掌握天气情况,适时安排施工,以确保工期的顺利完成。

①路基在施工过程中,在路基两侧挖置排水沟,及时将路基的雨水顺排水沟排除。及时做好梁板预制场地的排水工作。

②雨季修筑土方路堤时,要做到随挖、随运、随填、随压。

③承台等明挖基础工程尽量避开雨季施工,积极做好混凝土浇筑过程中突降大雨的应急措施。

④做好雨季施工工程材料和必备物资的储备工作,对水泥库进行重点加固并做好防潮处理。

⑤设专人与当地气象台联系并收听当天气象预报,及时通知施工现场,现场用报话机与拌和场互相通报。遇雨,立即停止拌和与摊铺混合料,提前在外侧路肩上挖好临时排水沟,以缩短雨后停工时间。

参 考 文 献

[1] 中华人民共和国交通部. 公路工程基本建设项目设计文件编制办法[S]. 北京:人民交通出版社,2007.

[2] 中华人民共和国交通运输部. 公路工程标准施工招标文件(2009年版)[M]. 北京:人民交通出版社,2009.

[3] 中华人民共和国行业标准. JTG/T B06-02—2007 公路工程预算定额[S]. 北京:人民交通出版社,2008.

[4] 全国一级建造师执业资格考试用书编写委员会. 公路工程管理与实务[M]. 北京:人民交通出版社,2007.

[5] 李彦伟. 公路工程项目施工成本管理指南[M]. 北京:人民交通出版社,2004.

[6] 交通部第二公路工程局,西安公路交通大学. 公路施工项目管理手册[M]. 北京:人民交通出版社,2001.

[7] 李昌友. 土木工程经济与管理[M]. 北京:中国铁道出版社,2001.

[8] 余群航. 建筑工程施工组织与管理[M]. 北京:北京大学出版社,2006.

[9] 严薇. 土木工程项目管理与施工组织设计[M]. 北京:人民交通出版社,2001.

[10] 王首绪,杨玉胜,周学林,等. 公路施工组织及概预算[M]. 3版. 北京:人民交通出版社,2007.

[11] 贺晓红. 公路工程材料与管理[M]. 北京:人民交通出版社,2003.

[12] 王洪江,符长青. 公路工程施工组织设计编制手册[M]. 北京:人民交通出版社,2005.

[13] 魏道升. 路桥施工组织设计范例[M]. 北京:人民交通出版社,2008.

[14] 张宏春. 公路机械化施工与管理[M]. 北京:人民交通出版社,2005.

[15] 李辉,蒋宁生. 工程施工组织设计编制与管理[M]. 北京:人民交通出版社,2003.

[16] 殷青英. 公路施工组织与概预算[M]. 北京:人民交通出版社,2004.

[17] 高民欢. 工程项目施工组织设计原理及实例[M]. 北京:中国建材工业出版社,2004.

[18] 梁金江. 公路工程管理[M]. 北京:人民交通出版社,2005.

[19] 高峰,贾玉辉. 公路施工组织设计[M]. 北京:人民交通出版社,2007.